LE PRINCIPE DE LA LEGALITE DE L'IMPOT EN DROIT TUNISIEN

5-7, rue de l'École-Polytechnique ; 75005 Paris
http://www.librairieharmattan.com
diffusion.harmattan@wanadoo.fr
harmattan1@wanadoo.fr
ISBN : 978-2-296-13845-2
EAN : 9782296138452

Slim BESBES

LE PRINCIPE DE LA LEGALITE DE L'IMPOT EN DROIT TUNISIEN

Préface de
Slim CHELLY

L'Harmattan

COLLECTION FINANCES PUBLIQUES

Dirigée par Thierry LAMBERT
Professeur à l'Université Paul Cézanne – Aix Marseille III

Déjà parus

LAMBERT Thierry (sous la direction de -), **Les chantiers fiscaux à engager**, 2002.
BAYLAC Corinne, **Le formalisme du droit fiscal**, préface de Jean Lamarque, 2002.
LEFEUVRE André, **Le paiement de l'impôt**, préface de Jean Lamarque, 2002.
CHAUTARD Agnès, **La mutabilité de l'instance fiscale et le droit à un procès équitable,** préface de Guy Gest, 2003.
LEROY Marc (sous la direction -), **Fiscalité et évitement de l'impôt en France et en Russie**, préface de Dimitri Vladimirovitch Aronov, 2003.
THOMAS Jérôme Nirmal, **Le contrôle fiscal des opérations internationales**, préface de Guy Gest, 2004.
GHARBI Najib, **Le contrôle fiscal des prix de transfert**, préface de Thierry Lambert, 2005.
LAMBERT Thierry (sous la direction de -), **Les sanctions administratives fiscales : éléments de droit comparé**, 2006.
LEROY Marc (sous la direction de -), **Mondialisation et fiscalité. La globalisation fiscale**, 2006.
GADHOUM Oualid, **La doctrine administrative fiscale en Tunisie**, préface de Néji Baccouche, 2007.
RAIMBAULT de FONTAINE (sous la direction de -), **Doctrines fiscales : à la redécouverte de grands classiques,** 2007.
LAMBERT Thierry (sous la direction de -), **Les sanctions pénales fiscales**, 2007
LIEVRE – GRAVEREAUX Amélie, **La rétroactivité de la loi fiscale : une nécessité en matière de procédures**, préface Jean Lamarque, 2007
VILLEMOT Dominique, **Quelle politique fiscale?**, 2007
ATANGA FONGUE Roland, **Contrôle fiscal et protection du contribuable dans un contexte d'ajustement structurel : le cas du Cameroun**, préface d'Yves Brard, 2007
SID AHMED Karim, **Droits fondamentaux et procédures fiscales : étude comparative**, préface de Cyrille David, 2007
KOSSENTINI Mohammed, **La plus-value en droit fiscal tunisien**, préface de Néji Baccouche, 2008
LEROY Marc (sous la direction de -), **L'administration de l'impôt en France et dans le monde**, 2008.
ATECK A DJAM Félix, **Droit du contentieux fiscal camerounais**, préface de Martin Rissouk A Moulong, 2009.
ALTINDAG Selçuk, **La concurrence fiscale dommageable. La coopération des Etats membres et des autorités communautaires**, préface de Alexandre Maitrot de la Motte, 2009.

Slim BESBES

LE PRINCIPE DE LA LEGALITE DE L'IMPOT EN DROIT TUNISIEN

Préface de

Slim CHELLY

L'Harmattan

COLLECTION FINANCES PUBLIQUES

Dirigée par Thierry LAMBERT
Professeur à l'Université Paul Cézanne – Aix Marseille III

Déjà parus

LAMBERT Thierry (sous la direction de -), **Les chantiers fiscaux à engager**, 2002.
BAYLAC Corinne, **Le formalisme du droit fiscal**, préface de Jean Lamarque, 2002.
LEFEUVRE André, **Le paiement de l'impôt**, préface de Jean Lamarque, 2002.
CHAUTARD Agnès, **La mutabilité de l'instance fiscale et le droit à un procès équitable,** préface de Guy Gest, 2003.
LEROY Marc (sous la direction -), **Fiscalité et évitement de l'impôt en France et en Russie**, préface de Dimitri Vladimirovitch Aronov, 2003.
THOMAS Jérôme Nirmal, **Le contrôle fiscal des opérations internationales**, préface de Guy Gest, 2004.
GHARBI Najib, **Le contrôle fiscal des prix de transfert**, préface de Thierry Lambert, 2005.
LAMBERT Thierry (sous la direction de -), **Les sanctions administratives fiscales : éléments de droit comparé**, 2006.
LEROY Marc (sous la direction de -), **Mondialisation et fiscalité. La globalisation fiscale**, 2006.
GADHOUM Oualid, **La doctrine administrative fiscale en Tunisie**, préface de Néji Baccouche, 2007.
RAIMBAULT de FONTAINE (sous la direction de -), **Doctrines fiscales : à la redécouverte de grands classiques,** 2007.
LAMBERT Thierry (sous la direction de -), **Les sanctions pénales fiscales**, 2007
LIEVRE – GRAVEREAUX Amélie, **La rétroactivité de la loi fiscale : une nécessité en matière de procédures**, préface Jean Lamarque, 2007
VILLEMOT Dominique, **Quelle politique fiscale?**, 2007
ATANGA FONGUE Roland, **Contrôle fiscal et protection du contribuable dans un contexte d'ajustement structurel : le cas du Cameroun**, préface d'Yves Brard, 2007
SID AHMED Karim, **Droits fondamentaux et procédures fiscales : étude comparative**, préface de Cyrille David, 2007
KOSSENTINI Mohammed, **La plus-value en droit fiscal tunisien**, préface de Néji Baccouche, 2008
LEROY Marc (sous la direction de -), **L'administration de l'impôt en France et dans le monde**, 2008.
ATECK A DJAM Félix, **Droit du contentieux fiscal camerounais**, préface de Martin Rissouk A Moulong, 2009.
ALTINDAG Selçuk, **La concurrence fiscale dommageable. La coopération des Etats membres et des autorités communautaires**, préface de Alexandre Maitrot de la Motte, 2009.

Cet ouvrage constitue la version actualisée de ma thèse de doctorat d'Etat soutenue en Tunisie à la faculté de droit et des sciences politiques de Tunis le 29 septembre 2005 sous la direction du Professeur Slim CHELLY.

Je tiens à lui exprimer mes plus vifs remerciements et ma profonde gratitude d'avoir aimablement assurer la direction de cette thèse.

J'exprime aussi mes vifs remerciements à Monsieur Thierry LAMBERT, Professeur à l'Université Paul Cézanne – Aix Marseille III qui m'a aidé à publier cette thèse en France.

Je dédie cet ouvrage à toute la famille BESBES, à tous mes collègues juristes et fiscalistes des universités tunisiennes et étrangères et à tous les enseignants, ayant participé à ma formation, des universités des sciences humaines de Toulouse-Le Mirail et des sciences sociales de Toulouse I.

Sfax, le 10 septembre 2010

Slim BESBES

PREFACE

M. Slim BESBES a eu le grand mérite de construire et de soutenir une thèse en abordant avec beaucoup de courage et de rigueur un grand principe fondateur aussi bien du droit public moderne que du droit fiscal, à savoir le principe de la légalité de l'impôt, qui en dépit de ses importances théoriques et pratiques incontestables n'avait vraisemblablement fait l'objet auparavant d'aucune étude aussi minutieuse et approfondie.

Le principe de la légalité de l'impôt a un sens bien précis en droit fiscal. Il considère la loi au sens formel comme source unique de normativité fiscale à titre initial. Il s'exprime sur le plan politique par la volonté d'établir un certain équilibre entre les pouvoirs du Gouvernement et ceux du Parlement. Sur un plan strictement juridique, le principe de la légalité de l'impôt signifie que l'impôt est une matière réservée au législateur. C'est la loi, expression de la volonté générale, qui est seule habilitée à instituer les impôts et à édicter les règles qui les régissent. Compte tenu de l'importance politique de son auteur et des procédures de son adoption, la loi est pourvoyeuse à la fois de validité et de légitimité de l'impôt[1]*. Dans son essence, il renvoie à certains impératifs juridiques qui répondent à des exigences d'ordre politiques. A ce titre, « la légalité fiscale est érigée en principe fondateur qui constitue la traduction juridique du consentement à l'impôt »*[2]*.*

En effet, historiquement, le principe de la légalité de l'impôt se rattache au dogme démocratique du consentement des citoyens à l'impôt. Il devrait donc, de ce point de vue, être considéré comme le premier des droits fondamentaux des contribuables et aussi, comme l'expression de la souveraineté nationale en matière fiscale.

Renvoyé à son sens originaire, le principe de la légalité fiscale n'est pas une simple technique juridique qui se réduit à attribuer des compétences pour l'élaboration des normes fiscales. Il remplit aussi une fonction plus vaste. En fait, il poursuit une double finalité politique au sens philosophique du terme ; permettre le consentement des contribuables à l'impôt par l'intervention du Parlement où siègent leurs représentants, et du même coup, assurer la protection de ces contribuables en limitant les pouvoirs des autorités qui prélèvent l'impôt.

Sur la base de cette conception, M. Slim BESBES déduit que le contribuable devrait bénéficier d'une double protection. Tout d'abord, au niveau de l'élaboration de la norme fiscale, le contribuable devrait être protégé contre tout risque de subir un pouvoir normatif arbitraire détenu par les autorités politiques. Ensuite, au niveau de l'application de la norme fiscale,

---

[1] Paul AMSELEK, Brèves réflexions sur la notion de sources de droit, Archives de philosophie de droit, T 27, 1982, p. 251.

[2] Néji BACCOUCHE, L'étrange légalité fiscale, in Mélange Yadh BEN ACHOUR, n° 1, p. 19.

ledit contribuable mérite encore d'être prémuni contre le risque de se soumettre à un pouvoir fiscal abusif exercé par les agents de l'administration.

Par suite d'un détour historique, l'auteur constate que le principe de consentement de l'impôt, consacré par les démocraties occidentales, suite aux revendications plus ou moins violentes des contribuables entre le XIIIème et le XIXème siècle, n'a été véritablement consacré en Tunisie que tardivement, concomitamment à l'adoption de la constitution du 1er juin 1959, telle que révisée ultérieurement, qui faisait toujours du vote des lois fiscales et des lois de finances une compétence strictement réservée au Parlement.

Mais, il y a lieu de noter que la pénétration du principe de la légalité fiscale en droit tunisien semble relever beaucoup plus d'un mimétisme juridique et institutionnel que de l'aboutissement d'une longue évolution socio-politique. La doctrine ne manque pas de souligner à cet égard que « pour des raisons historiques et politiques, le droit public tunisien n'a pas reproduit la conception occidentale de la légalité fiscale avec toutes ses exigences et ses implications »[3].

En dépit de ses multiples avatars durant sa longue évolution, le principe de la légalité de l'impôt demeure toujours l'un des principes le plus incontestable et le plus fondamental du droit fiscal. C'est à travers ses deux principales manifestations qu'il a été appréhendé par l'auteur de la thèse. Il dicte un mode déterminé de distribution de la compétence fiscale normative entre les différentes autorités de l'Etat et il conditionne la nature des relations qui s'établissent entre les divers acteurs de la fiscalité, plus particulièrement, l'administration fiscale et le contribuable.

La principale conclusion à laquelle a abouti cette recherche de thèse est de révéler que ce principe, s'il continue toujours à être officiellement proclamé en tant que principe à valeur constitutionnelle, sa mise en œuvre peine à dépasser le simple stade formel. Au fond, le droit positif est encore assez loin de consacrer totalement et intégralement la véritable portée de ce principe et a fortiori sa principale finalité, à savoir la protection du contribuable contre tout pouvoir fiscal arbitraire et abusif.

Cependant, la construction d'un système fiscal respectueux de la légalité de l'impôt constitue, malgré tout, pour le droit tunisien, comme d'ailleurs en droit comparé, un idéal ou un modèle de référence ayant même acquis une vocation universelle concomitamment au triomphe planétaire de l'idiologie libérale. En effet, la proclamation du principe devrait être complétée par une authentique réalisation sinon de sa puissance mythique, du moins de sa teneur juridique. Ainsi, au delà du mimétisme juridique qui ne peut générer, à la limite, qu'une simple légalité de façade, la consécration

---

[3] Néji BACCOUCHE, L'étrange légalité fiscale, in Mélange Yadh BEN ACHOUR, n° 9, p. 652.

effective dans notre système juridique et institutionnel du principe de la légalité de l'impôt constitue bien une nécessité de notre temps.

Dans cette perspective, M. Slim BESBES ne se contente pas dans sa thèse de dresser l'état des lieux ou de démontrer la force théorique du principe, sa contribution critique désire également être constructive, voire réformatrice. Il ne manque pas de prôner les recommandations pratiques suivantes : d'une part, il y a leu de réaménager dans le sens conforme aux exigences de la légalité fiscale les règles de la répartition du pouvoir normatifs entre le Parlement et le Gouvernement, d'autre part, il faut consolider davantage les droits du contribuable afin de lui procurer toutes les garanties nécessaires susceptibles de contrebalancer les prérogatives exorbitantes attribuées au pouvoir administratif, et enfin, il est impératif de renforcer le contrôle juridictionnel de la production et de l'application des normes fiscales en vue de mieux assurer leur conformité à l'ensemble des normes relevant d'échelons supérieurs et notamment la norme constitutionnelle qui est de plus en plus enrichie par la proclamation des droits et des garanties fondamentaux.

Ces réformes sont d'autant plus nécessaires et urgentes que l'Etat tunisien s'est engagé depuis quelques années à ouvrir ses frontières et à insérer le pays dans l'économie mondiale et de chercher par l'adoption d'un système fiscal plus compétitif l'attractivité des investissements étrangers. Mais l'humanisation du système fiscal, à travers une consécration plus effective de la légalité fiscale, vise beaucoup plus à assainir et améliorer l'environnement fiscal du contribuable tunisien, et plus particulièrement consolider ou du moins préserver la compétitivité économique des entreprises tunisiennes, elles aussi en phase de devenir à l'instar de leurs homologues dans le monde développé, citoyennes vis-à-vis du fisc.

Slim CHELLY
Professeur, à la faculté de droit et des sciences politiques de Tunis (Tunisie)

TABLE DES PRINCIPALES ABREVIATIONS

A.J.D.A. :	Actualités juridiques de droit administratif.
A.J.T. :	Actualités Juridiques tunisiennes.
Ass. Plen.:	Assemblée plénière.
B.F. :	Bulletin fiscal.
B.O.D.I.:	Bulletin official des douanes et de l'impôt.
Bull. :	Bulletin.
C/ :	Contre
C.A. :	Cour d'appel.
C.C. :	Conseil constitutionnel.
C. cass. :	Cour de cassation.
Cf. :	Confronter.
C.E. :	Conseil d'Etat.
C.E.R.P. :	Centre d'études, de recherches et de publications.
C.G.I. :	Code général des impôts.
Chron. :	Chronique.
C.I.I. :	Code d'incitation aux investissements.
Civ. :	Civile.
C.J.C.E. :	Cour de justice de la communauté européenne.
Concl. :	Conclusion.
C.P.U. :	Centre de publications universitaires.
C.R.E.A. :	Centre de recherches et d'études administratives.
C.S.T. :	Commission spéciale de taxation.
D. :	Dalloz.
D.F. :	Revue de droit fiscal.
D.G.I. :	Direction générale des impôts.
D.P.F. :	Droits et procédures fiscaux.
D.U.R. :	Déclaration unique du revenu.
Ed. :	Editions.
G.P. :	Gazette du palais.
IRPP :	Impôt sur le revenu des personnes physiques.
IS :	Impôt sur les sociétés.
I.O.R.T. :	Imprimerie officiel de la république tunisienne.
J.C.P. :	Jurisclasseurs périodiques.
J.O.R.T. :	Journal officiel de la république tunisienne.
L.G.D.J. :	Librairie générale de droit et de jurisprudence.
L.P.F. :	Livre de procédure fiscale.
N° :	Numéro.
N.C. :	Note commune.
P. :	Page.
P.A. :	Les petites affiches.
P.U.F. :	Presses universitaires de France.
R.C.F. :	Revue comptable et financière.
Rec. :	Recueil.
R.E.P. :	Recours pour excès de pouvoir.
Rev. Adm. :	Revue administrative.

Rev. Dr. Fisc. / D.F. :	Revue de droit fiscal.
R.D.P. :	Revue de droit public.
R.F.C. :	Revue française de comptabilité.
R.F.D.A. :	Revue française de droit administratif.
R.F.F.P. :	Revue française de finances publiques.
R.J.F. :	Revue de jurisprudence fiscale.
R.J.L. :	Revue de jurisprudence et de législation.
R.S.F. :	Revue des sciences financières.
R.T.D. :	Revue tunisienne de droit.
R.T.D.C. :	Revue trimestrielle de droit commercial.
R.T.F :	Revue tunisienne de fiscalité.
R.T.S.P. :	Revue tunisienne de service public.
S. :	Suivant.
T. :	Tome.
T.A./ T. ad. :	Tribunal administratif.
T.C.A. :	Taxe sur le chiffre d'affaires.
T.V.A. :	Taxe sur la valeur ajoutée.
V. :	Voir.
Vol. :	Volume.

INTRODUCTION GENERALE

1- Il est certain que le principe de la légalité, en général, et celui de la légalité de l'impôt, en particulier, sont des principes qui relèvent d'une culture juridique bien déterminée, née et développée dans le contexte propre à la civilisation occidentale. Mais, il n'est pas moins certain, également, que le droit tunisien se réfère, à son tour, assez souvent à ces mêmes principes. Leurs pénétrations en Tunisie relèvent-elles d'un simple mimétisme juridique et institutionnel[1] ou bien trouvent-ils dans notre histoire un fondement politique et idéologique ?

2- Afin de répondre à cette question cruciale, nous devrons, préalablement, scruter le contenu de ces principes. Que signifie donc « le principe de légalité » ?

Il est bien connu que les principes les plus utilisés et les plus courants, deviennent les plus difficiles à saisir dès qu'on recherche à les mettre en œuvre concrètement. Néanmoins le principe de la légalité n'est pas n'importe quel principe. C'est celui qui constitue l'essence même du droit public[2]. Il s'agit donc certainement d'un principe fondamental dans les systèmes juridiques qui, à l'instar de la Tunisie, s'inspirent étroitement du droit public français.

3- La définition de l'expression « principe de la légalité », est sans nul doute, tributaire des deux termes qui la composent : « principe » et « légalité ». Tout d'abord, l'expression de légalité revêt, aussi bien dans le langage courant que dans la terminologie juridique, une double signification. Elle exprime à la fois un objet et renvoie à un rapport entre deux termes. En tant qu'objet, la légalité peut désigner deux choses différentes. Dans un sens large, elle désigne ce qui est respectueux du droit, ce qui est conforme à une norme juridique. Dans un sens strict, elle signifie ce qui relève de la loi, de la compétence du législateur. En

---

[1] Sur le phénomène du mimétisme dans le domaine fiscal, confronter : SEKA Paul, Le mimétisme fiscal des Etats d'Afrique, Thèse, Paris II 1993. Cet auteur a défini le mimétisme comme la préférence préférentielle et permanente aux systèmes politiques, juridiques, administratifs, économiques et financiers extérieurs, considérés comme des modèles objectivement parfaits. Pour une étude approfondie de ce phénomène dans le cas précis de la Tunisie, cf. MANSOURI Brahim, Le mimétisme institutionnel dans un pays en développement : La Tunisie ; Thèse, Université de Nice-Sophia Antipolis, Faculté de droit et des sciences économiques, 1994.

[2] Pierre MOOR, Introduction à la théorie de la légalité, in Figures de légalité, Publisud, p. 11.

tant que rapport, la légalité postule une certaine relation entre deux termes ou objets ; le premier est constitué par les actes de l'Administration, c'est-à-dire des organes ou agents administratifs. Le second est le déterminateur ou le terme de référence. C'est lui qui détermine ce que les actes administratifs doivent être ou au moins peuvent être pour être légaux ; c'est à lui qu'on les confrontera pour les apprécier juridiquement afin de tirer de cette appréciation des conséquences, d'ailleurs pour des questions diverses suivant le cas.

4- Ensuite, il y a lieu de clarifier le terme « principe » et plus particulièrement « principe juridique » puisque le principe de la légalité en est un. Selon le dictionnaire de la langue française[3], cette expression qui vient du latin « principium » renvoie à l'idée d'origine, du commencement, puisque composée de « primus » (premier) et de « capere » (prendre). Etymologiquement ce terme signifie donc : « ce qui sert de base à quelque chose ». Dans le langage courant, il est susceptible de revêtir plusieurs significations, selon le domaine dans lequel il est utilisé : point de départ, source ou origine productrice d'une série de phénomènes, élément composant, idée de concept qui est à l'origine de raisonner, les rudiments et bases d'une science, d'un art, règles d'action, etc…

5- Plus précisément dans le domaine juridique, un principe du droit veut dire « règles, normes ou constructions qui servent de base au droit, comme source de sa création, application et interprétation »[4]. En réalité, le terme « principe du droit » est polysémique dans le vocabulaire juridique, tant dans la langue dans laquelle les règles du droit positif sont formulées, que dans la langue des sciences juridiques, et en particulier dans la théorie du droit et la dogmatique juridique. Mais afin d'encadrer ces différentes significations possibles, la doctrine a dressé une typologie descriptive qui énumère quatre type de principes du droit[5] :

- Principe positif du droit : c'est la norme explicitement formulée dans le texte du droit positif, à savoir soit une disposition légale, soit une norme construite à partir des éléments contenus dans ces dispositions.

- Principe implicite du droit : c'est une règle traitée comme prémisse (le raisonnement réductif) ou conséquence (le raisonnement déductif) des dispositions légales ou des normes du droit positif.

---

[3] Cf. Dictionnaire de la langue française, II, par Jean GIRODET, BORDAS 1988, p. 2496.
[4] Cf. Dictionnaire encyclopédique de théorie et de sociologie du droit, sous la direction de André-Jean ARNAUD, LGDJ, deuxième édition 1993, p. 474 et s.
[5] Dictionnaire encyclopédique de théorie et de sociologie du droit, précité, p. 775.

- Principe extrasystémique du droit : c'est une règle qui, par définition, n'appartient pas au système de droit. Elle est traitée comme principe, mais qui n'est ni principe positif du droit, ni principe implicite du droit.

- Principe-construction du droit : C'est la construction du législateur rationnel ou parfait, présupposée dans l'élaboration dogmatique du droit ou dans l'application et l'interprétation juridique. La rationalité du législateur est le modèle pour la création du droit, mais on le présuppose aussi dans les raisonnements de systématisation du droit, et l'interprétation dogmatique ou opérative dans l'application du droit.

6- Les trois premiers principes sont des règles ; mais la différence entre eux réside dans leur caractère. En 1), la règle est formulée dans le texte ; en 2) elle est reconstruite à partir d'un texte, par raisonnement ; en 3) c'est une règle extrasystémique qui joue le rôle de principe. Le dernier principe, 4), n'est pas une règle, mais des présuppositions traitées comme instrument dans l'élaboration du droit.

7- Bien entendu si l'on recherche à classer le principe de la légalité dans cette typologie, il occupera, sans nul doute, à la fois, la première et la seconde classe. Il s'agit, tout d'abord, d'un principe positif du droit puisqu'il est largement consacré soit par des dispositions légales, soit par une norme construite à partir des éléments contenus dans ces dispositions. Il peut s'agir en même temps d'un principe implicite du droit qui conditionne la cohérence du système juridique. Il constitue à ce titre, la règle qui sert de base au droit en général, et au droit public en particulier, comme source de sa création, application et interprétation.

8- Historiquement, le principe de la légalité est intimement lié à l'avènement de l'Etat démocratique moderne sous l'effet de l'impulsion de la doctrine libérale. Il fait partie intégrante du processus de civilisation et de celui qui a conduit l'instauration d'un contrôle démocratique du pouvoir politique. Au XIXe siècle la légalité a été forgée à la suite du triomphe du positivisme juridique. Elle a été la réaction à la découverte du fait que le législateur pouvait créer des réalités sociales nouvelles par un fiat législatif[6].

9- Selon J. CHEVALIER, le principe de légalité constitue « une pièce maîtresse de l'architecture juridique et politique dans les pays se réclamant du libéralisme ». D'après cet auteur, ce principe signifie « d'abord, que le droit se présente sous la forme d'un ordre structuré et hiérarchisé, comportant des niveaux superposés et subordonnés les uns aux autres ; les normes juridiques inférieures ne sont valides qu'à

---

[6] LUHMANN, Ausdifferenzierung des Rechts, FRUNKFURT, cité par Helmut WILLKE, Le coût du principe de la légalité, in Figures de légalité, p. 127.

condition de satisfaire, par leurs conditions d'émission et dans leur contenu, aux déterminations inscrites dans d'autres normes, de niveau supérieur ; et des mécanismes de régulation spécialisés sont prévus pour vérifier cette conformité et retirer au besoin les normes indûment posées ». Sur ce plan, le principe de légalité joue le rôle d'une « véritable police interne de l'ordre juridique et règle ainsi les conditions de production des normes et définit les termes de leur articulation.

10- Le même auteur ajoute que le principe de légalité implique aussi, et plus généralement, l'assujettissement de la puissance d'Etat : l'activité des divers organes de l'Etat va se trouver encadrée et réglée par le droit ; ayant besoin d'un titre juridique pour agir, ils sont soumis à un ensemble de règles, qui s'imposent à eux de façon contraignante et constituent tout à la fois le fondement, le cadre et les limites de leur action » [7]. A ce niveau, le principe de légalité constitue le garant d'un ordre institutionnel libéral et démocratique et il canalise ainsi l'exercice de la puissance de l'Etat et assure la limitation du pouvoir des gouvernants.

11- Toutefois, cette évolution clairement perceptible dans les pays occidentaux, ne s'est pas produite dans le monde arabo-musulman en général, et en Tunisie plus particulièrement. Le débat fiscal n'a pas connu au sein de cette aire de civilisation cette mutation fondamentale qu'il a connue dans de nombreux pays occidentaux et qui a été à l'origine du passage de la conception autoritaire à la conception consensuelle de la fiscalité.

12- En effet, il a été bien souligné que dans l'histoire arabo-musulmane, le facteur religieux est primordial[8]. Dans ce monde « c'était en termes religieux que l'on a voulu poser et régler le problème fiscal. Le facteur religieux a été utilisé par les uns comme un alibi pour leurs abus et leurs injustices, et par les autres comme un instrument d'agitation politique en vue de la conquête du pouvoir. Dans les deux cas, la relation entre la « société politique » et la « société civile » a été une relation de méfiance, de tensions et de conflits. Elle a rarement pu se dégager de cette ornière »[9]. Dans ce contexte, « l'impôt a continué d'être perçu, du point de vue du pouvoir politique, comme une relation de

---

[7] Jacques CHEVALIER, La dimension symbolique du principe de légalité, in Figures de légalité, p. 55.

[8] Cf. H. AYADI, droit fiscal, CERP 1989, p. 13 et s.; Sadok BELAÏD, Système fiscal et système politique : quelques enseignements à partir de l'histoire arabo-musulmane, in Mélanges en l'honneur de H. AYADI, CPU 2000, p. 29 et s.

[9] S. BELAÏD, article précité, p. 86.

commandement, de répression et d'expéditions punitives contre des populations « taillables et corvéables à merci », et du point de vue des « contribuables », comme une injustice et comme une « malédiction » que l'on se résigne à subir en attendant la première occasion pour la combattre... »[10].

13- En tant que principe transversal du droit, aussi bien public que privé, il est indéniable que le principe de la légalité revêt une signification générale qui est commune à l'ensemble des disciplines juridiques. Dans son acception la plus générale, ce principe constitue une règle de conduite qui gouverne le processus de création des normes juridiques. Il est généralement annoncé comme une garantie fondamentale contre l'arbitraire des pouvoirs politiques et l'abus des autorités administratives. En effet, le principe de légalité lie à la fois les pouvoirs politiques qui sont tenus de respecter l'ordre constitutionnel de répartition des compétences normatives, et les autorités administratives, dont les prérogatives sont minutieusement encadrées par le corpus normatif édicté par les organes supérieurs.

SECTION I

LE PRINCIPE DE LA LEGALITE EN MATIERE FISCALE

14- Contrairement au principe général de légalité, tel qu'il est conçu par les administrativistes[11], le principe de la légalité de l'impôt a un sens beaucoup plus restreint. Il considère la loi au sens formel comme source unique de normativité fiscale à titre initial. Il exprime essentiellement la volonté d'établir un certain équilibre entre les pouvoirs du Gouvernement et ceux du Parlement. En droit strict, le principe de la légalité de l'impôt signifie que l'impôt est une matière réservée au législateur

---

[10] S. BELAÏD, article précité, p. 86.

[11] Selon le Doyen Yadh BEN ACHOUR « la légalité est un principe d'après lequel les actes administratifs sont soumis à une règle de droit complexe qui fonde leur validité juridique », Droit administratif, CPU, 2000, n° 560. La légalité chez le courant dominant des administrativistes est donc conçue au sens de conformité au droit et non au sens de conformité à la loi. Elle suppose tout simplement l'existence d'un texte antérieur qui habilite l'administration à agir et ce quelque soit l'autorité d'où émane le texte. La conception stricte de la légalité soutenue par Charles EISENMANN, voulant réduire la légalité à la source législative (loi au sens formel), demeure isolée et dépassée, et actuellement le principe de légalité s'identifie en droit administratif à la « juridicité ».

15- La notion d'impôt est une notion complexe. En effet, si le mot « impôt » (du latin « impositum ») n'apparaît qu'en 1399, le phénomène fiscal est beaucoup plus ancien et il a subi une évolution avec la succession des civilisations. Dans l'Antiquité, l'impôt a été considéré exclusivement comme «un attribut de la puissance du Prince, fondé sur les droits régaliens exprimant cette puissance »[12]. Mais avec la philosophie politique du XVIIIème siècle, l'impôt change de nature, au lieu d'être fondé sur le pouvoir du Prince, il sera désormais basé sur les droits des individus. De ce fait, l'impôt sera désormais « une contribution volontaire ». Son caractère initial est d'être consenti par le contribuable, ou ses représentants[13]. Au cours du XIXème siècle, avec la transformation du statut de l'Etat, le caractère obligatoire de l'impôt est généralement privilégié; au détriment de la référence au consentement à l'impôt ; au lieu de s'attacher à l'idée de contrepartie, on mettra l'accent sur son caractère inconditionnel. L'impôt met donc en jeu «l'impérium » ou pouvoir de contrainte. L'impôt est dès lors, défini, non plus en fonction des services rendus, mais en prenant en compte les facultés contributives[14].

16- La notion de contrainte qui apparaît derrière l'impôt semble exclusive de consentement ; mais en fait, ces deux notions sont parfaitement conciliables puisqu'on distingue entre le consentement de l'impôt et le consentement à l'impôt[15]. On peut donc affirmer que l'impôt est consenti par le corps social tout entier à partir du moment où le pouvoir est tenu pour légitime[16].

17- Dans les systèmes représentatifs, dominant dans les démocraties constitutionnelles modernes, c'est la loi, expression de la volonté générale, qui est seule habilitée à instituer les impôts et à édicter les règles qui les régissent. Compte tenu de l'importance politique de son auteur et des procédures de son adoption, la loi est pourvoyeuse à la fois de validité et de légitimité de l'impôt[17].

18- Certes, le pouvoir de lever l'impôt est un pouvoir de contrainte qu'exerce l'autorité politique détentrice de la souveraineté. Mais dans un système démocratique où le peuple est souverain, c'est lui qui doit consentir, soit directement, soit indirectement par l'intermédiaire de ses représentants, à la levée de l'impôt. Le pouvoir d'imposer qui est l'une

---

[12] TROTABAS et COTTERET, ouvrage précité, p. 8.
[13] Ibidem.
[14] Jean-Baptiste FOTSING, Le pouvoir fiscal en Afrique, LGDJ 1995, p. 12.
[15] Voir infra, p. 36.
[16] J. B. FOTSING, ouvrage précité, p. 12.
[17] Paul AMSELEK, Brèves réflexions sur la notion de sources de droit, Archives de philosophie de droit, T 27, 1982, p. 251.

des principales manifestations de puissance publique n'est donc pas, malgré l'expression utilisée, un pouvoir arbitraire, ni même un pouvoir unilatéral de l'autorité publique, mais un pouvoir accepté qui découle d'une autorisation donnée indirectement par l'ensemble des citoyens[18].

19- A ce titre, le principe de la légalité de l'impôt se rattache au dogme démocratique du consentement des citoyens à l'impôt. Il devrait donc, de ce point de vue, être considéré comme le premier des droits fondamentaux des contribuables et aussi, comme l'expression de la souveraineté nationale en matière fiscale, de telle sorte que toute limitation de la souveraineté fiscale se traduit obligatoirement par un recul du principe de la légalité de l'impôt[19]. Il en résulte que ce principe implique que la décision d'imposer, la création d'un impôt et la détermination de l'essentiel de son régime relève de la loi donc, de la compétence du législateur[20].

20- A cet égard, le principe de la légalité fiscale est loin d'être une simple technique juridique qui se réduit à attribuer des compétences pour l'élaboration des normes fiscales. Il remplit aussi une fonction plus vaste. Absolument, il poursuit une double finalité politique au sens philosophique du terme ; permettre le consentement des contribuables à l'impôt par l'intervention du Parlement où siègent leurs représentants, et du même coup, assurer la protection de ces contribuables en limitant les pouvoirs des autorités qui prélèvent l'impôt[21]. De ce fait, l'attribution de la compétence fiscale au Parlement, en tant que représentant de l'ensemble des contribuables, dans un système de séparation de pouvoirs, était considérée comme une garantie fondamentale des contribuables contre l'abus du pouvoir exécutif.

21- Dans cet ordre d'idée, ce principe s'articule dans un enchaînement logique liant le contribuable, qui paye, à l'administration qui prélève l'impôt. Il s'interpose entre les deux en ajoutant un maillon nouveau, représenté par le Parlement qui fixe les règles déterminant le montant de l'impôt dû, et encadrant les rapports entre le contribuable et l'administration.

22- En effet, « le caractère légal de l'impôt, détermine la nature des rapports juridiques qui existent entre le contribuable et le fisc en fixant

---

[18] Loïc PHILIP, Les fondements constitutionnels des finances publiques, Economica 1995, p.55

[19] J. LAMARQUE, Droit fiscal général, Tome 2, Edition Litec, p. 378.

[20] Loïc PHILIP, Les fondements constitutionnels des finances publiques; Economica1995, p.55

[21] MARTINEZ J-C., Le statut du contribuable ; tome 1 : l'élaboration du statut ; L.G.D.J, Paris 1980, p. 75.

le statut du contribuable qui est du type général et impersonnel »[22]. C'est précisément ce statut juridique du contribuable qui constitue une véritable limitation à l'action de l'autorité administrative.

23- Ainsi, en droit comparé, et notamment dans les Etats qui ont consacré, assez précocement, le principe de la légalité de l'impôt, tel le cas de la France, le statut du contribuable relevait depuis longtemps du pouvoir législatif. Un auteur constate à cet égard que « c'est tout le principe de la légalité de l'impôt, base constitutionnelle du statut du contribuable, que l'on trouve déjà affirmé dans les six livres de la république (de Jean BODIN) »[23]. Depuis 1941, on assiste à la genèse d'une catégorie de contribuables que la doctrine française a qualifiés de « macro-contribuables » ou de contribuables à « armes égales. Grâce à l'accroissement de leur stature, ils sont devenus capables de faire « jeu égal avec l'administration »[24].

24- On avoue certainement qu'aujourd'hui la notion de légalité fiscale est beaucoup plus complexe qu'une simple attribution de la compétence au législateur d'intervenir en matière fiscale, dans la mesure où, pour des raisons politiques et techniques complexes, le vote de l'impôt est assez réduit à une simple formalité, y compris dans les pays où il existe une véritable compétition démocratique[25]. Néanmoins, cette évolution n'est en réalité susceptible de remettre en cause l'essence du principe de la légalité de l'impôt que si sa finalité primaire, à savoir la protection du contribuable, risque vraiment d'être compromise.

25- Dans son sens le plus pur, le principe de la légalité de l'impôt renvoie ainsi à l'idée de la nécessaire protection du contribuable. En vertu de ce principe, ce dernier devrait bénéficier d'une double protection. Tout d'abord, au niveau de l'élaboration de la norme fiscale, le contribuable devrait être protégé contre tout risque de subir un pouvoir normatif arbitraire détenu par les autorités politiques. Ensuite, au niveau de l'application de la norme fiscale, ledit contribuable mérite encore d'être prémuni contre le risque de se soumettre à un pouvoir fiscal abusif exercé par les agents de l'administration.

---

[22] TROTABAS L. et COTTERET J.M., Droit fiscal ; Précis Dalloz 6ème édition 1992, p. 113.

[23] « Le droit de mettre sur les subjects tailles et impôts ou bien en exempter quelques-uns, cela dépend...de la puissance de donner et cesser la loi, sont compris tous les autres droits et marques de souveraineté...comme...imposer ou exempter les subjects de charges et subsides », in J.-C. MARTINEZ, précité, p. 46.

[24] Oualid GADHOUM, La doctrine administrative fiscale en Tunisie, thèse, Faculté de droit de Sfax, 2002-2003, p. 239.

[25] Louis TROTABAS et Jean-Marie COTTERET, Droit fiscal, n° 58 ; Néji BACCOUCHE, Droit fiscal général, 2008, n° 140, p. 108.

26- A cet égard, le droit fiscal se caractérise par la rigueur avec laquelle ce principe de légalité y a été appliqué et par l'imperméabilité qu'il a longtemps opposée à toute évolution sur ce point[26]. L'explication de la force de ce principe dans le domaine fiscal se présente plus précisément comme suit : tout impôt quel qu'il soit, implique nécessairement une atteinte à la propriété privée. Or nul n'ignore le respect sacro-saint des hommes de 1789 pour le principe de la propriété privée et la faveur dont celui-ci a continué de jouir tout au long du XIXe siècle. Seule la loi, expression de la volonté générale, paraissait de nature à porter à cette liberté fondamentale, les atteintes indispensables par le moyen de l'impôt[27].

27- C'est un principe fondamental de droit public que le droit pour l'Etat d'établir l'impôt: l'impôt est un attribut de la souveraineté[28]. Ceci signifie indistinctement que d'une part, l'impôt est un acte de puissance publique, c'est même la manifestation par excellence de la puissance publique, et d'autre part, l'impôt est l'émanation de l'autorité dépositaire de la souveraineté. Cette assise souveraine du pouvoir d'établir l'impôt traduit parfaitement le rattachement étroit du phénomène fiscal au sein de l'Etat démocratique moderne au principe de la légalité de l'impôt qui constitue en même temps son fondement et sa limite. Cette corrélation nécessaire n'est pas une simple vue de l'esprit ou le produit d'une analyse théorique et abstraite. Elle exprime à la fois une réalité politique et un contenu juridique.

§ 1) Les fondements historiques du principe de la légalité de l'impôt

28- La naissance du principe de la légalité de l'impôt s'était appuyée sur des considérations purement politiques et était étroitement liée à la naissance d'un nouveau régime politique, qui marque le passage d'une forme de gouvernement basée sur le pouvoir absolu vers un système de limitation des pouvoirs. Le principe de la légalité de l'impôt a été développé et évolué, par la suite, dans le cadre d'un système de libéralisme politique[29] qui se base sur une démocratie à caractère

---

[26] Georges MORANGE, L'exercice du pouvoir réglementaire, RSF 1953, p. 668.
[27] Georges MORANGE, article précité, p. 669.
[28] Louis TROTABAS, Jean-Marie COTTERET « Droit fiscal » Précis Dalloz 6ème édition 1992, p. 69.
[29] Sur le contenu de la notion de libéralisme politique, cf. Hatem M'RAD, Le libéralisme politique : une philosophie de limitation du pouvoir, RTD 2001, p.435.

représentatif. Historiquement, il n'est pas toujours aisé de déterminer parmi le parlementarisme moderne et le principe de consentement de l'impôt, qui joue le rôle de cause et qui représente l'effet[30]. En fait, les faits historiques sont assez enchevêtrés et les facteurs les plus déterminants dans cette genèse varient d'une expérience à une autre.

A / La genèse du principe dans les démocraties occidentales

29- Le consentement de l'impôt s'est très tôt établi et toujours fermement maintenu dans la tradition constitutionnelle anglaise[31]. Tandis que la monarchie française a su résister à quelques tentatives désordonnées et sans lendemain[32], les prérogatives du Roi en matière fiscale n'ont jamais été véritablement remises en cause en France[33].

1) L'avènement du principe en Angleterre

30- Comme l'avaient précisé certains historiens, il s'est instauré depuis longtemps une loi fondamentale en Angleterre, que le Roi ne peut imposer de taxes sans le consentement du Parlement[34]. C'est cette coutume qui a été consacrée par la grande charte de 1215 dans son article 12 : « Aucune écuage ou aide ne sera établi dans notre Royaume, à moins que ce ne soit pour le rachat de notre personne, la chevalerie de notre fils aîné, et le mariage de notre fille aîné, une fois seulement, et en ce cas ne sera levée qu'une aide raisonnable ».

31- Les dépenses ordinaires du Royaume étaient assurées par le Roi avec les revenus et privilèges de son domaine: pour toutes ces ressources régulièrement établies, aucune autorisation n'était nécessaire,

---

[30] Sur la dialectique entre les pouvoirs financiers et pouvoirs politiques, voir l'opinion de Mahmoud Atef ELBANNA, Le particularisme du pouvoir d'autorisation budgétaire, Paris, LGDJ 1968.

[31] Sur la genèse du principe de consentement de l'impôt en Grande Bretagne, cf. également, Lamia NEJI, Présentation du principe de consentement de l'impôt en Grande Bretagne, Revue Tunisienne de Fiscalité, n° 2, p. 93

[32] Sur la genèse du principe de consentement de l'impôt en France, cf. THOMAS Y., Essai sur le consentement à l'impôt au dernier siècle de l'Ancien régime (XVème et XVIIIème siècle), Thèse Paris II 1974 ; MILLAN Philippe, Le consentement à l'impôt; Thèse, Université de Paris II, 1996.

[33] Voir LAUFENBERGER, Histoire de l'impôt, P.U.F, « Que sais-je? », n° 651; G. ARDANT, Histoire de l'impôt, Paris, FAYARD, 1971 et 1972, 2 vol.

[34] Cf. MACAULEY, Essai sur l'histoire de l'Angleterre », 1854.

ni pour leur perception ni pour leur emploi. Mais le besoin de recettes extraordinaires apparut rapidement: armée à lever, rançon à payer...; les revenus du domaine ne suffirent plus. Le développement de leur influence conduisait inéluctablement les souverains à réclamer de plus en plus.

32- Les souverains tentèrent vainement par la suite d'échapper à cette procédure gênante. Mais l'opposition du Parlement ne laissa pas entamer le principe de cette autorisation. Sa résistance se manifesta plus particulièrement sous le règne de son fils Charles I (1625-1648) qui échoua dans sa tentative d'emprunt forcé [35] Ce conflit aboutira en 1628 à l'établissement de la *Petition of Right* qui confirma et compléta la Grande Charte de 1215 en proclamant définitivement l'intervention nécessaire du Parlement pour établir et percevoir toute taxation.

33- L'opposition entre le roi et le Parlement se renouvela en effet, après quarante ans, et se développa de la même manière, aboutissant, avec le *Bill of Right* en 1688, au triomphe parlementaire: l'autorisation dont la périodicité est acquise couvre désormais l'ensemble des recettes.

2) **L'expérience américaine**

33- La naissance des institutions financières américaines confirme également la liaison des problèmes politiques et financiers. Le XVIII° siècle était marqué par la lutte qui opposa les colonies anglaises de l'Amérique du Nord au Parlement d'Angleterre (Cette fois, c'est le Parlement qui prétend se comporter comme Charles II l'avait fait en 1629).

34- En 1765, la chambre des Communes établit de sa seule autorité un impôt de timbre qui devait être perçu dans ses colonies. La résistance des colonies américaines se manifesta immédiatement dans l'assemblée locale de la Virginie et s'étendit au congrès de New York où les colons américains reprirent contre le Parlement britannique, la thèse qu'Hampdem soutenait en 1629 contre le Roi: tout impôt ne pouvant être que le libre don du peuple, les assemblées locales peuvent seules donner le consentement nécessaire pour établir une taxe sur les habitants.

35- Sous cette pression, le Parlement d'Angleterre annula bien, en 1766, l'impôt sur le timbre, mais une année plus tard, en 1767, il tenta encore

---

[35] Voir L. TROTABAS et J-M COTTERET, Finances publiques, précité, n° 12.

à établir d'autres taxes dont le refus a entraîné finalement les colonies dans la guerre de l'indépendance. Le principe de consentement de l'impôt fut officiellement proclamé à Philadelphie, en 1774, dont les termes clairs se présentent comme suit: « Nous excluons toute idée de taxe intérieure ou extérieure qui aurait pour objet de lever un revenu sur les sujets d'Amérique sans leur consentement ».

3) **L'expérience Française**

36- En France comme en Angleterre, il était admis au moyen âge que le « Roi doit suffire à ses dépenses avec les revenus ordinaires du domaine »[36]. Toute idée de budget, au sens d'autorisation était donc écartée. Si les circonstances extraordinaires entraînaient des dépenses extraordinaires, le Roi n'aurait pas plus qu'en Angleterre la liberté de lever les impôts, et il devrait demander et obtenir les subsides nécessaires.

37- La proclamation générale du principe du vote de l'impôt par les représentants des contribuables est attribuée, selon les historiens, aux Etats Généraux de 1314. Le consentement des Parlements, qui succède aux Etats Généraux à partir de 1614, ne sera jamais qu'un enregistrement. Il résulte, comme l'avaient conclus Trotabas et Cotteret, que « si la France a connu, comme l'Angleterre, le principe du consentement de l'impôt, la couronne a été trop forte, et trop habile, pour s'en plier...le principe du consentement de l'impôt paralysé par le développement du pouvoir royal ne fut ni utilisé ni sanctionné »[37]. Ainsi, l'avènement du principe de légalité en France semble s'analyser davantage comme le résultat de l'influence des philosophes et de la révolution que comme l'aboutissement d'une lointaine coutume.[38]

38- Le XVIII° siècle devait donner un essor nouveau au principe du consentement de l'impôt. On note notamment l'influence de l'idée de Lock, selon laquelle « on n'imposera point de taxes sur les biens propres du peuple sans son consentement donné immédiatement par lui-même ou par ses députés »[39]. Ce principe a été parfaitement exprimé par le Tiers-Etat, initialement, dans un décret du 13 juin 1789. Ce texte

---

[36] Bodin présentait encore au XVI° siècle l'impôt comme le septième et dernier moyen de faire face aux besoins de la « République ».

[37] Ouvrage précité n° 15, p.29

[38] Ph. THEVENIN, Le pouvoir réglementaire en matière fiscale; Thèse Bordeaux I 1975, p.16-17

[39] Gouvernement civil, X, 7 et 9.

indique que désormais toutes les contributions existantes sont illégales et nulles parce qu'elles n'ont pas été consenties. Dorénavant, aucune levée d'impôt ne pourra s'effectuer si elle n'a pas été préalablement décidée par l'assemblée représentative des citoyens. Le texte de ce même décret sera repris par l'article 14 de la déclaration des droits de l'homme et du citoyen du 27 août 1789.

39- Ensuite, dans son adresse de remerciements anticipés à Louis XVI, l'Assemblée Nationale, le 17 juin 1789, revendique avec énergie le droit pour la Nation de voter l'impôt: « L'assemblée Nationale, voulant prévenir les difficultés que pourraient traverser la perception et l'acquisition des contributions, difficultés d'autant plus dignes d'une attention sérieuse qu'elles auraient pour base un principe constitutionnel et à jamais sacré, authentiquement reconnu par le Roi et solennellement proclamé par toutes les Assemblées de la Nation, principe qui s'oppose à toute levée de deniers et de contributions dans le Royaume, sans le consentement formel des représentants de la Nation... décrète que toute levée d'impôts et contributions de toute nature qui n'aurait pas été formellement et librement accordée par l'Assemblée cessera entièrement dans toutes les provinces du Royaume quelle que soit la forme de leur administration ».

40- Dans le cadre de l'expérience française, c'est donc la révolution de 1789 qui avait imposé les grands principes libéraux au nombre desquels figure le principe du consentement du peuple à l'impôt. Mais, contrairement à l'expérience anglaise, les institutions financières apparaissent ici comme le résultat, la conséquence de l'évolution politique et non comme la cause.

B / La pénétration du principe dans la tradition Tunisienne

41- Le principe de consentement de l'impôt, consacré par les démocraties occidentales, suite aux revendications plus ou moins violentes des contribuables entre le XIIIème et le XIXème siècle, n'a été véritablement consacré en Tunisie que tardivement, concomitamment à l'adoption de la constitution du 1er juin 1959, telle que révisée ultérieurement, qui fait du vote des lois fiscales et des lois de finances une compétence réservée au Parlement.

42- Mais, il y a lieu de noter que la pénétration du principe de la légalité fiscale en Tunisie semble relever beaucoup plus d'un mimétisme juridique et institutionnel que de l'aboutissement d'une longue évolution socio-politique. La doctrine ne manque pas de souligner à cet égard que

« pour des raisons historiques et politiques, le droit public tunisien n'a pas reproduit la conception occidentale de la légalité fiscale avec toutes ses exigences et ses implications »[40].

1) L'ignorance du principe de consentement de l'impôt avant le Protectorat

43- La situation, qui avait prévalu avant le protectorat, était dominée par l'arbitraire des monarques dans la création et la manipulation de l'impôt. Pour financer ses dépenses, le Bey démultipliait les impôts et en assurait le prélèvement par le recours au procédé de la «mahalla »[41] qui est « une expédition militaro-fiscale bi-annuelle »[42] ayant pour but de dissuader par les armes les contribuables récalcitrants. Dans le cadre de ce climat général, caractérisé par la soumission et l'indifférence du contribuable, le Bey trouve le champ libre pour décider à son désir l'institution d'un nouvel impôt et dilapider, à sa guise, les finances de l'Etat. L'improvisation financière atteignit son point culminant avec la politique de modernisation d'Ahmed Bey (1837-1855), poursuivie, avec moins d'audace, par son successeur, M'hamed Bey (1855-1859).

44- Au milieu du XIX° siècle, durant le règne de Mohamed Sadok Bey, il a été proclamé un pacte fondamental en 1857 garantissant l'égalité des sujets devant l'impôt, succédé par l'octroi d'une constitution en 1861. Cette dernière, en instaurant une monarchie constitutionnelle, constitue indiscutablement la première tentative de limitation du pouvoir royal dans l'histoire de la Tunisie. Désormais la vie financière de la régence n'est plus livrée à la discrétion du Bey. En effet, la constitution de 1861 a conféré une compétence consultative à un Conseil Suprême en matière d'élaboration du budget et de contrôle des comptes.

45- Ainsi l'article 63 de cette constitution exprime ce principe selon les termes suivants: « Les affaires qui ne peuvent être décidée qu'après

---

[40] Néji BACCOUCUE, L'étrange légalité fiscale, in Mélange Yadh BEN ACHOUR, n° 9, p. 652.

[41] Najla ABDEDDAYEM, Chronique de l'histoire de la fiscalité tunisienne : présentation de l'administration fiscale de la Tunisie précoloniale, Revue tunisienne de fiscalité n° 1, p. 149, Karim RAHMOUNI, La Mahalla : première instance fiscale, Infos juridiques, n° 70/71, juin 2009. p. 37.

[42] H. AYADI, Droit fiscal, CEPU 1989, p. 37 et s. La Mahalla a en fait une fonction à la fois fiscale et coercitive. Elle est l'armée mobile en campagne (ou camp) qui est mise sur pied chaque fois que la nécessité s'en fait sentir, pour maintenir l'ordre, réduire une révolte ou une dissidence : c'est l'aspect coercitif. Mais en dehors de ces occasions, le camp fait deux fois par an des sorties pour recouvrer les impôts : c'est l'aspect fiscal.

avoir été proposées au Conseil suprême, discutées dans son sein sont l'augmentation ou la diminution dans les impôts ». De même, afin de permettre au Conseil Suprême d'exercer ses larges prérogatives budgétaires, le chapitre IX de la constitution prévoit et aménage le principe d'une prévision budgétaire régulière à la charge du Gouvernement (articles 74 à 76)[43].

46- Mais le principe, qui avait une portée limitée à l'époque, eut finalement une existence éphémère et son application fut suspendue dès 1864 à la suite d'un vaste mouvement d'insurrection populaire[44], en réaction contre l'obstination de la décision beylicale du doublement de la mejba[45].

47- En somme, jusqu'à l'instauration du protectorat, la Tunisie n'avait pas connu, mis à part l'expérience passagère du pacte fondamental de 1857 et de la constitution de 1861, de consécration effective, sous quelques formes qu'elles soient, du principe du consentement de l'impôt. En effet, ni la dynastie husseinite n'entendait limiter son

---

[43] En réalité, le Conseil Suprême n'avait pas exercé effectivement son droit d'autorisation budgétaire. En effet, le Bey n'avait pas renoncé à ses pratiques despotiques antérieures à la promulgation de la constitution de 1861. Ceci s'était manifesté, notamment, dans deux occasions dans lesquelles le Bey avait bien défié la volonté du Conseil Suprême. La première en 1863 concernant un prêt d'un montant de 30 millions de francs français auprès de la banque d'Erlanger et Cie, et la seconde concerne, justement, le dédoublement de la Mejba.

[44] Révolte fiscale de Ali Ben Ghadahem. En fait le doublement de la mejba n'était que le catalyseur de cette révolte qui gagna tout le pays. Déjà, le système fiscal en vigueur était caractérisé par sa lourdeur et son injustice, surtout à l'égard de la paysannerie. En plus, les citoyens étaient largement mécontents des concessions faites par le Bey aux colonies étrangères dès la signature, en 1857 du pacte fondamental. L'extension de la mejba aux personnes jusque-là exonérées et son doublement quelques mois après étaient perçus comme le résultat de toutes les réformes favorables aux intérêts des colonies européennes. C'est pourquoi l'une des revendications de Ben Ghdahem était la suspension de la constitution et le retour au *statu quo ante.* Cette revendication est pour le moins paradoxale. Elle s'explique cependant par le processus d'établissement de la constitution de 1861 : loin de solder une prise de conscience générale des contribuables et des citoyens, loin d'émaner de leur volonté, les principes budgétaires et fiscaux contenus dans cette constitution, étaient établis par une oligarchie soumise à l'impérialisme des puissances étrangères.

[45] La mejba est un impôt de capitation qui a été institué au mois de juin 1856 sous le nom de l'Iâna. Il était dû par tous les sujets males, pubères et non compris dans l'un des cas d'exemptions légales. Il fut fixé à 36 piastres par personne et par an. En janvier 1864, il devrait atteindre pour la catégorie la plus imposée, 108 piastres. Pour plus de détail sur cet impôt et son évolution, cf. Najla ABDEDDAYEM, Evolution de l'ancienne Méjba, Revue tunisienne de fiscalité, n° 1, p. 99.

absolutisme, ni les contribuables ne parvenaient à stopper les exactions financières qu'ils subissent[46].

2) le début de la mise en œuvre du principe de consentement de l'impôt sous le Protectorat

48- En réaction de l'anarchie financière, l'époque du protectorat a été caractérisée par la mise en ordre des prélèvements fiscaux et plus généralement des finances publiques. Dans cette perspective, le décret du 12 mars 1883 relatif à l'établissement et au règlement du budget revêt une importance primordiale. Paradoxalement, au sein de ce texte, une perverse légalité fiscale a été consacrée antérieurement à l'idée de consentement de l'impôt. En effet, l'article 1er du décret de 1883 prévoit le principe selon lequel « les impôts, taxes et revenus de toute nature créés ou à créer, soit comme produits généraux appartenant à l'Etat, soit comme produits formant des ressources spéciales, locales et municipales, ne pourront être établis, modifiés ou supprimés qu'en vert des décrets scellés de notre sceau et promulgués au Journal Officiel »[47].

49- Mais quelques années après l'instauration du protectorat, la mise en œuvre du principe du consentement de l'impôt a été entamée par la création d'une Conférence Consultative composée d'organismes à caractère professionnel, tant publics que privés, regroupant uniquement les colons, et qui obtint en 1896 le droit d'être consultée sur toute mesure financière de nature à aggraver les charges fiscales de la colonie française.

---

[46] En fait, même un grand mouvement de contestation fiscale comme la révolution de Ali Ben Ghdahem n'avait pas réussi à mettre fin, ou du moins à limiter l'arbitraire fiscal du pouvoir beylical et de ses représentants locaux. En effet, cette révolution, qui n'avait fructifié, à son départ, que de simples promesses concernant un allègement substantiel du système fiscal, avait été soldée par un échec flagrant suite à l'écrasement des insurrections. Quelques mois après la neutralisation de la révolte dans l'ensemble du territoire par les expéditions armées des Mahallas, il y avait eu retour au statu quo avec le recours à des pratiques beaucoup plus abusives contre les citoyens récalcitrants: emprisonnement, confiscation des biens, tortures, viols, etc.... Pour plus de détail sur l'échec de la révolution de Ben Ghdahem cf. B. SLAMA, La révolution de BEN GHDAHEM, Maison Tunisienne de Distribution, 1967 (En arabe), p. 207 et s.

[47] Le caractère pervers de cette légalité fiscale tient au fait que même si le principe de « pas d'impôt sans texte préalable » est bien posé, il n'en demeure pas moins que l'anomalie se situe dans ce cas au niveau de l'auteur du texte qui est le Bey en tant qu'autorité disposant du pouvoir législatif, mais qui agit en matière fiscale sur visa préalable du Résident Général, représentant du gouvernement français en Tunisie. Mais de toute façon, cette exigence d'un texte préalable pourrait en soi sécuriser les contribuables qui ont durement souffert de l'arbitraire fiscal.

50- La résistance des autochtones à l'injustice fiscale conduira les autorités françaises à reconsidérer, à partir de 1909, la composition de la conférence consultative. Cette conférence fût élargie à des Tunisiens, puis réorganisée en 1927 où elle prit le nom de Grand Conseil. Celui-ci fût également réformé en 1945 pour devenir un organisme composé d'une section française élue au suffrage universel et direct selon le mode de scrutin de la représentation proportionnelle, et d'une section tunisienne également élue, mais au suffrage restreint à deux degrés, et au scrutin uninominal. Cependant les attributions de ce Grand Conseil demeuraient consultatives, et l'on ne pouvait pas véritablement parler d'un consentement effectif à l'impôt. C'est seulement avec l'élection d'une assemblée tunisienne exerçant un pouvoir législatif souverain que l'on pourrait franchement parler en Tunisie de l'expression du « consentement de l'impôt ».

51- Néanmoins, on a bien souligné qu'à ce stade de l'évolution et pour des raisons historiques et politiques complexes, le droit public tunisien n'était pas encore parvenu « à reproduire la conception occidentale de la légalité fiscale avec toutes ses exigences et ses implications »[48]. En effet, les textes fiscaux qui ont été édictés à cette époque, s'étaient faits essentiellement sous forme de décrets émanant de la plus haute autorité de l'Etat, c'est-à-dire le Bey qui cumule entre ses mains les pouvoirs législatifs et réglementaires. Ce n'est qu'avec l'adoption de la constitution du 1er juin 1959 et la mise en place de l'institution parlementaire que le pouvoir normatif fiscal a dû se transférer du chef de l'exécutif vers l'assemblée représentative.

3) La consécration définitive du principe de la légalité de l'impôt après l'indépendance

52- Le principe de la légalité de l'impôt n'a été explicitement proclamé, à l'image de la plupart des Etats démocratiques, qu'à partir de 1959 suite à l'adoption de la première constitution de la Tunisie indépendante. En fait, cette légalité fiscale formellement consacrée par la constitution du 1er juin 1959 avait pour longtemps représenté une promesse du Mouvement National pour la libération[49]. De ce point de

[48] Néji BACCOUCHE, L'étrange légalité fiscale, in Mélange Yadh BEN ACHOUR, n° 9, p. 652.

[49] Le parti destourien, principal parti qui a dirigé le mouvement de libération, avait dans sa célèbre motion du 10 juin 1949, posé, parmi les principes fondateurs devant être consacrés par la constitution tunisienne promise, que « les lois ne peuvent être instituées

vue, l'indépendance du pays a opéré une rupture radicale avec son passé. Le pouvoir constituant s'est empressé à poser la règle de la souveraineté populaire dans l'article 3 de la constitution du 1er juin 1959. Il a en outre réaffirmé dans l'article 18 que « le peuple exerce le pouvoir législatif par l'intermédiaire d'une assemblée représentative, dénommée: Assemblée nationale ».

53- La règle que l'impôt doit être consenti par les représentants du peuple est apparue alors comme l'une des modalités essentielles de mise en œuvre de la souveraineté populaire. A cet effet, il a été prévu dans le cadre de l'article 33 de la constitution que les impôts d'Etat ainsi que les emprunts publics et engagements financiers « doivent prendre la forme d'une loi ». Ce principe a été confirmé par l'article 36 nouveau, suite à la révision constitutionnelle du 8 avril 1976.

54- Ainsi, ce lien étroit entre la loi et la fiscalité avait représenté l'une des constantes dans l'esprit du constituant de l'Etat tunisien indépendant. Non seulement il a été consacré dans la version finale de la constitution du 1er juin 1959, mais également dans les projets précédents. L'article 18 du projet de la constitution du 9 janvier 1957 avait bien disposé que « le paiement de l'impôt et la contribution aux charges publiques est un devoir qui incombe à tout citoyen sur la base de la justice fiscale conformément aux prescriptions de la loi ». De même, il a été prévu dans le projet du 30 janvier 1958 que « la loi fixe les règles essentielles du prélèvement de l'impôt et les procédures des dépenses ».

55- Par ailleurs, il est à remarquer que les révisions successives du texte constitutionnel n'ont jamais touché ce principe, tout au contraire, elles l'ont consolidé. Nous pensons notamment à la révision constitutionnelle, intervenue par la loi constitutionnelle n° 37-76 du 8 avril 1976, révisant et complétant la constitution du 1er juin 1959. En effet, la nouvelle distinction qu'elle établit entre les matières où la loi fixe les règles et celles où le législateur « détermine les principes fondamentaux » confirme l'importance du principe dans la mesure où l'intervention des lois fiscales est prévue dans le premier groupe de matières, celui des lois « nobles », distinguées des matières administratives décalées dans un second article.

56- Dans cette perspective, l'article 34 de la Constitution réaffirme le principe de la légalité de l'impôt en disposant, en son alinéa 7, que les textes relatifs « à l'assiette et aux taux des impôts au profit de l'Etat » doivent être pris sous forme de lois. De même la nouvelle version de

---

que par un texte législatif » émanant de «la représentation nationale » incarnée par le Parlement.

l'article 36, introduite également par la révision constitutionnelle de 1976, reconnaît au Parlement le pouvoir « d'autoriser les recettes et les dépenses de l'Etat dans les conditions prévues par la loi organique du budget ». L'article 34 semble exclure ainsi toute hypothèse de « fiscalité gouvernementale », mais cette exclusion est tempérée par l'introduction, dans cette matière, de la technique délégatrice qui est de nature à permettre au Chef de l'exécutif d'intervenir dans un domaine, en principe réservé à la loi, « sauf délégation accordée au Président de la République par les lois des Finances et les lois fiscales ». L'introduction de la technique de la délégation législative a pour finalité de concilier le principe de la légalité de l'impôt avec la nécessité d'une intervention rapide et efficace, du Gouvernement, dans le domaine économique.

57- En définitive, la règle du consentement de l'impôt a été consacrée par la constitution tunisienne suivant sa double vocation, en confiant au Parlement, d'une part, un pouvoir fiscal normatif visant à créer, modifier ou supprimer les normes fiscales (par l'article 34), et d'autre part, en lui attribuant un pouvoir fiscal budgétaire tendant à autoriser la perception de l'ensembles des recettes de l'Etat ainsi que le contrôle de leur emploi (par l'article 36).

§ 2) Le fondement juridique du principe de la légalité de l'impôt

58- Nous venons de dévoiler, à travers un détour historique, que dans l'expérience occidentale, le principe de la légalité de l'impôt tire son origine du principe du consentement de l'impôt. En effet, la règle selon laquelle l'impôt est voté par le législateur est bien issue du principe du consentement du peuple, posé dès le moyen-âge. C'est une lointaine tradition et un grand dogme, puisqu'il est considéré par tous les juristes comme l'origine tant des institutions politiques représentatives[50], que des institutions financières[51].

A / Le principe du consentement de l'impôt

59- Le principe de la légalité de l'impôt, qui est érigé dans les Etats démocratiques en principe fondateur, s'exprime positivement à travers la règle d'attribution de la compétence fiscale à l'assemblée

---

[50] Ph. THENEVIN, Le pouvoir réglementaire en matière fiscale; p.14
[51] TROTABAS L. et COTTERET, Finances publiques; n° 10 et s.

représentative (le Parlement) détenteur du pouvoir législatif. Cette règle constitue ainsi la traduction juridique du principe politico-juridique de consentement des contribuables à l'impôt, ou du moins de leurs représentants.

1) Consentement de l'impôt et consentement à l'impôt

60- La doctrine distingue classiquement entre d'une part, le principe du consentement de l'impôt, en tant que règle juridique ayant acquis une valeur politique, en vertu de laquelle l'impôt ne peut être perçu que s'il a été consenti par les représentants de la nation, qui constitue la forme collective et institutionnelle du consentement fiscal ; et d'autre part, une forme de consentement, également collectif mais seulement implicite, donné par les contribuables eux-mêmes à l'impôt, voté par leur représentants, se présentant comme une sorte d'adhésion psychologique, que l'on désigne souvent par l'expression de consentement à l'impôt[52].

62- A cet égard, le consentement à l'impôt constitue un complément indispensable au principe juridique du consentement de l'impôt auquel il donne, comme le soulignait Charles CADOUX, son assise profonde. En effet, selon cet auteur, « le consentement du Parlement n'engage pas le contribuable individuellement. Mais l'obligation juridique de payer l'impôt s'accompagne d'une obligation morale, laquelle est inséparable de la notion d'impôt... Sans consentement des contribuables à l'impôt, le consentement parlementaire – suffisant au regard du droit – n'a plus qu'une portée très limitée»[53]. Face cachée du consentement de l'impôt, le consentement des contribuables à l'impôt, a donc toujours été sous des formes différentes le complément de l'acquiescement politique au prélèvement fiscal[54].

63- Selon les époques, ce consentement à l'impôt est fondé soit sur des considérations rationnelles, notamment la thèse de l'impôt-échange, soit sur un sentiment d'appartenance à une communauté sociale qui privilégie l'idée d'un devoir fiscal. Il est à noter, cependant, que même si ces fondements rationnels ou éthiques du consentement à l'impôt sont loin de s'exclure mutuellement, il peut toujours exister, suivant les époques ou les sociétés, une prépondérance de l'un par rapport à l'autre.

---

[52] Pierre BELTRAME, Le consentement de l'impôt. Devenir d'un grand principe ; Revue Française de Finances Publiques, n° 51, 1995, p. 82.
[53] Charles CADOUX, Du consentement de l'impôt ; RSF 1961 p. 434.
[54] Pierre BELTRAME, article précité, p. 86.

2) L'altération du principe de consentement de l'impôt

64- Si à l'origine, l'expression du consentement par les élus apparaissait comme le meilleur moyen du respect de la volonté générale, cette conception a subi une évolution avec le temps et le Parlement n'est plus nécessairement aujourd'hui le lieu idéal d'expression du consentement à l'impôt. En effet, les compétences fiscales des Parlements, quoi que étendues ont subi la même érosion que les autres attributions des Parlements (orientation et contrôle de l'action gouvernementale), suite à l'accroissement des pouvoirs des Exécutifs au cours de la seconde moitié du XXème siècle, consécutif à la transformation du rôle de l'Etat et à ses interventions accrues dans tous les domaines de la vie économique et sociale[55].

65- Désormais, aussi bien en matière fiscale que dans les autres matières, le pouvoir Exécutif intervient concurremment avec le pouvoir législatif, notamment pour ce qui est de l'initiative et de la proposition de projets de lois[56]. Dans le domaine fiscal, plus que dans les autres domaines, la haute technicité de la matière et sa complexité excessive, font que les élus ne sont pas toujours en mesure d'apprécier pleinement les conséquences de leur vote, et se contentent souvent d'une discussion formelle des projets minutieusement rédigés par les services de l'administration fiscale. Le Parlement constitue souvent donc, selon les termes de SALIN « une simple chambre d'enregistrement des projets gouvernementaux par une majorité de parlementaires étroitement dépendants des partis au pouvoir »[57].

66- Cependant, même si « la souveraineté de la majorité n'est qu'une version civilisée de la loi du plus fort »[58], elle est tout de même préférable à l'arbitraire, et le lieu d'expression du consentement à l'impôt demeure, dans un Etat moderne composé de millions d'individus, une Assemblée composée de représentants élus, à condition que ceux-ci soient suffisamment représentatifs de la volonté de leurs électeurs.

67- Par ailleurs, le Parlement issu du suffrage universel, est de nos jours plus sensible aux avantages procurés par les dépenses de l'Etat interventionniste qu'aux sacrifices qui en découlent pour les

---

[55] Christian PIERRET, Le Parlement et la fiscalité; revue POUVOIRS, n° 23, 1982, p.33 à 45.
[56] En Tunisie, les projets présentés par le Président de la République ont la priorité sur ceux présentés par les députés en vertu de l'article 28 de la Constitution.
[57] Pascal SALIN, L'arbitraire fiscal; Editions Robert Laffon. Libertés 2000, 1985, p.205.
[58] SALIN précité p.239.

contribuables. Si l'électeur est soucieux de ne pas être trop imposé, il apprécie également les interventions positives et coûteuses de l'Etat. Il en résulte un renversement des rôles : aujourd'hui, c'est plutôt le gouvernement qui s'efforce de lutter contre la prodigalité du Parlement. Le développement du pouvoir réglementaire n'est donc pas nécessairement défavorable aux contribuables, et en définitive, peut apparaître davantage comme une atteinte aux prérogatives du Parlement que comme une restriction au principe du consentement dans la mesure où le Gouvernement émane lui-même indirectement du vote populaire et où le Président de la République, qui est, en Tunisie, le chef incontesté de l'exécutif, est élu au suffrage universel direct.

B / La portée du principe de la légalité de l'impôt

68- En dépit de son évolution et de ses multiples métamorphoses au fils des ans, le principe de la légalité de l'impôt préservait constamment, eu égard à son contenu et ses implications, une importance incontestable.

1) L'importance du principe de la légalité de l'impôt

69- Les auteurs sont certainement loin de s'accorder sur le nombre des principes qui gouvernent la discipline de la fiscalité, mais en revanche, ils sont unanimes à classer le principe de la légalité de l'impôt parmi les grands principes fondamentaux du droit fiscal. Il en est ainsi du professeur Loïc PHILIP qui soutient que les grands principes fondamentaux du droit fiscal sont au nombre de quatre: le principe de la légalité fiscale, le principe de l'égalité devant l'impôt, le principe de l'assimilation des sanctions fiscales aux sanctions pénales et le principe de l'annualité et de la nécessité de l'impôt[59]. De sa part, le professeur BOUVIER a établi une liste plus longue des grands principes du droit fiscal à portée constitutionnelle, à leur tête figure, bien entendu, le principe de la légalité de l'impôt[60]. Enfin, selon le Professeur Jean LAMARQUE, « deux grands principes constituent le fondement du droit fiscal : le principe de légalité de l'impôt et le principe d'égalité. Ils

---

[59] PHILIP Loïc « Les fondements constitutionnels des finances publics », Paris Economica, 1995, p. 54 et s.
[60] Michel BOUVIER « Introduction au droit fiscal et à la théorie de l'impôt » LGDJ, 1996, p.35 et s.

président à l'élaboration et à l'application du droit fiscal »[61]. Le principe de légalité fiscale fait participer l'impôt aux caractères essentiels de la loi et, notamment, aux caractères de généralité et d'impersonnalité[62].

70- Actuellement, ce principe est doté d'une portée quasi-universelle et ce du fait qu'il est solennellement consacré par la plupart des constitutions étrangères[63]. Selon le Professeur BACCOUCHE, la « sacralisation » de ce principe, « à travers sa constitutionnalisation généralisée, s'explique à la fois par l'histoire complexe qui l'a enfanté et par la valeur de la loi fiscale dans les systèmes démocratiques »[64].

71- En Tunisie, le principe de la légalité de l'impôt est un principe fondamental, posé et inscrit par la constitution. Visant à protéger les contribuables contre l'arbitraire fiscal, il réserve au législateur l'établissement de l'obligation fiscale: seule la loi pouvait créer un impôt, procéder à son aménagement technique, sa perception annuelle ainsi qu'à la définition du statut et des obligations du contribuable. En d'autres termes, ce principe interdit à toute autorité, autre que le législateur, de créer un impôt ou modifier une loi fiscale. De cette réservation au législateur de l'obligation fiscale, la théorie juridique en tire une série de conséquences[65].

72- Tout d'abord, la compétence du Parlement en matière fiscale est générale, elle concerne non seulement les impôts perçus au profit de l'Etat mais également tous les autres impôts, en particulier les impôts locaux ainsi que ceux qui sont perçus par les établissements publics.

73- Ensuite, il découle du principe de légalité de l'impôt que le législateur est tenu d'exercer lui-même effectivement la totalité de sa compétence en matière fiscale telle qu'elle est énoncée par l'article 34 de la Constitution. En principe, le législateur ne doit pas abandonner ou déléguer une partie de compétence fiscale au pouvoir réglementaire sous

---

[61] Jean LAMARQUE, Droit fiscal général, T2, p. 358.

[62] L. TROTABAS, J-M COTTERET « Droit fiscal », p. 79.

[63] Ainsi à titre d'exemple, le principe dé légalité de l'impôt trouve ses fondements constitutionnels : E n Grande Bretagne : articles 12 et 14 de la Grande charte de 1215, l'article I §4 du Bill of Right du 13 février 1689 ; articles 1 et 2 du Parliament Act du 18 août 1911 ; Aux Etats Unis : article 1, sections 7 et 8 de la constitution du 17 septembre 1787 ; A la Confédération Helvétique : articles 85-10 de la constitution du 29 mai 1874 ; à L'ex URSS : dispositions combinées des articles 32, 59, 60 et 68 de la constitution du 5 décembre 1938 ; En Italie : articles81 de la constitution du 27 décembre 1947 ; En République Fédérale d'Allemagne : article 109 à 115 de la loi fondamentale du 23 mai 1949 ; En Egypte, article 119 de la constitution du 22 septembre 1971.

[64] Néji BACCOUCHE, article précité, n° 1, p. 649.

[65] H. AYADI « Droit Fiscal » 1989; p. 225

peine d'inconstitutionnalité. Selon l'expression utilisée par le juge constitutionnel français, le législateur ne peut rester « en deçà » de sa compétence fiscale, par exemple, en confiant à d'autres autorités le soin de fixer une partie du régime de l'impôt ou d'en déterminer librement le taux. De même, le législateur ne peut charger le pouvoir réglementaire de déterminer librement la date de l'abrogation d'une disposition fiscale. Le principe exige encore que la loi fiscale soit toujours suffisamment claire et ne puisse pas donner lieu à plusieurs interprétations.

74- Enfin, Le principe de légalité de l'impôt exige que l'action du pouvoir réglementaire en matière fiscale soit circonscrite par la loi fiscale. Le Gouvernement ne dispose pas, en principe, du pouvoir de créer des impositions, ni de déterminer les règles essentielles relatives à leur assiette, à leur taux ou à leurs modalités de recouvrement. Il ne peut que mettre en œuvre les règles fixées par le législateur en précisant les modalités d'application de la loi fiscale. Par ailleurs, en France, le Conseil Constitutionnel a estimé qu'il résulte du principe de légalité, qu'en matière d'agréments fiscaux, l'administration ne disposait normalement d'aucun pouvoir discrétionnaire dans l'octroi ou le refus d'un agrément et qu'elle devait se borner à vérifier si les conditions prévues par la loi à l'octroi d'un agrément étaient ou non remplies.

75- Cependant, certains auteurs soulignent la relativité de la soumission de l'administration au droit, puisqu'elle conserve dans l'application de la règle, même d'origine législative, une marge de manœuvre, qu'elle peut interpréter, adapter, voire, dans des cas limites, s'abstenir d'appliquer. La notion de soumission au droit ne se résout plus donc dans l'obéissance à des normes édictées par une instance extérieure et supérieure à l'administration; elle signifie avant tout que l'activité administrative s'insère dans une hiérarchie de normes juridiques telle que l'administration doit respecter les normes de valeur supérieure tout en étant simultanément créatrice de normes dérivées[66].

2) L'évolution du principe de la légalité de l'impôt

76- Si le principe de la légalité de l'impôt a bien conservé toujours sa vigueur et constitue en tout temps le fondement du droit public et l'un des grands principes du droit fiscal, sa portée et les exigences juridiques garantissant son effectivité, n'avaient pas toujours été les mêmes,

---

[66] Danièle LOSCHAK, Le principe de légalité: Mythes et mystifications; A.J.D.A., 20 septembre 1981, p.391

suivant les époques. Ainsi, après avoir connu son âge d'or, depuis sa naissance dans les principales démocraties occidentales, jusqu'au premier tiers du XXème siècle, il avait connu au XXème siècle et notamment, après la seconde guerre mondiale un déclin remarquable, imputable essentiellement suite à l'essor de l'interventionnisme étatique et de l'affaiblissement corrélatif du rôle des Parlements. Toutefois, depuis une période récente on assiste à une réelle tendance vers la réhabilitation du principe de la légalité de l'impôt.

a- L'âge d'or du principe

77- L'idéal révolutionnaire du « règne de la loi » est d'assurer la liberté. C'est en ce sens qu'en matière fiscale l'intervention du législateur, titulaire exclusif de la compétence fiscale, est considérée comme une garantie fondamentale du contribuable. Fondé exclusivement sur les pouvoirs du Prince, l'impôt, qui ampute la richesse privée au profit de la richesse publique, exprime la soumission de l'individu atteint dans ses biens.

78- Montesquieu expose la liaison impôt-liberté dans la « théorie de l'équilibre des deux nécessités » comme suit: « Pour bien fixer les revenus (de l'Etat), il faut avoir égard et aux nécessités de l'Etat et aux nécessités des citoyens »[67]. « On peut lever des tributs plus forts à proportion de la liberté des sujets, et l'on est forcé dans les Etats modérés, un dédommagement pour la pesanteur des tributs : c'est la liberté »[68]. D'où, le principe du consentement du peuple vise à changer la nature du prélèvement fiscal qui, reposant sur les droits des individus, apparaît comme une contribution volontaire.

79- Le consentement du peuple n'est pas octroyé directement, mais il passe nécessairement par le Parlement, où siègent les représentants des contribuables et qui exercent en cette qualité un pouvoir fiscal initial, absolu et exclusif. En revanche, le pouvoir exécutif n'a, en matière fiscale, qu'une compétence dérivée et subsidiaire qui consiste à mettre en œuvre les modalités d'application de la loi fiscale. De ce fait, le pouvoir réglementaire est soumis à une subordination totale vis-à-vis du pouvoir législatif.

80- Cette conception stricte de la répartition verticale des compétences fiscales entre le Parlement et le Gouvernement était considérée comme la seule garantie fondamentale qui protège le contribuable contre tout

[67] Montesquieu, Esprit des lois, Livre XIII, Chap. 1.
[68] Montesquieu, Esprit des lois, Livre XIII, Chap. 12 et 15.

pouvoir fiscal arbitraire et absolu, hypothéquant sa liberté et menaçant son droit de propriété. En effet, c'est la loi, expression de la volonté générale qui constitue le meilleur garant de la liberté et de la protection de la propriété privée. En raison des incidences directes des mesures fiscales sur le patrimoine des particuliers, le choix de la loi pour les édicter apparaît comme une garantie solennelle, aux termes de laquelle la ponction opérée auprès des citoyens est effectuée pour la satisfaction de missions d'intérêt général.

b- Le déclin du principe

81- Les auteurs sont unanimes à constater que durant la première moitié du XXème siècle le principe de la légalité en général, bien qu'il n'ait pas été totalement remis en cause, a subi un recul sur tous les fronts[69]. Tout d'abord, sur le front de la pratique, on ne fait que constater que « le principe de légalité est progressivement vidé de sa substance: Affranchie des contraintes qu'impliquait l'ordonnancement juridique traditionnel, échappant de plus en plus au formalisme juridique, l'action de l'administration se dérobe par le fait même à tout contrôle rigoureux de la part du juge »[70]. Mais le principe de légalité est aussi en perte de vitesse sur le front idéologique puisque « la désacralisation de la loi et du droit marque le déclin de l'idéologie juridique, coïncidant avec le passage d'une rationalité juridique essentiellement stabilisatrice à une rationalité technoco-économique valorisant le changement »[71].

82- Ce phénomène du déclin de la légalité n'a pas épargné bien évidemment, pour la même période, le principe de la légalité de l'impôt. Selon la doctrine, dans ce domaine le déclin de ce dernier principe est en réalité imputable à plusieurs facteurs:[72]

83- Extension des pouvoirs de l'exécutif: La promotion d'un exécutif fort, dans beaucoup de pays, fait sentir ses effets en matière fiscale. Désormais, le pouvoir exécutif a la charge de préparer la loi fiscale, prendre les textes d'application, procéder à l'interprétation des normes fiscales et négocier les conventions fiscales internationales. Il lui revient également d'effectuer, au moment qu'il juge opportun, des opérations conjoncturelles surtout sur les taux, en matière de droits de douanes et

---

[69] Danièle LOSCHAK, article précité p. 392.
[70] Ibidem p.392.
[71] Ibidem p.392.
[72] Cf. Louis TROTABAS, Jean-Marie COTTERET « Droit fiscal », Précis Dalloz 1992 , n° 58; Guy GEST et Gilbert TIXIER « Manuel de droit fiscal », L.G.D.J. 1986, p. 34-41; Michel BOUVIER « Introduction au droit fiscal et à la théorie de l'impôt », précité p. 37-41 Habib AYADI « Droit fiscal », précité p. 225.

de fiscalité indirecte. A ces éléments, il faudrait ajouter le développement sensible de prélèvements obligatoires non consentis par le Parlement et qui relèvent, par conséquent, de la compétence du pouvoir réglementaire, tels que : les cotisations sociales, les taxes parafiscales, les redevances…etc.

84- L'interventionnisme fiscal: L'impôt se trouve au centre de l'interventionnisme public. L'Etat planificateur mise puissamment sur la fiscalité pour atteindre certains objectifs économiques et sociaux. A cet effet la politique fiscale des gouvernants, expression d'une conception dynamique de l'impôt, utilise ce dernier comme un instrument efficace d'intervention conjoncturelle ou structurelle. Cette instrumentalisation de l'impôt a inéluctablement renforcé le phénomène de la technicité de la matière fiscale et sa complexité, engendrant ainsi un glissement du pouvoir fiscal des parlementaires à une minorité de technocrates.

85- Les procédures de type concerté: Les groupes sociaux d'agriculteurs, de commerçants, d'industriels, de salariés... interviennent indirectement lors de l'élaboration de la loi fiscale en vue de défendre leur intérêt catégoriel. Un dialogue régulier est donc usuellement instauré entre ces groupements et les détenteurs du pouvoir fiscal concernant notamment de nouveaux impôts et la réforme du système fiscal en général.

86- L'éclatement de l'unité du prélèvement fiscal: Avec l'augmentation des besoins financiers de l'Etat, l'impôt n'est plus le mode exclusif de couverture des charges publiques, on assiste désormais à l'extension des prélèvements obligatoires sous forme de taxes, redevances, taxes parafiscales, etc. Ces prélèvements, qui ne revêtent pas une nature purement fiscale, échappent généralement à la compétence du législateur et rentrent, par voie de conséquence, dans le domaine d'intervention du pouvoir réglementaire[73].

87- L'essor des rapports de type contractuel en matière fiscale: En principe, la situation du contribuable est qualifiée de légale et de statutaire et réglementaire. Il en résulte que l'impôt ne peut en aucun cas être déterminé par un accord de volonté. En France le Conseil d'Etat rejette toute possibilité de contrat tacite ou express en matière fiscale[74] et considère que de tels contrats sont juridiquement inexistants qu'ils tendent à aménager des délais de paiement[75] ou qu'ils portent sur

---

[73] Selon le professeur N. BACCOUCHE « on peut même penser qu'ils sont apparus, sous ces formes multiples, pour échapper à la lenteur et à la solennité du travail parlementaire », Droit fiscal général, 2008, n° 180, p. 139.

[74] CE 24 mai 1956 Société des Etablissements Pouss AJDA 1956 II 406.

[75] CE 23 mai 1958 AJDA 58 II 372.

l'évaluation de la matière imposable[76]. Cependant cette conception n'a pas résisté aux données économiques et politiques nouvelles, marquées par une tendance à la contractualisation des rapports entre l'administration et les citoyens. On assiste en Tunisie et ailleurs au développement, dans le domaine fiscal, de la pratique de l'agrément et de la convention[77].

88- De son côté l'égalité des contribuables devant la loi d'impôt empêche que certains contribuables puissent individuellement bénéficier d'un traitement de faveur. En effet, la jurisprudence en France, si elle sanctionne fermement les atteintes à ce principe ne va pas jusqu'à interdire toute discrimination catégorielle fondée sur les différences de situation ou de nature d'activité[78] ou selon la dimension de l'entreprise[79].

89- La présence et la coexistence de l'ensemble de ces facteurs ont eu pour conséquence inéluctable la perte du monopole normatif de l'instance parlementaire et sa marginalisation, ce qui devra sans nul doute mettre à mal le principe de la légalité fiscale, si ce ne serait pas le vider de toute substance.

c- La résurgence du principe

90- Le phénomène, constaté récemment, ayant trait à l'enrichissement des règles fiscales, tant sur le plan formel que sur le plan matériel, appelé par certains : phénomène de la « juridicisation » du droit fiscal, a manifestement engendré, sous l'impulsion notamment des travaux des autorités de contrôle de la constitutionnalité des lois, une réelle et sérieuse réhabilitation du principe de la légalité fiscale.

---

[76] CE 28 juin 1961, Rec. p. 443.

[77] Ces agréments et ces conventions ne constituent pas de véritables contrats dont les clauses sont laissées à la libre discrétion des parties. Ces accords sont minutieusement réglementés et dans lesquels l'administration fiscale et le contribuable recherchent ensemble, non pas ce qu'ils sont disposés à convenir, mais ce qu'exige ou permet la loi. Il en est ainsi lorsque les conventions de concession pétrolière prévoient un impôt « pétrolier » déterminé contractuellement, de même que les conventions d'investissements qui renferment des clauses fiscales.

[78] CE 14 mars 1975 société anonyme Quimblier Rec 191.

[79] CE mars 1949 société anonyme d'alimentation d'Epargne Rec. 126). F. Luchaire, « La liberté individuelle et la constitution », Mélanges P-M. Gaudemet, p. 603.

1- Le phénomène de «juridicisation» du droit fiscal

91- Parallèlement au déclin subi par le principe de la légalité de l'impôt, certains auteurs signalent l'irruption d'un phénomène inverse qui marque désormais l'évolution du droit fiscal contemporain, à savoir, « une montée de la substance juridique » selon l'expression de Marie-Christine ESCLASSAN[80], ou « une emprise croissante du droit » selon l'expression du doyen VEDEL[81]. Ce phénomène qui concerne aussi bien le droit fiscal que le droit budgétaire, est lisible notamment à travers leur processus de constitutionnalisation [82]. Il se présente pour le droit fiscal, selon le doyen Vedel, par ses deux traits marquants: d'un côté l'extension et la systématisation du droit financier matériel à travers un processus de fiscalisation accrue et de foisonnement des règles; de l'autre l'enrichissement du droit financier formel par la recherche d'un équilibre entre la rigueur croissante des contrôles et la réglementation des procédures propres à concilier l'efficacité de l'action fiscale et les droits des contribuables[83].

92- En effet, pendant longtemps, et sous l'angle des limites à apporter au pouvoir fiscal du point de vue de la protection des droits et libertés individuels, la préoccupation juridique essentielle est restée celle de la légalité formelle dans laquelle on voyait exprimé et garanti de manière suffisante le principe de consentement de l'impôt. Dans la doctrine financière de la fin du XIXe jusqu'aux années trente l'attention juridique s'exprimait surtout dans une approche concomitante du phénomène budgétaire et fiscal centrée sur l'autorisation parlementaire[84], avec des considérations juridiques beaucoup plus faibles sur le terrain de la technique fiscale appréhendée quant à elle bien davantage sous ses aspects économiques et sociaux.

93- Force est d'observer que l'essor considérable du système fiscal avec la refonte progressive des régimes d'imposition modernes et leur diffusion, ne s'est pas traduit de manière sensible, au moins jusqu'au milieu des années 1970 par un approfondissement de la protection des

---

[80] Marie-Christine ESCLASSAN, « A propos de la juridicisation du droit fiscal. Quelques éléments d'analyse. »; Rev. Fr. de Fin. Pub. n° 41-1993, p. 7

[81] Georges VEDEL, Préface à l'étude de Finances publiques en l'honneur de P-M GAUDEMET, Economica, 1984.

[82] Cf. Loïc PHILIP, L'évolution récente de la jurisprudence constitutionnelle en matière fiscale; Revue de Droit Fiscal n° 23 1998, p.730.

[83] Ibidem.

[84] V. en particulier E. ALLIX « Traité élémentaire de science des finances et de législation financière française »; Rousseau et Cie, 1931, 5e édition; R. STOURM « Système généraux d'impôts », Guillaumin, 1905; F. NITTI « Principes des finances », Giard, 1928; G. JEZE « Cours de finances publiques », Giard, 1931.

droits des contribuables, et cela certainement sous l'effet d'une sacralisation de la finalité économique et sociale du prélèvement, venant supplanter dans le cadre de l'Etat-providence, les considérations relatives aux modalités juridiques de l'imposition.

94- Aujourd'hui, la perspective est assurément bien différente. Marqué par des sujétions accrues qui viennent limiter plus étroitement aussi bien le pouvoir législatif et réglementaire que l'action administrative, le droit fiscal n'exprime plus avec la même vigueur les caractères de puissance publique qui traditionnellement étaient les siens. Et si la nécessité du prélèvement continue à les fonder, elle s'en trouve davantage circonscrite dans une protection élargie des droits et libertés individuels.

95- M-C ESCLASSAN souligne que cette logique de « juridicisation » en matière fiscale n'est évidemment pas sans lien avec une logique sociale plus vaste, qui notamment à la faveur des débats relatifs à l'Etat et de droit, s'accompagne depuis quelques années, et dans de nombreux secteurs, d'un net développement du droit[85]. De ce point de vue, c'est bien une autre rationalité, des valeurs plus contemporaines que traduit aujourd'hui plus sensiblement la matière et tend, dormais, à donner une nouvelle portée au principe de la légalité de l'impôt.

2- La réhabilitation du principe de la légalité de l'impôt

96- Le phénomène de réhabilitation du principe de la légalité de l'impôt s'insère dans un phénomène plus large qui est relatif à la réhabilitation de la règle du droit, en général, concomitamment à l'institution, par les Etats, de mécanismes de contrôle de la constitutionnalité[86]. Il en a résulté une évolution irréversible dans le sens de la constitutionnalisation croissante des matières juridiques, en général, et de la matière fiscale en particulier[87].

---

[85] M-C ESCLASSAN, précité p.74, Cf. également G. DUPUI, qui observe qu' « on assiste en France à une sorte de juridicisation de la société qui comporte bien des aspects », introduction à « Le contrôle juridictionnel de l'administration, Bilan critique », Economica, 1991

[86] Sur la manifestation de ce phénomène en droit constitutionnel, confronter Dominique TURPIN, Droit constitutionnel, notamment l'introduction de cet ouvrage, intitulée : « le droit constitutionnel dans ses différents états ».

[87] Sur la constitutionnalisation du droit fiscal, cf. Néji BACCOUCHE, Constitution et droit fiscal, in Recueil de l'Académie Internationale de Droit Constitutionnel, Vol. 9, 1999, p. 31 ; « Les fondements constitutionnels du droit fiscale. », Colloque organisé par la faculté des sciences juridiques, économiques et de gestion de Jendouba les 10 et 11 avril 2007; Sonya CHERIF, Les bases constitutionnelles du droit fiscal, Mémoire, Faculté de droit de Sfax, 2008.

97- En Tunisie, malgré le caractère embryonnaire de la jurisprudence du conseil constitutionnel, nous avons pu recenser dans les rares décisions de ce conseil, ayant trait au domaine fiscal, un intérêt indiscutable de cet organisme de contrôle à défendre le principe de la légalité de l'impôt. Ceci s'était bien manifesté soit, dès le départ, à travers la défense du domaine législatif par une stricte application de l'article 34 alinéa 7 de la constitution[88], soit, plus récemment, à travers un stricte encadrement de l'œuvre du législateur fiscal en veillant au bon respect de tous les principes et règles à valeur constitutionnelle[89].

98- En droit comparé, notamment dans les Etats où a été institué un système de contrôle efficace et élargi de la constitutionnalité des lois, nous avons pu enregistrer une évolution intéressante dans le sens d'une réhabilitation du principe de la légalité de l'impôt[90]. Ainsi, en France depuis le début des années quatre vingt, les décisions du Conseil constitutionnel en matière fiscale apparaissaient de plus en plus favorables à un élargissement de la compétence du Parlement et à un renforcement des droits du contribuable[91]. Cette évolution a conduit le Conseil constitutionnel vers une réhabilitation du principe de la légalité de l'impôt. En fait on a assisté à un retournement complet de la situation; le Conseil constitutionnel n'empêche pas le Parlement de légiférer sur les matières de nature réglementaire, il élargit le domaine de sa compétence et il veille à ce que ce dernier exerce bien lui-même la plénitude de sa compétence législative. Le juge constitutionnel devient alors, selon les termes de Loïc PHILIP, le garant du principe de la légalité de l'impôt.

99- En définitive, on constate que la jurisprudence constitutionnelle en matière fiscale revêt une importance pratique de plus en plus grande

---

[88] Voir : Avis du Conseil Constitutionnel du 9 janvier 1997 relatif au code de la fiscalité locale. Cet avis a été publié de manière incidente dans le cadre du rapport conjoint de la commission du plan et du développement régional et la commission de la législation générale et de l'organisation générale de l'administration sur le projet des articles soumis à une seconde lecture du projet de la loi portant promulgation du code de la fiscalité locale. JORT Débats 1997, n° 26, p. 4 et s. .

[89] A partir de 2005, les avis du conseil constitutionnel tunisien sont systématiquement publiés au journal officiel de la république tunisienne (JORT). A travers ses multiples interventions, Le conseil semble suivre la voie déjà entamée par son homologue français dans le sens de renforcement de son contrôle quant à la conformité aux exigences de la légalité.

[90] Il est à noter qu'en raison de la similitude des dispositions constitutionnelles portant répartition du domaine de la loi et celui du règlement, dans les deux constituons française de 1958 et tunisienne du 1er juin 1959, nous pensons que les solutions jurisprudentielles dégagées par le Conseil constitutionnel français sont tout à fait transposables pour le cas tunisien.

[91] Loïc PHILIP « Droit fiscal constitutionnel », Ed. Economica 1990, p. 85

dans la mesure notamment où elle donne une nouvelle vigueur au principe de la légalité de l'impôt et, aussi dans la mesure où elle impose de plus en plus souvent au législateur le respect d'un certain nombre de principes fondamentaux qui constituent, pour le contribuable, des garanties importantes. Plus particulièrement, en droit comparé, les auteurs ne manquaient pas de relever les évolutions significatives qui concernent l'égalité devant l'impôt, la rétroactivité fiscale, les sanctions fiscales et le respect des droits de la défense, où l'on constate que la jurisprudence constitutionnelle évolue dans le sens d'une protection renforcée du contribuable, tout en s'efforçant de prendre en compte les nécessités du contrôle fiscal et la lutte contre la fraude[92].

SECTION II

PRESENTATION DE LA RECHERCHE

100- L'étude du principe de légalité de l'impôt revêt tout d'abord un intérêt théorique certain, elle nous permet d'appréhender un grand principe qui constitue l'un des plus importants fondements du droit fiscal. La référence à ce principe est quasi-constante dans la plupart des ouvrages qui sont consacrés à l'étude de la théorie fiscale. Mieux encore, la portée du principe de la légalité de l'impôt a subi ces dernières années un certain regain d'intérêts, notamment avec le développement récent des mécanismes du contrôle de la constitutionnalité des lois en général, et de la loi fiscale en particulier, ou, pour employer les termes de L. FAVOREU, l'«activation des textes constitutionnels par le juge constitutionnel »[93].

101- Il est assez paradoxal de constater, à cet égard, que malgré le caractère séculaire et l'importance du principe de légalité de l'impôt, ce dernier n'a pas fait l'objet, jusqu'à ce jour, d'une étude systématique. Cette tâche est désormais devenue plus nécessaire et urgente d'autant plus que le principe général de légalité semble bien connaître un intérêt beaucoup plus important dans le cadre des autres disciplines juridiques voisines[94]. Pourtant, la plupart des études et recherches effectuées dans

---

[92] Voir Loïc PHILIP, L'évolution récente de la jurisprudence constitutionnelle en matière fiscale ; Revue de droit fiscal, n° 23 1998, p. 730 et s.

[93] L.. FAVOREU, article précité, p. 6.

[94] Confronter en matière du droit administratif :Serge VELLEY, Les origines du principe de légalité en droit public français, Thèse Paris 10 1988 ; Jacques SIMON, Essai de quelques idées sur la notion de légalité particulièrement en droit positif français, Thèse Paris 1934 ; Ilias THEODORATOS, Rationalité et légalité de l'action

le domaine fiscal ne manquaient pas de se référer de manière quasi-systématique au principe de légalité de l'impôt[95].

102- La recherche du degré d'effectivité du principe de légalité de l'impôt en droit fiscal tunisien revêt, par ailleurs, un intérêt pratique indiscutable. En effet, avec le phénomène de l'internationalisation et l'engagement de la Tunisie à s'insérer dans le processus de la mondialisation et de l'ouverture de ses frontières[96], le système fiscal tunisien est désormais rentré dans une rude concurrence avec les autres systèmes fiscaux étrangers[97]. Afin de gagner le pari de cette compétition, il est impératif qu'il obéisse aux standards internationaux qui exigent plus particulièrement un respect minutieux de la légalité fiscale.

§1) Méthodologie de la recherche

103- L'étude du principe de la légalité de l'impôt, en dépit de la prééminence de la matière fiscale, ne demeure pas moins un sujet carrefour qui touche plusieurs disciplines juridiques voisines relevant du droit public : le droit fiscal en premier lieu, mais également le droit constitutionnel, le droit budgétaire et le droit administratif, pour ne citer

---

administrative, Thèse Paris 1 1992 ; Jean LACROIX, L'appréciation de la légalité des règlements administratifs par les juges judiciaires, Thèse Université de Nancy 1931. En droit comparé, voir : Adan DENNAWI, Etude comparée du principe de légalité en droit administratif français, Thèse, Paris 2 1985 ; Abdulhamid KHUNEIN, Le principe de légalité en Arabie Saoudite, Thèse Renne I 1994 ; Elie NICOLOPOULOS, Les notions de légitimité et de légalité en Grèce de 1967 à 1974, Thèse Paris II 1980. En matière pénale, voir : F. M'RAD, Le principe de la légalité pénale, Mémoire DEA, Faculté de Droit et de Sciences Politique de Tunis.

[95] Voir à titre d'exemple, G. TOURNIE, Les agréments fiscaux, Pédone 1970, p. 280 ets. ; P. MARCHESSOU, l'interprétation des textes fiscaux, Economica 1980 , p.148 ets. ; J-C MARTINEZ, le statut du contribuable, LGDJ 1980, § 112 ; F. DOUET, Contribution à l'étude de la sécurité juridique en droit fiscal français, LGDJ 1997, p17 et s. ; E. WILLEMART, Les limites constitutionnelles du pouvoir fiscal, Bruylant Bruxelles 1999, p. 92 et s.

[96] La Tunisie a opté à s'intégrer dans le mouvement de la mondialisation en adhérant au GATT (devenu l'Organisation Mondiale du Commerce (OMC) à partir du 15 avril 1994) depuis mai 1990, en signant le 17 juillet 1995 un accord relatif à l'institution d'une zone de libre-échange entre la Tunisie et l'Union Européenne (entré en vigueur à partir du 1er janvier 1996) et plus récemment en signant le 23 février 2004 à Rabat une convention d'établissement d'une zone de libre échange entre les Etats arabes méditerranéens (approuvée par la loi n° 2004-58 du 27 juillet 2004).

[97] Cf. Naji BACCOUCHE, L'environnement fiscal de l'entreprise à l'heure de l'internationalisation de l'économie : Le cas de la Tunisie, Etudes Juridiques, n° 10, 2003, p. 73 et s..

que les principales. Bien entendu, notre examen se focalise, essentiellement, sur l'étude et l'analyse des solutions et des règles consacrées par le droit positif tunisien relatif à ces matières. A ce titre nous allons entreprendre une approche strictement juridique qui puise dans les instruments d'analyse et de démonstration des disciplines précitées.

104- Toutefois, l'éclairage du droit comparé, et notamment du droit français, constitue pour notre recherche une option primordiale dictée par une double considération : D'une part, le droit positif tunisien est largement inspiré du droit français. Certains ont même qualifié le droit fiscal, en vigueur après l'indépendance du pays comme étant « un legs du protectorat »[98]. Or, précisément, le système fiscal qui a été mis en place par les autorités du protectorat n'est que la transposition pure et simple du système fiscal moderne appliqué dans la métropole. Les grandes réformes fiscales conduites par le Gouvernement depuis 1988, ne semblent pas délivrer le droit fiscal tunisien de l'influence étroite des législations en vigueur dans les principaux pays occidentaux, et plus particulièrement la législation française. Bien au contraire, l'impératif de compétitivité et d'harmonisation dicté par le nouvel environnement marqué par l'internationalisation et l'ouverture des frontières, a poussé beaucoup plus les autorités fiscales tunisiennes à rapprocher notre système fiscal du modèle occidental. D'autre, part, le respect du principe de la légalité de l'impôt est considéré actuellement, à côté d'autres principes régissant l'Etat de droit, comme un impératif d'ordre universel, largement diffusé dans le monde sous l'impulsion et l'influence de l'idiologie libérale.

§2) Problématique du sujet

105- Dans l'absolu, l'étude du principe de la légalité de l'impôt pose tout d'abord, une problématique générale consistant à nous interroger sur le sort actuel de ce principe, dans les Etats qui s'en réclament ? En effet, il est indéniable de constater que ce principe a subi une évolution certaine. Il a certes perdu sa signification et sa portée initiale, les indicateurs initiaux qui marquent l'originalité de ce principe ne sont plus valables actuellement ; ceci nous amènera-t il pas à admettre la thèse qui

---

[98] Nous pouvons citer à titre d'exemple : H AYADI, Droit fiscal, précité, p. 137 et p. 281-282 ; Ahmed ESSOUSSI, La nécessaire réforme de l'impôt sur le revenu tunisien, RTD 1987, p. 41-118 ; Leila CHIKHAOUI, Pour une stratégie de la réforme fiscale : enjeux et moyens à la lumière de l'expérience tunisienne, ENA, C.R.E.A 1992, p. 11.

soutient le déclin, la décadence, voire même la disparition définitive du principe de la légalité de l'impôt, ou bien, ce principe garde-t-il toujours sa vigueur traditionnelle, tout en subissant un changement au niveau de sa signification et sa portée ?

106- En effet, aujourd'hui le principe de légalité de l'impôt est loin d'avoir la portée que devrait lui assurer les textes qui le proclament. Bien qu'il n'ait pas été remis en cause et demeure toujours proclamé officiellement, il a été subrepticement tourné par la politique fiscale des gouvernants, « qui cherchaient à s'affranchir de la sujétion du consentement de l'impôt par la loi, au nom du contribuable »[99].

107- Le consentement de l'impôt est certes l'une des prérogatives essentielles que les régimes de tradition démocratique reconnaissaient au Parlement. Cependant certains auteurs soulignent que si ce principe n'a pas été remis en cause dans les pays libéraux, sa portée a été considérablement modifiée, à mesure que se développait et se transformait le rôle économique de l'Etat[100]. Si normalement le prélèvement fiscal ne peut avoir lieu que dans la mesure où les contribuables y consentent par l'intermédiaire de leurs représentants, en fait il n'en est pas toujours ainsi puisque des mécanismes de substitution ont pris la relève.

108- Si l'on continuait de nos jours à évoquer la nouvelle orientation vers « la réhabilitation du principe de la légalité de l'impôt », s'agirait-il d'une simple survivance d'un principe séculaire ? S'agirait-il d'une pure tentative nostalgique préconisant le retour aux sources ? Ou bien, s'agirait-il d'un véritable effort de construction d'un contenu nouveau propre à ce principe afin qu'il soit plus accommodé aux nouvelles exigences de notre temps ?

109- C'est à travers l'étude, la plus exhaustive possible, de l'expérience tunisienne, avec des détours obligés au droit comparé, que nous allons, tout au long de nos travaux, tenter de rechercher des réponses adéquates à l'ensemble de ces interrogations. Plus particulièrement, nous serons amenés à dégager dans quelle mesure le droit tunisien a consacré le principe de la légalité de l'impôt et quel est le degré d'effectivité de ce principe à travers sa mise en œuvre tout au long du processus normatif, c'est-à-dire, tant au niveau de l'élaboration de la norme fiscale qu'au niveau de son application.

110- Notre réponse provisoire, que nous tiendrons à corroborer dans les développements qui suivent est que le droit tunisien, s'il continue de se

---

[99] Louis TROTABAS, Jean-Marie COTTERET « Droit fiscal », précité, p.70.
[100] H. AYADI « Droit fiscal », 1989, p. 226.

proclamer en permanence du principe de la légalité de l'impôt, est loin de le consacrer de manière parfaite, ni selon son contenu originel (attribution de l'exclusivité de la compétence fiscale initiale au législateur), ni, non plus, selon son contenu actuel (Un contrôle strict de la norme fiscale par les juges de la légalité et de la constitutionnalité). Mais, il ne s'agit là qu'un simple constat d'ordre statique.

111- Dynamiquement, nous pouvons affirmer que le principe de la légalité de l'impôt constitue pour le droit tunisien, comme d'ailleurs en droit comparé, un idéal ou un modèle de référence ayant même acquis une vocation universelle concomitamment au triomphe planétaire de l'idéologie libérale. Il en résulte qu'en Tunisie, comme ailleurs, les législations et les réglementations fiscales tendent à l'atteindre, ou du moins à s'en rapprocher. A ce propos, notre démarche consiste à évaluer, le chemin déjà accompli par notre droit et celui qui reste encore à parcourir. Dans cette perspective, le degré d'effectivité du principe de la légalité de l'impôt en droit tunisien, à travers sa mise en œuvre, peut être, indifféremment, considéré soit comme un demi échec, soit comme un demi succès.

112- C'est autour de ces deux phases-clés représentant les manifestations logiques et naturelles du principe de la légalité de l'impôt que sera articulé le plan de notre recherche. Au niveau de **la première partie**, nous essayerons de démontrer qu'en dépit de sa consécration formelle en droit tunisien, ce principe est en deçà de son effectivité théorique, dans la mesure où l'organisation de la répartition des compétences normatives dénote **une élaboration défectueuse de la norme fiscale**. Ensuite, au niveau de **la seconde partie**, nous tâcherons de prouver que ce même principe n'a pas encore réussi dans le cadre de l'expérience tunisienne à instauré un encadrement juste et minutieux des rapports entre l'administration fiscale et le contribuable, ce qui s'exprime sur ce plan par **une application brutale de la norme fiscale**.

PREMIERE PARTIE

L'ELABORATION DEFECTUEUSE DE LA NORME FISCALE

137- L'impact de l'impôt dans l'histoire des sociétés humaines est déterminant Selon un célèbre historien de l'impôt, la plupart des grandes révolutions politiques ont été déclenchées pour des raisons fiscales[101]. Les événements de 1215 en Grande-Bretagne, de 1774 aux Etats Unis, de 1789 en France et, dans une mesure moindre, de 1864 en Tunisie, en sont les exemples les plus significatifs. Les bases de la démocratie occidentale ont été ainsi jetées par des événements d'origine fiscale[102]. C'est cette volonté de consentir l'impôt, et de contrôler son emploi par les gouvernants, qui a donné naissance au parlementarisme moderne.

138- Lorsque l'organe législatif, détenteur de la souveraineté, reçoit ou s'arroge le pouvoir de consentir l'impôt, les mesures qu'il va édicter dans ce cadre prennent évidemment la forme de normes législatives. En raison des incidences directes des mesures fiscales sur le patrimoine des particuliers, le choix de la loi pour les édicter apparaît comme une garantie solennelle, aux termes de laquelle la ponction opérée auprès des citoyens est effectuée pour la satisfaction de missions d'intérêt général.

139- La loi est considérée comme la norme fondamentale, tandis que le pouvoir réglementaire se voyait reconnaître une compétence d'application. Tel était la portée initialement imputée au principe de la légalité de l'impôt. Cependant, vu les mutations économiques et sociales qui ont alloué la tâche de la conduite de l'économie au Gouvernement, et dans un souci d'efficacité et de rapidité, le législateur fiscal a parfois délégué à l'autorité administrative le pouvoir de prendre, sous forme de mesures réglementaires, certaines dispositions fiscales. Par ailleurs, en dehors des matières fiscales, expressément énumérées par la constitution, le pouvoir réglementaire est habilité à intervenir dans le domaine fiscal, à titre autonome.

140- Ainsi, il est tout à fait certain que même si le consentement de l'impôt n'a pas été totalement aboli, il a quand même subi un sérieux déclin ces dernières années du fait, d'une part, de l'effacement progressif du Parlement devant la complexité et la technicité de la fiscalité, et d'autre part, et corrélativement, du rôle de plus en plus actif joué par le Gouvernement dans l'élaboration et la mise en œuvre de la politique fiscale. D'où se dessine désormais un processus de relativisation du principe de la légalité de l'impôt qui se démarque avec

[101] G. ARDANT, Histoire de l'impôt, FAYARD, 1971, notamment dans la deuxième partie (Titre 2, section 3).

[102] Raymond GUILIEN ajoute que « c 'était en brandissant le refus de l'impôt qu'on avait transformé des régimes, c'était en le refusant ouvertement qu'on avait fait des révolutions, c'était en associant politique et finances publiques qu'on avait, non sans peine, construit les mécanismes du contrôle parlementaire », « Du consentement de l'impôt », R.S.F. 1961, p. 424.

les conceptions antérieures, élaborées dans un contexte politico-philosophique révolu.

141- Cette relativisation du principe de la légalité de l'impôt devrait se traduire sur le plan de la production normative par la reconnaissance du principe de la suprématie de la norme fiscale législative sur la norme réglementaire **(Titre I)** ; principe qui est loin d'être absolu,puisque l'ordre constitutionnel tunisien, sous l'effet de la pratique, a consacré l'extension d'un pouvoir réglementaire fiscal concurrent, plus ou moins affranchi de la contrainte de sa subordination vis-à-vis de la norme législative **(Titre II)**.

TITRE I

LA RELATIVISATION DE LA SUPERIORITE DE LA NORME FISCALE LEGISLATIVE SUR LA NORME REGLEMENTAIRE

142- Dans les régimes représentatifs, l'impôt ne peut être établi par l'exécutif. Il ne peut l'être, selon les termes de Mr. AYADI, que par les représentants du peuple[103]. Sans doute, on dit que l'impôt ne peut être établi qu'à la suite du consentement du contribuable. Mais ce consentement est donné, non pas individuellement par ceux qui ont à le payer, mais par leurs représentants au Parlement. Nous avons déjà souligné que ce principe de consentement de l'impôt constitue, non seulement un des principes fondamentaux du droit fiscal moderne, mais il est aussi à l'origine du parlementarisme, parce que les parlements sont nés du besoin de contrôler et de limiter le pouvoir du monarque en ce qui concerne surtout la perception de l'impôt.

143- Dans ce sens, l'imposition n'est légitime que si elle est consentie et que si elle constitue la contrepartie de la protection des biens et des libertés de ceux qui le paient[104]. En effet, les historiens de l'impôt constatent que «les contribuables doivent payer l'impôt – et acceptent de le payer – parce que la levée a été décidée par leurs représentants dans un but d'intérêt général »[105].

144- Cependant, les auteurs constatent que de rôle en rôle chaque fois plus réduit, ce consentement de l'impôt tend vers une abolition, soit parce que le rôle de l'impôt, parmi celui des autres ressources financières, devient de plus en plus restreint, soit parce que la connaissance même de l'impôt échappe à des hommes de simple sens commun, citoyens ou représentants ?[106]

145- Néanmoins, en dépit du déclin qu'avait subi le consentement de l'impôt, on assiste pendant ces dernières années, tant en droit comparé qu'en droit tunisien, a un effort entrepris notamment par le pouvoir constituant visant à réhabiliter le principe de la légalité de l'impôt, plus

---

[103] H. AYADI, Droit fiscal; p.85, n° 193

[104] Néji BACCOUCHE, Constitution et droit fiscal, Revue Juridique, 1998-1999, n° 6, p. 8.

[105] CLAMAGERON J-J., Histoire de l'impôt en France, 1867, T1, p. 89.

[106] Selon Raymond GUILIEN « enseigner que le consentement de l'impôt est la base de notre droit constitutionnel, de notre droit public, ce n'est plus, sauf sous un angle purement historique, enseigner la réalité ». « Du consentement de l'impôt », R.S.F. 1961, p. 426.

particulièrement à travers l'insistance sur l'effectivité du principe de la suprématie de la norme fiscale législative sur la norme réglementaire.

146- De ce fait, le principe de la suprématie de la norme fiscale législative sur la norme réglementaire se manifeste, d'une part, à travers l'attribution d'une compétence fiscale élargie au pouvoir législatif **(Chapitre I)**, et d'autre part, à travers la subordination du règlement d'application à la loi fiscale **(Chapitre II)**.

CHAPITRE I

LA « FRAGILISATION » DE LA COMPETENCE FISCALE DU PARLEMENT[107]

147- Il ne fait aucun doute que le principe de légalité a été compris à l'origine du droit public moderne dans son sens le plus absolu. Dans le domaine fiscal, « toute disposition par voie générale et impersonnelle devrait émaner des assemblées elles-mêmes »[108]. Au sein des démocraties constitutionnelles modernes[109], la plupart des constitutions attribuent à la loi la compétence de fixer le régime juridique des impositions, même si elles n'attribuent pas la même teneur au principe de la légalité de l'impôt[110].

148- En ce qui concerne le cas de la Tunisie, la recherche des origines du rapport entre la loi et la fiscalité, en droit positif tunisien, nous conduit inévitablement à fixer le point de départ effectif de ce rapport à la veille de l'indépendance et concomitamment à la constitution de l'Etat indépendant[111].

149- Dans le cadre de la constitution du 1er juin 1959, et plus précisément après la révision constitutionnelle du 27 octobre 1997, le principe de la légalité de l'impôt est définitivement établi sur la base des deux fondements constitutionnels suivants : l'article 34 alinéa 7 et l'article 36 de la constitution. La confrontation de ces deux articles nous conduit à déduire deux conclusions fondamentales :

---

[107] Le terme « Parlement » désigne le pouvoir constitué titulaire de la compétence législative en Tunisie. Il s'agit de la chambre des députés qui est actuellement la chambre unique composant le Parlement Tunisien, en attendant la formation de la deuxième chambre, appelée « chambre des conseillers » qui est introduite par la réforme constitutionnelle du 1er juin 2002.

[108] Philippe THEVENIN, Le pouvoir réglementaire en matière fiscale, ouvrage précité, p. 22.

[109] En ce qui concerne l'expérience française, Ph. THEVENIN remarque que « le principe de légalité de l'impôt est en effet accepté de façon pratiquement ininterrompue depuis 1989, érigé en authentique « tradition constitutionnelle républicaine », à laquelle les parlementaires ont à maintes reprises manifesté leur attachement », ouvrage précité, p. 22.

[110] Yomn M'TIBAA, La loi dans la constitution tunisienne, Mémoire DEA, Faculté de droit de Sfax, 2001-2002, p. 93.

[111] Moez HASSAYOUN, Commentaire de l'article 34 7ème alinéa (nouveau) de la constitution (en arabe) ; article non publié.

- la première concerne la distinction posée par la constitution entre deux fonctions de la chambre des députés: une fonction législative telle qu'elle est prévue par l'article 34 alinéa 7, en vertu de laquelle il bénéficie du pouvoir normatif, et une fonction financière, visée par l'article 36, en vertu de laquelle il bénéficie du pouvoir budgétaire[112].

- la seconde a trait à la consécration par la constitution tunisienne du principe de légalité de l'impôt, sous ses deux formes:

* la loi fixe les règles d'assiette, de taux et des procédures de recouvrement;

* l'autorité fiscale ne peut appliquer les règles du droit fiscal qu'après l'obtention de l'autorisation annuelle accordée par le Parlement par la loi de finances.

150- Le système constitutionnel tunisien adopte donc la distinction consacrée en droit comparé entre d'une part, le pouvoir normatif en matière fiscale, qui se manifeste par les « actes règles », et d'autre part, le pouvoir « budgétaire », qui donne naissance à des « actes conditions »[113]. Le processus de « fragilisation » de la compétence fiscale du Parlement se concrétise ainsi en ce domaine à travers d'une part, l'exercice par l'autorité parlementaire d'un pouvoir fiscal budgétaire nettement dégradé **(SECTION I)** ; et d'autre part, à travers, l'exercice par cette même autorité d'un pouvoir fiscal-normatif largement affaibli **(SECTION II)**.

SECTION I
L'EXERCICE PAR LE PARLEMENT D'UN POUVOIR FISCAL BUDGETAIRE DEGRADE

151- La compétence budgétaire est l'un des attributs incontestés du Parlement, à tout le moins à son « âge d'or » c'est-à-dire au XIXe siècle. Elle demeure encore l'un des principes fondamentaux de la démocratie politique. En effet, il est couramment admis que dans la conception classique des finances publiques, le processus de la décision budgétaire était commandé par l'institution parlementaire, qui « en raison de son

---

112 Sur la distinction entre les deux types de compétences attribuées par la constitution à la chambre des députés, voir Jean Luc GUIEZE, Le partage des compétences entre la loi et le règlement en matière financière, Thèse LGDJ 1974, p. 24.

113 Cf. Jean-Luc GUIEZE, Le partage des compétences entre la loi et le règlement en matière financière ; thèse LGDJ 1974

droit de consentir l'impôt et d'en contrôler l'emploi parvenait à placer le Gouvernement sous sa tutelle… après quoi, moyennant les censures, parfois importantes qu'il juge utile, le Parlement autorisait le Gouvernement à effectuer les dépenses nécessaires au fonctionnement des services publics pendant une année et à prélever, pour la même période, les impôts de nature à les couvrir »[114].

152- Pourtant, si aujourd'hui ce principe est toujours affirmé dans les textes constitutionnels, force est de constater qu'il s'est vidé progressivement d'une bonne partie de son contenu. De plus en plus, et dans tous les pays, la réalité du pouvoir budgétaire tend à passer à l'exécutif[115]. Qu'en est-il alors pour le cas de la Tunisie ?

153- Depuis la première version de la constitution tunisienne du 1er juin 1959, le principe de compétence budgétaire parlementaire est clairement affirmé : « le projet de budget de l'Etat est soumis au vote de l'Assemblée nationale » (article 33 ancien). Après la révision constitutionnelle de 1976, le même principe a été réaffirmé par l'article 36 alinéa 2 de la constitution : « La loi autorise les recettes et les dépenses de l'Etat dans les conditions prévues par la loi organique du budget ».

154- C'est donc par le vote du budget que la chambre des députés consent à l'impôt. Selon la conception classique, le budget se présente comme « un état préalable de toutes les recettes et dépenses que l'autorité exécutive est autorisée à faire dans l'année à venir, avec indication précise de la somme qui pourra être affectée à chacun d'eux »[116]. En ce qui concerne les impôts, le budget vaut donc autorisation de les mettre en recouvrement et de les percevoir. C'est une autorisation préalable qui porte sur l'ensemble des recettes que le Gouvernement a l'obligation de percevoir.

155- Cependant, la doctrine précise que pour que cette autorisation revête le caractère d'un consentement authentique encore faut il respecter les deux conditions suivantes : il faut que les règles budgétaires permettent un contrôle efficace de la chambre des députés, il faut également que le vote de la chambre des députés reflète le

---

[114] Lotfi MECHICHI, Le budget de l'Etat en Tunisie, Thèse 1993, Faculté de droit et des sciences politiques de Tunis, p. 392.

[115] Alain BOCKEL, Les pouvoirs budgétaires de l'assemblée nationale selon la loi organique du 12 mars 1960 ; RTD, 1966-1967, p. 157. Dans le même sens M. L. MECHICHI, Thèse précitée, p. 392.

[116] LAFERRIERE et WALINE, Traité élémentaire de Science et de Législation Financières, 1952, p. 1.

consentement effectif des députés[117]. Jugée à travers ces deux conditions, il semble que la notion de consentement des députés à l'impôt, dans le cadre de l'expérience Tunisienne, perd pratiquement toute signification.

§1) La compétence budgétaire conditionnée du Parlement

157- Disposant du droit de consentir l'impôt, qui forme la principale source des recettes publiques, et du droit d'en contrôler l'exacte destination, les premiers parlements modernes étaient amenés à formuler des autorisation budgétaires de recettes et de dépenses assez complètes, puisqu'elles remplissent les conditions de spécialisation, de précision et de clarté, qui sont, bien entendue, favorisées par le caractère réduit du budget de l'«Etat gendarme » et par la neutralité financière de l'«Etat arbitre ».

158- Ce schéma, depuis longtemps révolu dans les pays occidentaux, en raison de l'évolution du rôle de l'Etat, ne pouvait trouver application en Tunisie où depuis l'indépendance le budget devait remplir une fonction économique de premier ordre et présenter, en conséquence, non seulement un volume très important par rapport au revenu national mais une structure très variée. Ainsi, comme l'avait noté un auteur d'une thèse sur le budget tunisien, « parce qu'il ne peut plus aller au fin fond des données relatives aux recettes et aux dépenses et parce qu'il n'est admis à se prononcer que de façon assez synthétique, le Parlement donne aujourd'hui au Gouvernement une autorisation dont l'étendue est assez limitée »[118].

159- En nous rapportant à la loi n° 67-53 du 8 décembre 1967 portant loi organique du budget, nous constatons qu'au départ, il est donné au pouvoir exécutif un rôle déterminant dans la préparation du projet de loi de finances. En effet, l'article 25 de cette loi dispose que « les chefs d'administrations établissent chaque année leurs prévisions de dépenses qui sont adressées au cours du mois d'août au secrétariat au plan et à l'économie nationale. Le secrétaire d'Etat au plan et à l'économie nationale examine ses propositions, y ajoute les prévisions de recettes et élabore le projet de loi de finances. Ce projet est discuté par le conseil

---

[117] Charles CADOUX, Du consentement de l'impôt ; Revue des Sciences Financières 1961, p. 438.
[118] L. MECHICHI, thèse précitée, p. 678.

de la république et arrêté par le Président de la République, il est déposé sur le bureau de l'Assemblée Nationale au plus tard le 15 novembre »[119].

160- Cependant, les textes sont toujours aussi formels : l'établissement de l'impôt ne peut résulter que d'une loi (Article 34 alinéa 7 de la constitution) et l'autorisation budgétaire, toujours préalable et périodique, porte sur l'ensemble des ressources et des dépenses de l'Etat (Article 36 de la constitution).

161- Ainsi, l'article 36 de la constitution prévoit que l'autorisation législative des ressources de l'Etat et de ses dépenses se fait selon les conditions prévues par la loi organique du budget. En nous rapportant à cette dernière nous observons que son article 29, dans sa version initiale, prévoit que « le projet de loi de finances se divise en deux parties. Dans la première partie, il autorise la perception des ressources publiques et en détermine le montant global. Il fixe les voies et moyens applicables aux dépenses en capital. Il arrête le plafond des crédits ouverts au profit du budget général, des budgets annexes et des établissements publics. Il comporte des dispositions relatives aux recettes fiscales, aux fonds spéciaux du trésor et toutes autres dispositions financières… ».

162- En application de cette disposition, la loi de finances initiale comporte, en matière d'autorisation de perception de recettes, une disposition revêtant la forme suivante : «Est et demeure autorisée pour l'année N la perception au profit du budget de l'Etat les recettes provenant des impôts, taxes, redevances, contributions, divers revenus et prêts d'un montant total de …. ». C'est d'ailleurs parce qu'elle vaut obligation à la charge du Gouvernement, que cette autorisation des ressources est donnée dans la loi de finances sous cette forme impérative[120].

163- Par ailleurs, les termes de la dernière phrase de l'article 29 ont ouvert la voie au législateur pour introduire dans la loi de finances des dispositions d'ordre fiscal, touchant soit la création des impôts et taxes nouvelles soit la modification de son assiette, ses taux ou ses règles de recouvrement. Ces dispositions ne rentrent pas, bien entendu, dans le cadre du pouvoir fiscal classique exercé par le Parlement en vertu de

---

[119] Sur le processus de préparation du budget de l'Etat en tant que compétence exclusive du pouvoir exécutif, voir les développements relativement exhaustifs présentés dans la thèse de Lotfi MECHICHI précitée, p. 397 et s.

[120] Le caractère impératif de l'autorisation des ressources s'oppose à la nature de l'autorisation des dépenses qui ne vaut, quant à elle, qu'une simple permission pour le Gouvernement. Elle ouvre à ce dernier une simple faculté de dépenser et il conserve ainsi un certain pouvoir discrétionnaire pour apprécier s'il doit engager ladite dépense.

l'article 34 alinéa 7 de la constitution bien qu'elles concernent le même domaine[121].

164- Il est à remarquer que cette pratique n'a pas cessé de se produire malgré la suppression de la dernière phrase de l'article 29 suite à la modification de la loi organique du budget par la loi n° 96-103 du 25 novembre 1996[122]. Mais la doctrine note que la suppression de ladite phrase de l'article 29 (nouveau) de la loi organique ne vise pas à éviter l'introduction de dispositions fiscales dans le cadre de la loi de finances, mais elle consacre le principe de l'unité budgétaire au niveau de son objet. Ces dispositions constituent une part entière du budget, donc elles ne rentrent pas dans le domaine de la compétence législative prévue par l'article 34 alinéa 7 de la constitution[123]. Néanmoins, ces adjonctions, remarque le professeur AMSELEK, présentent l'inconvénient de détourner « l'attention des Assemblées de l'objet propre qui devait les retenir, empêchant ainsi une prise de conscience et une discussion cohérente du tout représenté par les dispositions proprement budgétaires »[124].

A/ Les conditions de l'autorisation budgétaire par le Parlement

165- Les conditions qui sont prévues par la loi organique du budget, visant à limiter le droit du Parlement à autoriser le budget de l'Etat, sont assez draconiennes. Il y a lieu de les répartir en deux catégories : des conditions procédurales et des conditions de fond.

1) Les conditions procédurales

166- Ces conditions sont relatives, d'une part, au délai d'intervention du Parlement; et d'autre part, à son droit en matière d'initiative financière.

---

[121] A cet effet le conseil constitutionnel français reconnaît la possibilité de création ou de modification du régime juridique de certains impôts dans le cadre de la loi de finances. Voir C. const. 11 août 1960, 8 DC, Rec, p.25, Les grandes décisions p.84 et s.

[122] JORT du 29 novembre 1996, n° 96, p. 2694..

[123] Voir MECHICHI L., Le budget de l'Etat en Tunisie, thèse de doctorat, Tunis 1993, p. 129.

[124] Cité par L. MECHICHI, thèse précitée, p. 133.

a- La limitation de l'autorisation budgétaire en matière de délai

167- Les alinéas 8 et 9 de l'article 28 de la constitution renvoient aux conditions prévues par la loi organique du budget. Or cette dernière n'a pas imposé un délai précis à la chambre des députés pour autoriser le budget. La seule obligation imposée au gouvernement par l'article 25 de cette loi est de déposer le projet du budget avant la date du 15 novembre[125]. Le délai d'autorisation budgétaire n'a été définitivement consacré que grâce à la nouvelle version du paragraphe 9 de l'article 28 suite à la révision constitutionnelle du 8 avril 1976. Selon ce texte, le projet doit être voté au plus tard le 31 décembre. Si passé ce délai, la chambre des députés ne s'est pas prononcée, les dispositions des projets de loi de finances peuvent être mises en vigueur par décret, par tranches trimestrielles renouvelables.

168- Ainsi, contrairement à l'article 47 de la constitution française de 1958 qui accorde au Parlement un délai de soixante-dix jours, la constitution tunisienne n'accorde pas à la chambre des députés ainsi qu'à la chambre des conseillers un temps bien précis pour le vote du budget. En effet, selon les termes de L. MECHICHI, « en se contentant de prévoir seulement la date limite de vote de la loi de finances, le constituant comptait avec la disposition de l'article 25 alinéa 3 de la loi organique du budget qui, elle, prévoit le point de départ de ce délai fixé, en principe, au 15 novembre : le gouvernement ayant à déposer ses projets de loi de finances sur le bureau de la chambre des députés à cette date. Par là, il y a donc bien détermination implicite du délai de vote des projets de loi de finances par l'article 28 alinéa 9 nouveau de la constitution »[126].

169- Le Président de la République n'est en mesure d'user de ses pouvoirs que lui accorde l'article 28 alinéa 9 de la constitution qu'à l'expiration de ce délai, qui s'étend du 15 novembre au 31 décembre. Autrement dit, il ne peut édicter un décret de mise en vigueur des projets de loi de finances qu'à partir du 1er janvier. Ainsi la chambre des députés dispose d'un délai, au plus égal à 47 jours, à compter du 15

---

125 Afin de tenir compte de l'extension de la procédure parlementaire suite à l'introduction de la seconde chambre des conseillers par la révision constitutionnelle du 1er juin 2002, la nouvelle version de l'article 25 de la loi organique du budget, issue de la modification de la loi organique du 13 mai 2004, a avancé cette date au « 25 octobre de l'année précédant celle relatives à l'exécution de la loi de finances présentée ». Sur le dépôt du projet de la loi des finances sur le bureau de la chambre des députés, voir les développements exhaustifs dans la thèse de L. MECHICHI, précitée, p. 450 et s.

126 L. MECHCHI, Le budget de l'Etat en Tunisie, thèse précitée, p. 507.

novembre[127], délai, certes relativement plus bref que celui dont dispose son homologue français.

169- Néanmoins, dans l'hypothèse d'un retard du vote du budget, c'est-à-dire la non prononciation par la chambre des députés sur les projets de loi de finances au plus tard le 31 décembre, le dessaisissement du Parlement de sa compétence financière n'est qu'une simple faculté offerte au chef de l'Etat. En effet, selon les termes de l'article 28 dernier alinéa de la constitution, le Président de la République n'est pas du tout dans l'obligation de recourir aux prérogatives ouvertes par cet article, mais il dispose d'un pouvoir purement discrétionnaire pour apprécier s'il est utile d'édicter un décret de mise en vigueur des projets de loi de finances par tranches trimestrielles ou non.

170- Par ailleurs, l'article 28 alinéa 9 ne s'applique que si le Parlement n'a émis aucun avis ni positif ni négatif à l'égard des projets de loi de finances. « Il faut bien se garder de croire que par « ne s'est prononcé », le constituant entendait « n'a pas accepté » les projets de loi de finances. Car si le Parlement rejette les projets, on se doit de considérer qu'il s'est bel et bien prononcé »[128]. De plus, comme le note un jeune chercheur, « le dessaisissement du Parlement de ses pouvoirs en matière budgétaire est limité au trimestre qui suit son retard à se prononcer sur les projets de loi de finances. Ainsi, le Président de la République ne peut pas édicter un décret de mise en vigueur des projets de loi de finances ou renouveler sa décision pour un nouveau trimestre que si le Parlement ne s'est pas prononcé. La chambre des députés récupère son pouvoir dès qu'elle émettra un avis positif ou négatif »[129]

---

[127] En vertu de l'article 9 de la loi organique n° 2004-45 du 13 mai 2004, modifiant et complétant la loi organique du budget n° 67-53 du 8 décembre 1967, après la constitution de la chambre des conseillers et l'adoption de son règlement intérieur, il y aura application du nouveau délai relativement plus long qui s'étend du 15 octobre au 1er janvier, c-à-d un délai global de 77 jours.

[128] M. JANOT, cité par L. MECHICHI, thèse précitée, p. 511. Néanmoins, il est à noter qu'en ce qui concerne le cas de la Tunisie, cette attitude du Parlement reste assez théorique dans le régime de collaboration des pouvoirs juridiquement organisé par la constitution tunisienne et politiquement commandé par l'appartenance au même parti des membres de l'exécutif et de la chambre des députés. Il n'empêche, toutefois, que la faculté du Parlement de désapprouver le projet de budget constitue une arme entre ses mains, indispensable pour acculer le Gouvernement à agir en conformité avec la politique générale de l'Etat et les options fondamentales définies par le Président de la République.

[129] Ridha SELMANI, Le décret réglementaire, mémoire DEA, Faculté de droit de Sfax 2000-2001, p. 56.

b- la limitation de l'initiative parlementaire en matière budgétaire

171- Dans la perspective de préserver l'équilibre financier prévu à travers le projet gouvernemental du budget, l'article 31 de la loi organique du budget a trouvé utile de prévoir à l'égard de l'initiative strictement budgétaire du Parlement, une interdiction de principe assortie de deux catégories d'exceptions. La chambre des députés n'a pas, en principe, le droit de proposer des amendements transformant l'harmonie des flux financiers prévus par le Gouvernement à l'exception de deux types d'amendements :

- Amendements simples proposant, soit l'accroissement ou la création d'une recette, soit l'allégement ou la suppression d'une charge et,
- Amendement compensé préconisant une aggravation des dépenses engagées sui sera compensée, soit par l'augmentation des recettes, soit, encore par une économie budgétaire correspondante.

172- En application de l'article 31 de la loi organique du budget[130], lors de la discussion du projet de lois de finances proposé par le Gouvernement, et notamment des dispositions fiscales qu'il contient, la latitude des Parlementaires se trouve très réduite : les amendements proposés par les députés ne sont recevables que s'ils ont pour conséquence de créer une nouvelle recette (exemple : proposition d'un impôt nouveau) ou d'augmenter une recette existante (exemple : proposition de majoration d'un impôt existant).

173- Cette disposition interdit donc, tout d'abord, aux membres de la chambre des députés d'introduire dans la loi de finances des dispositions sans aucun rapport avec l'objet même de cette dernière (selon la pratique dite des « cavaliers budgétaires ») ; en outre, d'une façon générale, est prohibé tout amendement qui aurait pour effet de bouleverser l'équilibre prévu entre les ressources et les charges. L'article 31 prévoit néanmoins quelques modalités élargissant le pouvoir d'amendement, si cet équilibre est sauvegardé selon la technique dite « les amendements compensés »[131].

174- La doctrine ne manque pas de souligner que ce texte qui borne l'initiative parlementaire en matière budgétaire ne constitue guère une

---

[130] Pour un commentaire détaillé de l'article 31 de la loi organique du budget, voir : L. MECHICHI, thèse précité, p. 530 et s.

[131] Alain BROCKEL, Les pouvoirs budgétaires de l'assemblée nationale selon la loi organique du 12 mars 1960, RTD 1966-1967, p. 167.

véritable limite en matière de son droit d'autorisation du budget[132]. En effet, il résulte de ce texte que la mission de la chambre des députés devrait se cantonner à examiner ce qui est demandé par le gouvernement en termes de recettes et dépenses, nécessaires pour l'exécution de la politique qui sera suivie l'année prochaine. A cet égard, l'autorisation parlementaire ne signifie pas la participation du Parlement dans la programmation du budget, mais plutôt son approbation que le Gouvernement puisse recouvrer les recettes demandées et effectue les dépenses nécessaires à la réalisation de sa politique au titre de l'année suivante.

175- Néanmoins, les termes de l'article 31 de la loi organique du budget n'interdisent pas à la chambre des députés d'exercer son droit d'initiative budgétaire dans le sens de la réduction des dépenses ou l'augmentation des recettes, ou bien la proposition d'une nouvelle dépense corrélée soit par une proposition d'une nouvelle recette y relative, soit d'une réduction d'égal montant au niveau d'autre dépenses programmées par le gouvernement. « Représentant de la Nation entière, chaque député doit pouvoir participer à la détermination de l'équilibre des finances publiques en proposant des retouches à l'acte budgétaire duquel dépend la vie de cette Nation pendant une année...Mais, s'il est souhaité que le Parlement intervienne au cours de la procédure budgétaire pour optimiser l'équilibre des finances publiques, il est au contraire, contre indiqué de lui permettre d'intervenir par le biais d'amendements qui débouchent systématiquement sur une perturbation de cet équilibre»[133].

176- C'est pour cette raison, que dans la pratique l'exercice effectif de telle initiative parlementaire en matière budgétaire est assez difficile, vu la nécessite d'atteindre son objectif essentiel, à savoir, la sauvegarde des équilibres fondamentaux du budget[134].

177- Ce raisonnement ne faisait pas pour autant l'unanimité de la doctrine. A ce niveau nous pouvons reprendre les objections soulevées en France à l'égard de l'article 42 de l'ordonnance organique française du 2 juin 1959 qui, dans une rédaction très voisine à celle de l'article 31 de la loi organique tunisienne, pose, à quelques nuances près, les mêmes restrictions au pouvoir parlementaire d'amendement. Selon C. GOUX « il suffit d'observer que les mesures fiscales d'origine gouvernementale

---

[132] Lotfi MECHICHI, Commentaire de l'article 36 paragraphe 2 de la constitution, in « Commentaire de la constitution tunisienne article par article», Association tunisienne de droit fiscal, Tunis, février 2000, p. 7.

[133] L. MECHICHI, thèse précitée, p. 433-435.

[134] Voir L. MECHCHI, Thèse précitée, p. 560.

insérées dans la loi de finances ne sont pas toujours liées, à l'évidence, à la détermination de l'équilibre financier de l'année et présentent même souvent le caractère de dispositions permanentes dépassant le cadre de l'annualité budgétaire : il ne serait pas acceptable que par le choix du terrain législatif sur lequel il se place, le Gouvernement bénéficie, dans l'élaboration de ce droit, de la protection d'un régime de recevabilité plus strict de l'initiative parlementaire, surtout dans la discussion de la législation applicable à ce qui est le fondement même du parlementarisme : le consentement à l'impôt »[135].

178- Faisant écho à ces critiques, Le Professeur L. MECHICHI n'a pas manqué de rappeler dans sa thèse que « bien que justifié par la finalité de protéger les finances publiques et bien que tout à fait admissible à l'égard des recettes non fiscales, ce régime rétréci de l'initiative du Parlement en matière de recettes fiscales est assez sévère. Car s'il est normal d'appliquer, en matière de recettes, le régime strict de l'article 31 de la loi organique du budget aux tentatives de modification des dispositions dont la présence dans la loi de finances est obligatoire (ayant un objet purement budgétaire, telles que : l'autorisation annuelle de perception des impôts, taxes... ; les autorisations d'emprunts...etc.), il serait difficilement concevable d'agir de même pour les dispositions facultatives, qui relèvent en fait d'un domaine mixte, susceptibles de trouver place aussi bien dans la loi de finances que dans une loi ordinaire »[136].

179- Néanmoins, le même auteur a affirmé dans sa thèse soutenue en 1993, que cette « limitation de l'initiative financière des députés, que le droit budgétaire tunisien organise, n'assure qu'une protection assez précaire de l'équilibre des finances publiques. Elle est, en effet, spécifique à la procédure budgétaire. Or, pour assurer une protection durable de l'équilibre des finances publiques, la limitation de l'initiative financière des députés devrait être étendue, comme certaines législations comparées l'ont fait, à la procédure ordinaire »[137].

180- Quelques années plus tard, le constituant de l'an 2002 semble donner une suite favorable à la recommandation suggérée par M. L. MECHICHI, puisque, à l'occasion de la révision constitutionnelle du 1er juin 2002, il a introduit un nouvel alinéa à l'article 28 de la constitution qui étend la restriction de l'initiative parlementaire à la procédure

---

[135] C. GOUX, La constitution et l'initiative financière des députés, notes et études documentaires, la documentation française, Paris 1984, p. 94.
[136] L. MECHICHI, thèse précitée, p. 539 et 565.
[137] L. MECHICHI, thèse précitée, p. 562.

législative ordinaire[138]. L'alinéa 3 (nouveau) de l'article 28 de la constitution dispose, désormais, que « les projets de lois présentés par les membres de la chambre des députés ne sont pas recevables lorsque leur adoption aurait pour conséquence une réduction des ressources publiques ou une augmentation de charges, ou de dépenses nouvelles ». L'alinéa 4 (nouveau) du même article ajoute que les mêmes restrictions en matière d'initiative s'appliquent, également, « aux amendements apportés aux projets de lois ».

181- Ces nouvelles dispositions auront donc pour effet inéluctable de tempérer la liberté totale d'initiative financière dans le cadre de la procédure législative ordinaire.

2) Les conditions de fond

182- Il s'agit des conditions relatives à l'objet des ressources et des dépenses de l'Etat et des conditions relatives aux montants autorisés.

a- Les conditions relatives à l'objet des ressources et des dépenses de l'Etat

183- La véritable mise en œuvre du principe de l'autorisation parlementaire du budget conduit la chambre des députés à autoriser au moindre détail l'ensemble des ressources et des dépenses de l'Etat. Néanmoins, cette étendue de la compétence du Parlement en matière budgétaire n'a eu lieu que durant le XIXème siècle[139]. De ce fait, l'hégémonie des parlements a engendré des crises politiques qu'avaient connues les gouvernements européens, notamment en France[140]. En effet, dans ces circonstances, la plupart du temps les budgets perdaient leur équilibre du fait, soit de l'opposition de certains députés à l'égard de certaines recettes, à des fins purement électorales, soit de vouloir augmenter certaines charges pour attirer le plus grand nombre d'électeurs.

---

[138] Contrairement à l'avis de L. MECHICHI (Thèse précitée, p. 565), nous pensons que la restriction de l'initiative parlementaire dans le cadre de la procédure législative ordinaire ne peut émaner que de la constitution, qui est la seule apte à conditionner l'exercice des compétences des pouvoirs constitués.

[139] Voir G. ARDANT, Histoire de l'impôt, Coll. Fayard, Paris 1971, Livre II, p. 267.

[140] Voir P. La LUMIERE, Les finances publiques, A. Colin, Paris 1989, p. 81 ; J. C. MARTINEZ et P. DI MALTA, Droit budgétaire, Economica, 1982, p. 403 et p. 422.

184- Afin d'éviter ces crises, il y a lieu de circonscrire le droit des députés relatif à l'autorisation budgétaire au niveau des grandes masses de ressources et de dépenses, d'où l'autorisation parlementaire revêtait, désormais, un caractère purement synthétique. Le législateur tunisien s'est à son tour inspiré de l'expérience européenne dans ce domaine. En application du paragraphe 2 de l'article 36 de la constitution, la loi organique du budget a bien limité le pouvoir parlementaire en exigeant que l'autorisation des recettes et des dépenses de l'Etat se fasse au niveau de chaque masse, c'est-à-dire de manière synthétique.

185- En ce qui concerne les recettes de l'Etat, l'article 30-2 de la loi organique du budget a imposé à la chambre des députés de les autoriser par masse : « les prévisions de recettes font l'objet d'un vote pour chaque titre du budget général, et d'un vote par budget annexe, par catégorie d'établissement public et par fonds spécial du trésor »[141]. De ce fait, la chambre des députés, après avoir pris connaissance de la composition des catégories de recettes en vertu de l'article 27 de la loi organique du budget, et après avoir examiné les différents tableaux figurant dans la deuxième partie de la loi des finances, est tenue d'autoriser en totalité chacune de ces masses ou bien la refuser en totalité. Il en résulte que la chambre des députés pourrait fermer les yeux sur une partie des recettes, pour laquelle elle est en désaccord avec le gouvernement, et l'autoriser dans le cadre de la masse à laquelle elle appartient.

186- Un éminent spécialiste en finances public a conclu que, dans ces conditions, et d'un point de vue strictement juridique, ces différents votes du Parlement ne correspondent pas à une véritable autorisation de recettes, et ce pour les raisons suivantes[142] :

- D'abord, ces votes sont exprimés dans le cadre de la deuxième partie de la loi de finances. Ils ne correspondent pas, de ce fait, aux autorisations juridiques de recettes dont l'article 29 de la loi organique de budget prévoit la formulation dans le cadre de la première partie.

- Ensuite, l'article 30 de la loi organique de budget prévoit clairement que ces votes portent sur les prévisions, sur les simples évaluations de recettes prévisibles pour le prochain exercice.

187- L'auteur conclut que « du moment que le Parlement ne se prononce, dans le cadre de la deuxième partie, que sur de simples estimations de recettes, que sur des montants probables et non certains

---

[141] Les termes de l'article 30 nouveau, issu de la modification de la loi organique n° 2004-42 du 13 mai 2004, sont encore plus explicites.

[142] Voir L. MECHICHI, thèse précitée, p. 680 et s.

de recettes, ses différents votes ne correspondent qu'à de simples consentements »[143]. Il cite en ce sens le Professeur AMSELEK qui observe que « le vote du Parlement signifie, ici, le consentement de celui-ci et non pas son autorisation. Ce vote n'a donc aucune signification, aucune portée juridique ». Du point de vue juridique, ajoute M. AMSELEK «ces évaluations de recettes ne constituent pas un plafond ; et leur vote par le Parlement ne lie pas les ordonnateurs : les recettes effectives pouvant être supérieures ou inférieures aux estimations faites par le Gouvernement et votées par le Parlement »[144].

188- En revanche, les véritables autorisations de recettes se manifestent à travers les votes sur les recettes exprimés dans le cadre de la première partie de la loi de finances, comme il a été prévu par l'article 29 de la loi organique du budget. Sur cette base, chaque année, une série de dispositions de style, relatives aux différentes catégories de ressources publiques et à leurs montants respectifs, qui figurent dans plusieurs articles de la première partie du projet de la loi de finances, sont votés par les députés. Le vote par le Parlement de ces différentes dispositions correspond aux différentes autorisations de recettes accordées, chaque année, au Gouvernement sous sa demande, c'est-à-dire sur la base de ses prévisions. C'est donc en fonction de ces autorisations que le Gouvernement est habilité à procéder à la perception des recettes qu'il a prévues et de mettre donc en œuvre les dispositions juridiques qui les réglementent.

189- Néanmoins, on ne manque pas de constater que ces différentes autorisations demeurent quand même nettement synthétiques : les recettes publiques ne sont, en effet, pas autorisées recette par recette – ce qui aurait conduit à une pluralité d'autorisations- mais catégories de recettes par catégories de recettes – ce qui ne conduit qu'à un nombre limité d'autorisations –.

190- Ce pouvoir de synthèse d'autorisation du Parlement, conclut M. MECHICHI, est lui même synonyme d'un recul assez considérable de ses prérogatives sur les recettes[145]. Le Parlement tunisien – même disposant des informations les plus détaillées sur les recettes – ne peut se prononcer que par bloc d'autorisations ou – la seule alternative qui est, dans la pratique, quasiment impossible de la mettre en œuvre - par bloc de refus. Il est, en dernière instance, condamné à dire « oui » au

---

[143] L. MECHICHI, thèse précitée, p. 680.

[144] AMSELEK, Cours de Finances Publiques, année universitaire 1983-1984, Université de Paris 2, Inédit, cité par L. MECHICHI, thèses précitée, p. 680.

[145] L. MECHCHI, thèse précitée, p. 711.

Gouvernement. Son pouvoir à l'égard des recettes demandées par ce dernier est donc « un pouvoir d'autorisation semi-bloqué »[146].

191- En ce qui concerne les dépenses, le même schéma rapporté ci-dessus – pour l'autorisation des recettes- est à peu près reproduit. Néanmoins, dans ce domaine le caractère synthétique de l'autorisation parlementaire ne limite guère le pouvoir du Parlement, comme il en est le cas en matière de recettes. En effet, la règle de spécialité des crédits a pour effet d'étendre le pouvoir du Parlement, à l'égard du budget de l'Etat et des budgets annexes, au niveau de tous les articles de chaque partie. Toutefois, les infléchissements apportés par la loi organique du budget au principe de la spécialité des crédits[147], à celui de leur caractère limitatif et au principe de la spécialité par exercice de l'autorisation parlementaire, attestent que le Parlement est loin d'avoir un pouvoir budgétaire assez étendu dans ce domaine également[148].

192- Ainsi, cette nature de plus en plus synthétique du projet de loi des finances est susceptible d'empêcher les députés d'exercer de manière suffisamment éclairée leur pouvoir d'autorisation.

b- Les conditions relatives aux montants autorisés

193- L'autorisation budgétaire ne revêt une véritable signification que dans l'hypothèse où elle impose un plafond insusceptible de dépassement. Toutefois, les conditions relatives au respect des montants autorisés ne revêtent pas la même importance selon qu'il s'agisse des recettes ou des dépenses de l'Etat.

194- En ce qui concerne les recettes, l'autorisation présente des caractéristiques spécifiques qui les distinguent, et même les opposent profondément aux autorisations des dépenses. Tout d'abord, ces autorisations obéissent au principe de non-affectation : les recettes publiques sont, quelle que soit leur source, confondues dans une masse unique et indifférenciée. Ensuite, l'autorisation de recette vaut accord de principe donné par le Parlement à l'égard d'un montant approximatif,

---

[146] L. MECHICHI, thèse précitée, p. 712.

[147] L'article 37 de la loi organique du budget prévoit que « des virements de crédits d'articles à articles peuvent être opérés par décret sous réserves d'intervenir à l'intérieur de la même partie du même chapitre ».

[148] En matière de dépenses, l'exercice plénier de son pouvoir budgétaire par le Parlement devrait conduire à ce que l'autorisation qu'il exprime chaque année doit, d'abord, s'étendre à la « brique élémentaire » de chaque catégorie de dépense, c'est-à-dire, elle doit avoir un degré de spécialisation très poussé, elle doit, ensuite, fixer avec précision le montant de chaque dépense, elle doit, enfin, être octroyée pour une durée nettement délimitée, une année en principe.

c'est-à-dire une simple évaluation, et les agents de recouvrement peuvent très bien l'excéder ou ne pas l'atteindre, à la condition qu'ils exécutent parfaitement les législations et les réglementations lors du recouvrement de ces recettes. Cette règle générale est en principe applicable, sauf en matière d'emprunt.

195- Les prévisions de recettes inscrites dans loi de finances sont donc purement évaluatives, et jamais limitatives. Elles constituent des hypothèses de travail susceptibles d'être révisées, en hausse ou en baisse, par les résultats définitifs. Toutefois, si l'administration n'est pas liée par ces prévisions, elle est tenue d'appliquer le statut qui régit chaque recette. L'autorisation budgétaire lui impose de mettre en recouvrement les différents impôts, et elle ne peut s'en dispenser que si la loi le lui permet.

196- En ce qui concerne les dépenses, en principe, toute autorisation de dépense s'exprime dans le budget par ce qu'on appelle une « ouverture de crédits». Les crédits constituent donc une autorisation juridique de dépense qui porte sur deux éléments : l'objet de la dépense et son montant. Les autorisations de dépenses sont, en principes, détaillées et précises, et affectent étroitement et rigidement des crédits à des dépenses. En outre les montants autorisés ont, en principe, un caractère limitatif. Les ordonnateurs ne peuvent pas donc dépasser le montant autorisé. Toutefois, la loi organique du budget, notamment après sa dernière modification, n'a dérogé à cette règle générale que pour les fonds spéciaux du trésor dont les dépenses revêtent un caractère évaluatif (article 24-4). Il en est ainsi pour les budgets des établissements publics (article 21-5) et les dépenses de développement sur emprunt extérieur affecté (article 16-2). Or on sait très bien que ces crédits évaluatifs et provisionnels, par leur essence, peuvent facilement être dépassé par le Gouvernement sans que le consentement du Parlement ne soit légalement requis.

c- La condition relative à la période d'autorisation des recettes et dépenses

197- L'article 1er de la loi organique du budget a institué la règle de l'annualité budgétaire, en vertu de laquelle, l'année budgétaire est fixée par l'article 2 de la même loi entre le 1er janvier et le 31 décembre. Cette règle signifie, tout d'abord, que prévision et autorisation budgétaire doivent être périodiquement renouvelées ; elles doivent intervenir par cycle annuel. Elle signifie, ensuite, que prévision et autorisation budgétaire ont un champ, un cadre de validité précis : l'année budgétaire. Le principe annoncé par cette règle ne constitue guère une limitation des pouvoirs parlementaires mais tout au contraire, il permet aux députés d'exercer un contrôle périodique sur toutes les activités du Gouvernement.

198- Néanmoins, s'il s'avère que la rigidité du cycle budgétaire était bien valable tant que le budget de l'Etat ne correspondait qu'à un inventaire des besoins de fonctionnement des services de l'Etat gendarme, cette rigidité devenait nuisible à l'action financière de l'Etat au fur et mesure que celui-ci gagnait en interventionnisme. De surcroît, si l'acte budgétaire était élaboré dans un cycle annuel, et devait produire ses effets uniquement et pendant tout le cadre annuel correspondant à ce cycle, en finances publiques interventionnistes, image des finances tunisiennes, l'année budgétaire n'est plus le seul cadre de prévision du budget : le champ de la planification dépasse largement le cadre annuel.

199- C'est en ce sens que le principe annuel ne trouve son application effective en Tunisie, que tant que l'activité financière de l'Etat ne nécessite pas sa restriction ou son extension[149]. Dès l'instant que l'Etat ait entendu ranger son action sur la vie économique et sociale parmi ses activités, la complexité de cette vie économique et sociale devait finir par faire admettre que la prévision financière établie en début d'exercice, le 1er janvier, doit pouvoir être rectifiée, complétée et nuancée au grès des circonstances enregistrées en cours d'année.

200- Dès l'instant en revanche que l'Etat se soit mis à sa charge d'investir et d'aider les autres organismes à investir, le cycle annuel du budget apparaissait assez contraignant si bien que les opérations en capital portent sur des travaux de grandes envergure, dont la réalisation déborde par nature le cadre annuel. Dans tous les cas, les exceptions apportées au principe de l'annualité budgétaire auront pour effet de réduire la portée du contrôle parlementaire à l'égard de l'activité financière du Gouvernement.

201- C'est précisément au niveau des dépenses en capital (dépenses de développement selon la nouvelle terminologie introduite par la loi organique n° 96-103 du 25 novembre 1996) que le cadre annuel a été le plus nettement assoupli en droit budgétaire tunisien. Souscrivant, en effet, à la nécessité d'une articulation annuelle de la programmation pluriannuelle des investissements de l'Etat, les auteurs de la loi organique du budget de 1967 ont scindé l'autorisation des dépenses en crédit de programme (article 13) reflétant la décision du Parlement de mettre en chantier un projet pluriannuel, crédit d'engagement (article

---

[149] Sur les multiples dérogations à la règle de l'annualité budgétaire, voir L. MECHICHI, thèse précitée, p. 247 et s.

14) qui, pour permettre le lancement intégral des programmes pluriannuels, organise une évasion du cadre annuel, et crédit de paiement (article 13 et 14) qui, n'ayant qu'à permettre l'extinction des dettes de l'Etat exigibles au cours d'une année, maintient le cadre annuel.

B/ L'effet de l'autorisation parlementaire de perception des impôts

202- L'autorisation de percevoir les impôts et taxes recouvre, en droit budgétaire tunisien, une nature très particulière. Sur le plan juridique, cette autorisation revêt, pour le Gouvernement, un caractère obligatoire à un double niveau : d'une part, le Gouvernement est obligé de percevoir les impôts dont la perception est permise ; d'autre part, il ne peut percevoir que le produit des impôts dont la perception est permise.

1) Le Gouvernement est tenu de percevoir les impôts autorisés

203- Selon un courant majoritaire de la doctrine, il est reconnu que l'autorisation parlementaire de perception des impôts revête, pour le Gouvernement, un caractère obligatoire intrinsèque[150]. En vertu de cette conception, lorsque le Parlement donne son consentement à la perception des impôts et taxes, il n'autorise pas le Gouvernement à percevoir tels et tels montants prévus par ce dernier dans le cadre du tableau annexe « A » de la loi de finances annuelle. Son vote ne revêt qu'un caractère politique puisqu'il porte sur de simples estimations

---

[150] Ce courant est défendu notamment par le Doyen TROTABS (TROTABAS et COTTERET, Droit fiscal, précité, p. 160 ; les professeurs P.M. GAUDEMET et J. MOLINIER (Finances publiques, Emprunt et fiscalité, tome 2, p. 81 et s.) ; M. PAUL (Les finances de l'Etat, budget-comptabilité, Paris, Economica 1981, p. 459 et s.) ; P. AMSELEK (Cours de DEA : Finances publiques, 1983-1984, Université de Paris II) et, en Tunisie, L. MECHICHI (thèse précitée, p. 779 et s).
A côté de ce courant majoritaire, il existe un second courant, minoritaire certes (dont G. JEZE est le chef de file), qui continue, aujourd'hui encore, à contester à l'autorisation de perception des impôts son caractère obligatoire. A titre d'exemple, J. MAGNET souligne qu'«on ne peut suivre les auteurs qui enseignent que la loi de finances crée l'obligation de percevoir les impôts, c'est en vertu des lois fiscales, qui sont permanentes et doivent être exécutées, comme les autres lois, aussitôt que la condition suspensive de l'autorisation budgétaire annuelle est réalisée » (Comptabilité publique, Paris PUF, coll. Thémis 1976, p. 113. cette opinion a été critiquée et réfutée par L. MECHICHI, thèse précitée, p.. 779 et s..

probables qui ne lient pas le Gouvernement. En revanche, « L'autorisation de perception des impôts porte, au contraire sur les lois et règlements instituant ces impôts dont elle s'analyse comme l'acte absolument nécessaire pour remettre en route le train de leur validité suspendue à la clôture de l'exercice budgétaire précédent »[151].

204- Ainsi, par l'autorisation des impôts, le Parlement n'entend pas seulement obliger le Gouvernement à percevoir tel montant précis de recettes fiscales, mais l'oblige à percevoir toutes les recettes que l'exécution stricte du dispositif fiscal permet de réaliser. Dans cette optique, l'objet de l'autorisation fiscale est donc de redonner vigueur, pour une nouvelle année, à l'ensemble de la législation fiscale qui ne s'impose pas seulement aux contribuables, mais surtout à l'administration fiscale, sur laquelle pèse l'obligation d'assurer l'exécution des lois.

205- En effet, cette obligation gouvernementale d'assurer l'exécution des lois en générale et des lois fiscales, en particulier, résulte non seulement de la constitution (article 53 alinéa 1) mais, également, des lois fiscales elles-mêmes, qui, dès l'instant où elles sont complétées par l'autorisation de perception, recouvre un caractère impératif d'ordre public[152].

2) Le Gouvernement n'est tenu de percevoir que les impôts autorisés

206- Une fois le Parlement a donné son autorisation de perception des impôts, dans le cadre des lois de finances annuelle ou complémentaires, l'administration est tenue, dans son exécution, de se conformer strictement au contenu de la législation fiscale qui constitue l'objet même de cette autorisation. Le contenu de cette législation fiscale est déterminé, - chacun dans son domaine, par la loi et le règlement – soit préalablement, soit concomitamment, soit même au cours de l'exercice au titre duquel l'autorisation de perception aura été donnée. Rien donc n'interdit la transformation, en cours d'exercice, du dispositif fiscal, à condition, toutefois que cette transformation soit établie conformément à la légalité.

---

[151] L. MECHICHI, thèse précitée, p. 777.

[152] Les articles 95-98 du code pénal énoncent des sanctions pénales contre les agents qui ne percevraient pas les impôts prévus par les lois fiscales autorisées et qui percevraient des impôts non prévus par les lois fiscales.

207- Il s'en suit qu'un règlement qui établit ou modifie en cours d'année le régime d'un impôt qui relève de la loi ne peut pas être couvert par l'autorisation budgétaire et, la perception des produits qui en résulteraient tombent sous le coup du délit de concussion parce qu'il y aurait, là, perception d'impôts non autorisés : l'autorisation de perception ne pouvant pas servir de couverture à un impôt dont l'établissement est, en soit, illégal[153].

208- De même, est interdite et emporte la même infraction, la perception de recettes au titre des impôts abrogés, sous réserve des effets que ces impôts abrogés peuvent avoir à l'égard des créances nées avant leur abrogation et au titre desquelles l'administration est toujours obligée d'en poursuivre la perception même après la date de l'abrogation.

209- Cette obligation de ne percevoir que les impôts autorisés est soumise à un système de sanctions très draconien qui joue un grand rôle de dissuasion à l'encontre « des fonctionnaires qui seraient tentés de commettre des abus dans l'exercice de leurs attributions financières »[154]. En effet, en vertu de l'article 24 du code de la comptabilité publique, le manquement à cette obligation donne lieu à l'application d'une panoplie de sanctions cumulatives, de caractère pénal[155], disciplinaire[156], financier[157] et civil[158].

§2) La dégradation de la compétence fiscale-budgétaire du Parlement

210- La dégradation de la compétence fiscale-budgétaire parlementaire et le glissement corrélatif du pouvoir budgétaire vers l'exécutif constitue l'un des éléments de l'affaiblissement du rôle des Parlements au bénéfice de l'exécutif que semble appeler inévitablement les

---

153 L. MECHICHI, thèse précitée, p. 784.

154 M. PAUL, ouvrage précité, p. 640.

155 Ces sanctions résultent de l'article 95 du code pénal.

156 Ces sanctions disciplinaires ainsi que les procédures qui de leur mise en œuvre sont prévues par la loi n° 83-112 du 12 décembre 1983 portant statut général des personnels d'Etat, des collectivités publiques locales et des établissements publics à caractère administratif (JORT n° 82 du 16 décembre 1983, p. 3214 et s.).

157 Il s'agit des sanctions spécifiques prévues par l'article 4 de la loi n° 85-7 du 20 juillet 1985 relative à la définition et à la sanction des fautes de gestion financière et à la création de la cour de discipline financière (JORT n° 56 du 26-30 juillet 1985, p. 963 et s.).

158 Elle est le résultat, le cas échéant, de l'action du contribuable en répétition de l'indu.

exigences du monde moderne[159]. Néanmoins, nous pouvons détecter dans cette évolution des raisons qui tiennent à la nature même des questions budgétaires.

211- En effet, le budget n'a plus, à l'heure actuelle, pour objet principal de permettre le fonctionnement régulier des pouvoirs publics comme on l'a déjà conçu au XIXe siècle. De plus en plus, il est lié à l'ensemble de la vie économique du pays, reconstitue l'un des éléments de l'équilibre d'une nation. Les liaisons entre la comptabilité économique, le plan et le budget sont nécessairement sans cesse plus étroites[160]. Le budget représente désormais la planification financière des interventions de l'Etat qui s'étend à tous les aspects de l'activité nationale[161].

212- De ce fait, la portée de l'autorisation budgétaire est réduite du fait que le Parlement n'est plus appelé à consentir tous les impôts. En effet, certaines catégories de prélèvements obligatoires échappent à cette autorisation. De même, la portée de cette autorisation budgétaire est réduite du fait qu'elle tend à devenir permanente. Certes, la loi de finances fait toujours l'objet d'un vote préalable et annuel. Mais lorsqu'on analyse le mécanisme et la portée, ce vote apparaît de moins en moins comme un consentement donné à l'avance et pour une durée limitée.

213- Selon les auteurs cette dégradation du consentement parlementaire s'est accentuée à partir du moment où l'on a considéré comme périmée la corrélation entre impôt et dépenses publiques[162]. Car en définitive, que signifie une autorisation de recettes, même donnée avant le début de l'exercice financier, si l'assemblée représentative n'est plus à même de fixer préalablement le niveau des dépenses auxquelles elles doivent faire face ? Dans la mesure où les deux chambres formant le Parlement ne font que ratifier les dépenses déjà effectuées, ou autoriser des dépenses portant sur plusieurs années à venir, il va de soi que les recettes correspondantes doivent, de toute façon, être trouvées et être consenties par elles.

---

[159] Comme pour tout pays en développement, la nécessité d'un exécutif fort, en Tunisie, est plus pressante que dans les pays anciens. C'est à cette préoccupation que répond la constitution du 1er juin 1959 jetant les bases d'un régime de type présidentialiste. L'évolution rendra plus impérative encore le renforcement des pouvoirs de l'exécutif, surtout en matière économique.

[160] Voir Ridha JENAYEH « L'articulation Budget-Plan »Thèse, Tunis 1982.

[161] Alain BOCKEL, article précité, p.157.

[162] C. CADOUX, article précité, p. 441.

A/ Le glissement de la compétence budgétaire vers l'exécutif

214- La première manifestation de la dégradation de la compétence budgétaire du Parlement se caractérise par la possibilité de sa mise à l'écart et sa substitution, totalement ou partiellement, par le pouvoir exécutif. En effet, l'aménagement du pouvoir budgétaire parlementaire, tant par la constitution que par la loi organique du budget, a eu pour résultat incontournable que le Parlement se voit dessaisi de sa compétence budgétaire, sinon totalement, du moins partiellement.

215- De surcroît, même dans le cadre du champ d'intervention restreint reconnu à l'autorité parlementaire, la marge de manœuvre des députés est assez limitée face à la complexité et à la technicité accrue de la matière budgétaire.

1) Le risque de dessaisissement total du Parlement

216- Autant la constitution du 1er juin 1959 a consacré, sans aucune équivoque, le principe de la légalité budgétaire, par l'attribution de la compétence budgétaire au Parlement, autant elle a prévu des hypothèses instituant un dessaisissement total du Parlement dans ce domaine au profit du pouvoir exécutif.

a – Le dessaisissement prévu par l'article 28 dernier alinéa de la constitution

217- L'article 28 de la constitution dispose dans son dernier alinéa que « Le budget doit être voté au plus tard le 31 décembre. Si passé ce délai, la chambre des députés (les deux chambres, selon la dernière version) ne s'est pas prononcée, les dispositions des projets de loi de finances peuvent être mises en vigueur par décret, par tranches trimestrielles renouvelables ».

219- Nous avons déjà signaler que le Parlement ne disposait que d'un délai de 47 jours pour examiner, discuter et voter les projets de loi de finances, et ce uniquement dans l'hypothèse où le Gouvernement avait bien respecté la date limite du dépôt des projets de lois de finances sur les bureaux de la chambre des députés, conformément à l'article 25 de la loi organique du budget. Ceci voudrait dire que dans la pratique, le Parlement pourrait très bien se retrouver dans un délai relativement plus bref, dans la mesure où le Gouvernement dépose ses projets tardivement, sans encourir aucune sanction[163]. Ces délais stricts imposés par l'article 28 de la constitution - avec la possibilité pour le gouvernement de promulguer le budget par décret – altèrent profondément le principe essentiel relatif à l'antériorité du budget, que ne soutient plus guère l'idée de périodicité.

220- Le décret de mise en vigueur des projets de loi de finances est un acte qui émane de l'autorité exécutive, mais qui porte sur une matière réservée au législateur. Il y a lieu donc de nous interroger sur la nature juridique de ce type de décret : s'agit-il d'un acte administratif ou d'un texte ayant « force de loi », comme l'affirmait certains auteurs français, à propos d'ordonnances prises sur la base de l'article 47 de la constitution française de 1958 ?

221- Bien que le décret de mise en vigueur des projets de loi de finances porte sur une matière législative, il est loin d'être considéré comme un texte de loi. Il est indiscutable que tel acte est formellement l'œuvre de l'exécutif. Le Président de la République, en prenant ce type d'acte « doit mettre en vigueur toutes les dispositions des projets de loi de finances soumis au Parlement, en y comprenant les amendements déjà adoptés par celui-ci et en n'y apportant aucun changement. Il agit comme un organe exécutif mettant en vigueur les dispositions d'une loi »[164]. Cela implique que le décret de mise en vigueur des projets de loi de finances est un acte réglementaire de l'exécutif. Lorsque le Président de la République édicte un tel acte, il agit en vertu d'une habilitation constitutionnelle qui limite, en même temps, l'étendue de son intervention.

222- Par ailleurs, on souligne que ce recours au décret de l'article 28 alinéa 9 s'intègre dans la fonction politique de l'autorité exécutive[165].

---

[163] Il faut noter que contrairement à la date limite –le 31 décembre – de vote du projet de la loi de finances, qui a une valeur juridique certaine, le point de départ du délai de vote – date limite de dépôt dudit projet (15 novembre)- est dépourvu de toute valeur juridique. Ce dernier délai s'apparente « à une règle morale qui peut donc être dépassée, selon son bon vouloir et dans l'impunité par le Gouvernement » L. MECHICHI, thèse précitée, p. 509.

[164] P. LALUMIERE et C. EMIRI, Commentaire de l'article 47 de la constitution française de 1958, in « La constitution de la république française », sous la direction de F. LUCHAIRE et CONAC, Paris, Economica 1987, p. 915

[165] Selon le tribunal administratif tunisien, l'autorité exécutive exerce deux sortes de fonctions (voir : T. ad. 14 avril 1981, Falcon et autres c/ Ministre de l'agriculture, Rec. 1981, p. 110). D'où, l'existence de deux types d'actes : les actes administratifs pris dans le cadre de la fonction administrative en vue d'assurer le bon fonctionnement des services publics, et les actes de gouvernement, pris dans le cadre de la fonction politique, qui concernent la conduite des relations internationales, l'état de guerre et les rapports entre le pouvoir exécutif et le pouvoir législatif et qui sont pris en vue d'assurer

« Le Président de la République apprécie souverainement la situation créée par le silence de la chambre des députés en matière budgétaire. Il juge l'opportunité d'utiliser ou non la sanction de l'article 28. En outre, il peut choisir le moment d'édicter de telles mesures. L'article 28 ne lui fixe aucun délai après le 31 décembre »[166].

223- En cas de retard de la chambre des députés pour se prononcer sur les projets de loi de finances, « le gouvernement se trouve entrer dans un exercice budgétaire sans avoir les moyens financiers de nature à lui permettre de faire fonctionner ses services et d'assurer ses missions dictées par sa politique pour l'année considérée. L'Etat est, en un mot, paralysé. Ses rouages ne peuvent, faute d'argent, plus tourner. En temps normal, on ne peut imaginer une situation plus curieuse pour la vie de tout le groupe »[167].

224- Mais il ne demeure pas moins que cette sanction visée par l'article 28 est assez sévère, comparativement à ce qui est consacré en droit comparé[168]. Elle signifie que si les deux chambres du Parlement ne parviennent pas à voter le budget au 31 décembre, elles risquent d'être suppléée par le pouvoir réglementaire dans l'exercice de ses prérogatives portant sur l'ensemble des dispositions du projet de loi de finances, c'est-à-dire y compris les dispositions extrabudgétaires, à raison d'un trimestre renouvelable.

b- Les autres hypothèses de dessaisissement du Parlement

225- Tout d'abord, il s'agit de l'hypothèse de l'habilitation législative prévue par plusieurs dispositions de la constitution. Il en est ainsi notamment de l'article 28 alinéa 5, de l'article 31 et de l'article 63 alinéa 3 de la constitution. En effet, la possibilité ouverte au Président de la République d'intervenir par des décrets-lois en vertu des article 28-3 et 31 de la constitution, dans des matières législatives, risque d'avoir pour conséquence le renonciation du Parlement, par sa propre volonté, à son droit d'autoriser les ressources et les charges de l'Etat.

---

la protection de la sécurité de l'Etat. Il semble que les décrets de mise en vigueur des projets de loi de finances sont à ranger dans cette dernière catégorie. .

[166] Ridha SELMANI, mémoire précité, p. 59.

[167] L. MECHICHI, thèse précitée, p. 507.

[168] A titre d'exemple, en France, la sanction que prévoit l'article 47 de la constitution du 4 octobre 1958 correspond à la substitution du Gouvernement au Parlement si ce dernier ne se prononce pas dans le délai de 70 jours. Cette sanction encourue par le Parlement français est bien plus radicale que celle qu'encourt son homologue tunisien.

226- Ceci résulte, en premier lieu , de l'alinéa 5 de l'article 28 qui dispose que « la chambre des députés et la chambre des conseillers peuvent habiliter le Président de la République, pour un délai limité et en vue d'un objet déterminé, à prendre des décrets-lois, qu'il soumettra, selon le cas, à l'approbation de la chambre des députés, ou des deux chambres, à l'expiration de ce délai ». En vertu de ce texte, le Parlement pourrait bien renoncer à sa compétence budgétaire au profit du chef de l'Etat, pendant un délai déterminé, et l'objet de cette habilitation pourrait très bien porter sur une autorisation, totale ou partielle, des ressources et des charges de l'Etat. En outre, l'approbation ultérieure donnée par le Parlement au décret-loi dans le but de lui faire revêtir un caractère législatif, ne sera pas considérée comme une autorisation, au sens vrai du terme. Sémantiquement, l'autorisation signifie l'octroi du droit avant sa possession, ce qui nécessite, sur le plan juridique, l'approbation préalable du Parlement qui doit porter sur le projet des ressources et charges initialement déposer par le Gouvernement, et non pas sur des ressources et charges ayant déjà reçu le droit de procéder à leur engagement et leur recouvrement.

227- La possibilité de renonciation par le Parlement à son droit d'autorisation, par sa propre volonté, est également déduite de l'article 31 (ancien) de la constitution qui reconnaît le droit du Président de la République d'agir par décrets-lois, pendant les vacances parlementaires, avec l'accord de la commission permanente intéressée, et qui seront soumis à l'approbation du Parlement au cours de la session ordinaire suivante. Si ce texte n'a pas expressément prévu une habilitation donnée par la chambre des députés, il ne manque pas de poser la condition de l'accord de la commission permanente intéressée, c'est-à-dire la commission des finances lorsque le décret-loi édicté a pour objet l'autorisation des ressources et des charges de l'Etat[169]. Il est à noter cependant que lors de la révision constitutionnelle du 1er juin 2002, cette dernière condition a été supprimée, ce qui veut dire que désormais, pendant les vacances du Parlement, la compétence législative en générale et budgétaire en particulier est transférée à l'exécutif sans autorisation préalable.

228- Ensuite, l'article 46 premier alinéa prévoit qu'en cas de péril imminent menaçant les institutions de la République, la sécurité et l'indépendance du pays et entravant le fonctionnement régulier des pouvoirs publics, le Président de la République peut prendre les mesures

---

[169] Si l'article 31 autorise l'édiction de décrets-lois en matière budgétaire, ceci ne peut concerner que l'autorisation donnée à l'égard des ressources et charges complémentaires ou autres mesures financières qui sont prises pendant l'année budgétaire, c'est-à-dire au cours des vacances parlementaires.

exceptionnelles nécessitées par les circonstances, après consultation du Premier ministre et du président de la chambre des députés et du président de la chambre des conseillers. Il en résulte que le Président de la République pourrait supplanter le Parlement dans sa mission relative à l'autorisation totale ou partielle du budget, selon que le recours à cet article 46 ait lieu au début de l'année budgétaire ou en cours de cette année. En effet, les dispositions de l'article 46 utilisent des termes généraux en visant « des mesures exceptionnelles nécessitées par les circonstances », ce qui n'exclut pas du tout l'hypothèse où ces mesures peuvent avoir pour objet une question budgétaire[170].

229- Contrairement à l'hypothèse de l'habilitation législative, l'article 46 a pour effet un dessaisissement total et définitif du Parlement, en vertu duquel ce dernier perd quasi-définitivement son droit d'autorisation des ressources et des charges de l'Etat. En effet, le dernier alinéa de l'article 46 qui prévoit la cessation de ces mesures avec la cessation de leurs causes, n'est pas susceptible d'une application intégrale, du moins en ce qui concerne les mesures financières. Les recettes et les dépenses qui ont été autorisées en vertu d'un décret ayant un objet législatif, ont déjà été recouvrées et dépensées, totalement ou partiellement, après la cessation des causes qui ont nécessité l'état d'exception. Ceci est imputable à la spécificité des mesures financières lorsqu'elles revêtent le caractère de l'autorisation budgétaire. Ces dernières, de par leur nature, se rapportent à une période bien déterminée et à un objet bien précis, dont les effets expirent une fois il reçoit application pendant ladite période, ce qui les distinguent des autres mesures qui ont un caractère permanent et dont l'effet subsiste tant qu'elles ne sont pas supprimées.

2) La dégradation de l'autorisation parlementaire

230- Le budget conserve en effet son caractère fondamental d'autorisation, donnée par le Parlement au Gouvernement, d'exécuter

---

[170] Nous pouvons citer au moins une occasion dans laquelle le Président de la République a eu effectivement recours à l'article 46 de la constitution, c'est suite aux événements du 26 janvier 1978. Toutefois, dans cette dernière occasion, il n'a pas édicté des mesures d'ordre budgétaire ou financier. Ceci est justifié d'une part, par la période au cours de laquelle cet article a été mis en application : il s'agit du début de l'année (la chambre des députés a déjà autorisé le budget), et d'autre part, au caractère éphémère de la crise qui a été parfaitement maîtrisée dans un laps de temps relativement court.

les recettes et les dépenses[171]. Toutefois, si le droit budgétaire classique reposait sur le principe absolu de l'antériorité et de la périodicité du budget, sans lequel il n'est pas de consentement authentique, l'interventionnisme étatique, qui caractérise les finances publiques modernes, aboutirait sans nul doute à la dégradation de l'autorisation parlementaire. Cette dernière se manifeste tant au niveau de l'autorisation des dépenses courantes qu'au niveau de celle des dépenses de développement et elle se répercute bien évidemment sur l'autorisation des ressources.

231- Ainsi, pour la part la plus importante du budget, le consentement parlementaire se réduit en simple contrôle a posteriori ou en autorisation globale de longue durée. Il est demandé chaque année à la chambre des députés un consentement de principe portant sur de grandes masses budgétaires ; consentement qui peut lui être « arraché » sous la menace de l'article 28, et qui, de toute façon, pourra être remis largement en cause par les décrets de répartition des crédits, transferts et virements de crédits, ou crédits d'avance.

232- L'amenuisement de l'autorisation budgétaire relative aux dépenses publiques entraîne corrélativement une diminution du contrôle parlementaire en ce qui concerne les ressources, de leur niveau tout au moins, puisque la loi de finances détermine aussi les conditions générales de l'équilibre financier.

233- On pourrait reconnaître encore une certaine portée au principe du consentement de l'impôt si les représentants du contribuable participaient aux choix fondamentaux qui définissent les grandes lignes de la loi de finances et si, en cas de désaccord profond avec le gouvernement, ils pouvaient refuser leur consentement. Or la possibilité de repousser en bloc le projet du budget n'est que théorique. Et cette autorisation forcée donnée par les députés reflète d'autant moins un consentement effectif que les représentants des contribuables s'effacent nécessairement devant les techniciens. Leur consentement n'est plus alors qu'un simple enregistrement.

---

[171] Cf. L. TROTABAS, Finances publiques, éd. 1964, n° 48 et s. L'article 1er de la loi organique du budget rappelle cette conception en prévoyant que « la loi de finances prévoit et autorise, pour chaque année, l'ensemble des charges et ressources de l'Etat… ».

B/ L'effacement des députés devant les techniciens

234- Avant même que se multiplient les interventions de l'Etat dans la sphère économique et sociale, on soulignait la complexité des finances publiques. Les théories modernes qui insèrent le budget financier dans le cadre plus vaste et plus flou du budget économique rendent plus difficile encore le maniement des finances publiques. Enfin la planification de l'économie, même si le plan reste souple et n'a qu'une valeur « indicative », repose sur des calculs et des prévisions à long terme qui sont du domaine des seuls spécialistes.

235- Derrière les pouvoirs publics qui s'arrogent la compétence financière (Président de la République et Parlement) se cache toute une technostructure[172] qui joue un rôle primordial dans l'élaboration technique du budget sur la base d'une évolution finement calculée des recettes fiscales, du ratio « dépenses publiques, P.I.B », supportable par ce dernier, de la capacité réelle de l'épargne nationale, de l'efficacité des dépenses publiques… Ainsi, et bien qu'elle soit dépourvue de toute attribution juridique, « cette technostructure se présente en matière de prévision financière comme le filtre modérateur ou accélérateur des ambitions du Président de la République, comme l'élément régulateur des orientations de la politique financière de ce dernier»[173].

236- L'émergence des pouvoirs des technocrates semble une fatalité dans les Etats qui plongent dans l'interventionnisme économique et social. A ce propos affirme P. LALUMIERE « l'accroissement continu des pouvoirs économiques de la puissance publique entraîne l'apparition à l'intérieur de l'appareil d'Etat de groupes de fonctionnaires qui grâce à leur compétence, leur continuité et leur omniprésence deviennent les véritables maîtres de la matière financière »[174].

237- De tout cela, il résulte que le parlementaire, s'il n'est pas un spécialiste très averti, n'a pas les capacités d'apprécier la signification et la portée des chiffres inscrits au budget. Il pourra exprimer des réticences sur des points secondaires. Mais son vote, dicté par des éléments qui lui échappent de toute façon, ne sera jamais qu'un blanc-

---

[172] Pour une étude sociologique de la technostructure, se rapporter à l'ouvrage de J.C. DUCROS, Sociologie financière, p. 399 à 403, Paris PUF, coll. Thémis 1982.
[173] L. MECHICHI, thèse précitée, p. 428.
[174] P. LALUMIERE, Les cadres sociaux de la connaissance financière, RSF 1963, p. 399.

seing ou un satisfecit donné aux techniciens, ou technocrates, qui ont élaboré le budget[175].

238- De toute façon, les choix décisifs et l'évaluation correspondante des dépenses et des ressources sont l'œuvre exclusive de spécialistes, qui sont pratiquement seuls capables d'en mesurer l'importance réelle et la portée[176]. Devant pareille situation les députés sont bien obligés de consentir

239- Suite à cet effacement des députés devant les techniciens, un auteur a conclu que « la portée actuelle du principe du consentement de l'impôt est purement formelle : le contribuable ne croit plus au consentement de l'impôt par ses représentants, lesquels ne le consentent effectivement plus. Du point de vue psychologique, politique et même juridique, la notion de consentement apparaît de plus en plus gratuite »[177].

SECTION II

L'EXERCICE PAR LE PARLEMENT D'UN POUVOIR FISCAL - NORMATIF AFFAIBLI

244- Depuis la version initiale de la constitution du 1er juin 1959, le pouvoir fiscal normatif, comme tout autre pouvoir normatif, relève exclusivement de la compétence du législateur, qui jouit d'une compétence de principe, lui permettant de créer des règles initiales en toutes matières, tandis que le pouvoir exécutif ne dispose que d'une compétence d'attribution et nécessairement dérivée.

245- Cependant, comme il a été observé par la doctrine, nous pouvons détecter en Tunisie un mouvement de réformes constitutionnelles qui illustre un passage progressif d'une compétence législative absolue vers

---

[175] Ainsi, à propos de l'expérience française, Thierry Bréhier n'hésite pas d'affirmer que « Un mois de débats pour quoi faire ? Le budget de l'Etat que viennent d'adopter les députés (…) ressemble comme un frère jumeau à celui qu'avait mis au point le Conseil des ministres : les recettes n'ont augmenté que de 0,046% et les dépenses de 0,036%. L'influence des parlementaires est pratiquement nulle (…) ». Le Monde 17/11/1987.

[176] Leurs prévisions, accordées à un Plan dont le rythme ne souffre pas de bouleversement, synthétisées dans un rapport définissant les conditions générales de l'équilibre économique et financier, sont soumises aux députés qui reçoivent en même temps des « annexes explicatives et des annexes générales destinées à l'information et au contrôle de la chambre des députés ».Ces documents sont prévus par l'article 27 de la loi organique du budget.

[177] CADOUX, article précité, p. 440.

une compétence législative limitée[178]. Dans cette perspective et à l'occasion de la révision constitutionnelle du 8 avril 1976, il a été inséré un article 34 qui prévoit que « Sont pris sous forme de loi, les textes relatifs à la détermination de l'assiette de l'impôt et ses taux au profit de l'Etat, sauf délégation accordée au Président de la République par les lois de finances et les lois fiscale »

246- Cependant, la plupart des commentateurs retiennent l'idée que cette énonciation est loin de signifier un rétrécissement du domaine de la loi en matière fiscale, tout au contraire, elle protège cette matière contre l'immixtion du pouvoir réglementaire[179].

247- Ainsi, la nouvelle formulation adoptée, par cette dernière révision, de l'article 34 alinéa 7 est la suivante : « Sont pris sous forme de loi les textes relatifs ... à l'assiette, aux taux et aux procédures de recouvrement des impôts, sauf délégation accordée au Président de la République par les lois de finances et les lois fiscales ». Quant à l'article 35 (nouveau), il ajoute que « les matières autres que celles qui sont du domaine de la loi, relèvent du pouvoir réglementaire général »

248- L'intégration de cette révision dans le contexte général de la constitution nous amène à déduire les deux conclusions suivantes: d'une part, la volonté du constituant à travers la révision de 1997 de l'article 34 alinéa 7 vise à limiter le domaine de la loi; d'autre part, il admet en même temps un domaine d'intervention du pouvoir réglementaire en matière fiscale.

249- L'étude de l'article 34 alinéa 7 de la constitution et son insertion dans son contexte général confirme l'idée que le domaine de la loi est soumis à deux forces d'attraction: d'un côté, il y a une orientation vers sa limitation **(§1)**; d'un autre côté, nous notons quelques manifestations d'élargissement du domaine de la loi en matière fiscale **(§2)**.

---

[179] Voir Néji BACCOCUCHE, Le domaine de la loi à la lumière de la révision constitutionnelle du 27 octobre 1997 (en arabe), Etudes juridiques, Faculté de droit de Sfax, n° 6 1998-1999, p. 11 et s. Cette conception a été confirmée à travers l'allocution du premier ministre, exposant le projet de loi constitutionnelle n° 97-65 du 27 octobre 1997 modifiant et complétant certains articles de la constitution, Débats parlementaires n° 33, séance du mardi 3 juin 1997, J.O.R.T., p. 4.

§1) Les manifestations de la limitation du domaine de la loi en matière fiscale

250- La conception pure et absolue du principe de la légalité de l'impôt est en principe incompatible avec l'idée d'une limitation du domaine de la loi en matière fiscale. Pourtant les révisons successives de notre constitution consacrent une évolution de la compétence fiscale opérant un passage d'une compétence totalement réservée vers une compétence simplement assignée au législateur **(A)**. Toutefois, malgré cette limitation, le pouvoir législatif conserve une compétence assez étendue dans le domaine fiscal. En effet, la pratique a consacré un élargissement de la portée de l'énumération des matières fiscales assignées au pouvoir législatif **(B)**.

A/ L'évolution de la compétence fiscale : d'un domaine réservé vers un domaine assigné à la loi

251- Dans sa version initiale, la constitution du 1er juin 1959 a consacré la souveraineté de la loi. Le texte constitutionnel de 1959 « ne limitait pas le domaine de la loi, c'est-à-dire que le législateur pouvait intervenir et légiférer en toutes matières »[180]. Le Parlement était le législateur de droit commun et l'exécutif n'était qu'un « législateur d'exception »[181].

252- Cette rédaction initiale de la constitution tunisienne s'appuie, sans aucun doute, sur une conception du principe de légalité dans son sens le plus pur, qui est fondée sur l'idée de la primauté de la loi, expression de la volonté générale. « Formulée par le Parlement, la loi était la règle suprême devant laquelle devaient se courber toute autorité et toute autre règle. Quand des circonstances anormales conduisaient à déroger à ce principe et à donner compétence au Gouvernement en matière législative, l'exception était consentie par le législateur lui-même, aux conditions qu'il fixait »[182]. Suivant cette conception classique, qui est

---

[180] Yadh BEN ACHOUR, Droit administratif, CPU Tunis 2000, 2ème édition, p. 324.

[181] Le professeur. Néji BACCOUCHE impute cette terminologie à Pau DUROND, à propos du système normatif mis en place par la constitution de la Vème république in « La décadence de la loi dans la constitution de la Vè République », JCP 1959 I n° 1470. Voir N. BACCOUCHE, Les dernières révisions de la constitution tunisienne du 1er juin 1959, Etudes Juridiques 1998-1999, n° 6, p. 32-33.

[182] J. DE SOTO, La loi et le règlement dans la constitution du 4 octobre 1958, RDP, 1959, p. 244.

par ailleurs défendue par Carré De Malberg, le domaine de la loi est illimité, la loi est souveraine, tout peut être loi et les chambres peuvent prendre toutes mesures qui leur plaisent ; les décisions administratives, comme les décisions judiciaires ne valent que conformément à la loi. Si la loi est souveraine, le règlement ne peut être que subordonné.

253- L'évolution des révisions constitutionnelles tendant à délimiter le domaine de la loi semble se déchaîner progressivement de la conception classique de la loi et embrasser les orientations récemment consacrées, notamment en droit français, qui attribuent à la loi une définition basée sur un critère matériel plutôt que sur un critère organique.

1) La réservation de la compétence fiscale à la loi

254- Depuis sa rédaction initiale, la constitution du 1er juin 1959 réservait expressément certaine matières à la loi[183], au titre desquelles figurent, bien entendu, les règles budgétaires (articles 33, 34 et 35) et les impôts (article 36). Cependant, comme le signale le professeur Y. BEN ACHOUR, « cette règles n'avait pas, en elle même, de portée, puisque que ce soit dans « les domaines réservés » ou en dehors, le rapport de la loi et des règlements n'était pas modifié (les règlements restant dans tous les cas soumis à la loi) et le domaine de la loi non limité »[184]. Le même auteur ajoute que « la loi, n'étant pas cantonnée à ce domaine précis, restait toujours supérieure, juridiquement, à tout acte administratif. Donc toujours et en toutes matières, la loi est initiale et les actes administratifs (notamment les décrets) sont, en principe, des actes d'exécution d'une loi préexistante»[185].

255- Avec la révision constitutionnelle du 8 avril 1976, les termes du problème sont désormais modifiés. En effet, cette révision, sans doute, la plus importante en raison de ses implications sur la nature du régime politique tunisien (introduction de la responsabilité du gouvernement et de la dissolution du parlement), a introduit l'équivalent de l'article 34 de la constitution française de 1958 et ce à travers trois articles (34, 35 et 36) qui ont déterminé les matières exclusivement législatives[186]. Parmi

---

[183] La notion de « matières réservées à la loi » a été critiquée par une partie de la doctrine. Cf. Joseph MARCEL, La notion de matières réservées à la loi, AJDA 1958, doctrine, p. 55.

[184] Y. BEN ACHOUR, ouvrage précité, p. 324.

[185] Ibidem, p. 325.

[186] Ces articles ont été différemment interprétés par la doctrine. Pour les uns, la constitution réservait mais, au surplus, assignait un domaine à la loi (R. JENAYEH, De

ces matières figure bien entendu la matière fiscale puisque l'alinéa 7 de l'article 34 spécifie les règles relatives « à l'assiette et aux taux de l'impôts revenant à l'Etat, sauf délégation accordée au Président de la république par les lois de finances et les lois fiscales ».

256- Cependant les rédacteurs de la révision de 1976 ont volontairement omis de prévoir l'équivalent de l'article 37 de la constitution de la Vème république qui les a inspirées. Ainsi, le renversement des principes opéré par la constitution française de 1958[187] n'a pas eu lieu par l'effet de la révision de 1976[188]. Au contraire, le texte de la constitution a conservé sa cohérence interne en attribuant au pouvoir législatif la compétence de droit commun en matière de création de normes. En effet, les articles 18 et 28 affirment, sans équivoque, la souveraineté de la compétence législative puisqu'ils disposent respectivement que «le peuple exerce le pouvoir législatif par l'intermédiaire d'une assemblée représentative, dénommé « chambre des députés » » et que «la chambre des députés exerce le pouvoir législatif». Selon le premier ministre de l'époque, ces articles protégeaient le domaine de la loi et rien n'interdisait à cette dernière d'intervenir en dehors des domaines énumérés[189].

257- Il en résulte que l'effet de la révision de 1976 était alors d'ouvrir la possibilité au pouvoir réglementaire d'édicter des normes à titre initial dans les domaines autres que ceux prévus par les articles 34, 35 et 36 mais seulement lorsque la loi est défaillante. Par la suite rien ne s'oppose à ce que la loi intervienne et défait les décrets pris en dehors des domaines protégés par la constitution. La loi conserve toujours la compétence de principe en matière d'édiction de normes initiale, dans toutes les matières, y compris la matière fiscale. Mais le règlement peut théoriquement intervenir, à titre initial également, à condition de ne pas

---

l'existence des règlements autonomes, RTD 1979, II, Mélanges Ben Salem, p. 233). Pour les autres, la révision du 8 avril 1976 ne modifiait pas l'état antérieur du droit, la loi avait un domaine réservé, mais non assigné (Y. BEN ACHOUR, Droit administratif, 1ère édition, p. 432 ; Z. M'DHAFFAR, Le pouvoir législatif au Maghreb, CERP, 1987, p. 275). Selon, le professeur Y. BEN ACHOUR, l'évolution du droit, en la matière, allait confirmer la deuxième thèse (Y. BEN ACHOUR, Droit administratif, CPU, 2000, 2ème édition, p. 325).

[187] Sur la portée des article 34 et 37 de la constitution française du 4 octobre 1958, voir l'excellente étude de J. DE SOTO, La loi et le règlement dans la constitution du 4 octobre 1958, RDP 1959, p. 240 et s. ; Document d'études n° 1.08 édition 1994 : Droit constitutionnel et institutions politiques. La loi et le règlement : articles 34, 37 et 38 de la constitution de 1958, Documents réunis et commentés par Pierre le Mire, Documentation Française.

[188] N. BACCOUCHE, article précité, p. 33.

[189] Débats parlementaire, Journal officiel. Cf. aussi Z. MDHAFFAR, Le pouvoir législatif au Maghreb, CERP 1987.

toucher le domaine strictement réservé à la loi par l'article 34 et les autres articles de la constitution.

2) La compétence fiscale est un domaine assigné à la loi

258- Ce n'est qu'avec la révision constitutionnelle du 27 octobre 1997 que l'état du droit va subir un changement radical. En effet, cette dernière révision a bien franchi le pas en adoptant un article 34 presque identique à l'article 34 de la constitution française de 1958 et un article 35 semblable à l'article 37 de cette dernière[190]. L'exposé des motifs de la révision de 1997 justifie l'introduction des articles 34 et 35 nouveaux par la volonté d'éviter les ambiguïtés et les incertitudes créées par la révision de 1976. La limitation des domaines respectifs de la loi et du règlement, ajoute l'exposé des motifs, est devenue possible grâce à la mise en place du conseil constitutionnel.

259- Désormais, les matières qui relèvent du domaine de la loi sont strictement énumérées par les dispositions de la constitution, et en particuliers celles de l'article 34. Parmi les matières assignées à la loi par l'article 34, la nouvelle version de l'alinéa 7 cite les règles relatives « à l'assiette, aux taux et aux procédures de recouvrement des impôts, … ». Les dispositions de ce texte sont incontestablement très larges, et préservent formellement une grande partie des compétences fiscales au législateur.

260- Par la révision de 1997, le constituant a certes conservé un rôle déterminant à la loi en tant que principale source normative de la matière fiscale. Cependant, selon le nouveau système normatif institué par les articles 34 et 35 nouveaux de la constitution, le pouvoir de création (de manière initiale et inconditionnée) de la norme fiscale n'est plus l'apanage du seul législateur, il est désormais partagé horizontalement entre le Parlement et le Président de la République.

261- Selon le témoignage d'un éminent commentateur, cette révision de 1997 a procédé à une révolution juridique concernant le pouvoir normatif et la hiérarchie des normes : le rapport des normes (loi et règlement) n'est plus nécessairement un rapport hiérarchique puisque dans la construction des normes, le décret peut se positionner à côté de la loi et non nécessairement en dessous de la loi comme l'exige la théorie kelsénienne[191]. Contrairement aux exigences traditionnelles du

---

[190] N. BACCOUCHE, article précité, p. 33.
[191] N. BACCOUCHE, article précité, p. 35.

principe de la légalité de l'impôt, le pouvoir réglementaire n'est plus toujours soumis à l'obligation de conformité à la loi puisque, par définition, il peut intervenir à titre initial dans les domaines autres que ceux énumérés limitativement par l'article 34[192]. Mieux encore, l'article 35 de la constitution autorise l'exécutif à modifier les lois antérieures à la révision du 27 octobre 1997 et qui concernent des matières qui débordent le domaine précis assigné par l'article 34, et ce par la voie d'un décret pris sur avis conforme du Conseil constitutionnel. Il en découle un rétrécissement du champ de la légalité par la possibilité de déclassement de ces lois et leur basculement au rang réglementaires.

262- En définitive, qu'il soit réservé ou assigné à la loi, le domaine fiscal relève pour l'essentiel du pouvoir législatif. Dans le cadre du nouveau régime mis en place par la révision de 1997, les éléments fondamentaux qui déterminent le régime juridique de l'impôt demeurent toujours du ressort du pouvoir législatif, ce qui confirme la constante reconnaissance formelle du principe de la légalité de l'impôt dans l'ordre constitutionnel tunisien.

B/ La portée de l'énumération des matières fiscales assignées au pouvoir législatif

263- Les manifestations de la limitation du domaine de la loi en matière fiscale nous oblige, préalablement à déterminer le contenu des termes utilisés par l'article 34 alinéa 7: l'impôt, l'assiette, le taux et les procédures de recouvrement. Les nouvelles énonciations de l'alinéa 7 ont comblé certaines lacunes qui ont caractérisé la formule initiale introduite par la révision de 1976. Tout d'abord, il est fait référence à la notion générique d'«impôt », ce qui couvre tous les impôts, quelle que soit la collectivité à laquelle il revient, et non pas seulement les impôts revenant à l'Etat comme il a été annoncé sous le régime de 1976. Ensuite, relèvent également du domaine de la loi les règles relatives à la procédure de recouvrement, au même titre que celles relatives à

---

[192] Un commentateur attentif a signalé l'incommodité de la transposition en Tunisie du contenu des articles 34 et 35. Il n'a pas hésité à reconnaître que par l'introduction des articles 34 et 35 nouveaux, la constitution du 1er juin 1959 a perdu de la cohérence de ses dispositions relatives au pouvoir normatif. Alors que les articles 18 et 28 affirment la souveraineté de la compétence législative, les articles 34 et 35 posent la règle contraire, c'est-à-dire que la compétence de principe en matière d'édiction des normes appartient désormais au pouvoir exécutif. La Parlement n'a plus qu'une compétence d'attribution. V. Néji BACCOUCHE, article précité, p. 37.

l'assiette et au taux, alors que la procédure de recouvrement était exclue par la révision de 1976.

264- Cependant, le pouvoir constituant tunisien, même s'il a amélioré la rédaction de l'alinéa 7 de l'article 34 relatif aux impôts, n'a pas accordé à la loi l'exclusivité de la compétence fiscale.

1) **Le contenu de la notion d'«impôt »**

265- Il résulte de l'article 34 alinéa 7 de la constitution que les éléments essentiels qui concourent à la détermination de l'obligation fiscale du contribuable relèvent du législateur puisque dernier intervient au niveau de l'assiette, des taux et de la procédure de recouvrement des impôts. Néanmoins, le contenu de l'alinéa 7 de l'article 34 circonscrit de manière limitative le domaine d'intervention de la loi en matière fiscale. La compétence du législateur ne concerne que l'«impôt », c'est-à-dire les prélèvements de caractère fiscal. Il convient ainsi de s'interroger sur le contenu de cette notion, et notamment la distinguer d'un certain nombre d'autres types de prélèvements qui ne s'analysent pas en obligations de nature fiscale. Il semble qu'en Tunisie, comme d'ailleurs en France, ces distinctions sont parfois difficiles à établir car, comme l'a souligné M. AMSELEK, un certain empirisme et l'absence de doctrine précise ont toujours prévalu dans le domaine des recettes publiques[193].

a- La notion d'impôt dans la théorie fiscale

266- A priori il existe plusieurs définitions théoriques de la notion d'impôt. Mais, c'est la célèbre définition, élaborée depuis 1927 par Gaston JEZE, qui demeure classiquement la plus citée et retenue par la majorité de la doctrine. En vertu de cette définition l'impôt est conçu comme « un prélèvement en argent, requis des particuliers par voie d'autorité, à titre définitif et sans contrepartie, en vertu de la loi, en vue de la couverture des charges publiques »[194].

267- Cette définition a été reprise et enrichie en 1952 par Laferrière et M. Walline dans leur « Traité élémentaire de science et législation financière » LGDJ 1952, p. 219. , ils soutiennent que « l'impôt est un prélèvement pécuniaire, qu'en vue de subvenir aux besoins publics,

---

[193] AMSELEK, Une curiosité du droit public financier : les impositions autres que fiscales ou parafiscales, Mélanges WALINE 1974, T. I, p. 89.
[194] G. JEZE, Cours de finances publiques 1927.

l'Etat opère par voie de contrainte sur les ressources des particuliers à raison de leur faculté contributives sans que ce prélèvement corresponde à des services déterminés procurés à qui y est astreint ».

268- Ultérieurement, cette même définition a fait l'objet de certains aménagements par les auteurs modernes afin de tenir compte de l'évolution actuel du rôle de l'impôt dans le cadre de l'Etat interventionniste. Désormais, l'objectif de l'impôt ne se réduit plus à la simple couverture des charges publiques mais il vise à atteindre à la fois une pluralité d'objectifs d'ordre financier, économique et social[195].

269- Hormis cet élément, l'ensemble des auteurs, classiques et modernes, semblent s'accorder sur les autres caractéristiques fondamentales qui sont lucidement exposées par Gaston JEZE. La vérification de la présence de ces caractéristiques nous permet de donner une qualification exacte du prélèvement, dans la mesure où c'est à partir de cette qualification juridique que seraient produit des conséquences importantes sur le régime juridique, c'est-à-dire, la nature légale ou réglementaire du prélèvement et le régime de son contrôle et son contentieux.

270- L'application par la jurisprudence des critères dégagés par la définition générale de la notion d'impôt aboutit nécessairement à classer un prélèvement donné dans l'une des catégories suivantes : soit un véritable impôt, soit une taxe parafiscale, soit une redevance pour service rendu. Le principe consacré, notamment par la Haute juridiction constitutionnelle française est relatif au refus des « hybrides »: un même prélèvement ne peut pas appartenir à plus d'une catégorie[196].

---

[195] Nous pouvons signaler, à titre d'illustration l'opinion de G. ARDANT émise dans son célèbre ouvrage « Théorie sociologique de l'impôt », Tome I, p. 166. Il écrit : « L'impôt devient un instrument qui, au même titre que d'autres, doit permettre d'atteindre un quadruple objectif :

- Assurer l'équilibre de l'économie, c'est-à-dire en évitant l'inflation, le plein-emploi des ressources disponibles ;
- Permettre l'orientation de l'économie vers les objectifs fixés par la collectivité ;

Développer la productivité ;

- Réduire l'inégalité des conditions ».

Louis TROTABAS est allé plus loin en affirmant qu'«aujourd'hui, et quelque paradoxal que cela puisse paraître, le caractère fiscal de l'impôt passe souvent à l'arrière plan. L'impôt est de plus en plus fréquemment utilisé dans un but de « réformisme social », si l'on s'intéresse à lui comme pourvoyeur des budgets, ce n'est plus qu'à un titre parmi d'autres ».

[196] Ce refus des « hybrides » qui emprunteraient à la fois aux trois catégories est probablement l'apport le plus décisif de la jurisprudence du Conseil Constitutionnel à ce jour. Déjà apparent dans les décisions antérieures (CC 23 février 1970, n° 70-61 L, D.

271- De ce fait, la jurisprudence française avait bien prévalu une conception large du prélèvement fiscal en admettant à propos d'une redevance destinée à couvrir les frais inhérents à l'analyse puis à la dégustation des vins revendiquant une appellation d'origine contrôlée prévue par décret, que dans le cas où la prestation fournie à l'usager est en réalité un contrôle exercé par la puissance publique dans l'intérêt général sur l'exercice d'une activité professionnelle, on n'est plus en présence d'une redevance au titre d'un service rendu mais d'un prélèvement fiscal[197].

272- On arrive ainsi à un paradoxe apparent que l'impôt en dépit du caractère attractif[198] de ce concept est, en quelque sorte, défini de façon résiduelle et négative : c'est parce qu'un prélèvement sans fondement contractuel perçu par l'Etat, une collectivité territoriale ou un établissement public ne peut être qualifié légalement ni de redevance pour service rendu, ni de taxe parafiscale qu'il devient un impôt[199].

289- Ainsi, en nous appuyant sur les critères distinctifs de l'impôt tels qu'ils se dégagent de la définition de cette notion , nous pouvons conclure que ni les taxes, ni les redevances pour services rendus, ni même les taxes parafiscale ne constituent, de par leur nature, des obligations de types fiscal. Mais dans la pratique on procède généralement à définir le contenu de la notion d'«impôt » de manière négative, par voie d'éliminations successives. La doctrine et la jurisprudence soutiennent que « constituent des « impositions de toute nature », et relèvent de la compétence du législateur telle qu'elle est déterminée à l'article 34 de la Constitution, les prélèvements qui ne sont ni des contributions, ni des redevances, ni des taxes parafiscales… »[200].

1970. 388, note Lavigne ; CC. 16 novembre 1977, n° 77-100 DC, Rec. 65), il est éclatant dans une décision du 23 juin 1982, 82-123 L, Rec. 99.

[197] CE Section 22 décembre 1978, Syndicat viticole des Hautes Giraves et autres, Lebon 526, RJF 1979. 11.370, concl. Genevois.

[198] Pour constater l'effet attractif du concept d'imposition par rapport à celui de taxe parafiscale comme d'ailleurs à celui de redevances pour services rendus, voir : CC 16 novembre 1977, n° 77-100 DC, Rec. p. 65.

[199] C. DAVID, O. FOUQUET, B. PLAGNET, P.-F. RACINE, Les grands arrêts de la jurisprudence fiscale, 3ème édition Dalloz 2000, p. 5.

[200] Philippe THEVENIN, ouvrage précité, p. 43. Voir, également, CE 28 juin 1968, Sieur BENET et autres, Rec. 404.

290- En France, on peut souligner le rôle important joué par le Conseil Constitutionnel qui a eu pour effet l'élargissement du domaine de la fiscalité en interprétant de manière restrictive la notion de redevance pour services rendus ainsi que celle de parafiscalité[201].

291- Il est donc assez important de déterminer au préalable à quelle catégorie précise appartient un prélèvement donné dans la mesure où les prélèvements obligatoires à caractère fiscal ou non fiscal ont un régime juridique variable. Alors que l'impôt proprement dit est une matière réservée, en principe, à la compétence législative, les autres prélèvements non fiscaux relèvent, en vertu des articles 34 et 35 de la constitution, du domaine réglementaire.

b- La notion d'impôt en droit positif tunisien

292- Selon la théorie fiscale, l'impôt doit nécessairement présenter les trois caractéristiques suivantes: Il se distingue, par son caractère obligatoire, par l'absence de contrepartie et par sa non affectation à des dépenses déterminées. Il est donc utile de vérifier si le droit positif tunisien a bien ou non consacré cette conception?

293- Tout d'abord, une première ambiguïté porte sur la définition du terme « impôt » employé par l'alinéa 7 de l'article 34. En effet ce terme est susceptible de plusieurs acceptions selon qu'il est pris dans sons sens strict ou large. A cet égard, le constituant français, étant plus conscient de la diversité des prélèvements fiscaux, a accordé au législateur une compétence générale pour fixer les règles relatives aux « impositions de toute nature ». D'ailleurs, même dans cette hypothèse, l'expression employée ne couvre ni la parafiscalité, ni les droits de douanes ni les cotisations sociales. « Elle traduit, d'après Philip Loïc, très mal l'étendu du pouvoir du Parlement en matière de prélèvements à caractère obligatoire »[202]. En revanche, le pouvoir constituant tunisien a employé le terme "impôt" pour désigner le domaine d'intervention du pouvoir législatif. L'imprécision de ce terme ne peut que remettre en cause la plénitude des compétences du législateur en matière fiscale.

294- Le droit public financier tunisien fait référence à plusieurs catégories de prélèvements: en plus de l'impôt au sens strict, il se réfère à la taxe, à la redevance, à la taxe parafiscale, à la contribution ou au

---

[201] Cf. L. PHILIP, Le droit constitutionnel des finances publiques, RFFP 1984, n° 7.

[202] Loïc PHILIP, Les lacunes et les imperfections des articles 34 et 37 , le problème de leur réforme, Colloque « le domaine de la loi et du règlement », 2ème édition, Economica 1981, p. 231.

droit[203]. En plus, dans les différentes lois de finances votées par le Parlement, il est couramment inséré un article 1er disposant qu' « est et demeure autorisée pour l'année X la perception au profit du Budget de l'Etat les recettes provenant des impôt, taxes, redevances, contributions, divers revenus et prêts... »[204].

295- Le recensement des ces diverses catégories de prélèvements nous invite à nous interroger sur le degré de différenciation entre ces diverses recettes quant à leur régime juridique et quels sont les critères de distinction? Y a-t-il vraiment un intérêt pratique et/ou théorique à opérer une telle différenciation? Au delà de cette multiplicité des termes utilisés, le droit positif consacre t- il une unité au niveau du régime juridique?

296- D'une part, il n'existe pas vraiment un intérêt pratique à opérer une telle distinction. En effet, il semble que les auteurs de la constitution du 1er juin 1959 ont tendance à utiliser le terme «impôt», entendu dans son sens le plus large possible, qui intègre non seulement l'impôt au sens strict mais toutes les autres formes de prélèvements publics. C'est ce qui résulte des travaux préparatoires de l'assemblée constituante [205]. A noter qu'à l'occasion de la troisième lecture du texte de la constitution, le numéro de l'article a été modifié de 58 à 36, qui dispose que « les impôts, les emprunts et les engagements financiers ne peuvent avoir lieu que par une loi »[206].

297- Selon cette conception, la fiscalité relève de la compétence exclusive du législateur, quelque soit la forme qu'elle est susceptible de revêtir (Impôt, droit, taxe, redevance...). Cependant, elle ne fait pas obstacle à l'intervention du pouvoir réglementaire général pour organiser certains de ses aspects.

---

[203] Ce phénomène n'est pas propre à la Tunisie. A propos du droit fiscal français, G. GEST et G. TIXIER, Droit fiscal, LGDJ 1986, p. 57..

[204] Voir à titre d'exemple article 1er de la loi n° 2001-123 du 28 décembre 2001 portant loi de finances pour l'année 2002, J.O.R.T. n° 104, p.4251 du 28 décembre 2001. Ce même article est reproduit avec presque la même teneur dans toutes les lois de finances votées par le parlement tunisien.

[205] Lors des discussion du projet de la constitution, l'un des députés s'est interrogé sur la différence entre le sens de l'expression « fiscalité » utilisée dans la version initiale du projet (La version initiale du projet prévoit que « la loi organise les règles essentielles du prélèvement fiscal et les procédures de sa dépense ») et l'expression « impôt » retenue dans la version définitive. Il lui a été répondu par le président qu' « il n'existe aucune différence entre le sens de « fiscalité » et celui d' « impôt » ; Débats de l'assemblée nationale constituante, séance du lundi 26 janvier 1958, p. 235 et 236.

[206] Débats de l'assemblée nationale constituante, séance du jeudi 28 mai 1959, p.341.

299- D'autre part, l'étude de certaines pratiques législatives et des principales interprétations dans ce domaine révèle que le droit positif tunisien consacre une conception spécifique de l'impôt qui se distingue nettement de celle élaborée par la doctrine classique. Le premier élément distinctif concerne la généralité du concept de l'impôt. Ce dernier couvre toutes les recettes perçues au profit de l'Etat. Cette conception résulte des éléments suivants:

300- En premier lieu, il s'agit de l'interprétation retenue par la doctrine administrative quant aux termes employés par la loi n° 87-71 du 26 novembre 1987 portant amnistie fiscale[207] qui prévoit dans son article 1 et 2 que cette loi s'applique aux «impôts directs et indirects perçus par l'Etat ». L'administration fiscale, dans sa note commune, commentant les dispositions de cette loi, avait donné, à cette occasion, son interprétation des termes: impôt directs et impôts indirects perçus par l'Etat[208]. Elle a soutenu qu'il faut entendre par les termes « impôts directs et impôts indirects perçus par l'Etat », « tous impôts, contributions, retenus à la source, taxes fiscales ou parafiscales qui alimentent les recettes du budget de l'Etat ainsi que les taxes dont la perception et le versement obéissent aux mêmes règles (contribution de solidarité, taxe de formation professionnelle, taxe de visite ... etc.) » Selon l'administration fiscale, le terme impôt doit donc être entendu plutôt au sens large puisque la parafiscalité est couverte par l'expression impôt de l'Etat[209].

302- Malgré ces critiques, la position de l'administration fiscale semble plus plausible puisque d'un point de vue comptable, il n'existe pas de différence entre ces diverses ressources qui contribuent toutes à alimenter le budget de l'Etat[210]. Ceci explique par exemple la différence entre les tarifs de télécommunication ou les redevances de l'aviation d'une part, qui sont crées par décret puisqu'elles n'alimentent pas le budget de l'Etat[211], et d'autre part, les redevances de prestations douanières qui sont crées par une loi puisqu'elles alimentent le budget

---

[207] J.O.R.T 24-27 novembre 1987, p. 1463.

[208] Note commune n° DGI 23 du 12 décembre 1987: Commentaire des dispositions de la loi n° 87-71 en date du 26 novembre 1987 portant amnistie fiscale. Voir BACCOUCHE Néji, L'amnistie fiscale de 1987; R.T.D. 1987, p. 9.

[209] Cette interprétation administrative large a été critiquée par la doctrine. Cf. N. BACCOUCHE, article précité p. 13 ;. H. AYADI;, Droit fiscal; p. 182, n° 419

[210] M. HASSAYOUN, Commentaire de l'article 34 alinéa 7 (nouveau) de la constitution, en arabe.

[211] Respectivement le décret n° 366-91 du 13 mars 1991 portant fixation des tarifs des télécommunication, J.O.R.T. du 29 mars 1991, p. 477 et le décret n° 1351-85 du 24 octobre 1985 modifiant et complétant le décret n° 10001-81 du 12 août 1981 relatif aux redevances d'aviation, J.O.R.T n° 77 du 1er novembre 1985, p. 1508.

de l'Etat et leur perception est soumise à une autorisation annuelle[212] (Loi n° 63-87 du 31 décembre 1987 portant loi de finances pour la gestion 1988 (J.O.R.T. 1987, p. 1632).

304- L'orientation vers la consécration d'une conception extensive de l'impôt, s'est confirmée plus tard à l'occasion de la promulgation du code des droits et des procédures fiscaux. Ce dernier prévoit dans son article 1er que « le présent code fixe les dispositions relatives aux droits et obligations du contribuable et aux procédures y afférentes au niveau du contrôle et du contentieux en matière des impôts, droits, taxes, redevances et autres prélèvements fiscaux au profit de l'Etat et qui sont désignés dans ledit code par le terme « impôt » ».

305- Cette interprétation est susceptible de justifier certaines solutions retenues par le droit positif tunisien, aussi étrange qu'elles soient. Ainsi l'article 9 de la loi organique du budget annonce, de manière explicite, que les fonds spéciaux de trésor bénéficient de ressources fiscales, alors que ces fonds se basent sur l'affectation de ressources spécifiques pour affronter des dépenses déterminées relatives à certains services publics[213]. Ce qui est incompatible avec la conception classique de l'impôt qui se base sur le principe de non affectation et l'absence de lien entre la perception de l'impôt et le fonctionnement du service public. Toutefois, et en dépit du fait que ces droits soient bien affranchis de certaines règles du budget (en particulier la règle de non affectation), ils sont bien perçus au profit de l'Etat et font l'objet d'une autorisation annuelle en vertu de la loi de finances.

306- Sans doute c'est ce qui a fait amener certains auteurs à considérer que les ressources de ces fonds relèvent de la parafiscalité[214]. Or, malgré le non respect de ces taxes des règles du budget, notamment celle de non affectation, elles sont bien perçues au profit du budget de l'Etat et leur perception est subordonnée à l'autorisation annuelle du Parlement. Il en résulte qu'elles se distinguent de la notion de taxe parafiscale qui selon la réglementation française, qui les avait consacré (Voir l'ordonnance organique du 2 janvier 1959 abrogée), ne relèvent pas de la compétence normative du Parlement. En Tunisie, la catégorie

---

[212] Article 121-01 et 121-3 dans la deuxième catégorie (Impôts et taxes indirects ordinaires, de la première partie «Recettes fiscales ordinaires) des recettes du titre I du budget. Et ce en application de l'article 7 de la loi organique du budget. Voir à titre d'exemple le tableau A (Recettes du budget de l'Etat) de la loi n° 98-111 du 28 décembre 1998 portant loi de finances pour l'exercice 1999, J.O.R.T n°' 104, p. 2510.

[213] Voir l'article 22 de la loi organique sur le budget tel qu'elle est modifiée par les textes subséquents et notamment la loi n° 103 de 1996.

[214] H. AYADI, Droit fiscal, p. 89.

de taxes parafiscales n'existent pas vraiment, faute de texte les consacrant expressément.

307- Cette orientation est également confirmée par la dernière modification de la loi organique sur le budget qui a supprimé la vieille distinction entre le budget de l'Etat et le budget général. Désormais les fonds spéciaux sont devenus partie intégrante du budget de l'Etat après avoir été, avant la modification, des comptes hors budget (La définition de ces comptes figure dans l'article 9 (ancien) de la loi organique du budget). Par conséquent le fait de faire bénéficier ces fonds de recettes fiscales ne se contredit pas avec la conception retenue de l'impôt qui se base sur l'élément fonctionnel: ces ressources alimentent le budget de l'Etat sans égard à ses bases de perception et à ses modes de gestion.

308- Cependant, ce critère fonctionnel est forcément relatif puisqu'il ne concerne en fait que les ressources qui alimentent le budget de l'Etat. Or est il pertinent de considérer que la notion d'impôt n'intéressait vraiment que les sommes perçues par l'Etat? Si l'on admettait cette limitation de la notion d'impôt, la révision de l'article 34 alinéa 7, par la loi n° 97-65 du 27 octobre 1997, risquerait de perdre sa valeur réelle. En effet, le nouveau texte a supprimé l'expression « au profit de l'Etat » tout en gardant l'expression plus générale d'«impôt». En plus, le nouveau texte parle d'un impôt, au singulier, et non pas des impôts, au pluriel, ce qui prouve certainement l'existence d'une conception unique de la notion d'impôt, quel qu'en soit la collectivité bénéficiaire[215].

309- Cette unité de la conception de l'impôt résulte, en particulier, des travaux préparatoires lors de la discussion du projet du code de la fiscalité locale. On remarque tout d'abord, que l'ancienne appellation de ce code est « code des taxes et redevances locales ». Mais à la demande d'un député il a été procédé à la substitution de cette appellation par celle du « code de fiscalité locale »[216]. Cette dernière expression confirme la conception large de la fiscalité qui est retenue par le droit positif tunisien, surmontant ainsi les réserves qui sont formulées à l'égard du caractère fiscal de certaines matières.

310- De sa part, le Conseil Constitutionnel a confirmé cette orientation à l'occasion de l'examen de certains articles du projet du code de la fiscalité locale, afin de donner son avis quant à leur constitutionnalité (En particulier le paragraphe 4 de l'article 4 qui autorise la collectivité

---

[215] Nos conclusions se basent sur la lecture de la version arabe de la constitution du 1er juin 1959. Il est à remarquer, à cet égard, que contrairement à la version française qui emploie le terme « impôts » au pluriel, la version arabe de l'article 34 alinéa 7, qui fait foi, utilise le terme « impôt » au singulier.

[216] Voir Débats parlementaires n° 10, séance du jeudi 12 décembre 1996.

locale à fixer par arrêté le prix de référence du mètre carré couvert.). A cet égard, le conseil considère que « ... le prix de référence du mètre carré couvert pour chaque catégorie d'immeuble bâti, sur la base duquel est assise la taxe, considérée comme impôt, si l'on se réfère à son régime juridique tel qu'il se présente dans le projet ». Il en résulte que selon le Conseil Constitutionnel, la conception adoptée de l'impôt est une conception juridique, qui s'appuie sur le régime juridique de l'impôt prévu dans ledit projet, sans se baser sur des critères extérieurs.

* * * *

314- L'élargissement du domaine de la loi en matière fiscale ne se limite pas simplement au contenu du terme « impôt » tel qu'il figure à l'article 34 de la constitution, il se confirme davantage à travers les interprétations consacrées aux autres termes de l'alinéa 7 du même article.

2) Le recensement des matières fiscales relevant du domaine d'intervention de la loi

315- En nous appuyant sur les dispositions de la constitution, nous constatons que la compétence du législateur en matière fiscale ne découle pas uniquement de la formule de l'alinéa 7 de l'article 34 relatif au domaine de l'impôt. Elle résulte, également, de l'application à la fiscalité des autres rubriques de l'article 34 ainsi que d'autres articles de la constitution.

a- Les éléments essentiels qui concourent à la détermination de la dette fiscale

316- La référence principale reste les termes de l'alinéa 7 de l'article 34 qui prévoit que sont pris sous forme de loi les textes relatifs«...à l'assiette, aux taux et aux procédures de recouvrement... ». En vertu de ces dispositions, la compétence du législateur en matière fiscale s'étend sur la détermination de l'assiette, du taux et des procédures de recouvrement de l'impôt.

317- Les rédacteurs de la constitution ont opéré une énumération diffuse du domaine fiscal imputable à la compétence du pouvoir législatif. L'expérience montre que l'interprétation et l'application des règles de répartition des compétences qu'implique cette énumération pourrait entraîner, dans la pratique, des interférences dans les domaines respectifs de la loi et du règlement.

318- A cet égard, il y a lieu de souligner que si en droit français, le conseil constitutionnel a largement contribué à dissiper cette ambiguïté et à clarifier le contenu des dispositions des articles 34 et 37 de la constitution de 1958[217], le droit tunisien souffre de l'absence d'une jurisprudence propre permettant de délimiter de manière plus nette les compétences respectives de la loi et du règlement. Néanmoins, en nous basant sur la similitude des termes employés par les deux constitutions (française et tunisienne) et la convergence des théories de répartition des compétences consacrées par les deux textes constitutionnels, nous pourrons légitimement transposer les solutions jurisprudentielles soutenues par le juge constitutionnel français à l'exemple tunisien.

1- L'assiette de l'impôt

319- La compétence du législateur au niveau de cet élément couvre le choix et la détermination de la matière imposable ainsi que la définition des assujettis. Rentre également dans la compétence du législateur la création même d'une nouvelle imposition ou la suppression d'une imposition préexistante. Il est donc exclu que le pouvoir réglementaire n'impose, à titre initial, aux personnes physiques ou morales aucune obligation fiscale[218]. L'autorité réglementaire ne peut pas davantage supprimer un impôt[219]. De surcroît, appartient au seul législateur la définition des méthodes d'évaluation ainsi que le choix de la méthode applicable dans tel ou tel cas[220].

2- Les tarifs de l'impôt

320- Le taux de l'impôt doit être fixé par la loi. Sur cet élément la compétence du législateur est d'ailleurs largement appréciée par la jurisprudence tant française que tunisienne car on englobe parmi les

---

[217] Voir, à titre d'exemple la chronique d'Alain Gérard COHEN, La jurisprudence du conseil constitutionnel relative au domaine de la loi d'après l'article 34 de la constitution, RDP 1963, p. 145 et s.

[218] CE 28 février 1947, Syndicat français des Directeurs de cinémas, Rec. 88 : L'article 9 de l'arrêté n° 11922 du 10 avril 1945 est illégal, disposant que les exploitants des salles sont tenus de verser au fonds de soutien de l'industrie cinématographique un pourcentage (7%) de leur recette brute et prévoyait des pénalités pour en assurer le recouvrement.

[219] CE 11 décembre 1942, BAILLY, Rec. 350 : est illégale la suppression par décret de la majoration de taxation de 25% instituée par l'article 28 de la loi de finances du 31 décembre 1937 à l'encontre des exploitants de cinématographes

[220] CC. 30 janvier 1968, JO 1er février 1968, p. 1195. Le conseil constitutionnel français a déclaré conforme à la constitution la loi n° 68.108 du 2 février 1968 relative aux évaluations servant de base à certains impôts directs locaux.

règles du taux celles qui concernent le tarif et l'octroi de toutes les exonérations[221]. Il y a lieu à cet égard de clarifier si l'emploi par l'alinéa 7 du terme « taux » signifie que toutes les autres règles de liquidation échappent à la compétence du législateur et relèvent corrélativement de la compétence du règlement ?

321- A priori, et en appliquant stricto sensu les règles de répartition de compétence, telle qu'elles résultent du texte de la constitution, on doit normalement exclure de la compétence législative les éléments du tarif autres que le taux. Cependant, en nous référant à la jurisprudence française, nous nous rendons compte que les juges du partage ont interprété largement la compétence du législateur. Ainsi, ils le considèrent seul compétent pour fixer le tarif de l'impôt et également le seul à pouvoir le modifier. La compétence du législateur est, donc largement apprécié par le conseil d'Etat puisque celui-ci a fait référence aux « règles de liquidation », c'est-à-dire le tarif, alors que l'article 34 de la constitution française ne range dans le domaine de la loi que les règles concernant le taux de l'impôt[222]. Le conseil d'Etat semble assimiler les « règles concernant le taux » à « l'ensemble des règles de liquidation de l'impôt ». En effet, la notion de tarif est nécessairement plus large que celle du taux, elle constitue l'ensemble des règles déterminant les opérations qu'il faut effectuer sur la valeur de la matière imposable pour obtenir le montant de l'impôt, alors que le taux n'est qu'un élément du tarif.

322- Il semble que cette conception extensive à l'égard de l'étendue de la compétence du législateur à l'ensemble des règles qui déterminent le tarif de l'impôt est également partagée par la jurisprudence tunisienne. Le tribunal administratif tunisien a considérée, dans un de ses avis consultatifs, que « le pouvoir réglementaire général n'a pas le droit de fixer les conditions d'exonération des droits de douane ... sauf sur la base d'une délégation accordée par les lois fiscales ou la loi de finances au titre de laquelle cette exonération a été consentie »[223].

323- De même, la pratique fiscale tunisienne converge bien avec la solution consacrée par la jurisprudence française. Lors du vote des textes fiscaux, le législateur a constamment étendu sa compétence à l'ensemble des opérations de liquidation de l'impôt. Ces dernières

---

[221] L. PHILIP, Droit fiscal constitutionnel, ouvrage précité, p. 64.

[222] V. CE 4 décembre 1964, Desbouvrie, Rec. P. 615, n° 51, comm. 1300, concl. Martin.

[223] Avis consultatif n° 6217 du 25 février 1995 relatif à un projet de décret fixant la liste des équipements importés ou acquis localement par les collectivités locales ou les établissements publics municipaux ou pour leur compte susceptibles de bénéficier de l'exonération des droits de douanes et des taxes sur le chiffre d'affaires et les conditions de ce bénéfice.

comportent aussi bien le taux que les abattements, les déductions, les réductions ou exonérations et enfin les majorations[224]. Il en résulte que l'octroi des exonérations et les conditions de leur attribution sont bien des matières qui relèvent de l'article 34 alinéa 7 et l'autorité réglementaire ne peut intervenir dans ces matières que dans la limite des conditions posées par la loi ou sur la base d'une délégation législative.

3- Les procédures de recouvrement de l'impôt

324- Les règles concernant les modalités de recouvrement de l'impôt doivent également résulter de la loi. Cette expression est également interprétée de manière extensive par la jurisprudence : elle y inclut les modalités de paiement et le contentieux fiscal[225]. Ainsi, la compétence du législateur s'étend, tout d'abord, sur la désignation de l'organe chargé du recouvrement. Ensuite, il s'agit de décider du système de recouvrement (émission d'un rôle nominatif, paiement au comptant, apposition d'un timbre...), ou de prévoir les diverses modalités du contrôle (délais de reprises...). Enfin, elle porte sur la fixation des règles du contentieux, des amendes et sanctions administratives liées au recouvrement.

b- L'élargissement du domaine de la loi en matière fiscale

325- La lecture de l'article 34 alinéa 7 de la constitution, à la lumière des applications et interprétations des différentes expressions utilisées dans cet alinéa, nous conduit à une conception extensive de la notion de légalité fiscale. En effet, l'évolution de la législation et de la jurisprudence consacre, sans aucun doute une orientation vers un élargissement de la compétence de la loi en matière fiscale. Cet élargissement se manifeste aussi bien au niveau du degré et de l'étendue de l'intervention de la loi, qu'au niveau de la consécration de la compétence de la loi par les autres dispositions de la constitution.

1- Le degré et l'étendue de l'intervention de la loi

326- Normalement, selon les termes de l'alinéa 7 de l'article 34, l'intervention du législateur est limitée aux domaines visés par cette disposition (assiette, taux et recouvrement). Tout ce qui n'entre pas dans

---

[224] Voir à titre d'exemple : les articles 7 et 9 du code de la TVA ; les articles 38, 39, 44 et 46 du code de l'IRPP et de l'IS.

[225] CC. 21 décembre 1964, D. 1965, p. 597, note L. HAMON.

le cadre de cette énumération relève de la compétence du pouvoir réglementaire, en application de l'article 35 de la constitution. Néanmoins, dans la pratique, non seulement l'interprétation jurisprudentielle des matières strictement législatives est la plus extensive, mais également la haute juridiction constitutionnelle française n'empêche pas le Parlement de légiférer sur les matières de nature réglementaire. Elle considère ainsi qu'une disposition de nature réglementaire figurant dans une loi n'est pas, pour autant, contraire à la constitution[226]. Depuis 1982, il est donc admis, en France, que le législateur peut librement empiéter sur le domaine réservé au pouvoir réglementaire, à condition que le Gouvernement ne s'y oppose pas.

327- Par ailleurs, la matière fiscale, étant classée parmi les domaines où la loi intervient pour en déterminer les règles, ne doit pas donc se limiter simplement à fixer les principes fondamentaux, à l'instar des matières visées par l'article 34 dernier paragraphe de la constitution. Tirant la conséquence de cette formulation le juge constitutionnel, tant français que tunisien, veille à ce que le Parlement exerce bien lui même la plénitude de sa compétence législative que lui reconnaît la constitution, et, pour employer l'expression du Conseil Constitutionnel français, qu'il ne reste pas « en deçà » de celle-ci.

328- C'est ainsi qu'en France, le Conseil Constitutionnel a annulé successivement, une disposition par laquelle le législateur confiait au Gouvernement le soin de fixer la date d'entrée en vigueur d'une disposition abrogeant un article du Code Général des Impôts[227], une disposition fiscale qui n'était pas suffisamment claire et qui est susceptible d'au moins deux interprétations différentes, ce qui aboutissait à reconnaître à l'administration un véritable pouvoir législatif[228] et une disposition de la loi de finances pour 1988 qui a confié à un établissement public administratif le soin de fixer librement le taux d'une imposition établie en vue de pourvoir ses dépenses[229].

329- De sa part le Conseil Constitutionnel tunisien a confirmé cette tendance en décidant l'annulation de l'alinéa 7 de l'article 4 et de l'alinéa 3 de l'article 22 du projet du code de la fiscalité locale en raison de leur non conformité à certaines dispositions de la constitution, et notamment l'alinéa 7 de l'article 34[230]. En effet, le projet initial de ce

---

[226] Décision 149 DC du 30 juillet 1982 « blocage des prix et des ventes », Favoreu et Philip : « Les grandes décisions du conseil constitutionnel », Sirey 1986, n° 87.
[227] Décision 223 DC 29 décembre 1986, DF 1987, n° 2-3, comm. 50.
[228] Décision 191 DC 10 juin 1985, DF 1985, n° 31, comm. 1418.
[229] Décision 239 DC 30 décembre 1987, DF 1988, n° 1-2, comm. 5.
[230] Avis du Conseil Constitutionnel du 9 janvier 1997 relatif au code de la fiscalité locale.

code, tel qu'il est amendé par le Parlement, a confié aux collectivités locales une compétence décisionnelle dans la détermination des règles d'assiette en matière d'impôts locaux. Or le Conseil, a jugé que les impôt locaux rentrent bien dans la catégorie des « impôts au profit de l'Etat » et, à ce titre, et en application des articles 11 et 24 de la loi organique relative au budget des collectivités locales du 14 mai 1975, ces impôts doivent être soumis au même régime que ces derniers, d'où les règles de compétence sont dictées par les termes de l'alinéa 7 de l'article 34 de la constitution qui attribuent au législateur l'entière compétence en vue de fixer les règles d'assiette, de taux et des procédures de recouvrement.

330- En effet, mieux que l'article 34 français, la formulation de l'article 34 de la constitution tunisienne implique l'exercice par le législateur de la plénitude de sa compétence dans toutes les matières énumérées par son paragraphe premier[1]. La loi fiscale doit donc fixer, elle-même, la totalité du régime de l'impôt (dès lors qu'il s'agit des règles essentielles de son assiette, de son taux ou de ses procédures de recouvrement) ; elle ne peut, par omission, imprécision ou, sous couverts de mise en œuvre, transférer une part de sa compétence au pouvoir réglementaire ou à une autre autorité publique[2].

2- L'élargissement du domaine de la loi à travers les autres dispositions de la constitution

331- Pour rendre compte de cet élargissement de la loi en matière fiscale, il faudrait au préalable, nous interroger sur le contenu du régime juridique de l'impôt. Ce dernier se limite-t-il aux règles fixant l'assiette, le taux et les procédures de son recouvrement?

332- Il est à signaler, tout d'abord, que le droit fiscal aujourd'hui n'est plus seulement le droit de l'impôt, mais également le droit du contribuable[3] ou beaucoup plus exactement le droit qui règle les rapports entre le contribuable et le fisc. A cet égard, la Haute Juridiction Constitutionnelle française affirme que « contrairement à la jurisprudence budgétaire qui porte surtout sur le non respect des règles de procédure, la jurisprudence fiscale est dominée par le problème du respect des droits et libertés fondamentaux applicables à l'impôt: droit

---

[1] Cette idée a été défendue par le professeur Y. BEN ACHOUR, (in « Le pouvoir réglementaire général et la Constitution », article précité, p. 206).

[2] L. PHILIP, ouvrage précité, p. 87.

[3] Cf. MARTINEZ J.-C., Le statut du contribuable; Tome 1.

de propriété, liberté individuelle, légalité fiscale, égalité devant l'impôt, garanties en matière de contrôle fiscal et de sanctions fiscales »[234].

333- A cet égard, le principe de la légalité constitue une limite à l'autorité fiscale. Il en résulte que la consécration du principe de légalité ne s'arrête plus à la fixation par le législateur des règles d'assiette, de tarif et de procédures de recouvrement, mais il tend avant tout à garantir les droits du contribuable contre l'abus de l'autorité fiscale. Dans tous les stades de l'imposition ou du recouvrement le contribuable se trouve confronter, de manière inégale, à l'autorité fiscale. Dans cet ordre d'idée, si l'on se réfère aux différents articles de la constitution nous constatons que l'article 34 alinéa 7 est loin d'être le seul à consacrer le principe de la légalité de l'impôt. Nous constatons en outre que plusieurs autres articles, susceptibles de concerner une pluralité de matières (fiscales et autres), peuvent à leur tour intéresser la légalité fiscale. De ce fait, hormis l'alinéa 7 de l'article 34, le principe de légalité de l'impôt a donc été l'objet d'une confirmation dans le cadre des divers autres articles de la constitution. Ainsi, nous pouvons dégager de la lecture des différentes dispositions de la constitution quelques « principes constitutionnels » qui attribuent à la loi la mission d'organiser certains aspects du régime juridique de l'impôt et qui constituent, par conséquent, d'autres titres de compétence législative en matière fiscale.

334- Tout d'abord, l'article 7 de la constitution dispose que «les citoyens exercent la plénitude de leurs droits dans les formes et conditions prévues par la loi. L'exercice de ces droits ne peut être limité que par une loi prise pour la protection des droits d'autrui, le respect de l'ordre public, la défense nationale, le développement de l'économie et le progrès sociale ». Ainsi, face aux prérogatives du fisc, le contribuable jouit d'un certain nombre de droits qui constituent pour lui des garanties fondamentales. Au titre de ces droits, on peut citer le droit de la défense. Il en résulte que le pouvoir réglementaire ne peut pas intervenir pour organiser l'exercice de ce droit dans les différentes phases de la procédure (phase administrative et phase juridictionnelle). Ce même article 7 peut également être la base de l'intervention de la loi pour limiter le pouvoir de l'administration fiscale et garantir le droit de propriété du contribuable. Ce droit ne peut être limité, suite à l'intervention de l'administration fiscale, que par la loi, surtout que l'article 14 de la constitution annonce solennellement que « le droit de propriété est garanti » et prévoit que son exercice est soumis à la loi.

---

[234] FAVOREU L. et PHILIP L., Les grandes décisions du conseil constitutionnel; 7ème édition, Sirey 1993, obs. sous c; const 29 décembre 1983 (164 DC), p. 547 et s., notamment la p. 554.

Par ailleurs, l'alinéa 2 du paragraphe 2 de l'article 34 prévoit que « la loi détermine les principes fondamentaux du régime de la propriété et des droits réels ». Sur la base de ce qui précède, on peut conclure que tous les textes à caractère fiscal, qui sont susceptibles de porter atteinte au droit de propriété doivent, obligatoirement revêtir la forme d'une loi.

335- Ensuite, L'article 9 de la constitution précise que « L'inviolabilité du domicile, le secret de la correspondance et la protection des données personnelles sont garantis, sauf dans les cas exceptionnels prévus par la loi ». Ainsi, toute limitation apportée à ces droits qui consacrent la protection de l'intimité de la vie privée, notamment en vue de l'exercice par l'administration fiscale de son pouvoir de contrôle et de vérification de la régularité de la situation fiscale des contribuables (tel que le droit de visite, le droit de communication, le droit de renseignement, etc…) doit impérativement faire l'objet d'une loi. C'est en ce sens que l'ensemble des dispositions régissant cette matière sont regroupées dans le cadre du code des droits et des procédures fiscaux, texte ayant, évidemment, une valeur législative.

336- De sa part, l'alinéa 4 de l'article 34 prévoit que « Sont pris sous forme de loi les textes relatifs... à la procédure devant les différents ordres de juridiction ». Sur la base de cet alinéa, la loi doit intervenir pour fixer les règles garantissant le droit de la défense devant le juge fiscal. Et par extension la garantie de ces droits devant l'administration fiscale vu son rôle prédominent en matière de contentieux fiscal[235]. En effet, la phase juridictionnelle du contentieux fiscal est nécessairement précédée par une phase pré-juridictionnelle où le contribuable sera confronté à la seule autorité administrative. C'est précisément pour organiser ces différentes procédures que le code des droits et des procédures fiscaux a été promulgué depuis 2000 et a été entré en vigueur à partir du 1er janvier 2002.

337- Dans le même sens, l'alinéa 5 de l'article 34 ajoute que « Sont pris sous forme de lois les textes relatifs ... à la détermination des crimes et délits et aux peines qui leur sont applicables, ainsi qu'aux contraventions pénales sanctionnées par une peine privative de liberté ». Ces principes s'appliquent également aux infractions et aux sanctions fiscales. Ainsi avant même que la majorité des sanctions fiscales ont, depuis la promulgation du code des droits et des procédures fiscales, revêtu un caractère pénal, la doctrine et la jurisprudence consacrent le principe de l'assimilation des sanctions fiscales administratives aux sanctions pénales, du moins pour la catégorie des sanctions dont l'application

---

235 JENAYEH R., Faut-il supprimer la commission spéciale de taxation d'office; conférence présentée au colloque organisé par la faculté de droit de Sfax, 1989.

implique l'appréciation du comportement du contribuable[236]. D'où les auteurs tirent la conclusion suivante : la nécessaire application des principes généraux du droit pénal aux pénalités fiscales[237], à la tête desquelles figure bien entendu le principe de la légalité des peines et délits qui est institué par l'alinéa 5 de l'article 34 de la constitution. De même le principe de l'assimilation des pénalités fiscales aux sanctions pénales exige le respect de la garantie constitutionnelle de non rétroactivité des lois relatives à ces sanctions, qui est consacré par l'article 13 de la constitution[238].

338- Enfin, l'alinéa 6 de l'article 34: « Sont pris sous forme de lois les textes relatifs... à l'amnistie ». Dans ce contexte, les termes employés par l'alinéa 6 sont assez généraux. Il peut donc s'agir de toute amnistie quelque soit son objet : pénal, de change, économique, social et bien entendu fiscal. Il en résulte que l'amnistie fiscale doit donc impérativement être accordée par une loi[239]. Dans la pratique, l'amnistie fiscale se présente tantôt comme une renonciation par anticipation aux pénalités et sanctions dans le but d'encourager les contribuables à se mettre volontairement en règle avec la loi fiscale, sans risquer de subir les pénalités. Dans ce cas, elle est subordonnée aux conditions indispensables du paiement du principal et d'une déclaration volontaire dans les délais prévus par la loi[240] ; tantôt comme une prescription

---

[236] Pour une étude détaillée de cette question, voir : Bernard PLAGNET, Réflexion sur les pénalités fiscales, in Mélanges en l'honneur de Habib AYADI, C.P.U 2000, p. 745 et s.

[237] B. PLAGNET, article précité, p. 754. L'application des principes généraux du droit pénal aux pénalités fiscales a été affirmée solennellement par le Conseil Constitutionnel français dans sa décision du 30 décembre 1997, (n° 97-395 DC, RJF 2/1998, p. 116, n° 182) :

[238] L'article 13 dispose que « La peine est personnelle et ne peut être prononcée qu'en vertu d'une loi antérieure au fait punissable, sauf en cas de texte plus doux ».

[239] Cf. Néji BACCOUCHE « L'amnistie fiscale », RTD 1988, pp. 9-29 ; Najla ABDEDDAYEM, L'amnistie fiscale, RTF n° 6, p. 86.

[240] Les lois d'abandon de créances et de pénalités se sont multipliées dès 1971 au point de prendre un caractère quasi-institutionnel dès 1982 : loi du 14 juin 1971 portant abandon total au profit des débiteurs qui en sont redevables de la totalité des créances n'excédant pas 10 dinars et la moitié de ces créances lorsque le montant n'excède pas 100 dinars ; loi du 23 juillet 1973 portant abandon de créances relatives aux taxes foncières ; loi du 31 décembre 1982 portant abandon de certaines créances de l'Etat et la remise entière et automatique des pénalités et intérêts de retard prorogée par la loi des finances complémentaires du 30 juin 1983. Cette procédure a été reprise par les lois de finances pour les gestions 1985, 1986 et 1987. Plus récemment, les grandes réformes fiscales, qui ont porté une refonte globale au système fiscal en place, ont généralement été accompagnées par des mesures d'amnistie fiscale qui se traduisent par des abandons de créances au profit des contribuables qui acceptent de régulariser leurs situations. Il en est ainsi en matière d'imposition directe en 1990 (article 14 de la loi n° 89-114 du 30 décembre 1989 portant promulgation du code de l'IRPP et de l'IS), des droits

anticipée du droit de reprise de l'administration fiscale[241], paralysant ainsi l'action du service d'assiette en vue d'un redressement ainsi que tout recouvrement d'impôts éludés[242]. Dans tous les cas l'amnistie fiscale se traduit par un abandon d'une créance fiscale qui nécessite l'intervention du législateur. A cet égard, l'article 25 du code de la comptabilité publique confirme ce principe en prévoyant que « l'abandon des droits et créances, revenant à l'Etat, aux établissements publics ou aux collectivités locales, ne peut être décidé que par une loi ».

* * * *

339- Ces différentes dispositions de la constitution confirment bien que la détermination du domaine de la loi dans le cadre de l'article 34 ne signifie en aucun cas la limitation de ce domaine en matière fiscale. Ainsi pour bien cerner la délimitation du domaine de la loi en cette matière, il y a lieu d'examiner l'ensemble du texte constitutionnel, à la lumière de la pratique législative et des interprétations jurisprudentielles.

340- Néanmoins, la reconnaissance formelle au profit du législateur d'un domaine suffisamment large en matière fiscale ne prédit pas forcément un exercice effectif de cette compétence par l'autorité parlementaire. Il est patent de constater aujourd'hui que la fonction normative du Parlement a subi un affaiblissement certain, imputable à l'irruption de plusieurs facteurs nouveaux, qui marquent désormais la fiscalité de notre temps.

---

d'enregistrements et de timbre en 1993 (article 2 de la loi n° 93-53 du 17 mai 1993 portant promulgation du code des droits d'enregistrement et de timbre) et du régime de contrôle et de la procédure fiscale en 2000 (article 25 de la loi n° 2000-98 du 25 décembre 2000 portant loi de finances pour l'année 2001 ; article 39 de la loi n° 2001-123 du 28 décembre 2001 portant loi de finances pour l'année 2002 ; article 5 de la loi n° 2002-1 du 8 janvier 2002 portant assouplissement des procédures fiscales).

[241] Loi n° 87-71 du 26 novembre 1987 portant amnistie fiscale : cette loi, qui reprend le système des prorogations de délais, utilisé par les lois précédentes, institue sous forme d'une prescription anticipée, une mesure beaucoup plus proche de l'amnistie pénale. Sur le commentaire de cette loi, voir : Note commune n° DGI 23 du 12 décembre 1987: Commentaire des dispositions de la loi n° 87-71 en date du 26 novembre 1987 portant amnistie fiscale ; N. BACCOUCHE, article précité.

[242] H. AYADI, Droit fiscal, 1989, ouvrage précité, p. 180. Sur la distinction entre amnistie fiscale et amnistie pénale, voir la note n° 6.

§ 2) L'affaiblissement de la fonction normative du Parlement en matière fiscale

342- Plusieurs phénomènes nouveaux qui marquent actuellement la fiscalité de notre temps ont indubitablement contribué à l'affaiblissement de la fonction parlementaire **(A).** La conjonction de l'ensemble de ces facteurs a engendré un dessaisissement de l'autorité parlementaire au profit d'un rôle beaucoup plus actif et décisif désormais assumé par le pouvoir réglementaire **(B).**

A/ Les causes de cet affaiblissement

343- L'affaiblissement de la fonction normative du Parlement en matière fiscale est imputable à plusieurs facteurs. D'une part, la matière fiscale est de plus en plus marquée par sa complexité et sa haute technicité ; ensuite, l'impôt, au sens strict, n'est plus le seul mode de prélèvement de ressources au profit de l'Etat, à son côté on assiste à un essor d'autres types de prélèvements qui échappent, le plus souvent, à la compétence législative ; enfin, la loi fiscale est concurrencée, dans certaines hypothèses, au niveau de la détermination du régime fiscal des contribuables, par des contrats ou des conventions.

1) La complexité et la technicité de la matière fiscale

344- La loi fiscale encadre tellement des domaines assez techniques et des situations très particulières que « les députés se trouvent souvent dépassés par la complexité de la matière fiscale »[243]. En effet, à l'époque de l'Etat gendarme, l'impôt avait bien pour unique objet d'assurer la couverture des charges publiques. Aujourd'hui, l'Etat providence a conféré à l'impôt d'autres objectifs d'ordre économique, social, environnemental, voire culturel… Cette nouvelle conception de l'impôt (devenu impôt-instrument) s'est accompagnée d'un « productivisme » juridique faisant de la règle fiscale une règle technique destinée aux seuls spécialistes en la matière.

---

[243] N. BACCOUCHE, Droit fiscal, p. 75.

345- Dans cette perspective, la législation fiscale cherche aujourd'hui à régir l'ensemble des phénomènes économiques afin de les soumettre à l'impôt et de garantir par là la justice fiscale et la neutralité de la fiscalité à l'égard des divers secteurs économiques. En outre, l'ouverture économique impose au législateur la réforme du système fiscal afin de préserver la compétitivité des entreprises tout en garantissant un niveau minimum de ressources fiscales, nécessaires pour répondre aux politiques d'interventionnisme économique et social de l'Etat. De ce fait, ce souci permanent du législateur en vue de réformer le système fiscal et de l'adapter aux nouvelles exigences économiques et sociales ainsi qu'aux impératifs de la mondialisation[244], implique une production, sans cesse en accroissement, de textes législatifs et réglementaires. Devant cette inflation textuelle, le système devient de moins en moins intelligible.

346- Cependant, comme il a été noté par le Professeur Néji BACCOUCHE, ce facteur explicatif de la complexité, commun à la plupart des Etats, ne doit pas faire oublier l'existence des facteurs spécifiquement internes tenant à la structure de pouvoir fiscal qui aggravent la complexité de la législation fiscale tunisienne, à savoir, celui de la délégalisation relative de l'impôt d'un côté et celui de l'instrumentalisation excessive de l'impôt à des fins de développement économique et social d'un autre côté[245].

347- Tout d'abord, la délégalisation résulte de la procédure de délégation telle qu'elle est prévue par l'alinéa 7 de l'article 34 de la constitution. Il en résulte la production, de manière démesurée, des décrets fiscaux, du fait qu'ils n'obéissent pas à la même procédure d'adoption des lois et sont beaucoup plus facile à édicter que les actes législatifs. A cet égard, le code d'incitation aux investissements, entré en vigueur à partir de 1993, en constitue la meilleure illustration. En effet, il n'est pas difficile de constater que depuis 1993, date de promulgation dudit code, la législation fiscale relative à l'incitation aux investissements est à la fois plus hétérogène, plus complexe et plus instable[246].

---

[244] N. BACCOUCHE, Les implications de l'accord d'association sur le droit fiscal et douanier, in Mélanges en l'honneur de Habib AYADI, CPU 2000, p. 5 et s.

[245] N. BACCOUCHE, L'environnement fiscal de l'entreprise à l'heure de l'internationalisation, article précité, p. 81.

[246] En l'espace d'une période de près de dix ans, le code a fait l'objet d'une quinzaine de modifications directs ainsi que d'autres interventions législatives qui, sans modifier les dispositions du code, se réfèrent explicitement à certaines de ses dispositions soit pour écarter leur application soit pour les considérer comme limite au bénéfice de l'avantage qu'elles instituent. Le code de 1993 a procédé, dans ses 67 articles, à 55 renvois aux

348- Ensuite, l'instrumentalisation de l'impôt est devenue l'une des causes de l'inflation de notre législation fiscale et de son développement démesuré. A cet égard, on assiste à une production de volume impressionnant de textes[247], réglementaires en particulier, qui est révélateur de la démarche des pouvoirs publics consistant à concevoir des régimes spécifiques pour des secteurs d'activités ou pour des zones géographiques déterminées, ce qui a généré un ensemble normatif, de plus en plus grand et versant de plus en plus dans les détails et dans les particularismes. Il en a alors résulté une multitude de régimes d'avantages qui se superposent ou se juxtaposent les uns aux autres.

349- Par ailleurs, insister sur la complexité, et parfois la faible cohérence et le manque de clarté, de la législation fiscale, est devenu un lieu commun : sa conséquence juridique est un développement très considérable des instructions et circulaires d'interprétation qui aboutit, le plus souvent à la confiscation de la norme législative et sa substitution par la doctrine administrative[248]. Cette technicité qui imprègne de plus en plus la matière fiscale laisse certains députés éprouver des difficultés pour maîtriser la législation fiscale. En Tunisie, comme ailleurs, on n'hésite pas aujourd'hui à parler de la « carence parlementaire » et du « dessaisissement du Parlement » à l'égard de la matière fiscale.

---

décrets pour sa mise en œuvre. Il en est résulté que le pouvoir exécutif a dû intervenir pour édicter 37 décrets réglementaires pris sur délégation du code. Certains de ces décrets ont été même abrogés et remplacés par d'autres décrets. Ces décrets ont connu, à leur tour, de multiples modifications ainsi, à la date du 30 septembre 2003, on a pu recenser pas moins d'une centaine de modifications. L'un de ces décrets (n° 94-492 du 28 février 1994) a subi, à lui seul, 13 modifications. Il faut ajouter aux décrets réglementaires, les décrets individuels qui sont pris soit sur la base de l'article 52 du code des incitations aux investissements, soit sur la base de l'article 53 du même code. Sur cette question, confronter N. BACCOUCHE, Regard sur le code d'incitations aux investissements de 1993 et ses démembrements ; Revue Tunisienne de Droit, 2000, p. 147.

[247] Le droit des avantages fiscaux a versé dans une multitude de particularismes difficilement maîtrisables. Il se propage par des textes de valeur infra décrétale qui sont inconciliables avec la légalité fiscale. Actuellement, le cadre juridique incitatif est un ensemble extrêmement hétérogène composé des textes les plus divers : lois, décrets, arrêtés, guides, cahiers de charges et doctrine administrative.

[248] En matière fiscale les débordements de l'intervention administrative sont facilités par la règle bien connue selon laquelle l'Administration est, dans certaines conditions, liée par l'interprétation qu'elle donne à la loi. Sur cette question, voir plus loin, les n°s 900 et s.

2) L'éclatement de l'unité du prélèvement fiscal

350- L'éclatement de l'unité du prélèvement fiscal a constitué un élément de complexité ajouté à la mutabilité rapide de la matière fiscale. En effet, depuis longtemps, l'impôt était le mode quasi exclusif de la couverture des charges publiques. Mais, avec l'augmentation croissante des besoins financiers de l'Etat, on a assisté à une multiplication des prélèvements obligatoires sous des formes diverses : taxes, redevances, cotisations, taxes parafiscales,...Ces prélèvements, dans la mesure où ils ne revêtent pas un caractère strictement fiscal, échappent naturellement à la compétence du législateur et tombent corrélativement, en vertu de l'article 35 de la constitution, dans le domaine d'intervention du pouvoir réglementaire.

3) La tendance à la contractualisation des rapports entre l'administration fiscale et le contribuable

351- Les nouvelles données économiques et politiques qui caractérisent l'Etat interventionniste, sont marquées par une tendance de contractualisation entre l'administration et les citoyens. On assiste ainsi en Tunisie comme ailleurs, au développement, dans le domaine fiscal, de la pratique de l'agrément et de la convention[249]. Or, le développement de cette technique nouvelle, celle des contrats fiscaux, est susceptible de mettre sérieusement en cause le principe de la légalité. Normalement, le principe de la légalité fiscale exclut tout accord contractuel. Etant donné que le contribuable est dans une situation légale, l'impôt ne peut être déterminé par une volonté autre que celle du législateur. Or cette légalité traditionnellement établie est maintenant dépassée par la nouvelle tendance à la contractualisation des rapports entre l'administration et le citoyen en général et entre le contribuable et le fisc plus particulièrement[250].

352- A cet égard, la technique de l'agrément fiscale est originale car l'agrément est accordé par l'administration seule, dans le cadre certes d'une autorisation législative, mais seule l'autorité administrative est à même d'octroyer ces avantages. Ce recours à un agrément administratif a permis de soumettre l'avantage fiscal à différentes conditions : tout

---

[249] H. AYADI, Droit fiscal, ouvrage précité, p. 227.
[250] N. BACCOUCHE, ouvrage précité, p. 75.

cela a donné à ces agréments fiscaux une certaine allure contractuelle[251]. L'agrément fiscal a été ainsi considéré par certains auteurs comme un contrat fiscal, par référence au double engagement qui s'y trouvent souscrit : celui du demandeur de réaliser une opération économique dans l'intérêt de la collectivité et celui de l'administration de lui appliquer un régime de faveur. Il y a bien accord de volontés et les consentements réciproques existent, et même le contrôle a posteriori effectué par l'administration peut également entrer dans le cadre contractuel[252].

353- Quant à la technique conventionnelle, elle est un véritable contrat fiscal, négocié et conclu entre le Gouvernement tunisien et un investisseur étranger qui choisit d'investir en Tunisie dans des secteurs déterminés[253]. La convention fiscale est un facteur de sécurité juridique puisqu'elle est sensée arrêter de manière définitive le régime fiscal applicable à cet investisseur, nonobstant les modifications introduites dans la législation nationale[254].

B/ Les effets : Le dessaisissement du Parlement

354- Le foisonnement législatif de la matière fiscale et la technicité de cette dernière ont engendré une certaine passivité, voire un dessaisissement des parlementaires. En effet, concernant l'expérience française, un auteur a pu constater que « le développement spectaculaire de l'impôt indirect, parce qu'il touche moins la sensibilité du contribuable et l'utilisation de l'impôt dans le cadre d'une économie planifiée ont souvent réduit le vote de l'impôt à une simple formalité »[255].

---

[251] Pierre EBRARD, Les avantages fiscaux sur agréments administratifs, p. 44.

[252] Cf. G. TOURNIE, Les agréments fiscaux, p. 128 et s.; GUERIN, Les contrats fiscaux, Bulletin du Ministère des Finances 1965, p . 28 ; DUMONT, Les contrats du plan, RSF 1971, p. 697 ; TIMSIT, Les contrats fiscaux, D. 1964, p. 15 ; F. BATAILLER, Les quasi-contrats, RSF 1964 , p.364.; VASSEUR, Un nouvel essor du concept contractuel, Revue Trimestrielle de Droit Civil, 1964, p. 5.

[253] Il en est ainsi dans le secteur financier off shore régi par la loi n° 85-108 du 6 décembre 1985, et le secteur pétrolier régi par le code des hydrocarbures.

[254] A titre d'exemple, voir le régime des contrats pétroliers : ROMDHANI Hichem, Les contrats pétroliers en Tunisie; Mémoire D.E.A. Droit Public, Faculté de droit et de sciences politiques de Tunis 1986 ; BOUARS Adel, La fiscalité des entreprises pétrolières, Mémoire D.E.A., Faculté des sciences juridiques, politiques et sociales, 1998-1999.

[255] F. DOUET, Contribution à l'étude de la sécurité juridique en droit interne français, thèse précitée, p. 32.

De sa part, Ch. CADOUX a expliqué que le vote parlementaire sur des éléments qu'il ne maîtrise pas est un blanc-seing ou un satisfecit donné aux techniciens qui ont élaboré le budget. C'est une abdication de pouvoir réglementaire[256]. Enfin, J. LECA précise que « l'établissement de l'impôt apparaît alors comme l'affaire de techniciens, non plus comme l'affaire de citoyen (...). Le centre de gravité du pouvoir s'est déplacé du Parlement vers le Gouvernement »[257].

355- Ces constats sont naturellement encore plus pertinents pour le cas de la Tunisie. A titre d'illustration, nous pouvons signaler l'exemple du vote du projet du code de l'IRPP et de l'IS. En dépit de l'importance des dispositions que renferme ce code, s'agissant d'une refonte totale du système d'imposition directe en Tunisie, il semble que la chambre des députés n'a pas pris le temps nécessaire pour la discussion et l'étude approfondie dudit code.

356- En effet, la remise du projet du code de l'IRPP et de l'IS à la commission des Finances par le Président de la chambre des députés a été faite le 5 décembre 1989 et son examen a été achevé le 28 décembre 1989. Un chercheur a montré que, même si les commissions permanentes au sein de la chambre des députés, disposent de moyens d'information privilégiés tels que l'audition du ministre, les questions écrites au gouvernement ou, si besoin est, la consultation d'experts en la matière, le délai que le gouvernement accorde aux commissions pour examiner le projet de loi n'est pas toujours suffisant et le pouvoir de modification dudit projet demeure limité. De plus, la tendance politique de certains députés du fait de leur appartenance au parti du pouvoir ne permet pas toujours une appréciation critique du projet présenté. A cela s'ajoute la complexité de la matière fiscale qui laisse ladite commission parfois dépendante des experts[258].

357- Ces procédés souvent « expéditives », rappelle un auteur, traduit la faiblesse du rôle de la chambre des députés en matière fiscale d'une part, et sa démission à l'égard d'un domaine qui, normalement, lui appartient en vertu du texte même de la constitution, d'autre part[259]. A ce propos, pour avoir une idée sur la composition de la chambre des députés, on observe que parmi les députés élus durant la période législature 1994-1999, seuls trois ont des fonctions au sein du ministère

---

[256] Ch. CADOUX, Du consentement à l'impôt, RSLF 1961, n° 3, p. 444.

[257] J. LECA, Le domaine de la loi et le domaine du règlement en matière fiscale, annales de l'université de Lyon, 3ème série – Droit- fascicule 20, p. 223.

[258] Samir TAIEB, L'élaboration du code des impôts sur le revenu, Etudes Juridiques, n° 2, 1992, p. 34.

[259] O. GADHOUM, thèse précitée, p. 245.

des finances et dont on présume qu'ils ont une certaine connaissance de la fiscalité[260].

358- Par ailleurs, l'existence de juristes (14 avocats et un ancien juge) ne veut pas dire que ces derniers ont une connaissance de la fiscalité qui leur permet d'apprécier les projets de textes législatifs à objet fiscal et, le cas échéant, faire des propositions qui changent substantiellement lesdits textes[261]. De ce fait, on n'hésite pas de souligner que « l'ignorance quasi-générale de la fiscalité risque d'avoir des conséquences importantes sur le rôle effectif du Parlement dans l'élaboration du texte ainsi que son application »[262]. Aussi, le dessaisissement du Parlement aura logiquement pour corollaire l'emprise du pouvoir exécutif, et plus particulièrement celle de l'administration fiscale, sur la fonction normative. De surcroît, « le Parlement, loin de lutter réellement contre l'emprise de l'administration des impôts sur la norme fiscale, semble plutôt la favoriser par ses carences »[263].

359- La limitation du pouvoir législatif, en matière financière en particulier, a été encore aggravée suite à l'intervention de la révision constitutionnelle dite « fondamentale » survenue le 1er juin 2002. Aux termes de l'article 28 (nouveau) de la constitution « les projets de lois présentés par les membres de la chambre des députés ne sont pas recevables lorsque leur adoption aurait pour conséquence une réduction des ressources publiques ou une augmentation des charges, ou de dépenses nouvelles. Ces mêmes dispositions s'appliquent aux amendements apportés aux projets de lois ». Une telle disposition s'inscrit dans une suite de modifications constitutionnelles, consacrant le partage de la compétence normative entre la loi et le règlement et qui confirme une orientation dans le sens d'un affaiblissement progressif de la portée traditionnelle du principe de la légalité fiscale[264].

---

260 Il s'agit des députés suivants :
le député Abdelmajid AYADI : ancien contrôleur des finances ;
le député Rachid MSEDDI : ancien inspecteur des finances ;
la députée Sabiha MAAROUFI : directrice au ministère des Finances.

261 Historiquement, la non-spécialisation des députés en matière fiscale est due, d'après le professeur Habib AYADI, à la marginalisation de l'enseignement de la fiscalité en Tunisie. (« Droit fiscal », précité, p. 136).

262 O. GADHOUM, thèse précitée, p. 246.

263 L. VAPAILLES, La doctrine administrative fiscale, p. 137.

264 Voir les articles : 63 de la constitution de 1861 ;
36 de la constitution de 1959 ;
34 de la constitution révisée en 1976 et en 1997.

CHAPITRE II

UNE SUBORDINATION HYPOTHETIQUE DU REGLEMENT D'APPLICATION A LA LOI FISCALE

361- La compétence exclusive du législateur en matière fiscale est explicitement affirmée par l'article 34 de la constitution, aux termes duquel « sont pris sous forme de loi les textes relatifs...à l'assiette, aux taux et aux procédures de recouvrement des impôts ». Il résulte de cette formulation que la place du règlement devrait, en principe, être assez réduite en cette matière[265]. Cependant, le principe de légalité ne signifie pas que le législateur règle lui-même tous les aspects de l'impôt. Ce principe ne fait donc pas obstacle à l'intervention du pouvoir réglementaire. Mais comme le note le doyen VEDEL, « dans les matières intégralement remises au législateur, le pouvoir réglementaire ne dispose que d'un domaine résiduel : celui des mesures d'application que le législateur a négligé d'arrêter lui-même »[266].

362- En effet, les termes de l'article 34 alinéa 7 de la constitution n'excluent pas l'autorité réglementaire d'intervenir en tant que pouvoir dérivé afin d'appliquer les prescriptions légales et ce en application de l'article 53 de la constitution. Ainsi, en sa qualité de détenteur du pouvoir réglementaire général, le Président de la république est appelé à prendre des règlements que peut exiger l'application des textes votés par le Parlement. Il s'agit d'une véritable compétence résiduelle, tendant à achever l'œuvre du législateur. En outre le conseil constitutionnel français a admis que « si l'article 34 de la constitution réserve à la compétence du législateur le soin de fixer les règles concernant l'assiette, il appartient au pouvoir réglementaire d'édicter les mesures d'application qui sont nécessaires à la mise en œuvre de ces règles »[267].

363- Ce qui veut dire, que dans la pratique, l'exercice du pouvoir réglementaire peut être effectivement important. C'est en ce sens que les auteurs n'éliminent pas le risque relatif au fait que le pouvoir réglementaire puisse facilement s'éloigner de la simple application de la norme fiscale en introduisant de nouvelles dispositions qui touchent des

---

265 L PHILIP, Le partage de la loi et du règlement en matière fiscale, DF 1981, n° 6, p. 161 ; C. DAVID, O. FOUQUET, M.A. LATOURNERIE, B. PLAGNET, Les grands arrêts de la jurisprudence fiscale, Sirey, 1988, p. 63.

266 Georges VEDEL, Manuel de droit administratif, 4ème édition, Thémis 1968, p. 29 et s.

267 C.C. 4 avril 1968, n° 68-5 DC, Rec. p. 25.

éléments fondamentaux dans le statut juridique du contribuable[268]. Ce risque est d'autant plus imminent, que jusqu'à une période récente les décrets réglementaires étaient à l'abri de tout contrôle juridictionnel.

364- Ainsi, l'extension continuelle du pouvoir réglementaire d'application a imposé une nouvelle conception au principe de la légalité de l'impôt. La source de la norme fiscale ne peut plus être ramenée exclusivement à la loi, expression de la volonté générale. La réglementation complémentaire constitue également une source incontestable du droit fiscal. En effet, même si sur le plan théorique, le pouvoir réglementaire d'exécution des lois fiscales revêt un caractère purement résiduel **(SECTION I)**, sa portée pratique est beaucoup plus grande, dans la mesure où la subordination des règlements d'application à la loi fiscale est insuffisamment contrôlée **(SECTION II)**.

SECTION I
LE CARACTERE RESIDUEL DU POUVOIR REGLEMENTAIRE D'EXECUTION

365- Le pouvoir réglementaire constitue pour les autorités administratives, centrales ou locales, un instrument d'action indispensable que tous les Etats admettent, même ceux qui pratiquent une séparation tranchée des pouvoirs[269]. Cependant, aucun texte constitutionnel ni aucune loi ne définissent le pouvoir réglementaire dans la mesure où le règlement n'est pas susceptible de définition simple et claire. Il n'y a certes absence de critère général et unique, mais l'indice le plus significatif est certainement la portée de l'acte : l'acte réglementaire est un acte de portée générale et impersonnelle. C'est un acte unilatéral général et impersonnel. Ainsi, la définition la plus couramment admise précise que le règlement est une décision de l'autorité administrative édictant une règle juridique caractérisée par sa généralité et son impersonnalité.

366- Dans cette perspective, le pouvoir réglementaire se définit comme « une attribution juridique créé par un texte institutif ou reconnu par le juge au profit d'une autorité publique, à l'effet de prendre des décisions

---

[268] Saoussen JAMMOUSSI, Le décret en matière fiscale, Mémoire DEA, Faculté de droit de Sfax 1999-2000, p.15.

[269] THEVENIN P. « Le pouvoir réglementaire en matière fiscal » ; Thèse Grenoble 1976, p. 2.

à caractère impersonnel, dont le résultat est de modifier l'état existant du droit »[270].

367- Historiquement, le décret réglementaire était indissociable de l'idée d'exécution des lois. Il devait toujours se rattacher à une loi qu'il est sensé exécuter. En effet, dans un système où il n'existait pas des matières qui relevaient directement du domaine du décret réglementaire, l'existence d'une loi antérieure constituait un pilier fondamental sur lequel s'appuyait le Président de la République pour édicter de tels actes.

368- La mission d'«exécution des lois » constituait un titre général de compétence au profit du Président de la République. Selon le doyen VEDEL, cette formule comportait diverses missions : la publication des lois et le rappel de leurs dispositions ; l'emploi de la contrainte pour assurer l'exécution ; l'accomplissement des tâches que les lois confient expressément au gouvernement ; le maintien de l'ordre public et le fonctionnement des services publics[271].

369- A cet égard, l'existence d'un pouvoir réglementaire inhérent à la fonction exécutive constitue bien l'une des données de tradition constitutionnelle tunisienne. Seule son ampleur actuelle et le déclin corrélatif de la fonction strictement législative peuvent susciter quelques craintes chez le juriste fidèle à l'image classique d'un Etat légal. Quant au pouvoir réglementaire qui est destiné à assurer la mise en œuvre de la loi fiscale, il présente classiquement deux caractères essentiels: il est, selon THEVENIN, à la fois indispensable et subordonné à la loi.

§1) La nécessaire intervention du pouvoir réglementaire d'application

370- Le pouvoir réglementaire d'application en matière fiscale, comme dans toutes les autres branches du droit, est indispensable, puisqu'il permet au législateur de se borner à déterminer les règles générales, « ayant vocation à la permanence »[272], et abandonne, par là, les détails d'exécution aux sources réglementaires. L'exécution des lois constitue

---

[270] Yadh BEN ACHOUR, Le pouvoir réglementaire général et la constitution, in Mélange Habib AYADI, CPU 2000, p. 193.

[271] Georges VEDEL, Les bases constitutionnelles du droit administratif, EDCE, n° 8, p. 21 et s.

[272] R. CHAPUS, Droit administratif général, Tome I, Montchrestien, 9ème édition, n° 698.

le domaine le plus classique du décret réglementaire. Un tel domaine trouvait son fondement juridique dans la constitution qui est « la source de toutes les attributions des autorités publiques constituées »[273].

A/ Les fondements du pouvoir réglementaire d'application en matière fiscale

371- A l'époque de la révolution française, et selon une conception pure du principe de la légalité, corollaire à une interprétation stricte du principe de la séparation des pouvoirs, soutenue par les révolutionnaires, le législateur détenait le monopole de l'élaboration de la loi. « Le pouvoir exécutif ne peut faire aucune loi même provisoire, mais seulement des proclamation conformes aux lois pour en ordonner ou en rappeler l'observation »[274]. Les dites proclamations ne sont pas des mesures d'application mais de simples mesures de publicité. Le législateur détient alors, non seulement le monopole de l'élaboration de la loi mais aussi la mission de l'exécution sous le nom d'«instructions législatives ». Étant donné que l'idéal révolutionnaire voulait faire de la loi la seule source du droit, les pouvoirs exécutifs et judiciaires, dénués de tout caractère représentatif, sont de ce fait simplement limités à l'émission d'acte de portée particulière.

372- Cependant, la nécessité pratique d'une réglementation complémentaire a atténué cette conception stricte du principe de la légalité. L'autorité réglementaire a fini par conquérir un pouvoir d'application des lois, en vertu duquel, elle pourrait élaborer des actes de portée générale et impersonnelle, à l'instar de la norme législative. Plus particulièrement, dans le domaine fiscal, les auteurs soulignent que « malgré le caractère légal de l'impôt, le pouvoir réglementaire peut évidemment s'exercer en matière fiscale, comme en toute autre matière, dans la mesure où il appartient au pouvoir exécutif de fixer par décrets les détails d'application de la loi fiscale comme de toute autre loi »[275].

---

[273] J.C. DOUENCE, Recherches sur le pouvoir réglementaire de l'administration, Thèse Paris 1968, p. 137.
[274] Cf. la Constitution française de 1791, Titre III, chapitre IV, section I, article 6.
[275] Louis TROTABAS et Jean-Marie COTTERET, Droit fiscal, 8ème édition, Dalloz 1997, n° 59, p. 75.

1) Le fondement juridique du pouvoir réglementaire d'application

373- L'obligation pour l'administration d'assurer l'exécution de la loi intéresse par définition les relations entre le Parlement législateur et le Gouvernement titulaire du pouvoir réglementaire. Elle relève par là de la problématique conceptuelle et formelle de la séparation et de la collaboration des pouvoirs. Concrètement, il appartient au Gouvernement d'user du pouvoir réglementaire dont il est précisément doté pour assurer l'application effective de la loi, c'est-à-dire pour donner corps à l'expression formelle de la volonté du législateur de prendre des décrets réglementaires d'application des lois, dans la mesure où leur intervention s'avère dans ce but indispensable.

374- Cette obligation qui pèse sur l'administration d'exécuter la loi est un élément fondamental du principe de la légalité et, partant de l'Etat de droit[276]. Selon J.C. DOUENCE, le pouvoir réglementaire d'exécution des lois est considéré comme « correspondant à l'exercice d'une compétence fondée sur un titre constitutionnel »[277].

375- A cet égard, la plupart des systèmes constitutionnels modernes reconnaissent la possibilité de l'exercice par le pouvoir exécutif de la fonction d'édiction de normes réglementaires d'application. Il en est ainsi en France pour la majorité des textes qui se sont succédés depuis la révolution[278]. De même la constitution américaine dispose qu'« il (le Président) veille à ce que les lois soient fidèlement exécutées ». De sa part, la constitution belge de 1831 a consacré dans son article 67 la mission d'exécution des lois. Elle précise que « le roi fait les règlements et arrêtés nécessaires pour l'exécution des lois sans pouvoir jamais ni suspendre les lois elles-mêmes, ni dispenser de leur exécution ». Cette disposition a été reprise dans l'article 37 de la constitution égyptienne de 1923. Enfin la constitution tunisienne du 1er juin 1959, dans sa version initiale de 1959, prévoit dans son article 45 que « le Président de la République veille à l'exécution des lois ». A l'occasion des débats de l'assemblée nationale constituante portant en première lecture sur

---

[276] Cf. Jean Marc BRETON « l'obligation pour l'administration d'exercer son pouvoir réglementaire d'exécution des lois » , Revue de Droit Public 6, 1993, p. 1749 et s.

[277] J.C DOUENCE « Recherche sur le pouvoir réglementaire de l'administration », Paris LGDJ 1968, p. 183-191, 223, 289 et s.

[278]- Constitution du 22 frimaire an VIII, article 44 ; Constitution du 4 novembre 1848, article 49, paragraphe II; Constitution du 14 janvier 1552, article 6 ; Sénatus-consulte du 21 mai 1870, article 14 ; Loi constitutionnelle provisoire du 31 août 1871 ; Loi du 25 février 1875, article 3 ;
Constitution du 27 octobre 1946, article 47 ; Constitution du 4 octobre 1958, article 21.

l'article 81 du projet de la constitution, le rapporteur avait précisé que l'expression « veille à l'exécution des lois » constituait « la base juridique officielle du pouvoir réglementaire du Président de la République »[279].

376- DURIPTY concluait que la constitution tunisienne « s'inscrit parfaitement dans l'ensemble des constitutions de type libéral, qui reposent sur le principe de la souveraineté nationale. Elle se réclame par conséquent d'une certaine philosophie politique...juridique résumée dans l'idée selon laquelle la loi est l'expression de la volonté nationale, en sorte qu'elle peut tout appréhender, son domaine étant ainsi sans limites »[280].

377- Malgré les différences au niveau de la formulation de ces divers textes constitutionnels, la mission d'exécuter des lois est comprise à peu près de la même façon. Partout elle implique l'exercice du pouvoir réglementaire, c'est-à-dire le droit pour l'exécutif d'agir par voie de dispositions générales afin de compléter les règles contenues dans les lois. Ces dispositions constitutionnelles qui confèrent au Président de la république ou au Premier ministre le soin d'assurer l'exécution des lois ont été interprétées comme le fondement juridique d'une compétence d'application spontanée.

378- Dans cet ordre d'idée, Marcel WALINE[281] opère une distinction entre les mesures d'application, que le législateur a négligé d'arrêter lui-même, et les règles elles-mêmes, qu'il est seul compétent pour poser. Il affirme que « dans les matières énumérées à l'article 34, le gouvernement conserve le pouvoir de faire des règlements d'application des lois ... la constitution ne le dit pas expressément ; mais, du seul fait qu'elle ne l'interdit pas, ce pouvoir subsiste ». Le même auteur ajoute « bien que le texte de l'article 34 (de la constitution française) ne le dise pas très clairement, il est hors de doute que lorsqu'il dit : « La loi fixe les règles concernant... », cela signifie : la loi seule fixe ces règles, les règlements, ne pouvant intervenir qu'en vue de faciliter l'application de ces règles ». En effet, « en tant que ces mesures ne sont que la mise en œuvre des prescriptions mêmes de la loi, elles rentrent au premier chef dans la puissance exécutrice ; et par conséquent, le Président a le pouvoir de les édicter spontanément... »[282].

---

[279] Débats de l'assemblée nationale constituante, 1986-1959, p. 168.
[280] M. DURIPTY, Institutions administratives et droit administratif tunisien, édition CNRS 1973, p. 102.
[281] Marcel Waline, Les rapports entre la loi et le règlement avant et après la constitution de 1958, RDP 1959, n° 4, p. 710 et s.
[282] Raymond CARRE DE MALBERG, ouvrage précité, n° 21, p. 647.

379- Par ailleurs, il arrive fréquemment que législateur renvoie au pouvoir réglementaire la mission d'exécuter les dispositions législatives. Dans ce cas, le pouvoir réglementaire d'application trouve son fondement dans la loi qui l'autorise à édicter des mesures d'application. Ainsi, dans la pratique, il est assez fréquent que la loi fiscale renvoie, dans plusieurs articles, au pouvoir réglementaire le soin de fixer les détails de la réglementation fiscale. Il en est ainsi, par exemple, dans le cadre du code d'incitation aux investissements[283], du code de l'IRPP et de l'IS[284], du code de la TVA[285], du code des droits d'enregistrement et de timbre[286] et du code de la fiscalité locale[287].

380- Ces règlements de la seconde catégorie diffèrent des règlements spontanés, en ce sens que ceux-ci se relient directement à la constitution, tandis que les règlements de la seconde catégorie tirent leurs fondements de la loi qui constitue, selon l'expression de Carré De Malberg, « l'intermédiaire indispensable ». Néanmoins, il est certain que les deux catégories de règlements reposent, en définitive sur le pouvoir d'exécution des lois que le Président de la République tient directement de la constitution. « En faisant appel à l'activité réglementaire du Président, la loi ne fait que mettre en mouvement la puissance réglementaire propre, que le chef de l'exécutif possédait dès avant cette loi et qui lui vient d'une délégation générale de la constitution »[288].

381- Dans le même sens, Georges VEDEL affirmait qu'«indépendamment des pouvoirs conférés au gouvernement par chaque loi en particulier, la constitution lui donne une investiture générale en vue de l'exécution des lois »[289]. En réalité, l'invitation expresse du législateur n'est nullement nécessaire pour provoquer l'intervention des règlements d'application. Chaque fois que la loi nécessite des mesures d'application, le pouvoir réglementaire est tenu d'intervenir afin d'assurer la mise en œuvre des dispositions législatives.

382- En raison de son fondement purement exécutif, le règlement d'application doit se borner à développer et à mettre en œuvre les

---

[283] Voir Néji BACCOUCHE

[284] Voir les articles, à titre d'exemple, les articles 38- 12 ; 39 IV ; 39 VIII ; 52 I g du code de l'IRPP et de l'IS.

[285] Voir à titre d'exemple, les numéro 2) c ; 11) I ; 13 ; 24) a du tableau « A » annexé au code de la TVA.

[286] Voir, à titre d'exemple, les articles 23 I -17 et 55- 1 du code des droits d'enregistrement et de timbre.

[287] Voir, à titre d'exemple, les articles 4 IV et 6 IV du code de la fiscalité locale.

[288] R. Carré De Malberg, ouvrage précité, n° 200, p. 593.

[289] G. VEDEL, article précité, n° 8, p. 69.

principes posés par la loi sans qu'il puisse outrepasser cette loi en y ajoutant quelques principes qui ne se trouveraient pas déjà expressément ou implicitement consacrés par la loi[290]. Ainsi, la compétence du Président de la République d'édicter un tel acte « ne s'exerce que pour arrêter les mesures d'application des lois, le législateur étant d'ailleurs libre de descendre lui-même autant qu'il plaira dans le détail de sa mise en œuvre. Ici, le pouvoir réglementaire garde son caractère traditionnel de pouvoir totalement subordonné s'exerçant « résiduellement » dans la marge laissée libre par l'activité législative »[291].

383- Cette conception consacrée par l'article 45 de la constitution constitue « une conséquence et une certaine interprétation du principe de la séparation des pouvoirs mis en œuvre à partir de la révolution de 1789 »[292], et ce en vue de rompre avec la monarchie absolue, sous laquelle le Bey concentrait tous les pouvoirs. Les défenseurs de ce principe voulaient accorder au Parlement le monopole d'édicter les règles de droit. Le pouvoir exécutif, dénué de caractère représentatif, « ne peut faire aucune loi, même provisoire, mais seulement des proclamations conformes aux lois pour ordonner ou en rappeler l'exécution »[293].

384- Suite à la révision constitutionnelle du 8 avril 1976, un deuxième alinéa a été ajouté à l'article 45 de la constitution, devenu article 53. Ce dernier dispose que « le Président de la République veille à l'exécution des lois. Il exerce le pouvoir réglementaire général et peut en déléguer tout ou partie au premier ministre ». Selon le professeur Y. BEN ACHOUR, l'expression «le pouvoir réglementaire général » est défini comme «le pouvoir dont dispose le Président de la République de prendre, de sa propre initiative, des décisions à caractère général et impersonnel, en vue de rendre possible l'exécution des lois »[294]. Il ajoute que ce pouvoir réglementaire général est susceptible de revêtir deux aspects : le premier concerne l'exécution au sens strict, qui se traduit par l'édiction de décret d'application, « dans le cas où la loi, dans l'une de ses dispositions prévoie expressément qu'un décret interviendra pour préciser les conditions d'un droit qu'elle a créé, ou les formalités d'un acte, ou le fonctionnement d'un service, ou le statut particulier

---

[290] Carré De Malberg, Contribution à la théorie générale de l'Etat, Ed. CNRS 1920, Tome 1, p. 476.
[291] G. VEDEL et P. DELVOLVE, Droit administratif, Paris, PUF 12ème éd. 1992, p. 53.
[292] J. C. DOUENCE, Recherche sur le pouvoir réglementaire de l'administration, thèse précitée, p. 157.
[293] Selon les termes de l'article 6 de la constitution française du 3 septembre 1781.
[294] Y. BEN ACHOUR, Droit administratif, CERP 1982, p. 97.

d'un corps de fonctionnaires, etc. »[295]. Le second aspect est relatif à l'exécution des lois au sens large, tel qu'il est consacré par le Conseil d'Etat français dans l'arrêt HEYRIES du 28 juin 1978. Il donne lieu à l'intervention de décrets complémentaires. « Contrairement à l'hypothèse précédente, le titulaire du pouvoir réglementaire général intervient dans ce cas sans habilitation expresse.... Le décret complémentaire intervient, en cas de nécessité, pour préciser les modalités de mise en œuvre de la loi, qui doivent évidemment rester dans un rapport de compatibilité avec la loi »[296].

385- Le professeur Néji BACCOUCHE adopte une position différente en considérant que la définition susmentionnée conduit à la confusion entre le pouvoir réglementaire général et l'exécution des lois, ce qui peut laisser croire que le Président de la République ne peut pas édicter des décrets réglementaires hors du domaine d'exécution des lois. Cette définition, adopté par Y. BEN ACHOUR, aboutit à la réduction de l'importance de la nouvelle formulation de l'article 53 qui attribut une nouvelle compétence au Président de la République, s'ajoutant à celle de l'exécution des lois, qu'il exerce à titre initial en vertu de ses pouvoirs propre.

386- Ainsi, le pouvoir réglementaire ne se limite pas à prendre des décrets réglementaires d'exécution. Comme le note la haute juridiction administrative française, « il appartient au chef de l'Etat, en dehors de toute délégation législative et en vertu de ses pouvoirs propres, de déterminer celles des mesures de police qui doivent en tout état de cause être appliquées dans l'ensemble du territoire »[297]. Le Président de la République n'a donc pas besoin de se baser sur une loi préexistante pour pouvoir édicter un décret réglementaire. Par ailleurs, l'exécution des lois ne se limite pas à la prise des décrets réglementaires. Le Président de la République peut également prendre des décrets individuels, tel que les décrets d'agréments fiscaux. En revanche, le professeur N. BACCOUCHE constate que la formulation de l'article 53 démontre que les rédacteurs de la révision de 1976 distinguent entre l'exécution des lois et le pouvoir réglementaire général. Cette dernière expression permet de concevoir des décrets réglementaires en vue, notamment d'organiser les services publics et pour le maintien de l'ordre public, et ce en l'absence d'une loi antérieure.

---

[295] Y. BEN ACHOUR, Le pouvoir réglementaire général et la constitution, Mélange H. AYADI, CPU 2000, p. 201.

[296] Y. BEN ACHOUR, article précité, p. 201.

[297] CE 8 août 1919 LABONNE, G.A.J.A., p. 20, Rec. 1919, p. 737.

387- Avec la révision constitutionnelle du 27 octobre 1997, on a assisté à la fin de la souveraineté de la loi, qui n'est plus, comme l'a affirmé Carré de Malberg, « une norme inconditionnée ». Elle est au contraire cantonné à certaines matières strictement délimitées. Désormais, l'exécutif est le législateur du droit commun et la chambre des députés (le Parlement composé des deux chambres à partir de 2002) n'est qu'un législateur d'exception.

388- La nouvelle distribution du pouvoir normatif entre la loi et le règlement soulève la question de la place des règlements d'exécution. Déjà en France, dès l'entrée en vigueur de la constitution du 4 octobre 1958, la question a été posée de savoir « si le gouvernement, les autorités administratives conservaient le pouvoir d'édicter des règlements d'application des lois, c'est-à-dire, d'abord, si le législateur pouvait inviter le gouvernement à prendre des mesures d'application des textes qu'il avait votés, et ensuite si le gouvernement pouvait édicter spontanément une réglementation en l'absence de toute invitation expresse du législateur »[298].

389- Toutefois, la question de la délimitation des champs respectifs de la loi et du pouvoir réglementaire général, se pose autrement en Tunisie qu'en France. En effet, alors que l'article 34 de la constitution française affirme que « la loi fixe les règles », ce qui laisse évidemment place au classique pouvoir réglementaire général d'exécution des lois, le paragraphe premier de l'article 34 de la constitution tunisienne dispose : « Sont pris sous forme de lois les textes relatifs ... », ce qui voudrait dire, selon le Professeur Y. BEN ACHOUR, « que dans ces matières, il ne peut y avoir aucune intervention du pouvoir réglementaire général, pas même dans la forme des décrets d'application ou des décrets complémentaires. Dans cette hypothèse, l'ensemble de la matière ne peut faire l'objet que d'un texte législatif. C'est le résultat auquel aboutit la lecture naturelle et objective de l'article »[299].

390- Ainsi, contrairement à l'idée exprimée par le premier ministre devant la chambre des députés au cours de la discussion du projet de révision, d'après laquelle « les attributions du pouvoir législatif consiste à déterminer les principes, directives générales et questions fondamentales, sans entrer dans les détails », le Professeur Y. BEN ACHOUR, soutient que cette idée ne pourrait s'appliquer qu'au deuxième paragraphe de l'article 34. En revanche, « la formulation du paragraphe premier de l'article 34 bloque toute intervention du pouvoir

---

[298] J. M. DUFFAU, Pouvoir réglementaire autonome et pouvoir réglementaire dérivé, Thèse, Paris II 1975, p. 28.
[299] Y. BEN ACHOUR, article précité, p. 206.

réglementaire, et la loi, dans cette hypothèse doit saisir l'ensemble de la matière, dans ses principes, dans ses règles, dans ses détails, dans ses modalités d'exécution, aussi inattendu que cela puisse paraître »[300].

391- Toutefois, s'agissant de la matière fiscale visée par l'alinéa 7 de l'article 34 paragraphe premier, le partage entre la loi et le pouvoir réglementaire est expressément prévu et devrait être opéré par voie de « délégation » par les lois fiscale ou de finances, visée par la même disposition constitutionnelle.

392- Quant au deuxième paragraphe de l'article 34, il reprend la formulation française : « La loi détermine les principes fondamentaux… ». Le Professeur Y. BEN ACHOUR concluait qu'«il est certain que le paragraphe 2, combiné avec l'article 35, ouvre un immense champ d'intervention au pouvoir réglementaire général, couvrant les règles les détails d'exécution, les mécanismes de fonctionnement des institutions, compatibles avec les principes généraux définis par la loi »[301]. Le pouvoir réglementaire général peut donc intervenir dans les matières de ce deuxième paragraphe de deux manières : soit à titre initial par décrets autonomes, soit à titre complémentaire par décrets d'exécution. Ces décrets doivent se borner à compléter les principes consacrés par la loi sans qu'ils puissent outrepasser cette dernière[302].

2) Nécessité pratique et légitimité du règlement d'exécution des lois fiscales

393- La vocation première d'un règlement d'exécution des lois est de fixer le sens des prescriptions législatives et d'en définir la portée. En mettant au point les modalités d'application de la loi, l'autorité administrative éclaire la volonté du législateur. Elle précise les règles qui apparaissent ambiguës. Le domaine du pouvoir réglementaire d'exécution demeure donc un domaine important et ces mesures restent,

---

[300] Ibidem, p. 206.

[301] Y. BEN ACHOUR, article précité, p. 208.

[302] Dans la pratique, plusieurs lois prises sur la base du paragraphe 2 de l'article 34 renvoient aux décrets d'application. Il en est ainsi de la loi n° 98-34 du 23 mai 1998 relative à l'organisation de la profession de conseiller agricole. L'article 4 de la dite loi prévoit la création d'une commission qui sera chargée d'étudier les demandes d'inscription sur la liste des conseillers agricoles et laisse au pouvoir réglementaire le soin de fixer la composition de cette commission, les modalités de son fonctionnement et les conditions d'agrément et d'attribution des encouragements aux conseillers agricoles.

comme l'affirme René CHAPUS, « indispensables, grâce à eux, le législateur peut se borner, comme il convient, à n'inclure dans les lois que les dispositions de premier rang et ayant vocation à la permanence. Les autres seront prises par décret »[303].

394- Dans le domaine de l'impôt il est évident que l'application au niveau individuel de la loi nécessite une réglementation détaillée et précise. Or la procédure législative ne se prête guère à la mise au point des dispositions minutieuses que requiert la complexité de la matière fiscale. Le défaut d'intervention d'un règlement complémentaire risque donc de provoquer des difficultés d'applications considérables et des problèmes d'interprétation délicats se posent au niveau contentieux. Compte tenu de la technicité accrue de la matière fiscale, le règlement d'application est apparu comme un moyen indispensable pour la mise en œuvre de la loi fiscale.

395- De sa part, le législateur est parfaitement conscient de la nécessité du règlement complémentaire. Le plus souvent il s'en tient aux principales règles et confie au gouvernement le soin d'en établir les modalités d'application. L'autorité réglementaire, qui dispose de tous les documents et renseignements indispensables ainsi que des fonctionnaires très compétents du ministère des finances, est beaucoup plus armée que le Parlement pour résoudre tous les problèmes de mise en œuvre d'une nouvelle disposition fiscale. En France, d'un simple point de vue quantitatif, la réglementation est plus importante que la législation: les annexes réglementaires du Code Général des Impôts occupent plus de pages que la partie législative

396- La question de la légitimité du pouvoir réglementaire d'application a été posée en France au lendemain de la promulgation de la constitution de 1958. La doctrine s'est interrogée sur le point de savoir si la « diminution en surface » de la compétence du Parlement ne devait pas être en quelque sorte compensée par l'exclusivité de sa compétence dans le domaine où il fixe les règles. Une telle solution excluait le pouvoir réglementaire d'application, au moins lorsqu'il est exercé spontanément en matière fiscale. « Le travail législatif réduit en surface, écrit MORANGE, se trouverait aggravé en profondeur et l'ordre du jour de nos assemblées parlementaires risquerait fort d'être demain plus encombré qu'hier... »[304].

---

[303] Réné CHAPUS, Droit administratif général, Tome I, 13ème éd., Montchrestien 1999, p. 628.

[304] MORANGE, La hiérarchie des textes dans la constitution du 4 octobre 1958, D. 1959, chap. 2 1

397- Tel n'est pas l'avis de M. WALLINE qui posait le problème dans la 8ème édition de son Traité de Droit Administratif : « ... il semble cependant que le pouvoir réglementaire du gouvernement de préciser spontanément les dispositions d'application des lois ne soit pas exclu par la Constitution de 1958, car l'article 34 lui-même précise qu'en certaines matières la loi ne détermine seule que les principes fondamentaux. Ceci laisse donc au gouvernement le soin de préciser, dans le respect du texte légal naturellement, les applications de ces principes... le pouvoir réglementaire subsiste pour préciser les modalités d'application des lois ». Mais le même auteur ajoute immédiatement que « la question est un peu plus discutable pour les autres matières réservées au législateur par le reste de l'article 34... »[305], et ce à l'instar de la matière fiscale visée par l'alinéa 7 de l'article 34 de la constitution tunisienne.

398- Cependant, la plupart des auteurs se prononcèrent pour le maintien des solutions traditionnelles, en soulignant notamment les inconvénients pratiques d'une compétence exclusive du législateur dans certaines matières. Ainsi, M. De SOTO montrait, dès 1959, l'impossibilité pour le Parlement de descendre dans tous les détails d'une réglementation complexe et citait précisément à titre d'exemple la matière fiscale[306].

399- En toute hypothèse, comme le souligne M. DOUENCE, la pratique a immédiatement tranché sans hésitation[307]. En ce sens M. THEVENIN rappelle que les ordonnances prises en vertu de l'article 92 ont presque toutes prévu des décrets d'application, quelles que soient les dispositions en cause parmi lesquelles d'ailleurs se trouvaient des dispositions fiscales, et les lois votés par le Parlement dès son entrée en fonction ont confirmé cette orientation[308]. Cette solution est également consacrée aussi bien par le Conseil constitutionnel[309], que par le Conseil d'Etat[310]. Il est donc admis que « la mise en œuvre des « principes fondamentaux » relève du règlement autonome et l'application des « règles » du pouvoir réglementaire subordonné »[311].

---

305 M. WALLINE, Traité de Droit Administratif, 8ème édition, n° 196.

306 De SOTO, La loi et le règlement dans la Constitution du 4 octobre 1958; R.D.P. 1959, p. 243.

307 DOUENCE, Recherche sur le pouvoir réglementaire de l'administration; L.G.D.J. 1968, p. 166.

308 THEVENIN, précité p.66-67.

309 A titre d'exemple, voir Cons. Const. 27 novembre 1959 (à propos du décret du 7 janvier 1959 relatif au prix des baux à ferme, in D. 1960, p. 533 note RAMON.

310 C.E. 13 juillet 1962 Conseil National de l'Ordre des Médecins, R.D.P. 1962, p. 739, concl. BRAIBANT.

311 Cf. THEVENIN, ouvrage précité, p. 67. ;VINCENT, De l'inutilité de l'article 34 de la constitution, AJDA 1965,p. 564 ; COHEN, La jurisprudence du Conseil

400- Actuellement, on estime même que non seulement les lois nécessitent des décrets d'application, mais également l'exercice de ce pouvoir réglementaire d'exécution des lois constitue, selon les termes du Professeur Y. BEN ACHOUR, « un devoir »[312]. Il existe, en effet, une obligation constitutionnelle, incombant à l'autorité exécutive, afin « d'exercer son pouvoir réglementaire d'exécution des lois »[313].

401- Ainsi en matière fiscale, le gouvernement est bien en mesure de prendre des règlements d'application afin d'assurer l'exécution des lois fixant les règles d'assiette, de liquidation et de recouvrement des impôts. Mais naturellement, comme précisent MM. TROTABAS et COTTERET, ces règlements d'application ne doivent pas se substituer à la loi pour fixer ces règles: l'article 34 respecte l'hypothèse classique du règlement subordonné à la loi[314]. Le Conseil Constitutionnel français, dans une décision en date du 13 novembre 1970, a reconnu expressément cette possibilité au gouvernement: « ... considérant, d'une part, que si l'article 34 de la Constitution réserve à la loi le soin de fixer les règles concernant l'assiette, le taux et les modalités de recouvrement des impositions de toute nature, il appartient au pouvoir réglementaire d'édicter les mesures d'application qui sont nécessaires à la mise en œuvre de ces règles... » [315]. De même le conseil d'Etat, saisi d'une demande en annulation d'un décret du 27 février 1961 pris pour l'application de l'article 35 du Code de Douanes, a rejeté la requête en des termes dépourvus d'ambiguïté: « ... Considérant qu'il résulte de ce qui précède que les auteurs du décret attaqué se sont bornés à préciser les règles d'assiette ci-dessus rappelées, telles qu'elles ont été fixées par le législateur, sans en modifier le caractère ni étendre la portée; que dès lors, la Fédération requérante n'est pas fondée à soutenir que les auteurs dudit décret auraient empiété sur le domaine réservé à la loi par l'article 34 de la Constitution... »[316].

402- Ainsi, si l'article 34 de la Constitution attribue au législateur la plénitude de compétence en matière de fixation des règles d'assiette, de taux et de procédure de recouvrement, cette habilitation ne fait pas obstacle à l'intervention du pouvoir réglementaire afin de fixer, dans le

---

Constitutionnel relative au domaine de la loi d'après l'article 34 de la constitution, RDP 1963, p. 745 ; MESNARD, Dix années de jurisprudence du Conseil Constitutionnel, AJDA 1970, p. 259.

312 Y. BEN ACHOUR, ouvrage précité, n° 514, p. 365.

313 J. M. BRETON, L'obligation pour l'administration d'exercer son pouvoir réglementaire d'exécution des lois, RDP 1993, n° 6, p. 1749.

314 TROTABAS et COTTERET, Droit fiscal; Dalloz 1973, n° 59.

315 J.O. 22 novembre 1970, p. 10.736.

316 C.E. 12 mars 1965, Fédération des chambres syndicales des Négociants importateurs de la métallurgie, Rec. 165.

cadre des règles posées par la loi, les mesures qui concourent à l'application de ces règles. Mais s'agissant donc d'une matière qui relève dans son ensemble du législateur, pour employer la formule de VEDEL, le pouvoir réglementaire ne dispose que d'un domaine résiduel et variable: celui des mesures d'application que le législateur a négligé d'arrêter lui-même[317].

403- L'étendu du pouvoir réglementaire est, par voie de conséquence, étroitement dépendante de la précision du texte de la loi. Le législateur pourrait ou non profiter de la plénitude de compétence qui lui a été reconnue: celle-ci est intégrale et non exclusive. Rien n'interdit donc au législateur d'entrer dans les détails et de préciser lui-même les mesures d'application d'une règle fiscale. C'est seulement lorsque ce dernier s'abstient de le faire, que le pouvoir réglementaire d'application puisse intervenir, soit en vertu d'une habilitation expresse de la loi, soit de manière spontanée en vertu de l'habilitation générale accordée par l'article 53 de la constitution.

B/ Modalité d'intervention du pouvoir réglementaire

404- L'intervention du pouvoir réglementaire en vu de mettre en œuvre des prescriptions de la loi est une prérogative essentielle du pouvoir exécutif. Cette compétence est bien entendue fondée par la constitution. Elle est concrètement exercée par le Président de la République assisté par le Gouvernement. A cet égard, l'article 53 de la Constitution, dans sa version finale de 2002, dispose que: « le Président de la République veille à l'exécution des lois. Il exerce le pouvoir réglementaire général et peut en déléguer une partie au Premier ministre ». De sa part, l'article 58 de la même Constitution, précise que « le gouvernement veille à la mise en œuvre de la politique générale de l'Etat conformément aux orientations et aux options définies par le Président de la République ».

405- En France, des dispositions constitutionnelles similaires, confiant au Président de la République ou au Premier Ministre le soin d'assurer l'exécution des lois ont été toujours interprétées comme autorisant le gouvernement à édicter, de sa propre initiative, les mesures nécessaires à l'application d'un texte législatif[318]. Le Conseil d'Etat considère d'ailleurs que la circonstance qu'un décret qui vise un texte de loi ait été

---

[317] VEDEL, Droit administratif; THEMIS, 5ème édition 1973, p. 43.
[318] THEVENIN, précité p. 69.

pris sans que ce texte ait expressément prévu un règlement d'application n'est pas de nature à entacher ce décret d'illégalité[319].

406- Cependant, dans la pratique, un règlement d'application est le plus souvent prévu par le législateur. Il s'agit même d'une clause de style dans toutes les lois importantes, qui peut en même temps lui assigner une forme précise ou bien un délai.

407- « Toute loi, à cause de sa généralité et pour des raisons pratiques, nécessite presque toujours l'intervention de décrets d'application »[320]. Ces derniers peuvent intervenir, soit spontanément, soit sur invitation expresse de la loi.

1) Les décrets réglementaires édictés spontanément : Les décrets complémentaires

408- La doctrine constate que « l'invitation du législateur n'est nullement nécessaire pour provoquer l'intervention du règlement complémentaire »[321]. En effet, le Président de la République bénéficie d'une habilitation directe par la constitution, en vertu de son article 53, à prendre des décrets nécessaires à l'exécution des lois. Il s'agit d'une prérogative propre au chef de l'Etat à laquelle aucune loi ne peut porter atteinte. En ce sens Carré de Malberg précise que « tant que ces mesures ne sont que la mise en œuvre des prescriptions même de la loi, le Président a le pouvoir de les édicter spontanément »[322]. Dans le même sens, J. C. DOUENCE écrivait que « la nécessité d'un règlement complémentaire ne peut jamais être exclue par avance car il répond à des besoins différents qui ne sont pas toujours prévisibles »[323].

409- De sa part, la jurisprudence française reconnaissait la légalité de cette façon d'agir. En effet, le Conseil d'Etat a eu l'occasion de juger qu'un décret pris pour l'exécution d'un texte législatif sans que ce dernier ait prévu expressément un texte d'application n'est pas de nature à entacher ce décret d'illégalité[324]. Cette position a été réitérée à plusieurs reprises par la haute juridiction administrative française, à propos de laquelle VENEZIA observait que « la jurisprudence ayant décidé qu'il était indifférent que le texte de base ait ou non prévu que

[319] V. par exemple: C.E. 2 février 1957, JOCKEL, Rec. 82.
[320] Y. BEN ACHOUR, Droit administratif, 2ème éd., CPU 2000, p. 58.
[321] Y. BEN ACHOUR, Droit administratif, 2ème éd., CPU 2000, p. 58.
[322] C. De Malberg, ouvrage précité, p. 647.
[323] J. C. DOUENCE, thèse précitée, p. 186.
[324] CE 2 février 1957, JOCKEL, Rec. 1987, p. 82.

des mesures d'application seront prises... Le Conseil d'Etat apprécie *in concreto.* Il ne se borne pas à rechercher si la loi renvoie à des textes d'application ou si elle est muette sur ce point. Dans ce cas, le Conseil d'Etat considère seulement qu'il dispose d'un indice laissant présumer une volonté d'entrer en vigueur immédiate. Mais cela ne l'empêche pas, lorsqu'il estime qu'une disposition est insuffisamment précise en elle-même, de subordonner son entrée en vigueur à l'intervention de textes réglementaires sans paraître chercher à savoir si l'intervention en question était prévue par la loi»[325].

410- Ainsi, l'intervention des décrets réglementaires complémentaires est une nécessité en vue de préciser les modalités de mise en œuvre de la loi et c'est précisément là l'une des caractéristiques du pouvoir réglementaire général, « d'être ouvert « pour toujours », et non pas pour des cas ou des situations particulières, en vue de rendre possible l'exécution des lois »[326].

411- Néanmoins, nous observons que dans le cadre de la pratique réglementaire tunisienne, nous n'avons pu détecter aucun décret d'exécution qui a ce caractère complémentaire en matière fiscale. Tous les décrets que nous avons pu recenser et agissant dans le domaine de la compétence législative sont en fait édictés sur invitation de la loi, soit à titre de décrets d'application, soit à titre de décrets pris sur délégation de la loi. Cette absence de portée réelle des décrets complémentaires dans le cadre de l'expérience tunisienne est certainement expliquée par la formulation particulière de l'article 34 de la constitution qui réserve à la loi une pleine et entière, voire exclusive, compétence en matière fiscale[327].

2) Les règlements d'exécution édictés sur invitation de la loi : les règlements d'application

412- Les règlements d'application sont pris dans l'hypothèse où la loi prévoit expressément qu'un ou des règlements interviendront pour déterminer ses conditions d'application, ou les formalités d'un acte, ou le statut particulier d'un corps de fonctionnaires ou le mode de

---

[325] J. C. VENEZIA, Les règlements d'application, in Mélanges CHAPUS, 1992, p. 673.
[326] Y. BEN ACHOUR, article précité, p. 201.
[327] Contrairement à l'article 34 de la constitution française de 1958, la formulation de l'article 34 de la constitution tunisienne implique l'exercice par le législateur de la plénitude de sa compétence dans toutes les matières énumérées par son paragraphe premier. Voir plus haut notre commentaire sous la note n° 314.

fonctionnement d'un service... Selon les termes de J. C. DOUENCE : « l'invitation législative à prendre de telles mesures est devenue une véritable clause de style dans les lois contemporaines »[328].

413- Dans la pratique, lorsque la loi prévoit l'intervention des décrets d'application, le législateur « ouvre les portes toutes grandes à une œuvre législatrice de très large envergure au profit du Président de la République, œuvre législatrice qui fréquemment, à son tour, prévoira, pour sa mise en œuvre, l'intervention d'arrêtés ministériels, parfois multiples et fort complexes. Cette formation du droit par degrés est l'un des traits caractéristiques de l'unité du système juridique étatique moderne »[329].

414- L'invitation législative peut être, soit, pour reprendre les termes de J.C. DOUENCE « plus ou moins contraignante », lorsque la loi prévoit qu'un ou des décrets peuvent être pris « en tant que besoin »; soit, en outre, d'une manière « impérative » et dans cette hypothèse, le titulaire du pouvoir réglementaire est tenu de remplir cette tâche.

415- L'article 53 de la constitution attribue le pouvoir réglementaire général au Président de la République, mais ce dernier peut toujours déléguer l'exercice d'une partie de ce pouvoir au Premier Ministre. Il est légitime de se demander à cet égard, si le décret d'application doit se borner à fixer l'essentiel des mesures d'application d'une loi ou peut-il renvoyer à un arrêté ministériel le soin de compléter les détails d'une question bien déterminée ?

416- Le juge administratif français a bien validé le principe de subdélégation des décrets aux arrêtés dans la mesure où les arrêtés répondent aux exigences d'une réglementation détaillée surtout en matière fiscale[330]. Le CE considère que la technique de subdélégation n'est pas illégale si le décret a défini avec « suffisante précision »[331] les mesures dont le ministre est chargé de prendre. Cependant, le Président de la République ne peut déléguer à un ministre des compétences plus étendues que celles qu'il a lui-même reçues de la loi.

417- En droit comparé, il est généralement prévu une variété de formes sous lesquelles peut intervenir un règlement d'application. A titre d'exemple, le Code Général des Impôts français réserve une annexe réglementaire pour chacune des quatre formes de règlements suivants:

---

[328] J. C. DOUENCES, thèse précitée, p. 186.

[329] Y. BEN ACHOUR, article précité, p. 201.

[330] Voir par exemple : CE 15 mars 1961, société des établissements Omer Décugis, AJDA, p. 700 ; CE 5 octobre 1963, Syndicat chrétien des établissements pénitentiaires, RDP 1964, p. 501.

[331] CE 15 mars 1961, société des Etablissements Omer Décujis, AJDA, 1961, p. 700.

Règlement d'administration publique, décret en Conseil d'Etat, décret simple et arrêté ministériel. En Tunisie, les règlements d'application des lois fiscales revêtent généralement soit la forme d'un décret simple soit celle d'un arrêté ministériel.

§2) La portée du pouvoir réglementaire d'exécution

443- Quelle que soit la forme sous laquelle doit être pris le règlement d'application – décret ou arrêté- la jurisprudence estime que le gouvernement n'est pas juridiquement tenu de respecter les délais fixés par la loi[332]. Le pouvoir réglementaire garde, en effet, la faculté d'intervenir à tout moment. L'expiration du délai qui a pu être fixé par le législateur ne le dépouille pas donc de sa compétence.

444- Cependant, une jurisprudence constante soutient que lorsque le règlement d'application prévu par la loi est indispensable à l'exécution de cette loi, l'administration ne peut, sans excès de pouvoir, s'abstenir de prendre ce règlement[333]. En effet, dans cette hypothèse, le juge administratif, comme le juge judiciaire, considèrent que l'application de la loi est retardée jusqu'à la publication de ces textes[334]. Le pouvoir exécutif reste, en dernière analyse, obligé d'intervenir dans un « délai raisonnable », selon la formule du Conseil d'Etat, qui ne devrait pas, en principe, excéder la période d'une année[335].

A/ Les sanctions du non respect de l'obligation pesant sur l'administration

445- Dans la pratique, en s'abstenant de prendre des textes d'application, le gouvernement peut aisément retarder la mise en œuvre d'une loi jusqu'au moment qu'il estimera opportun. En dépit de son

---

[332] CE 30 mars 1960, Comptoir Agricole et Commercial, Rec. 237.

[333] CE 23 novembre 1949, GAULARD, Rec. 497 ; CE 13 juillet 1951, Union des anciens militaires titulaires d'emplois réservés à la SNCF, Rec. 403 ; CE 3 décembre 1954, Association Générale des Retraités des PTT, Rec. 643 ; CE 23 octobre 1959, DOUBLET, RDP 1959, p. 1235, concl. BERNARD, D., 1960, p. 191, note LAVROFF ; CE 24 janvier 1962, Radio Filtrex, Rec. 54 ; CE 13 juillet 1962, KEVERS PASCALIS, D. 1963, p. 606, note AUBY.

[334] Voir PH. THEVENIN, ouvrage précité, p. 83 et s.

[335] CE 9 juin 1967, Demoiselle RUBEN, AJDA 1967, p. 608, note V. S. ; CE 21 mars 1969, Société HAUSER, AJDA, p. 622, note DRAGO.

caractère subsidiaire et dérivé, le pouvoir réglementaire demeure donc le maître du jeu en matière d'application de la loi[336]. La carence de l'administration dans l'adoption des règlements d'application de la loi est apparemment constitutive d'une illégalité, en raison de la violation de l'obligation pesant sur elle en ce sens. La sanction de cette obligation peut également intervenir par la mise en jeu de sa responsabilité, à partir du moment où elle est constitutive d'un préjudice ouvrant droit à réparation.

1) Les sanctions de l'illégalité résultant de l'inexécution de la loi

446- Si le simple retard de l'autorité réglementaire est rarement sanctionnée, la carence absolue de celle-ci est plus apte à fonder la recevabilité d'un recours pour excès de pouvoir, pour autant que le requérant obtienne au préalable l'intervention d'une décision (explicite ou implicite) constitutive d'un refus d'agir, susceptible d'être déférée au juge, parce que seule de nature à en établir l'effectivité. Tout est en réalité question d'appréciation selon que la carence établie est ou non de nature à remettre en cause la validité et l'applicabilité de la loi.

447- Le juge se borne donc à sanctionner l'administration dans la seule mesure où elle est constitutionnellement tenue de prendre les dispositions réglementaires sans lesquelles la loi n'est pas susceptible de recevoir application, et ce même sans invitation du législateur, dès lors qu'elle crée des droits au profit des bénéficiaires. Le souci du juge, relayant en cela en quelque sorte l'autorité réglementaire défaillante, est de répondre à l'exigence constitutionnelle pesant sur celle-ci.

448- Cependant, le contrôle de légalité n'est effectif qu'en cas de carence absolue et définitive de l'administration dans l'exercice de son pouvoir réglementaire d'exécution de la loi. La sanction directe de l'obligation pesant sur le gouvernement doit donc être plus sûrement recherchée dans le cadre du plein contentieux.

449- Le fait pour l'administration de se refuser à prendre dans un délai raisonnable un texte complémentaire expressément prévu et

---

336 PH. THEVENIN souligne dans son ouvrage que « la publication tardive des textes d'application n'est pas particulière à la matière fiscale. Ce n'est pas non plus une pratique récente et, dans le passé, les exemples ne manquent pas de lois inapplicables du seul fait que l'autorité réglementaire avait négligé, ou refusé, d'élaborer les décrets complémentaires…. », ouvrage précité, p. 84.

indispensable à l'application de la loi peut être constitutif de faute et de nature à engager la responsabilité de l'Etat[337]. En effet, dans ce domaine, la Haute juridiction administrative française a, tout d'abord, transposé sa jurisprudence classique dégagée à propos du refus de prendre des mesures d'application individuelle de la loi[338]. Ensuite elle a été plus explicite dans une affaire jugée en 1967, en disposant, carrément, que « l'abstention du ministre doit être regardée comme une faute »[339], engageant la responsabilité de l'Etat et justifiant l'indemnisation de la victime.

2) Les sanctions de l'illégalité résultant de l'exécution imparfaite de la loi

450- La responsabilité de l'administration en raison de l'exécution imparfaite ne semble pas s'écarter, selon la doctrine et la jurisprudence, du régime général de sanction de la responsabilité de l'administration à raison de l'exercice de la fonction administrative[340]. Selon Breton, dans ce domaine, la responsabilité de l'administration repose sur deux fondements : un fondement objectif et un fondement subjectif[341].

451- Objectivement, cette responsabilité repose sur la diligence attendue de l'autorité réglementaire dans la production des effets de la loi, en conformité avec les dispositions formelle de celle-ci. En cas de carence paralysant de façon inadmissible l'application de la loi, le juge procède conjointement à l'annulation du refus d'agir de l'administration et à la réparation du préjudice qui en est résulté. Mais le refus de l'annulation, en cas d'intervention d'un texte tardif, n'exclut pas à l'inverse toute possibilité d'indemnisation, pour autant que l'allongement du délai au-delà de ce qui pu être prévu par le législateur ait engendré un préjudice, nonobstant la confirmation de la légalité dudit texte. Dans une telle

---

337 CE 27 novembre 1964, Dame Veuve RENARD, Rec. 590, RDP 1965, p. 716, concl. GALMOT, D. 1965, p. 632, note AUBY.

338 CE 6 juillet 1934, Société VAN OUTRYVE et autres, Rec. 787 ; CE 6 juillet 1936, Syndicat de défense des grands vins de la Cote d'or, Rec. 861.

339 CE 10 mars 1967, Société « Les Ardoisières d'Angers », Rec. 116, AJDA 1967, p. 399, chron. MASSOT et DEWOST (confirmant le jugement du Tribunal administratif de Nantes du 25 juin 1953, Rec. 735).

340 On distingue généralement entre deux types de responsabilité : la responsabilité pour faute et la responsabilité sans faute. Pour plus de développements, voir Jean-Marc Breton, article précité, p. 1769 et s.

341 Jean-Marc Breton, article précité, p. 1767 et s.

hypothèse, le contentieux de la responsabilité reste la seule voie ouverte aux administrés pour sanctionner le comportement, fautif ou non, de l'administration, apprécié par référence aux dispositions relatives à l'entrée en vigueur de la loi.

452- Sur le plan subjectif, les fondements doivent être recherchés dans la nature et la consistance du préjudice subi par l'administré-contribuable qui entend mettre en jeu la responsabilité de l'administration. Ici, la non application de la loi ne constitue qu'une cause indirecte de la responsabilité, par les effets médiats qui en résultent sur les droits ou à l'égard de la situation juridique de ceux qui en sont les destinataires, sinon toujours les bénéficiaires. La spécificité et l'individualisation des droits en cause constituent ici le critère d'évaluation de l'intérêt à agir des requérants contre les mesures litigieuses résultant de la carence de l'administration dans l'exercice de son pouvoir réglementaire.

B/ Le transfert de la compétence parlementaire vers le pouvoir réglementaire

453- L'extension du pouvoir réglementaire d'application, d'une part, et la maîtrise par le Gouvernement de la date d'application de la loi, d'autre part, ont eu pour effet inéluctable une véritable érosion de la compétence fiscale du Parlement et son transfert corrélatif vers le pouvoir réglementaire.

1) L'extension du pouvoir réglementaire d'application

454- Il est patent que le Parlement hésite souvent pour sa part à intervenir dans des secteurs dans lesquels l'action administrative doit pouvoir bénéficier d'une certaine souplesse, ou dont les contraintes techniques sont particulièrement accentuées. Les normes législatives s'en tiennent alors à une dimension indicative, en se cantonnant à la fixation d'un substratum général de mission. L'administration conserve pour sa part l'appréciation du principe, du contenu et même des modalités de l'intervention étatique, et acquiert de ce fait une indépendance aussi large qu'incontestée dès lors que la loi ne s'avère plus suffisamment explicite pour l'enfermer dans un cadre d'action suffisamment précis et rigoureux.

455- La conséquence logique de cette crise de la légalité s'exprime dans l'essor d'une législation gouvernementale faisant passer au premier plan une administration dont la bureaucratisation ne peut qu'accentuer la soustraction aux contraintes - minimales - que le législateur entendrait continuer à lui imposer. Le caractère et les exigences techniques formelles de ces interventions ne peuvent alors qu'inévitablement renforcer le processus d'autonomisation qui les marque en profondeur[342]. Parallèlement, chaque fois que l'administration estimera la règle inadaptée parce qu'inopportune et/ou inefficace, elle cherchera à s'en affranchir.

2) La maîtrise par le Gouvernement de la date d'application de la loi

456- Dans certaines hypothèses, le législateur se contente d'édicter les règles et confie au pouvoir réglementaire la mission de fixer la date d'application de la loi. L'exécutif dispose dans ce cas d'un pouvoir discrétionnaire pour décider la date de déclenchement de l'application de la norme fiscale. Il en est ainsi en matière de TVA et en matière de droit de consommation, puisque les articles 6 de la loi n° 88-61 du 2 juin 1988 portant promulgation du code de la TVA et 8 de la loi n° 88-62 du 2 juin 1988 portant refonte de la réglementation relative aux droits de consommation, prévoient que ces derniers textes seront mis en application selon un calendrier fixé par décret. Sur la base de ces dispositions le Président de la république a pris le décret n° 88-1109 du 11 juin 1988 fixant à la fois la date d'application du code de la TVA et la loi relative aux droits de consommation. Il a été décidé d'appliquer le code de la TVA en étapes : les dispositions relatives à la TVA, à l'exception de celles relatives au secteur du commerce en gros s'appliquent à partir du 1er juillet 1988. La généralisation de la TVA au commerce en gros, à l'exception de celui de l'alimentation générale, est programmé dans la seconde étape, à compter du 1er octobre 1989, suite à l'intervention du décret n° 89-1222 du 25 août 1989.

457- La maîtrise par le Gouvernement de la date d'application de la norme fiscale pourrait être une arme efficace entre les mains de l'exécutif afin de suspendre de fait son application, s'il s'abstient d'agir, ou du moins, retarder au maximum cette application. Ainsi, le législateur pourrait bien édicter des mesures relativement importantes et

---

[342] J.-M. BRETON, article précité, p. 201-202.

laisser en même temps la fixation de leur date d'application à l'entière discrétion du gouvernement.

458- En ce sens, il a été prévu par l'article 66 de la loi n° 2001-123 du 28 décembre 2001 portant loi de finances pour l'année 2002, l'imposition à la taxe sur la valeur ajoutée au taux de 18% des services de télécommunications. De même, Il a été institué au profit du fonds de développement des communications, en vertu de l'article 68 de la même loi de finances pour l'année 2002, une redevance au taux de 5% du chiffre d'affaires des entreprises des télécommunications ayant la qualité d'opérateur de réseau des télécommunications telles que définies par l'article 2 de la loi n° 2001-1 du 15 janvier 2001 portant promulgation du code des télécommunications, tous frais, droits et taxes inclus y compris la taxe sur la valeur ajoutée, et à l'exclusion de ladite redevance.

459- Néanmoins, contrairement aux autre dispositions de la loi de finances pour 2002, qui devraient normalement être entrées en vigueur à partir du 1er janvier 2002 en vertu de son article 97, l'article 70 de la même loi a prévu qu'à titre exceptionnel, la date d'application des dispositions des articles 66 à 69 de la loi de finances pour l'année 2002, sera fixée par décret. Ainsi, la date d'application de l'ensemble des mesures législatives susmentionnées a bien été suspendue jusqu'à l'intervention d'un décret d'application à la seule initiative de l'autorité règlement qui a finalement fixé leur entrée en vigueur au 1er janvier 2003[343].

SECTION II

L'INSUFFISANCE DU CONTRÔLE DE LA SUBORDINATION DU POUVOIR REGLEMENTAIRE

461- L'édiction des règlements d'application obéit, du moins sur le plan strictement théorique, à une logique de subordination. Le règlement d'application intervient, soit spontanément, soit sur invitation expresse du législateur, dans le but de mettre en œuvre la loi fiscale. Mais quoi qu'il en soit, le règlement d'application doit respecter l'esprit du texte appliqué[344]. Il ne peut sous prétexte d'en fixer les modalités de mise en œuvre, modifier les règles établies par le législateur ou en altérer la

---

[343] Voir le décret n° 2002-3356 du 30 décembre 2002 fixant la date d'application des articles 66 à 69 de la loi de finances n° 2001-123 du 28 décembre 2001.

[344] Hervé Le Guerne, Hervé Message, Alexandre Tessier, Le contrôle parlementaire du budget de l'Etat : Le rôle de l'Assemblée Nationale 1983-1987, RFFP, 1988, p. 195.

portée. Cependant, ici encore, la spécificité de la matière fiscale, et notamment sa technicité, incite le juge à être parfois très souple quant à l'appréciation de la subordination du pouvoir réglementaire.

462- Le principe de la subordination de tout règlement d'exécution est une solution traditionnellement consacrée par le droit public. En effet, selon Carré De Malberg, les règlements complémentaires «ne peuvent prescrire que celles dont le principe se trouve contenu, implicitement au moins, dans la loi même à laquelle ils viennent s'ajouter »[345]. Le pouvoir réglementaire doit donc « s'exercer dans le respect des règles fixées par le législateur et des principes qui les inspirent »[346].

463- Plus particulièrement, en matière fiscale, la subordination du règlement d'application à la loi fiscale est une conséquence nécessaire du principe de la légalité de l'impôt, tel qu'il est énoncé par l'article 34 de la constitution tunisienne **(§ 1)**. Toutefois, l'effectivité de la règle de la subordination du règlement d'application à la loi fiscale est strictement conditionnée par la présence d'un contrôle efficace de l'action à la fois du législateur et du pouvoir réglementaire, afin que le premier ne légifère pas en deçà de sa compétence et que le second ne déborde pas les limites de son pouvoir. Or, en Tunisie, précisément, le système de contrôle souffre de plusieurs insuffisances. Si le principe de la suprématie de la loi fiscale sur les actes réglementaires d'application est solennellement proclamé par la constitution, il est sans nul doute insuffisamment protégé **(§ 2)**.

§1) Les condition de la légalité du règlement d'application

464- Le règlement d'application, étant une norme dérivée et placée hiérarchiquement en dessous de la loi fiscale, est tenu de respecter des conditions strictes de la légalité. A cet effet, il ne suffit pas que ce règlement d'application soit conforme aux principes posés par les normes supérieures, et notamment la loi fiscale elle-même **(A)**, il faut également, qu'il respecte les principes généraux de droit, notamment ceux qui sont applicables dans le domaine fiscal **(B)**.

---

[345] Carré De Malberg, ouvrage précité, n° 216, p. 649.
[346] PH. THEVENIN, ouvrage précité, p. 110.

A/ La conformité des règlements d'application aux principes posés par la loi

465- Le rapport entre la loi et le règlement d'application implique, en principe, un lien de conformité et de soumission. Il en résulte que le règlement d'application doit impérativement se conformer aux principes posés par la loi fiscale. Dans cette optique, la compétence d'exécution ne doit en aucun cas se transformer en une « compétence normative » parallèle à la compétence législative. Le règlement d'application doit par contre se limiter aux prescriptions législatives contenues dans le texte de la loi, à laquelle il ne peut se substituer pour fixer les règles.

466- Néanmoins, dans la pratique, le principe de la légalité de l'impôt se trouve menacé par les empiétements du pouvoir réglementaire. En effet, sous prétexte de préciser ou d'appliquer une loi, le règlement d'application peut dénaturer le contenu de la prescription législative. A cet égard, la violation des conditions posées par la loi constitue indiscutablement une véritable atteinte au principe de la légalité fiscale. En effet, le statut légal du contribuable peut être affecté par l'application erronée des dispositions législatives. Il en est ainsi quelque soit le sens, négatif ou positif, de cette application erronée.

1) La règle de la subordination des règlements d'application à la loi fiscale

467- La règle relative à la subordination des règlements d'application à la loi fiscale requiert une stricte application des dispositions de cette loi. Aussi, toute application jugée erronée porterait atteinte à cette règle, quelque soit le sens poursuivi par la disposition réglementaire : plus favorable ou moins favorable au contribuable.

a- L'application erronée par des mesures défavorables au contribuable

468- Dans cette hypothèse, le règlement d'application de la loi pourrait violer les prescriptions législatives soit en ajoutant des dispositions non prévues par la loi soit en restreignant leurs champs d'application. A ce propos, nous pouvons souligner que dans le cadre de l'octroi des avantages supplémentaires, les décrets d'application de l'article 52 du code des incitations aux investissements ont bien ajouté une nouvelle condition pour le bénéfice de la suspension des prélèvements fiscaux indirects. En effet, il est prévu, dans le cadre de ces décrets d'application l'interdiction de l'aliénation des équipements importés et bénéficiant du régime fiscal privilégié et ce pendant une période de cinq ans à partir de la date d'importation. Pour s'assurer de l'accomplissement de cette condition, il est exigé de l'entreprise bénéficiaire de l'avantage, de souscrire lors de chaque importation un engagement de ne pas céder en l'état, à titre onéreux ou gratuit, les équipements importés et bénéficiant du régime fiscal privilégié.

469- Il est vrai que cette condition ajoutée par le décret d'application pourrait être facilement justifiée par le souci d'éviter un détournement de l'avantage fiscal, mais la légalité de cette condition demeure douteuse du fait que l'article 52 a limité le pouvoir d'application dans l'octroi des avantages et non dans la détermination des conditions du bénéfice desdits avantages. Le législateur aurait dû, lui-même, prévoir cette condition pour éviter tout détournement de l'avantage accordé. Cette position a été confirmée par une jurisprudence abondante du CE français. Ainsi, dans une affaire où le CE a prononcé l'illégalité du décret du 14 février 1970 du fait qu'il a subordonné l'octroi d'un abattement en matière de droits de mutation à titre gratuit, à une condition non prévue par le législateur[347]. Ce décret d'application avait pour effet de priver toute une catégorie d'intéressés du bénéfice de la loi du 27 février 1968.

470- De même, en matière de provision pour investissement, le CE a clairement annoncé l'illégalité du décret d'application, qui a ajouté des conditions de forme, en prévoyant qu'en l'absence de toute indication relative aux formalités de déduction des provisions dans cette ordonnance, le décret du 19 décembre 1967 ne pouvait légalement subordonner l'admission en franchise d'impôt de la provision pour investissement à la production du relevé prévu à l'article 54 du CGI et de deux états annexes supplémentaires, que par suite, aucune déchéance ne pouvait être instituée en cas de défaut de souscription des déclarations ainsi prévues, que dès lors, l'administration ne pouvait,

---

[347] CE 1er décembre 1970, association « Amitié des Aveugles de France », DA 1970, n° 12, p. 360. Dans le même sens, voir : CE 23 février 1977, req. n° 98252, Rec. Lebon, p. 106 DF, 1978, n° 17, comm. 652 concl. Lobry ; CE 23 mars 1977, req. n° 3597, Rec. Lebon, p. 751, RJF 1977, p. 147 et p. 137, note M. Hagelsteen, concernant la provision pour dépréciation des stocks; CE ass. Plén. 2 décembre 1977, req. n° 1247, Rec. Lebon, p. 478, DF 1978 n° 52, comm. 2049, concl. Fabre, RJF 1978, p. 17 et p. 10, concl. Fabre, concernant la provision pour dépréciation du portefeuille titre ; CE ass. Plén. 28 novembre 1964, req. n° 47403, Rec. Lebon, p. 605, DF 1968, n° 17 bis, p. 101, il s'agit d'apporter une limitation non prévue par la loi au montant d'une dotation venant de la déduction du bénéfice imposable.

pour l'assujettir au complément d'impôt litigieux, lui opposer la circonstance qu'elle n'avait souscrit ces déclarations[348].

471- Le règlement d'application ne peut aller à l'encontre de la volonté du législateur en prévoyant des prescriptions réglementaires instituant des sanctions à l'encontre des droits reconnus par la loi. C'est ainsi que le CE a censuré le décret du 5 avril 1950 qui a institué un délai de forclusion à l'expiration duquel les intéressés se trouvent privés du bénéfice des avantages qui leur sont reconnus par la loi, alors qu'aucun délai n'est prévu par celle-ci. Le motif avancé par le CE est que ce décret a dénaturé la portée de la loi dont il doit assurer la mise en œuvre[349].

472- Il a été jugé également que dans la mesure où aucune limitation n'avait pas été prévue à l'origine par le texte législatif, il n'appartient pas au pouvoir réglementaire de réduire la portée de ce texte. En ce sens le tribunal administratif de Versailles affirmait « que si cet article (220 quinquies du CGI) renvoie à un décret le soin de compléter les modalités d'application de ces dispositions, il est constant qu'il n'a pas eu pour objet de limiter les notions de bénéfice et déficit au seul bénéfice et déficit déclaré, que dès lors, qu'il ne résulte pas de ces dispositions qu'il appartenait au pouvoir réglementaire de restreindre le champ d'application des dispositions qu'il édicte… »[350].

473- En revanche, le règlement d'application est jugé légal, chaque fois que, selon les termes du CE, les auteurs dudit règlement se sont bornés à préciser les règles d'assiette telles qu'elles ont été fixées par le législateur, sans en modifier le caractère ni en étendre la portée[351]. Mieux encore, le règlement d'application doit, en principe, tirer toutes les conséquences d'une disposition législative. En ce sens, le CE a soutenu que « si les dispositions législatives ont énuméré les avantages pouvant être accordés aux personnes entrant dans leur champ d'application, elles ont laissé au gouvernement, par leur généralité

---

[348] CE 13 mars 1981, req. n° 13.098, DF 1981, n° 29, comm. n° 1472, concl. Lobry.

[349] CE 14 décembre 1960 « société des établissements N. », Rec. P. 699. Dans le même sens, voir : CE 1er décembre 1961 « société Jean Roques, Rec. p. 675, AJDA 1962, p. 526, instituant par décret une déchéance.

[350] T. Ad. de Versailles 16 novembre 1993, «société Drouet et Cie », DF 1994, n° 26, comm. 1252, concl. V. Haïm. Dans le même sens, voir : CE 21 mars 1960 « société conserverie coopérative agricole Picarde », Rec. Lebon p. 210, concernant la restriction du champ d'application d'une exonération ; CE 31 octobre 1975, « SA Coq France », Rec. Lebon p. 534, DF 1976, n° 51, comm. 1656, concl. Mme Latournerie, AJDA 1976, p. 314, note Castagnède, il s'agit d'un décret qui a restreint le champ d'application d'un texte législatif en matière de paiement des intérêts moratoires.

[351] CE 12 mars 1965 « fédération des chambres syndicales des Négociants-Importateurs de la Métalurgie», Rec. p. 165.

même, le soin de fixer les modalités et les conditions d'octroi desdits avantages »[352]. De ce fait, le décret attaqué, en l'espèce, n'a ni méconnu les dispositions législatives ni empiété sur un domaine que l'article réserve au législateur.

b- L'application erronée par des mesures favorables au contribuable

474- Le respect du principe de la légalité de l'impôt interdit également aux règlements d'application d'introduire des mesures nouvelles, même favorables au contribuable. En effet, la légalité d'un règlement d'application s'apprécie par rapport à sa conformité aux principes posés par la loi et non par référence à ses impacts sur les droits des contribuables. Il en est ainsi pour le décret n° 97-1349 du 14 juillet 1997, qui a pour objet la modification du décret n° 95-1908 du 9 octobre 1995 relatif à l'octroi d'une exonération de l'impôt sur les sociétés au projet « Mentazah côtes de Carthage sis à Gammarth » pendant une période de cinq ans à compter du 1er juillet 1995. Le décret du 14 juillet 1997 a fait bénéficier ce même projet d'une exonération de l'impôt sur les sociétés pendant une période de cinq ans à compter du 1er juillet 1998. Il en résulte que le second décret a pour effet de prolonger la période de l'exonération jusqu'à huit ans, ce qui est contraire aux termes de l'article 52 du CII qui fixe le seuil de l'exonération pour une période maximale de cinq ans. Or la modification d'un décret ne doit en aucun cas aller à l'encontre de la lettre du texte législatif. Le décret d'application doit normalement se contenter d'octroyer les avantages dans les limites posées par la loi sans ajouter ou altérer sa portée.

475- Cette atteinte du pouvoir réglementaire au principe de consentement à l'impôt pourrait être motivée par un souci d'améliorer le secteur d'investissement et d'encourager davantage les investisseurs. Elle pourrait être de ce fait, pour reprendre l'expression de Guy Carcassonne, « une atteinte noble et compréhensible »[353], mais de toute manière elle reste une véritable atteinte à la légalité.

---

[352] CE 21 mars 1961 « Fazon », Rec. p. 180. Dans le même sens, voir : CE 16 mai 1969 « Delle Conturet », D. 1969, jurisprudence, p. 547, note Silera ; CE 9 janvier 1981, req. n° 14688, « Association pour la promotion et la défense de l'actionnaire", DF 1981, n° 22, comm. n° 1156.

[353] Guy Carcassonne, La portée du principe du consentement à l'impôt et les limites du pouvoir fiscal du législateur, in « L'exercice du pouvoir financier du parlement : théorie, pratique et évolution », Journée d'étude du 22 mars 1996, sous la direction de Loîc Philip, collection droit public, Economica, p. 45.

476- La jurisprudence française s'est prononcée, de sa part, sur le caractère illégal des règlements d'application qui portent des mesures plus favorables au contribuable. Il s'agit notamment du décret n° 73-353 du 26 mars 1973 pris pour l'application de l'article 6 II alinéa 4 de la loi relative aux évaluations servant de base à certains impôts directs locaux. Ce décret a étendu le champ d'application d'une déduction complémentaire qui est accordée à certaines catégories d'établissements en raison de leur caractère exceptionnel, apprécié d'après la nature des opérations qui y sont faites. Ces catégories d'établissements sont déterminées par décret qui fixe également les limites et les conditions d'application de la déduction. Or le décret attaqué ne s'est pas contenter de déterminer les établissements de caractère exceptionnel qui peuvent seuls bénéficier légalement de la déduction complémentaire, il a plutôt prévu que cette déduction s'appliquerait aux éléments qui, quelque soit l'établissement, sont affectés à des opérations de recherche scientifique ou technique, à l'épuration des eaux industrielles, à la lutte contre la pollution atmosphérique et les odeurs ainsi qu'aux barrages et à leurs ouvrages de génie civil. En raison de l'extension du champ d'application d'un avantage fiscal, le CE a déclaré que le décret attaqué est bien entaché d'illégalité[354].

2) L'assouplissement de la règle de la subordination des règlements d'application à la loi fiscale

477- Face à des dispositions législatives lacunaires ou ambiguës, la jurisprudence a dû assouplir sa position à l'égard de la règle de subordination des règlements d'application aux lois, et ce en faisant appel à l'idée d'application efficace desdites lois[355]. Il est patent de constater, à cet égard, que le problème de l'imprécision des textes législatifs prend une ampleur particulière en droit fiscal. La rédaction défectueuse des lois fiscales rend difficile la tache du pouvoir réglementaire d'application. Non seulement l'autorité réglementaire doit respecter la volonté du législateur, elle doit en outre assurer une

---

[354] CE 7 mars 1975, « Association des maires de France », Rec. Lebon, p. 180, GP 1975, 2, p. 735, note J.M. , DF 1975, n° 40, comm. 1293. Dans le même sens, voir : CE 28 mai 1976, « société laboratoire d'électronique, Rec. Lebon, p. 286, qui a prononcé l'illégalité d'un décret d'application qui établit une exonération en contradiction avec les termes de la loi; CE 22 octobre 1976, « Dame le Cherruyer », Rec. Lebon, p. 439, DF 1977, n° 18, comm. 756, concl. Mme Latournerie, il s'agit d'un décret qui établit une exonération non prévue par la loi (exonération de la taxe locale pour les œuvres désintéressés).

[355] CE 9 mai 1958, conseil national des pharmaciens, Rec. p. 269.

application efficace de la loi. En cas d'ambiguïté des textes fiscaux, le Président de la république se voit reconnaître, par voie de conséquence, une compétence normative en vue de combler les lacunes de la loi ou dans l'optique d'édicter des mesures indispensables à l'application des dispositions législatives.

478- A titre d'illustration, nous pouvons citer l'exemple des articles 50 à 55 de la loi française n° 48-23 du 6 janvier 1948 relatifs au règlement d'ensemble de la situation des contribuables durant la période de guerre. Les termes de cette loi étaient si ambigus « qu'aucun des orateurs, tant gouvernementaux que parlementaires, précise Marcel CHRETIEN, n'a compris la signification de ces textes dont les administrations fiscales d'où ils émanent n'ont pas encore dévoilé le mystère ». « Il semble, selon le même auteur, que les services fiscaux aient, en présentant au Parlement de telles dispositions, agi dans un double dessin : d'une part, les faire voter rapidement, sans modification, car ils ont, sans doute pensé que les parlementaires n'y comprenant rien les accepteraient sans discuter, ce qui s'est produit ; d'autre part, obtenir une sorte de blanc seing afin de les compléter par décret, ce qui fut acquis »[356].

479- L'examen de la jurisprudence du CE montre bien que l'élargissement des compétences du pouvoir réglementaire d'application peut concerner tous les aspects du régime d'imposition : la définition de l'assiette, la détermination des conditions d'une exemption ainsi que les modalités de recouvrement. Ainsi, le CE a accepté la validité d'un décret fixant l'âge maximum de l'apprenti en dehors de toute habilitation expresse de la loi[357]. Le commissaire du gouvernement ETTORI a déclaré : « nous estimons que l'auteur du règlement, en dehors de toute habilitation expresse à l'égard de la fixation de l'âge de l'apprenti, avait le pouvoir d'édicter <u>une disposition nécessaire à l'application de la loi</u> ». Dans le même sens, l'article 27-1 du CGI tel qu'il est modifié par l'article 36 de l'ordonnance n° 58-1372 du 29 décembre 1958, exemptant de la TVA et de la taxe locale les affaires « portant sur le pain de consommation courante tel qu'il est défini par décret ». La haute assemblée a considéré que le règlement peut non seulement fixer la liste des éléments entrant dans la composition de ce pain mais encore de préciser la définition de ces éléments[358].

---

[356] Marcel CHRETIEN, Les récentes dispositions législatives en matière d'impôts directs, JCP 1948, I, p. 688.

[357] CE 26 avril 1929, Syndicat de l'union des voies ferrées et des transports automobiles, Rec. p. 423, RDP 1929, p. 319, concl. Ettori.

[358] CE 15 juillet 1959, syndicat de boulangerie de la région parisienne, Rec. p. 448, AJDA 1959, p. 307, observation Drago.

480- Cette attitude du conseil d'Etat, d'ailleurs critiquable[359], risque d'élargir le domaine d'application de la loi. Le décret d'application dans cette hypothèse n'est plus étroitement subordonné aux termes de la loi, il a conquis en effet une marge considérable de liberté pour assurer efficacement l'application de la loi. En effet, un décret étroitement subordonné au texte législatif peut ne pas s'acquitter pleinement de sa mission d'exécution. A cet égard, le juge administratif français reconnaît à l'autorité réglementaire, dans sa mission d'exécution des lois, le pouvoir de prendre de nouvelles dispositions « indispensables » pour l'application de la loi. Dans cette hypothèse, l'autorité réglementaire, dans certains cas, ne se borne pas à préciser ou à développer les règles formulées par le législateur mais édicte elle-même de nouvelles mesures pour que la loi reçoive une application efficace. Dans ce cas le règlement d'application se détache du contenu du texte initial en édictant des règles nouvelles mais indispensables pour la mise en œuvre de la loi. Il en résulte un élargissement du pouvoir réglementaire d'application.

481- Cependant, si en droit français, l'extension du pouvoir réglementaire d'application est compensée par un contrôle juridictionnel assez rigoureux, en droit tunisien ce type de contrôle s'avère sinon inexistant du moins assez limité. La règle de subordination du règlement d'application à la loi fiscale n'est donc pas conçue de manière stricte. Dans un souci d'assurer une application efficace et complète, l'autorité réglementaire peut se voir reconnaître une compétence plus étendue dans l'édiction de mesures d'application. Il s'ensuit que la légalité du règlement d'application est appréciée non plus par rapport aux termes exacts de la loi mais en se référant à la volonté du législateur ou à l'esprit général de la loi[360].

---

[359] Pour CHRETIEN, la solution donnée par le CE est critiquable du fait que celui-ci « n'a point respecté le principe de l'interprétation stricte des textes fiscaux qu'il a lui-même établi, en tant que ce principe concerne les rapports entre le parlement et le gouvernement… auxquels il rend un mauvais service en les encourageant à préserver dans cette voie déplorable qu'est la rédaction de plus en plus lamentable des lois fiscales », CE 24 avril 1953, société X…, Rec. p. 185, RSLF 1954, p. 201, chron. Marcel Chrétien.

[360] Saoussen JAMMOUSSI, mémoire précité, p. 70.

B/ La conformité des règlements d'application aux principes généraux de droit

482- La jurisprudence française a dégagé expressément « les principes généraux du droit » à partir des années 40. Il s'agit de « principes juridiques imposable à l'administration et non tirés d'un texte express d'une manière directe »[361]. Ces principes sont ensuite théorisés par la doctrine, consacré par notre droit positif, notamment par la loi du 1er juin 1972[362], et bien entendu reconnu par la jurisprudence du Tribunal Administratif[363].

483- Parmi les principes généraux du droit qui trouvent application en matière fiscale, nous pouvons dénombrer au moins trois, dont deux sont d'application générale qui touchent l'ensemble des matières juridiques, y compris la matière fiscale, à savoir : le principe de non-rétroactivité et le principe du respect du droit de la défense, tandis que le troisième est bien propre à la matière fiscale, il s'agit du principe d'égalité devant l'impôt.

1) Le respect du principe de non-rétroactivité des actes réglementaires

484- D'une manière générale, le principe de non-rétroactivité des actes réglementaires signifie que les règlements ne peuvent disposer que pour l'avenir. Plus particulièrement, en matière fiscale, ce principe signifie que « les dispositions nouvelles ne sont applicables que si leur mise en vigueur est antérieure au fait générateur des impositions concernées »[364].

---

[361] Y. BEN ACHOUR, ouvrage précité, p. 402, n° 576. Voir CE 26 octobre 1945, Aramu et autres, EDCE, 1947, n° 1, p. 48, concl. Odent.

[362] L'article 5 de la loi du 1er juin 1972 dispose : « Le recours pour excès de pouvoir vise à assurer conformément aux lois et règlements en vigueur, et aux principes généraux du droit, le respect de la légalité par les autorités administratives »

[363] Le Tribunal administratif a consacré les principes généraux du droit dans plusieurs de ses décisions. En ce qui concerne le respect du droit de la défense, voir : T. ad. 9 juillet 1980, req. n° 342, Y. Ghanem c/ ministre de l'enseignement supérieur, Rec. p. 206 ; T. ad. 26 mai 1982, req. n° 507, Mohamed Khimiri ; T. ad. 28 octobre 1985, A. Zaïdi c/ ministre de la défense nationale, Rec. p. 134. En ce qui concerne l'existence même sans texte du contrôle de légalité des actes administratifs par le REP, voir : T. Ad. du 15 juillet 1980, Soufi c/ CNRPS, Rec. 1980, p. 311.

[364] Philippe Thévenin, Le pouvoir réglementaire en matière fiscale, thèse précitée, p. 113.

485- En France, une jurisprudence abondante a consacré le principe de non-rétroactivité des actes administratifs[365]. La cour de cassation tunisienne, dans une décision qui date du 21 novembre 1978, a eu l'occasion d'affirmer ledit principe en précisant qu'il s'agit d'«un principe juridique unanimement admis par la doctrine et la jurisprudence »[366]. De même, le tribunal administratif admet que « lorsque l'administration applique rétroactivement un texte à caractère réglementaire, elle contrevient au principe de non rétroactivité des normes qui est considéré comme un principe général du droit...qui est rangé parmi les principes qui touchent l'ordre public et qui peut être soulevé à tout moment de la procédure, même pour la première fois en cassation... »[367].

486- En tant que principe général du droit, la non-rétroactivité des actes réglementaires n'est que la transposition en droit public du principe supérieur de non-rétroactivité des lois. Ce principe implique qu'en dehors d'une habilitation législative un règlement ne peut avoir de portée rétroactive. Il constitue une garantie fondamentale pour la sécurité juridique des contribuables et seule la loi peut y déroger. Il s'ensuit que le règlement d'application pourrait être de portée rétroactive si cela résulte effectivement de la volonté expresse du législateur.

487- A cet égard, le CE se montre strict et exige une « disposition formelle »[368] qui traduit la volonté du législateur de faire produire des effets rétroactifs à la loi et aux mesures d'application. De sa part, la chambre criminelle de la cour de cassation française a ainsi affirmé dans une décision du 10 novembre 1970 « qu'il est de principe que les textes réglementaires en matière économique ou fiscale ne rétroagissent pas à moins de dispositions contraires formellement exprimées »[369].

488- Il y a lieu de préciser que le législateur doit manifester son intention en des termes clairs, dépourvus de toute ambiguïté. Le CE a estimé, par exemple, que les termes ambigus de la loi du 13 août 1954 qui supprime une taxe ne permettaient pas au règlement d'application de

---

[365] V. Odent, Contentieux administratif, 1961-62, p. 937 ; Letourneur, Le principe de non-rétrocativité des actes administratifs, EDCE 1955, p. 37 ; Auby et Drago, Contentieux administratif, 2ème éd. T. II, p. 338 ; Dupeyroux, La règle de non-rétroactivité des actes administratif, LGDJ 1954. V. CE 25 juin 19848, Journal L'Aurore, GP 1948, II, 7, concl. Letourneur.

[366] Cass. Civile 21 novembre 1978, RJL, mai 1979, p. 88.

[367] Voir, T. Ad. 22 avril 1982, req. n° 130.

[368] CE 27 janvier 1947, « Sieurs de Rohan-Chabot et autres », Rec. Lebon, p. 34.

[369] Cass. Crim. 10 novembre 1970, D. 1971, p. 509, note J. Mozard, JCP 1971, II, 16714, note L.S.C.

lui donner une portée rétroactive[370]. Il en résulte qu'en dehors de l'hypothèse d'une habilitation législative expresse, clairement exprimée, le règlement ne peut avoir de portée rétroactive.

2) Le respect des droits de la défense

489- Le législateur tunisien n'a pas défini expressément le principe des droits de la défense. Le contenu de cette notion a été dégagé par la doctrine et la jurisprudence et il dépend, concrètement, « en large mesure, des circonstances litigieuses et procédurales ainsi que des situations des justiciables »[371]. Ainsi, selon une conception individualiste qui se base sur le sujet du principe, les droits de la défense sont définis comme étant les droits que possède toute personne pour se protéger de la menace que constitue pour elle un procès. A ce propos, Michel FRANCHIMONT considère que fait partie des droits de la défense « tout droit résultant d'une disposition de droit écrit, ou consacré par les principes généraux du droit pour toute partie, lui permettant de soutenir ou combattre librement une demande devant une juridiction »[372]. Par ailleurs, selon une conception objectiviste qui se fonde sur l'objet dudit principe « les droits de la défense sont principalement les règles visant à assurer un débat loyal et contradictoire permettant à chacune des parties de connaître les griefs et les arguments de son contradicteurs et de les combattre »[373].

490- Le principe du respect des droits de la défense est intimement lié à la matière pénale dans laquelle l'inégalité est flagrante entre d'une part un simple défendeur (le prévenu) et d'autre part, toute la puissance du ministère public[374]. C'est pour cette raison qu'il a acquis, en cette matière, une valeur constitutionnelle[375]. A cet égard, l'article 12 de la

---

[370] CE 15 mai 1961 « Sucrerie et distillerie de Longueil Saint Marie », Rec. Lebon, p. 316.

[371] Imen BEN AROUS, Le principe des droits de la défense devant les tribunaux tunisiens, Mémoire DEA, Faculté des sciences juridiques, politiques et sociales de Tunis, 2001-2002, p. 2.

[372] Michel FRANCHIMONT, Cours de procédure pénale, tome 2, Université de Liége, 1987, Dalloz, Presse universitaire de Liége, p. 567.

[373] Jean Pierre CHAUDET, Principes de la procédure administrative contentieuse, Paris, LGDJ 1967, p. 104.

[374] Roger PERROT, Institutions judiciaires, Les éditions Montchrestien 2000, p. 491-492.

[375] En matière pénale, la cour de cassation, dans un arrêt du 17 novembre 1981, a considéré que le principe des droits de la défense occupe une place prépondérante en tant que principe à valeur constitutionnelle. (Cass. Pén. N° 1256 du 17 février 1981).

constitution dispose que « tout prévenu est présumé innocent jusqu'à l'établissement de sa culpabilité à la suite d'une procédure lui offrant les garanties indispensables à sa défense ».

491- En vertu du principe de l'assimilation des sanctions fiscales aux sanctions pénales, et à l'instar du principe de la non-rétroactivité, il est tout à fait plausible d'étendre l'application du principe du respect des droits de la défense, ayant une valeur constitutionnelle, aux sanctions fiscales, qu'elles soient à caractère pénal ou même administratif[376]. Mais, si en matière pénale, le principe du respect des droits de la défense requiert une attention et un suivi minutieux par le juge, au niveau des autres matières, « eu égard à l'insuffisance d'une énonciation expresse dudit principe, la valeur du principe des droits de la défense va être une création jurisprudentielle »[377].

492- A cet égard, et en toute matière, la jurisprudence tunisienne veille toujours au respect du principe des droits de la défense et même si sa méconnaissance n'est pas invoquée par l'une des parties, elle doit être soulevée d'office par le juge en tant que matière qui touche l'ordre public. En effet, selon une jurisprudence constante du Tribunal administratif, le principe des droits de la défense est doté de la valeur d'un principe général de droit. A ce titre, dans un arrêt du 21 mars 1996, le tribunal administratif soutient que « le respect des droits de la défense constitue l'un des principes généraux du droit, pour lequel le juge prend le soin qu'il soit respecté par l'administration, même en l'absence d'un texte express »[378]. Plus récemment, dans un arrêt du Tribunal administratif du 8 février 2001, la haute juridiction a considéré que le principe des droits de la défense constitue un principe général de droit dont le respect s'impose au juge même en l'absence d'un texte[379]. De même, dans une autre affaire, jugée la même année, le Tribunal administratif déclare que le principe des droits de la défense est considéré selon une jurisprudence constante comme un principe général du droit dont le juge est tenu de prendre en considération[380].

---

[376] Cf. Bernard PLAGNET, Réflexion sur les pénalités fiscale, Mélanges en l'honneur de Habib AYADI, CPU 2000, p. 754 et s. L'application des principes généraux du droit pénal aux pénalités fiscales a été affirmée solennellement par le conseil constitutionnel dans sa décision du 30 décembre 1997 (CC 30 décembre 1997, n° 97-695 DC, RJF 2/1998, p. 116, n° 182.

[377] Imen BEN AROUS, mémoire précité, p. 33.

[378] T. Ad. Req. n° 3643, 21 mai 1996 Ligue tunisienne de la défense des droits de l'homme c./ ministre de l'intérieur.

[379] T. ad. Req. n° 14341 du 8 février 2001.

[380] T. Ad. Req. n° 15742 du 13 mars 2001.

3) Le respect du principe d'égalité devant l'impôt

494- Dans le cadre d'un Etat de droit, respectueux des exigences de la légalité fiscale, l'égalité devant l'impôt est une illustration dans le domaine fiscal du principe général d'égalité. Elle s'impose, à ce titre, comme un principe évident et nécessaire. « Elle n'est pas seulement une conséquence de la légalité de l'impôt. Elle constitue en soit un principe essentiel »[381].

495- Historiquement, le principe d'égalité devant l'impôt trouve son origine dans l'article 13 de la déclaration des droits de l'homme et du citoyen du 26 août 1789 qui prévoit une égale répartition de l'impôt entre les citoyens « en raison de leurs facultés ». La constitution tunisienne du 1er juin 1959 a consacré, quant à elle, le principe de l'égalité devant la loi (article 6 de la constitution).

496- En dépit des incertitudes qui entourent la distinction entre égalité devant l'impôt et égalité devant la loi, il importe de préciser que la définition jurisprudentielle du principe égalitaire est la même qu'il s'agisse du principe d'égalité devant l'impôt ou d'égalité devant la loi. Il s'ensuit que le principe d'égalité ne signifie pas l'identité du régime fiscal pour tous mais implique que tous les contribuables, ayant le même statut légal, doivent être soumis au même régime fiscal[382].

497- Cependant le Conseil d'Etat français se refuse à rattacher formellement le principe d'égalité devant l'impôt à la déclaration du 26 août 1789, lui conférant plus simplement la valeur d'un principe général de droit applicable même sans texte et qui s'impose à toute autorité administrative[383]. Le règlement d'application, en fixant les modalités d'application d'une loi, doit non seulement respecter la lettre du texte législatif mais aussi il est astreint au respect du principe d'égalité devant

---

[381] Jean Lamarque, Jurisclasseur des procédures fiscales, 1995, Fasc. 112, p. 3.

[382] Le principe d'égalité a fait l'objet d'une définition jurisprudentielle dans un arrêt du tribunal administratif n° 1404-1405 du 17 juillet 1989, Syndicat des ouvriers de la banque centrale c/ le gouverneur de la banque centrale.

[383] Cf. DELVOLVE, Le principe d'égalité devant les charges publiques, LGDJ, 1969, p. 3. Formulée dès les années trente (CE 23 novembre 1936, Sieur Abdouhoussen, Leb. P. 1015, S. 1937. 3.25, note M.L.), la solution a été confirmée après la libération en dépit du renvoi à la déclaration de 1789 résultant des dispositions du Préambule de la constitution du 27 octobre 1946 et du Préambule de la constitution du 4 octobre 1958 (CE Ass. 22 février 1974, Association des maires de France, Leb., p. 136, AJDA, 1974.269, note J. MOULIE). ; et plus récemment (CE Ass. 30 juin 1995, Gouvernement du Territoire de la Polynésie française, req. n° 162.329, cité et commenté par Xavier PRETOT, Le juge administratif et le principe d'égalité devant l'impôt, RFFP n° 53, 1996, p. 199 et s.)

l'impôt. Le contrôle de la légalité, exercé par le juge, constitue, selon Trotabas et Cotteret, « une heureuse revanche des atteintes au principe de l'égalité devant l'impôt »[384].

498- La doctrine, de sa part, insiste sur l'idée que le principe d'égalité devant l'impôt doit garder une force suffisante surtout au moment où le pouvoir réglementaire connaît un développement croissant, parallèlement à la dégradation du pouvoir législatif. Ce qui amène un auteur à poser l'interrogation suivante : « Le principe d'égalité devant l'impôt, qui s'impose aux autorités administratives, pourrait-il, dans cette situation, compenser, pour les contribuables, la sécurité que l'abandon progressif du principe de légalité de l'impôt leur aurait fait perdre ? »[385]. Dans le même sens, Durupty semble être plus affirmatif quant il constate que « la dégradation du principe de légalité de l'impôt, due notamment aux délégations législatives en matière fiscale au profit des autorités administratives, conduit naturellement le juge administratif à rechercher dans le principe général du droit, une compensation raisonnable susceptible d'atténuer la perte d'une garantie fondamentale »[386].

499- Il en est ainsi lorsque le CE français, dans le cadre du contrôle qu'il effectue sur la légalité des mesures d'application a bien sanctionné les atteintes portées par le règlement d'application au principe d'égalité des contribuables devant l'impôt. C'est ainsi que dans une affaire le CE a annulé le décret n° 71-1072 du 30 décembre 1971 parce qu'il a introduit une discrimination de tarif qui défavorise les établissements anciens par rapport à ceux qui sont nouvellement créés[387].

§2) L'insuffisance de la protection de la suprématie de la loi fiscale sur les actes réglementaires

502- La détermination par la constitution des deux domaines d'intervention de la loi et du règlement en matière fiscale est susceptible de rendre possible l'existence de conflits de compétence. D'où la nécessité de l'intervention d'une autorité juridictionnelle pour résoudre

---

[384] Louis Trotabas et Jean Cotteret, Droit fiscal, précité, n° 62, p. 84.
[385] Georges Morange, Le principe de l'égalité devant l'impôt, D. 1951, Chr. P. 104.
[386] DURUPTY, note sous CE 22 février 1974, Rec. Dalloz Sirey 1974.
[387] CE22 février 1974, « Association des maires de France », Rec. Lebon p. 136, note Duripty, D. 1974, p. 520, AJDA 1974, note Moulie, p. 269.

les problèmes relatifs à l'absence d'un bornage précis entre les deux domaines.

503- Il est à noter à ce propos que le pouvoir constituant n'a pas établi une protection équilibrée entre les domaines respectifs de la loi et du règlement. En effet, comme le remarque LECLERCQ, « si le pouvoir exécutif peut exiger, par diverses procédures, le respect de sa propre compétence, le Parlement ne le peut pas »[388].

504- Un tel traitement inégal favorise incontestablement le domaine réglementaire dans la mesure où le Président de la République peut protéger son propre domaine contre toute incursion de la loi alors que l'hypothèse inverse n'est pas toujours vérifiable. Cette inégalité au niveau des mécanismes de protection qui fait que la compétence réglementaire est très protégée, alors que la compétence législative l'est fort peu, pourrait être expliquée par « la prééminence du pouvoir exécutif par rapport à l'autorité législative »[389].

A/ La faible protection juridictionnelle du principe de la légalité de l'impôt

505- La sanction du respect de la hiérarchie des normes, en particulier de la suprématie de la loi sur les décisions prises par l'administration, est l'un des éléments déterminants de l'essence de l'Etat légal démocratique[390]. En effet, d'une manière générale, dans le domaine du droit administratif, le juge ayant eu de tout temps le souci de renforcer la sanction de l'obligation pour l'administration de se soumettre aux exigences de la loi et d'en assurer l'application. Cependant, le contrôle de la légalité des actes administratifs demeure en Tunisie soumis à plusieurs limitations.

---

388 LECLERCQ C., Droit constitutionnel et institutions politiques, Litec, Paris 8ème éd., 1992, p. 572.
389 LECLERCQ C., ouvrage précité, p. 572.
390 J.-M. BRETON, article précité, p.203.

1) Les limites du contrôle de la légalité des décrets à caractère réglementaire

506- Selon la doctrine et la jurisprudence, la différence entre les décrets à caractère réglementaires et les décrets non réglementaires paraît résider essentiellement au niveau de leur objet. En effet « les décrets réglementaires se présentent, du point de vue de leur contenu, comme une réglementation qui émane d'une autorité administrative afin d'instituer des mesures générales, abstraites et continues, qui constituent traditionnellement la source des décisions individuelles ou collectives qui se distinguent par leur caractère personnel et s'épuisent par leur exécution »[391].

507- S'il est vrai que les décrets à caractère réglementaire sont soumis à l'avis consultatif du Tribunal administratif préalablement à leur édiction par le Président de la République, conformément à l'article 4 de la loi du 1er juin 1972, il est vrai, également, que cette consultation obligatoire ne constitue pas une garantie suffisante contre les empiétements du pouvoir exécutif sur le domaine de la loi. Or, il est incontestablement admis que la voie légale et la plus sûre pour assurer une protection maximale contre tout risque de dérapage de la part du pouvoir réglementaire est le recours pour excès de pouvoir (REP).

508- L'article 5 de la loi du 1er juin 1972 définit le REP par sa vocation à assurer le respect de la légalité par les autorités administratives. Cependant, jusqu'à l'intervention de la loi du 4 février 2002, le droit tunisien était marqué par le principe de l'immunité des décrets à caractère réglementaire contre le recours pour excès de pouvoir. Cette immunité avait trouvé son fondement dans l'article 3 de la loi n° 72-40 du 1er juin 1972 qui avait soustrait, explicitement, de la compétence du juge administratif, le contrôle de la légalité des décrets à caractère réglementaire[392].

---

[391] T. Ad. du 26 avril 1982, req. n° 376, Mohamed Ben Louna c/ le Premier ministre (notre traduction).

[392] La version initiale de l'article 3 de la loi n° 72-40 du 1er juin 1972, relative au tribunal administratif, est rédigée comme suit : « Le Tribunal administratif est compétent pour statuer en première et dernière ressort sur les recours en annulation pour excès de pouvoir formé contre tous les actes des autorités administratives centrales et régionales, des collectivités publiques locales et des établissements publics à caractère administratif.

Toutefois, ne sont pas susceptibles de recours pour excès de pouvoir les décrets à caractère réglementaire ».

Il faut, cependant, noter qu'une consultation obligatoire du tribunal administratif, relative aux projets de ces décrets est consacrée par l'article 4 de la loi n° 72-40 du 1er

a- La consécration du principe de l'immunité des décrets à caractère réglementaire

509- Malgré les diverses justifications avancées pour justifier le principe de l'immunité des décrets à caractère réglementaire, ce principe a fait l'objet de sévères critiques par la doctrine.

510- Plusieurs tentatives de justifications ont été esquissées par les spécialistes en droit public[393]. Mais d'une façon générale, la doctrine avance deux explications majeures pour justifier cette immunisation des décrets à caractère réglementaire contre le recours pour excès de pouvoir[394].

511- La première justification, qui est d'ordre juridique, trouve son origine dans les travaux préparatoires de la loi du 1er juin 1972 relative au tribunal administratif. En effet, lors de la présentation du projet de ladite loi, le secrétaire général du gouvernement a avancé que, du point de vue matériel, la distinction entre la loi et le décret réglementaire est inexistante vu leur généralité, leur impersonnalité et leur caractère abstrait. A l'instar de la loi, le législateur a essayé de réserver aux décrets réglementaires un régime particulier. Néanmoins, s'il est vrai que « rien ne distingue la loi du décret réglementaire, rien non plus ne la distingue de l'arrêté réglementaire, pourquoi donc s'arrêter au décret ? L'arrêté est également un acte impersonnel et permanent[395]. L'immunité peut être considérée, selon cette première justification, comme un traitement favorable accordé à la norme suprême au sein du pouvoir normatif de l'exécutif.

512- La seconde justification est relative à la nature même du décret à caractère réglementaire. Elle se ramène au fait que ces actes émanent « d'une autorité élue au suffrage universel, susceptible, comme les lois, d'exprimer la volonté générale »[396]. Toutefois, cette justification a été

---

juin 1972. Toutefois, il importe de signaler que si ces demandes de consultation par le gouvernement sont obligatoires, l'avis donné par le Tribunal administratif ne l'est pas.

[393] M. LADHARI pense que l'immunité reflète « une survivance monarchique » alors que M. MESTRE prétend que l'immunité juridictionnelle n'est qu'une survivance de 'l'extension de la théorie des actes de gouvernements. Voir LAKHDHAR L., Le droit à la légalité administrative, colloque sur les justifications administratives et les droits fondamentaux, 24-25 avril 1992, Faculté de droit de Sfax, p. 7 et s.

[394] Voir : Mestre A., La loi du 1er juin 1972 relative au Tribunal administratif, RTD 1974, p. 123 et s. ; LADHARI M., Le Tribunal administratif de la République tunisienne, RTD 1974, p. 159 et s. ; BEN HAMMED M-R., Le pouvoir exécutif dans les pays du Maghreb, Thèse CERP, Tunis 1995, p.187 et s.

[395] BEN ACHOUR Y., Droit administratif, p. 120.

[396] CHAPUS R., Le contrôle et le contentieux de l'administration en Tunisie, Cahiers de l'ENA, Tunis, 1968, p. 129.

vigoureusement critiqué par M. LADHARI qui avance que « le mode de désignation d'une autorité est sans influence sur ses attributions : l'élection des autorités des collectivités locales n'empêche pas la soumission de leurs actes à la censure du juge »[397]. En plus, bien que le Président de la République soit le détenteur du pouvoir réglementaire, il est toujours en mesure de le déléguer au premier ministre. Dans cette hypothèse, comment peut-on justifier l'immunité au profit des actes pris non pas par une autorité élue, mais par une autorité nommée ?

513- D'une manière générale, et peu importe la justification réelle de cette prohibition, la limitation des compétences du tribunal administratif pourrait être rattachée à la nature du régime politique tunisien. En effet, comme le souligne Mr BEN HAMMED, « le chef de l'Etat avec ses pouvoirs illimités ne peut s'accommoder d'un contrôle contentieux susceptible de freiner sa liberté de mouvement dans l'édiction de ses actes normatifs »[398].

514- Quelle que soit la nature des justifications avancées, elles ne s'avèrent pas totalement convaincantes pour légitimer l'existence de cette immunisation juridictionnelle des décrets à caractère réglementaire. En ce sens M. LADAHARI précise que « le recours pour excès de pouvoir a pour fonction d'assurer le respect de la légalité (...) au point de vue de la protection qu'offre le recours aux droits des particuliers, son exclusion pour les décrets réglementaires est à tous égards peu défendable »[399]. Bien au contraire, les administrativistes ne manquaient pas de rappeler que « l'exclusion des décrets à caractère réglementaire du champ d'exercice du recours pour excès de pouvoir engendre des conséquences graves pour le plaideur »[400].

515- En effet, en matière fiscale comme dans toute autre matière, la consécration de ce principe permet, d'une part à tout décret dont la légalité est douteuse de bénéficier de l'immunité, et d'autre part, il permet à l'exécutif d'enfreindre le domaine de la loi sachant qu'il n'est soumis à aucun contrôle[401]. Il en résulte, que dans le domaine fiscal, la règle de l'immunité des décrets réglementaires a inéluctablement pour effet de limiter la portée du principe de la légalité de l'impôt. Sachant

---

[397] LADHARI M., Le tribunal administratif de la république tunisienne, article précité, p. 191.

[398] Mohamed Ridha Ben Hammed, Le pouvoir exécutif dans les pays du Maghreb (Etude comparative), thèse juin 1983, Faculté de droit et des sciences politiques de Tunis, p. 189.

[399] LADHARI M., Le décret réglementaire en Tunisie : quelques aspects à la lumière du droit comparé, RJPIC 1980, n° 2, p. 593-594.

[400] BEN SALAH H., La justice administrative au Maghreb, p. 293-294.

[401] M'DHAFFAR Z., Le domaine de la loi en Tunisie, article précité, p. 24.

que certainement la loi fiscale exige le plus souvent des mesures d'application. Or le décret réglementaire, en appliquant la loi, risque d'introduire de nouveaux principes ou il peut même heurter l'esprit du texte législatif. Dans ces conditions, le contenu du décret réglementaire s'octroie une certaine légalité par le fait de l'immunité. Il s'ensuit que le contribuable se trouve désarmé face à un décret réglementaire illégal.

b- L'abrogation partielle de la règle de l'immunité

519- Afin de concrétiser une proposition présidentielle visant à consolider davantage l'Etat de droit en Tunisie, il a été voté la loi organique n° 2002-11 du 4 février 2002 qui a modifié et complété la loi n° 72-40 du 4 février 1972 relative au Tribunal administratif. L'article 3 nouveau introduit par cette loi dispose que, désormais, « le tribunal administratif est compétent pour statuer sur les recours pour excès de pouvoir tendant à l'annulation des actes pris en matière administrative ». La nouvelle version de l'article 3 consacre un élargissement incontestable du champ de compétence du Tribunal administratif en matière de recours pour excès de pouvoir. Désormais ces recours ne sont pas formulés exclusivement contre des catégories d'actes administratifs limitativement énumérés par l'article 3 (ancien), ils sont ouverts plutôt à l'égard de tous « les actes pris en matière administrative ». Par cette innovation les décrets à caractère réglementaire ne sont plus immunisés contre le recours pour excès de pouvoir.

520- Toutefois, la modification introduite par la loi organique du 4 février 2002 n'a pas totalement aligné les décrets réglementaires sur le reste des actes administratifs. Le législateur a plutôt accordé aux décrets réglementaires un régime contentieux plus complexe et plus difficile à mettre en œuvre, comme si l'on acceptait mal la renonciation au privilège de l'immunité juridictionnelle. En ce sens l'article 19 nouveau de la loi n° 72-40 prévoyait que « les recours pour excès de pouvoir concernant les décrets à caractère réglementaire qui modifient les textes législatifs antérieurs et qui sont pris sur avis conforme du Tribunal administratif[402] ne peuvent être fondés sur le vice d'incompétence tiré de la méconnaissance du domaine de la loi ».

---

[402] Afin d'harmoniser ce texte avec le texte de la constitution, tel qu'il est modifié par la révision du 1er juin 2002, cette expression est modifiée par la loi n° 2002-98 du 25 novembre 2002, modifiant la loi n° 72-40 du 1er juin 1972 relative au Tribunal administratif, par l'expression « sur avis du conseil constitutionnel conformément aux dispositions de l'article 35 de la constitution »

521- En outre, contrairement à la règle générale, consacrée par l'article 35 de la loi n° 72-40, qui prévoit la dispense du ministère d'avocat dans le cadre des recours pour excès de pouvoir, la loi du 4 février 2002, en introduisant un dernier alinéa à l'article 35, a exigé que « les recours pour excès de pouvoir concernant les décrets à caractère réglementaire sont présentés par l'intermédiaire d'un avocat à la cour de cassation ». L'existence de telles dispositions rend la portée de l'abrogation de la règle de l'immunité assez limitée, puisque dans cette hypothèse, d'une part, une catégorie de décrets à caractère réglementaire demeure toujours immunisée contre le recours pour excès de pouvoir, et d'autre part, l'action intentée contre les autres catégories de décrets à caractère réglementaire est plus accablante.

2) Le Juge fiscal et le contrôle de la légalité des actes administratifs

522- Le juge fiscal est, en dernière instance, le rempart de la légalité. Il est invité à apprécier la légalité des actes administratifs, servant de base au régime d'imposition du contribuable, très souvent à l'occasion d'un contrôle indirect de la légalité dans le cadre du recours contentieux de pleine juridiction, et assez rarement et difficilement, à l'occasion d'un contrôle direct de la légalité, dans le cadre d'un recours pour excès de pouvoir.

a- le contrôle indirect de la légalité des actes réglementaires dans le cadre du contentieux de pleine juridiction

523- Devant le juge de l'impôt, le contribuable dispose de l'action en réduction ou en décharge qui lui permet d'obtenir l'annulation de la décision individuelle d'imposition. A cette occasion, le juge de l'impôt peut se prononcer sur tous les aspects de la légalité d'une imposition, aussi bien sur la légalité de l'acte d'imposition lui-même que sur la légalité du texte réglementaire qui lui sert de base juridique. De ce fait, le contribuable peut contester l'imposition supplémentaire en se fondant sur l'illégalité dudit acte réglementaire.

524- En effet, la jurisprudence française a toujours admis que le juge de l'impôt, qu'il appartienne à l'ordre judiciaire ou à l'ordre administratif, avait la faculté d'apprécier, dans les litiges d'impôts qui relèvent de sa compétence, la légalité des décrets fiscaux. En particulier pour le juge judiciaire de l'impôt, Il n'y a pas question préjudicielle : il peut écarter, le cas échéant l'acte réglementaire dont la régularité lui paraît douteuse[403].

525- Ainsi, les recours intentés par le contribuable dans le cadre du contentieux d'imposition permettent au juge de l'impôt qui en est saisi d'apprécier non seulement la légalité des actes d'exécution qui lui sont soumis, mais aussi la légalité des actes réglementaires d'établissement qui lui servent de base. Le juge fiscal a, lorsque le recours est porté devant lui, non seulement le pouvoir d'empêcher l'accomplissement des actes d'exécution illégaux, mais aussi celui d'apprécier la légalité des actes d'établissement de l'impôt, non sans doute pour les annuler, mais pour en empêcher individuellement l'exécution.

526- L'existence de ce recours spécial permettant d'empêcher l'application des actes réglementaires illégaux a amené la doctrine et la jurisprudence à se demander « si l'existence de ce contentieux ne suffit pas à assurer la garantie du contribuable...si l'on va permettre au particulier d'intenter, en outre de ces recours, le recours pour excès de pouvoir »[404].

b- Le contrôle direct de la légalité des actes réglementaires dans le cadre du recours pour excès de pouvoir

527- D'une manière générale, le recours pour excès de pouvoir permet au requérant de soulever devant le juge la question de la légalité d'un acte administratif et la violation par cet acte d'une règle de droit impersonnelle et générale. Il est considéré comme étant le procès fait à un acte, en ayant pour objet direct et exclusif la régularité des règlements au regard de la hiérarchie des normes. Il a pour effet, en cas d'irrégularité, de conduire à l'annulation *erga omnes* du texte incriminé, le faisant disparaître non seulement au profit du requérant mais aussi de tous les citoyens. Pour ces multiples raisons, ce recours a été doté d'un « régime juridique de faveur »[405].

---

403 Il semble que ce soit un arrêt des chambres réunies de la cour de cassation du 24 mars 1847 qui ait établi ce principe : D. 1847, 1, 145. Voir 2 arrêts de la cour de cassation du 26 février 1950, RSLF 1952, p. 463, chr. CHRETIEN. La cour de cassation ne manque jamais de rappeler cette solution, il en est ainsi dans un arrêt du 31 janvier 1956, RSLF 1957, p. 328, chr. CHRETIEN. (Concernant la légalité de certaines dispositions de l'article 1559 du code des impôts). La cour a censuré le jugement d'un tribunal civil qui s'était déclaré incompétent pour apprécier la légalité de textes réglementaires.

404 André De LAUBADERE, Le recours pour excès de pouvoir et le contentieux de l'imposition, RSF 1936, p. 532.

405 André De Laubadère, Jean-Laude Vénézia et Yves Gaudemet « Traité de droit administratif », Tome 1, 13ème édition, 1994, p. 461. C'est un recours simple car soumis

528- En France, la recevabilité du recours pour excès de pouvoir en matière fiscale a vu ses conditions peu à peu assouplies par le juge administratif[406]. Initialement, le Conseil d'Etat avait appliqué la théorie purement procédurale de l'exception du recours parallèle, qui interdisait par son application le REP en privilégiant le recours de pleine juridiction. Par cette théorie, la Haute Juridiction avait considéré « qu'il appartenait au juge chargé de contrôler le bien-fondé et le montant des impositions individuelles, de se prononcer sur tous les aspects de l'acte d'imposition, aussi bien lorsque son illégalité provenait de celle d'un acte réglementaire lui servant de base »[407]. Ce n'est qu'en 1913 que le Conseil d'Etat avait admis que le recours pour excès de pouvoir pouvait être exercé de manière concurrente avec le recours de plein contentieux[408].

529- L'évolution générale de la jurisprudence du Conseil d'Etat a été orientée dans le sens d'un recul du recours parallèle au profit de l'élargissement des possibilités du recours pour excès de pouvoir[409]. Néanmoins, l'élargissement de cette possibilité restait limité en matière fiscale. Dans ce domaine, par contre, l'exception d'un recours parallèle tendait « en fait à devenir le principe »[410]. Toutefois, le recours pour excès de pouvoir demeure recevable dans les domaines dans lesquels la compétence de loi n'est pas exclusive du pouvoir réglementaire. Etant convaincu que seul un recours pour excès de pouvoir permet d'aboutir à une annulation erga omnes, le Conseil d'Etat décida de modifier sa jurisprudence et admit, dans l'arrêt BREIL du 28 février 1910[411], que la faculté pour les contribuables, lorsqu'ils ont été individuellement imposés, de soulever l'exception d'illégalité devant le juge de l'impôt ne faisant pas obstacle à ce qu'ils déférent au juge administratif le règlement fiscal illégal afin d'en faire prononcer l'annulation pour excès de pouvoir. Cette jurisprudence fut, depuis, constamment confirmée[412].

à peu de formalisme. Il a bénéficié de ce régime afin d'être commode et peu coûteux ; il est dispensé du ministère d'avocat.

406 Sur l'évolution de la jurisprudence française à l'égard de l'admission du recours pour excès de pouvoir en matière fiscale, cf. André De LAUBADERE, Le recours pour excès de pouvoir et le contentieux de l'imposition, RSF 1936, p. 531 et s.

407 Gilles Noel « La réclamation préalable devant le service des impôts », p. 220.

408 Notamment par deux arrêts : CE 28 février 1913, Breil, Leb. P. 289 et s. 1918-1919, III , 37 ; CE 27 juin 1913, Cabanis, Leb. P. 773.

409 André De Laubadère, Jean-Caude Vénézia et Yves Gaudemet « Traité de droit administratif », p. 462.

410 Daniel Giltard « Le recours pour excès de pouvoir en matière fiscale ; Dr. Fisc. 1982, p. 759 et s.

411 CE 28 février 1913, BREIL, S. 1918-1919, 3, 37.

412 Voir, à titre d'exemple, CE 16 mai 1930, SAUTEL, Rec. 519 ; CE 21 MARS 1969, Société HAUSSER, AJDA 1969, p. 498, note LAMARQUE et p. 622, note DRAGO.

530- En Tunisie, le Tribunal administratif avait manifesté, dans un premier temps, dans une série d'arrêts, une attitude négative à l'égard du recours pour excès de pouvoir contre les actes réglementaires en matière fiscal[413] ; mis à part, éventuellement, les actes administratifs qui sont manifestement détachables de l'opération d'imposition[414]. Plus particulièrement le juge administratif a refusé de contrôler, par la voie du REP, la légalité des décisions ministérielles relatives au refus d'agrément[415]. Or l'agrément administratif est un acte administratif unilatéral qui est indépendant de l'opération d'imposition. Il a seulement pour effet de modifier ou de supprimer le fait générateur de l'impôt. De ce fait, la décision ministérielle de refus d'agrément est indiscutablement une décision administrative qui a modifié les effets d'une autre décision, en l'occurrence, l'agrément.

531- La position du juge tunisien en matière de contrôle de l'action économique tunisienne, s'est démarquée, en ce sens, de l'évolution de la jurisprudence française. C'est la raison pour laquelle elle a été l'objet d'une critique sévère de la part de la doctrine. Selon le Professeur H. AYADI, « en refusant d'annuler la décision qui lui a été déférée alors que toutes les conditions pour l'annulation étaient réunies, le juge a manqué une occasion pour développer son contrôle dans ce domaine, pourtant en l'espèce les faits étaient très simples et la solution évidente »[416]. Le même auteur, commentant la décision du Tribunal administratif

---

[413] Cf. nos développements au sein du chapitre I du Titre I de la deuxième partie, p. 257 et s..

[414] Voir, à titre d'exemple : T. Ad., 2ème chambre, 27 juin 1978, n° 209, Med Hédi BENOUNI c. / Directeur des Douanes. Dans cet arrêt, le tribunal administratif reconnaît sans équivoque, en dépit des conclusions contraires du commissaire d'Etat, sa compétence quant au recours introduit par un requérant contre la décision de l'administration des douanes mettant en vente sa voiture. Cependant, il semble que la solution consacrée par cet arrêt est isolée et n'a pas fait l'objet de confirmation dans des décisions ultérieures. Ainsi, dans deux arrêts relativement récents, le juge administratif a rattaché tous les litiges qui sont nés des obligations douanières à la compétence exclusive des tribunaux judiciaires, en vertu des articles 227 et 228 du code des douanes, sans se prononcer sur le caractère détachable ou non de l'acte attaqué, et se déclare par conséquent incompétent à se prononcer sur la légalité de ces actes par voie de REP. Voir : T. Ad 4 mars 1998, n° 14514, Noureddine DEMERGI C./ Ministre des finances. Dans le même sens : T. Ad. 9 juin 1998, n° 15920, Med Ezzine BEN SOBHI ESSAMAALI c./ Ministre des finances.

[415] Selon la doctrine, l'agrément est une décision administrative qui présente toutes les caractéristiques d'une décision unilatérale. Il se rattache à la notion de puissance publique par un double liens : il est un acte administratif unilatéral, en outre, l'auteur de la décision d'agrément dispose d'un large pouvoir d'appréciation. Cf. GEORGEL, L'agrément administratif, AJDA 1962, p. 469 ; DEMICHEL, Le contrôle de l'Etat sur les organismes privés, LGDJ, 1960 ; TOURNIE, Les agréments fiscaux.

[416] H. AYADI, Note sous T. Ad. Chambre des affaires financières, affaires n° 204- arrêt n° 629, du 5 décembre 1978, RTD 1980, p. 549.

du 5 décembre 1978, conclut : « Ainsi à divers titre la décision du Tribunal administratif est critiquable. La requête de la Société Tunisienne des Produits Alimentaires aurait du être déclarée recevable car le juge de l'excès de pouvoir est le mieux placé pour interpréter et apprécier la légalité d'un acte administratif à caractère individuel»[417].

532- Cependant, dans un train de mesures, déclenchées à partir de 1997, la haute juridiction semble assouplir sa position et a finalement acceptée d'admettre sa compétence, en matière de REP, au titre de certaines décisions administratives. Plus particulièrement, le Tribunal administratif a accepté de contrôler la légalité d'une décision ministérielle qui a refusé l'octroi d'avantages fiscaux au profit d'un contribuable. Il s'agit de la décision du ministre des finances du 10 novembre 1995 qui s'est basé sur une circulaire administrative illégale, ayant déjà fait l'objet d'annulation par la même juridiction[418]. Le Tribunal a alors manifesté un comportement conséquent puisqu'il n'a pas hésité à prononcer l'annulation de ladite décision prise sur la base d'une circulaire réglementaire illégale[419].

B/ La carence du contrôle de la constitutionnalité des lois fiscales

533- Malgré les multiples justifications qui militent en faveur de l'instauration d'un contrôle strict de la constitutionnalité de la loi fiscale, ce dernier est encore défaillant en Tunisie. En effet, la mise en place d'un conseil constitutionnelle, depuis 1987, et les successives réformes qui ont touché cet organisme n'ont pas abouti à insérer les lois fiscales dans le champ de compétence obligatoire de ce conseil. Il en résulte nécessairement une carence du contrôle de la constitutionnalité des lois fiscales, préjudiciable, bien évidemment, au principe de la légalité de l'impôt qui jouissait, en Tunisie, comme en droit comparé, d'une valeur constitutionnelle s'imposant sur les normes législatives.

534- Or, la seule précaution à prendre en ce sens, pour que le législateur ne légifère pas en deçà de sa compétence, est de soumettre sa production normative, à l'appréciation souveraine de l'autorité du contrôle de la constitutionnalité qui est la gardienne de la constitution, et qui est sensée joué un rôle primordiale pour faire prévaloir la constitution ainsi que l'ensemble des principes à valeur constitutionnelle, au titre desquels figure bien entendu le principe de la légalité de l'impôt.

---

[417] H. AYADI, note précitée, p. 556.
[418] Cf. T. Ad. 15 juillet 1998, n° 15424, Héla CHERIF c./ Ministre des finances.
[419] Cf. T. Ad. 15 juillet 1998, n° 15299, Héla CHERIF c./ Ministre des finances.

1) La justification de la nécessité d'un contrôle de la constitutionnalité de la norme fiscale

535- La nécessité d'instaurer un contrôle de constitutionnalité de la norme fiscale, trouve sa justification, d'une part, dans la soumission de la norme fiscale aux normes constitutionnelles ; et d'autre part, dans l'importance, en droit comparé, de l'œuvre jurisprudentielle constitutionnelle dans le domaine fiscale.

a- La soumission de la norme fiscale aux normes constitutionnelles

536- Si la compétence de créer des normes fiscales, à titre initial, est essentiellement attribué par le pouvoir constituant au législateur, ce dernier est loin de disposer d'une totale liberté d'action. Les auteurs constatent que de plus en plus les constitutions adoptent des normes fiscales qui s'imposent à leur tour à l'ensemble des pouvoirs constitués, et ce, y compris le pouvoir législatif lui-même[420].

537- Par ailleurs, la constitution ne se présente plus comme une simple source qui renferme les principes de base du droit fiscal. Ce dernier peut aujourd'hui revendiquer une part de ses règles matérielles dans le texte suprême. Comme le note, pertinemment, le professeur N. BACCOUCHE « désormais, la constitution englobe des règles faisant partie du droit fiscal et elle devient alors la source suprême de cette branche de droit »[421].

538- La multiplicité des normes constitutionnelles relatives à l'impôt s'explique, selon le même auteur, à la fois par l'ampleur des prélèvements fiscaux et par la nécessité ressentie, notamment dans les régimes démocratiques, d'organiser le pouvoir fiscal en le soumettant à des règles rigoureuses pour sécuriser le contribuable[422]. A cet égard, cette constitutionnalisation ne peut que consolider le principe de la légalité de l'impôt, mais encore faut-il que le système constitutionnel en question consacre un contrôle efficace de la constitutionnalité des lois fiscales. En effet, l'existence de règles constitutionnelles en matière fiscale ainsi que de principes ayant une valeur constitutionnelle pose inévitablement la question de la conformité de la norme fiscale avec les

---

[420] Sur le phénomène de la **constitutionnalisation** du droit fiscal, cf. N. BACCOUCHE « Constitution et droit fiscal », article précité, p. 42-45-47.
[421] N. BACCOUCHE, article précité, p. 46.
[422] IBIDEM, p. 48

règles et principes constitutionnels qui, par définition, ont en Tunisie, dotée d'une constitution rigide, une valeur juridique supérieure au reste des lois et règlements.

539- Cette délimitation du domaine de la loi et du règlement par la constitution, tel le cas de la constitution tunisienne en vertu de ses articles 34 et 35, a bien constitué, en droit comparé, un terrain favorable au développement du contrôle de la constitutionnalité des lois en raison des incursions possibles de l'exécutif dans le domaine de la loi, ou inversement celle du législatif dans le domaine du règlement autonome. A cet égard, le conseil constitutionnel français a élaboré une jurisprudence abondante sur le partage des compétences du Parlement et de l'exécutif en matière fiscale[423].

540- Mais il est à noter que si le droit fiscal se constitutionnalise, à l'instar des autres disciplines juridiques, « le degré de cette constitutionnalisation est fonction du rôle joué par le juge dans sa mission de faire respecter les règles constitutionnelles »[424].

b- L'importance de l'œuvre jurisprudentielle constitutionnelle en matière fiscale en droit comparé

541- En droit comparé, la jurisprudence constitutionnelle en matière financière est, à la fois, particulièrement importante et très abondante, car, comme le constate Loïc PHILIP, les finances publiques ont été l'une des premières disciplines frappées par le phénomène de la constitutionnalisation du droit qui s'est manifesté au cours des dernières décennies. En effet, en France le premier contrôle de constitutionnalité d'une loi (non organique) a porté sur une loi de finances[425]. Plus particulièrement, les censures de dispositions fiscales se sont accrues au cours des dernières années[426].

542- Cette jurisprudence constitutionnelle en matière fiscale demeure toujours abondante, notamment en raison, d'une part, du contrôle quasi systématique de la constitutionnalité des lois de finances. En effet, depuis 1973, c'est le cas pour toutes les lois de finances initiales. Seules les lois de finances pour 1989 et 1993 n'ont pas fait l'objet d'une saisine. Depuis, 1981, la plupart des lois de finances rectificatives sont soumises

---

[423] S. CAPORAL, Droit constitutionnel fiscal, Jurisclasseur Administratif, Fasc. 1464.
[424] N. BACCOUCHE, article précité, p. 87.
[425] Loïc PHILIP, Les fondements constitutionnels des finances publiques; Editions Economica 1995, p.5 et 6.
[426] Cf. Loïc PHILIP, L'évolution récente de la jurisprudence constitutionnelle en matière fiscale; Revue de Droit Fiscal, n' 23, 1998, p.730.

au contrôle de constitutionnalité. Il en est ainsi, bien que moins régulièrement, des lois de règlement ; d'autre part, du fait que ce sont les dispositions fiscales qui sont le plus fréquemment contestées au regard de leur conformité aux normes de valeur constitutionnelle.

543- A ce propos, la jurisprudence fiscale constitutionnelle évolue dans le sens d'une protection renforcée des droits du contribuable, même si elle s'efforce aussi de prendre en compte les exigences du contrôle fiscal et les nécessités de la lutte contre la fraude fiscale[427]. Afin d'étendre son contrôle sur le respect de ces impératifs par le législateur, le conseil constitutionnel français utilise des normes de références de plus en plus diversifiées. « A côté des principes tirés de la constitution de 1958, du Préambule de 1946, de la déclaration de 1789 ou des dispositions de l'ordonnance organique de 1959 relative aux lois de finances, il s'appuie sur les notions d'exigences constitutionnelles ou sur les objectifs de valeur constitutionnelle, soit pour sauvegarder les droits du contribuable, soit pour préserver les prérogatives de l'administration fiscale »[428].

544- C'est grâce à cette diversité des normes de références qu'il a pu étendre la portée du principe du respect des droits de la défense, élargir sa jurisprudence en matière de rétroactivité et imposer autant de limites au législateur et à l'administration dans l'exercice du pouvoir fiscal. Cela a été le cas aussi bien en matière de perquisition fiscale, de respect des droits de la défense, que de sanctions fiscales.

547- Par ailleurs, la jurisprudence constitutionnelle en matière fiscale influence de plus en plus l'administration chargée de préparer les textes qui sont soumis par le Gouvernement au Parlement. De même, les parlementaires, en se référant à la jurisprudence constitutionnelle, sont de plus en plus incités à amender les textes présentés par le Gouvernement dans un sens généralement plus favorable à la protection des intérêts des contribuables. Par ce mécanisme d'autocensure, la législation fiscale se trouve ainsi fortement influencée par l'émergence des principes constitutionnels, au premier rang desquels figure, bien entendu, le principe de la légalité de l'impôt.

---

427 Loïc PHILIP, article précité, p.733.

428 Pour des illustrations, cf. Loïc PHILIP, article précité, p. 730 et s.

2) La défaillance du contrôle de la constitutionnalité de la loi fiscale en Tunisie

548- En France le Conseil Constitutionnel a toujours soutenu l'action du Parlement aux dépens de l'administration fiscale et du gouvernement et a également limité le mouvement de la dégradation de la législation fiscale[429].

549- En Tunisie, en dépit des révisons constitutionnelles successives, notamment celles qui ont consolidées le statut du Conseil Constitutionnel, il n'a pas été procédé, à l'instar de l'expérience française, à ranger les lois fiscales et les lois de finances parmi les matières qui sont soumises à un examen obligatoire par ledit Conseil Constitutionnel. En effet, les matières fiscales, dont la compétence est attribuée à la loi par l'article 34 alinéa 7 de la constitution ainsi que les projets de loi de finances visés par son article 36, ne figurent pas parmi les matières énumérées par l'article 72 de la constitution et pour lesquelles le Président de la République est obligatoirement tenu de saisir le Conseil Constitutionnel afin d'émettre un avis consultatif quant à leur conformité ou leur compatibilité avec la constitution.

550- L'auteur d'une récente thèse s'est récemment protesté contre cette curieuse exclusion en notant que « le pouvoir constituant dérivé a écarté d'une manière délibérée les textes fiscaux du domaine de compétence du Conseil Constitutionnel alors même que ce Conseil ne constitue pas, de par son statut ou ses attributions, un contre pouvoir capable de censurer des projets présidentiels ». Le même auteur ajoute : « Pourtant, s'il y a un domaine qui doit être contrôlé par le Conseil Constitutionnel, il ne peut être que celui des impositions surtout que le pouvoir réglementaire a connu, avec les révisions successives de la constitution, une extension manifeste »[430].

551- Curieusement, l'énumération figurant à l'article 72 reprend, grosso modo, les domaines arrêtés par l'article 34 de la constitution, à l'exception notamment des lois fiscales et des lois de finances. A notre

---

[429] Dans une décision en date du 10 juillet 1985, le conseil constitutionnel français a censuré une disposition fiscale au motif qu'elle était trop imprécise voire susceptible d'être interprétée de deux manières différentes. Cité par Loïc PHILIP « Droit fiscal constitutionnel », précité, p. 79.

[430] Oualid GADHOUM, La doctrine administrative fiscale en Tunisie, Thèse, Faculté de droit de Sfax 2002-2003, p. 233.

avis cette dernière exclusion ne repose sur aucun fondement logique. Elle a été, à juste titre, vivement critiquée par la doctrine[431].

552- Néanmoins, il faut reconnaître que la matière fiscale n'est pas définitivement exclue de cette saisine obligatoire du Conseil Constitutionnel. En effet, si les textes fiscaux pris en application de l'alinéa 7 de l'article 34 ne figurent pas expressément parmi les matière soumises à l'examen obligatoire de leur conformité à la constitution, il est toujours possible que les autres matières visées par l'article 72 renferment, à titre incident, des dispositions de nature fiscale. Il en est ainsi des projets de lois organiques, des projets de lois relatives à la détermination des crimes et délits et aux peines qui leur sont applicables, à la procédure devant les différents ordres de juridictions ainsi qu'à l'amnistie. C'est précisément sur la base de ces dernières matières que le Président de la République avait soumis au Conseil Constitutionnel certaines lois fiscales, telles que le projet du code de la fiscalité locale et le projet du code des droits et des procédures fiscaux.

553- Par ailleurs, rien n'interdit au Président de la République de soumettre à l'avis du conseil constitutionnel les lois de finances ainsi que les lois fiscales relevant de l'alinéa 7 de l'article 34 de la constitution. En effet, pour toutes les matières qui ne sont pas expressément énumérées par l'article 72, la saisine du conseil constitutionnelle semble être purement facultative. Le Président de la République dispose en ce domaine d'une compétence discrétionnaire. En effet, depuis 2004 le Président de la République a choisi d'user de cette prérogative en soumettant à l'avis du Conseil Constitutionnel l'appréciation de la constitutionnalité de certaines dispositions des projets de loi de finances[432].

* * * *

559- Si l'on admettait que l'effectivité du principe de la légalité fiscale, conformément à sa portée actuelle, est étroitement liée, à la fois aux pouvoirs réels du Parlement et à l'existence d'un contrôle effectif de la constitutionnalité des lois et de la légalité des règlements administratifs, la conclusion qui s'imposerait, à ce niveau, serait certainement le

---

[431] Néji BACCOUCHE, Le domaine de la loi à la lumière de la révision constitutionnelle du 27 octobre 1997 (en arabe), article précité, p. 23.

[432] Voir à titre d'exemple, l'avis du Conseil Constitutionnel n° 43-2004 ; 46-2004, 47-2004 et 48-2004 publiés au JORT n° 105 du 31 décembre 2004, version arabe, p. 3766 et s..

caractère manifestement hypothétique de l'effectivité de ce principe en droit tunisien.

TITRE II

L'EXERCICE CONCURRENT DE LA COMPETENCE FISCALE INITIALE PAR LE POUVOIR REGLEMENTAIRE

567- Malgré l'enracinement du principe de la légalité qui « avait manifestement conservé une force suffisante pour rendre choquante l'idée qu'un impôt pourrait être modifié, voire institué par un simple décret »[433], un auteur ne manque pas de signaler que « la suprématie de la loi fiscale sur les autres sources réglementaires est aujourd'hui menacée par le développement croissant du pouvoir réglementaire »[434]. Ce phénomène est susceptible d'être illustré aussi bien en droit comparé qu'en droit tunisien.

568- En ce qui concerne l'expérience française sous la Ve République, la majorité des auteurs affirme au contraire l'existence d'un domaine réservé au pouvoir réglementaire en matière financière. C'est le cas de Albert MABILEAU qui constate que « la constitution de 1958 précise le domaine de la loi, qui ne peut de plus comporter l'ensemble des mesures relatives au finances publiques »[435].

569- En Tunisie, le principe de la légalité de l'impôt a toujours été proclamé et demeure, en tant que tel, un principe fondamental qui gouverne la matière fiscale. Mais actuellement, il se trouve vider progressivement d'une partie de sa substance au niveau de sa mise en œuvre pratique. En effet, le pouvoir réglementaire ne cesse d'étendre son emprise dans le secteur fiscal. Cette évolution, dont le caractère extrêmement rapide, n'a pas manqué de frapper les spécialistes des questions financières[436].

---

433 Georges MORANGE, L'exercice du pouvoir réglementaire en matière fiscale, RSLF, 1953, p. 669.

434 Saoussen JAMMOUSSI, Le décret en matière fiscale, Mémoire DEA, Faculté de droit de Sfax, 1999-2000, p. 1.

435 Albert MABILEAU, La compétence financière du parlement de la cinquième république ; R.S.F. 1961, p. 45

436 Plusieurs travaux de recherches ont été élaborés dans ce sens, à savoir : Georges MORANGES, L'exercice du pouvoir réglementaire en matière fiscale, RSLF 1953, p. 667 ; Georges LIET VEAUX, Fiscalité gouvernementale, note de jurisprudence, Rev. Adm. 1959, p. 160 ; Jean LECA, Le domaine de la loi et le domaine du réglementaire en matière fiscale, Annale de l'Université de Lyon 1960, Fasc. 20, p.221 ; Jean-Luc GUEZE, Le partage des compétences entre la loi et le règlement en matière financière, Ed. LGDJ, Paris, 1974 ; Philippe THEVENIN, Le pouvoir réglementaire en matière fiscale, Thèse Bordeaux 1975.

570- La politique fiscale, dictée par les impératifs d'une politique économiques et sociale interventionniste, ne s'accommode pas toujours avec les différentes exigences du principe de la légalité de l'impôt. Au contraire, l'expérience montre que le développement de cette politique fiscale a eu pour effet inéluctable l'affaiblissement de la légalité de l'impôt. Cette politique fiscale, dont les choix fondamentaux sont arrêtés par le Président de la République et la mise en œuvre est confiée au Gouvernement, risque de sacrifier, au nom de cet interventionnisme gouvernemental, les principes juridiques les plus élémentaires qui constituent, par ailleurs, les garanties irréductibles offertes traditionnellement au contribuable au sein d'un Etat de droit.

571- Dans le cadre de l'expérience tunisienne, les exigences de cette politique fiscale, au service du développement, excessivement interventionniste ont conduit vers un véritable transfert de la compétence fiscale législative vers le pouvoir réglementaire **(Chapitre I)**. Par ailleurs, l'emprise de l'exécutif sur le pouvoir normatif fiscal a été confirmée par la reconnaissance, par le texte suprême, de l'existence d'un pouvoir réglementaire autonome, présageant ainsi la naissance d'une répartition horizontale de la compétence fiscale **(Chapitre II)**.

CHAPITRE I

LE TRANSFERT DE LA COMPETENCE FISCALE INITIALE AU POUVOIR REGLEMENTAIRE

572- La compétence exclusive du Parlement ne peut masquer le rôle prééminent du Gouvernement dans l'élaboration de la loi. En effet, la plupart de temps le Parlementaire est mal armé pour affronter les difficultés techniques que soulève l'élaboration correcte de la loi en générale, et de la loi fiscale en particulier.

573- Il est tout à fait normal que la légalité fiscale soit influencée par cette évolution, si bien que l'impôt ne constitue pas seulement un système générateur de recettes publiques, mais également un moyen efficace d'intervention dans la vie économique et sociale et un instrument privilégié de politique conjoncturelle. C'est en ce sens que la fiscalité a subi une évolution tant du point de vu matériel que fonctionnel. Le nouveau rôle qu'assume désormais l'Etat dans la sphère économique montre clairement que ce dernier se sert de la fiscalité afin d'atteindre des objectifs autres que les objectifs classiques (le financement du trésor).

574- Cette évolution a une influence certaine sur le principe de la légalité l'impôt, notamment eu égard à son sens classique qui attribue exclusivement au Parlement le pouvoir d'édicter le régime juridique de la fiscalité. En effet, le nouveau rôle qu'assume désormais l'impôt et qui consiste à atteindre des objectifs à court terme et d'affronter des situations économiques et sociales conjoncturelles, ne serait plus adapté avec la technique de la loi, caractérisée par son formalisme excessif et la longueur et la complexité de la procédure. C'est pour cette raison que de nombreux régimes politiques ont tendance à reconnaître un domaine d'intervention du pouvoir exécutif dans la matière fiscale. (Il s'agit du phénomène d'érosion du pouvoir fiscal du Parlement). Cette intervention réglementaire pourrait revêtir plusieurs formes: d'un domaine concurrent à celui de la loi, à un domaine proprement réservé.

575- Le constituant tunisien, à son tour, ne se détourne pas de cette orientation quasi-universelle. Déjà depuis la version initiale de la constitution du 1er juin 1959, a été instituée la technique de l'habilitation législative par les articles 28 et 31, permettant au pouvoir exécutif d'intervenir dans les matières législatives par décrets-lois. De même, à l'occasion de la révision constitutionnelle du 8 avril 1976, il a été inséré un article 34 qui prévoit que « Sont pris sous forme de loi, les textes relatifs à la détermination de l'assiette de l'impôt et ses taux au profit de l'Etat, sauf délégation accordée au Président de la République par les lois de finances et les lois fiscale ». Dans cette hypothèse, le gouvernement est autorisé d'instituer des normes fiscales par décrets, mais cette nouvelle catégorie de décrets intervient non pas au titre d'un pouvoir subordonné et dérivé mais à titre d'un pouvoir initial qui s'exerce sur délégation législative.

576- Par la multiplication de ces procédés dérogatoires d'attribution de compétence **(SECTION I)**, on assiste ainsi à l 'émergence d'une législation gouvernementale rendue nécessaire par l'engorgement du Parlement dû à la multiplication de sa production normative, et ressentie comme indispensable pour répondre à l'extension comme à la diversification des tâches imparties à l'administration[437] **(SECTION II)**.

SECTION I

L'INSTITUTION DE PROCEDES DEROGATOIRES D'ATTRIBUTION DE COMPETENCE

577- La rigidité du principe de la séparation des compétences normative entre le pouvoir législatif et le pouvoir exécutif a été largement tempérée par l'introduction de la délégation comme technique dérogatoire à l'ordre normal des compétences. C'est ainsi que le législateur pourrait autoriser le pouvoir exécutif à intervenir dans le domaine fiscal, non pas au titre de son pouvoir dérivé pour assurer l'application des principes posés par la loi, mais à titre initial, pour lui permettre de fixer lui-même ces principes. En effet, la lourde procédure législative est mal adaptée à la technicité et à la célérité qu'exige désormais le droit fiscal. Le législateur tente parfois de remédier à ce handicap en déléguant à l'exécutif le soin d'adopter des dispositions relatives aux éléments constitutifs de prélèvements fiscaux. Cette délégation législative affecte directement, bien entendu, le principe de légalité de l'impôt.

578- A cet égard, la délégation est généralement considérée comme une technique d'aménagement et de distribution du pouvoir politique ou

---

[437] Jean-Marie BRETON, L'Etat et la légalité : contribution à une dialectique de la démocratie (L'exemple français) ; Revue Droit Public, 1, 1997, p. 197.

administratif. Elle permet à une autorité investie d'un pouvoir donné d'en confier l'exercice à une autre autorité[438].

579- En droit tunisien, la constitution du 1er juin 1959 a introduit deux techniques d'aménagement des compétences, la technique des décrets-lois et la technique de la délégation spéciale. Si la technique de l'habilitation législative par décret-loi a été consacrée depuis la promulgation de la constitution, la technique délégatrice n'a été introduite qu'avec la révision constitutionnelle du 8 avril 1976. Théoriquement, ce que ces deux techniques ont pour point commun, est de permettre au pouvoir exécutif d'intervenir dans le domaine législatif, non pas à titre dérivé et subordonné mais à titre initial.

580- Toutefois, dans la pratique, il semble que la technique de la délégation législative prévue par l'article 34 alinéa 7 est la plus couramment utilisée. A travers cette technique, le Président de la République pourrait intervenir en vertu d'une habilitation législative, dans le domaine fiscal sans qu'il ait besoin d'une ratification ultérieure par le Parlement. Il s'ensuit que l'originalité de la technique de délégation réside dans son caractère beaucoup plus souple et moins formaliste et contraignant que celle des décrets-lois.

§1) La diversité des procédés de délégation de la compétence législative

581- La délégation, en général, peut recevoir plusieurs modalités et revêtir plusieurs formes :

- Elle peut jouer tout d'abord entre diverses autorités constitutionnelles, soit administratives, soit actives, soit délibérantes.

- Elle peut être ponctuelle, sectorielle ou générale.

- L'acte de délégation peut parfaitement être individualisé et constituer à lui seul un acte juridique (acte spécial d'habilitation) ou bien il peut être englobé dans un acte juridique plus large (délégation implicite).

- La technique peut enfin concerner soit une délégation de pouvoir soit une délégation de signature.

---

[438] Yadh BEN ACHOUR, Les fonctions de la délégation en droit public tunisien; R.T.D. 1976, n° 2, p.99. Sur le régime juridique de la délégation confronter M. MIDOUN, La délégation en droit administratif tunisien; Mémoire D.E.S. de droit public, 1972-73.

582- Mais malgré cette diversité des modalités la doctrine appréhende la délégation « comme une notion homogène dont les éléments constitutifs essentiels sont les suivants[439]: En premier lieu, l'existence d'un pouvoir, d'une compétence ou d'une attribution donnés; en deuxième lieu, l'existence d'un titulaire d'origine de ladite compétence; en troisième lieu, l'existence d'une manifestation de volonté par laquelle s'effectue la transmission des compétences du titulaire - le déléguant - à un bénéficiaire - le délégataire - qui constituera donc le quatrième élément constitutif de la délégation.

A/ Le caractère marginal de la technique du décret-loi en matière fiscale

583- Depuis la promulgation de la constitution du 1er juin 1959, le législateur tunisien est en mesure, en vertu de la constitution, de déléguer au Président de la République le pouvoir de prendre, dans un domaine déterminé et pendant un certain délai, des mesures qui auraient dû normalement être prises par la loi. Il s'agit de l'hypothèse de l'habilitation générale qui peut être prise soit en vertu du paragraphe 3 de l'article 28 soit en vertu de l'article 31 de la constitution. Le paragraphe 3 de l'article 28 permet à la chambre des députés d'habiliter « le Président de la République, pendant un délai limité et en vue d'un objet déterminé à prendre des décrets-lois qui doivent être soumis à la ratification de la chambre des députés »[440]. Tandis que l'article 31 autorise la commission permanente intéressée à accorder au Président de la République, pendant les vacances de la chambre des députés, le pouvoirs de prendre « des décrets-lois qui doivent être soumis à la ratification du Parlement au cours de la session ordinaire suivante ». Cette procédure de délégation générale applicable en toute matière pourrait bien entendu trouver son application dans le domaine fiscal.

---

[439] Yadh BEN ACHOUR, article précité, p. 100 et s.

[440] Selon la nouvelle version issus de la révision constitutionnelle du 1er juin 2002, cet alinéa a pris la place de l'alinéa 5 dont la teneur est la suivante « La chambre des députés et la chambre des conseillers peuvent habiliter le Président de la République, pour un délai limité et en vue d'un objet déterminé, à prendre des décrets-lois qu'il soumette, selon le cas, à l'approbation de la chambre des députés ou des deux chambres, à l'expiration de ce délai ».

1) L'habilitation législative sur la base de l'article 28 alinéa 3 de la constitution

584- Selon la doctrine, le contenu de l'alinéa 3 de l'article 28 consacre bien la formule classique de l'habilitation[441]. En effet, l'examen de ces dispositions permet de vérifier la présence des éléments constitutifs essentiels de la délégation, à savoir : l'existence d'un pouvoir qui est le pouvoir législatif ; l'existence d'un titulaire d'origine qui est la chambre des députés ou, plus globalement, le Parlement ; l'existence d'une manifestation de volonté qui est la loi d'habilitation et enfin, l'existence d'un bénéficiaire qui est le Président de la République. La vérification de l'ensemble de ces éléments permet donc d'une part, de qualifier le mécanisme de l'alinéa 3 de l'article 28 comme une délégation et d'autre part, de la distinguer des techniques juridiques voisines prévues par la constitution, telles que les procédures d'intérim et de suppléance prévues respectivement par les articles 57 et 63 de la constitution.

585- Concernant l'objet de cette habilitation, il y a lieu de souligner son caractère assez général puisque l'alinéa 3 de l'article 28 autorise le Parlement à déléguer au Président de la République le pouvoir d'édicter des décrets-lois dans tous les domaines qui relèvent de sa compétence, tels qu'ils sont visés par l'article 34 et les autres dispositions de la constitution. L'essentiel est de déterminer, à l'avance, l'objet précis de cette intervention. De ce fait l'habilitation constitutionnelle prévue par l'alinéa 3 de l'article 28 est considérée comme une habilitation générale dans la mesure où elle ne vise pas une matière précise. En plus l'alinéa 3 de l'article 28 n'a pas exclu, expressément, de la délégation une matière ou un domaine qui relève de la compétence législative. Il en résulte que la matière fiscale est également susceptible d'être déléguée au Président de la République sur la base de ces dispositions.

586- Cependant, selon un jeune chercheur, « l'alinéa 3 de l'article 28 n'a jamais été mis en application. Depuis l'entrée en vigueur de la constitution du 1er juin 1959 aucune habilitation n'a été accordée au Président de la République sur cette base »[442]. Selon le même chercheur, le non recours à l'alinéa 3 de l'article 28 peut être expliqué par le type des relations entre le pouvoir législatif et le pouvoir exécutif dans le système politique tunisien. Les relations entre ces deux pouvoirs ne sont

---

441 H. AYADI, Les décrets-lois dans la constitution du 1er juin 1959, RTD 1969-1970, p. 101.

442 Sofiène BARKIA, La délégation en matière fiscale, Mémoire de DEA, Faculté de droit de Sfax, 2000/2001, p. 26.

pas de type concurrentiel. Pendant longtemps, c'est le système du monopartisme qui substitue sa propre logique aux mécanismes constitutionnels[443].

587- En effet, la monopolisation de l'exécutif et du législatif par un parti unique et l'emprise de ce dernier sur tous les rouages de l'Etat, permet à l'exécutif d'arrêter les mesures nécessaires au sein de ce parti, de préparer un projet, de prendre l'initiative de la règle et de la faire voter par le Parlement sans aucun risque de mise à l'échec[444]. Dans ce contexte, le chef de l'Etat peut toujours faire face aux conjonctures sans faire appel à l'alinéa 3 de l'article 28, c'est-à-dire sans être contraint à solliciter au Parlement une habilitation spéciale pour édicter les mesures nécessaires.

588- Par ailleurs, l'on pourrait ajouter que le non recours au procédé de délégation prévu par l'alinéa 3 de l'article 28 trouve son explication par des considérations de « démagogie politique ». Le Président de la République, soucieux de préserver son image de leader populaire et conscient de l'importance de la variable fiscale dans l'histoire politique tunisien, a préféré confier au législateur le soin de prendre les mesures fiscales considérées souvent par les citoyens comme impopulaires.

589- Il est à noter que l'abstention du Président de la République à recourir à l'alinéa 3 de l'article 28 pour édicter des mesures fiscales relevant du domaine législatif, s'est surtout confirmé après la révision constitutionnelle du 8 avril 1976. A partir de cette date le chef de l'Etat a préféré l'usage de la technique de délégation spéciale prévue par l'alinéa 7 de l'article 34 de la constitution. En effet, l'exercice du pouvoir fiscal délégué par décrets et non par décrets-lois permet au Président de la République d'éviter d'une part la procédure d'habilitation prévue par l'alinéa 3 de l'article 28 et d'autre part d'échapper à toute procédure de contrôle au niveau de la sollicitation de l'habilitation et au niveau de la ratification[445].

590- Dès lors que les buts qui pourraient être atteints par l'alinéa 3 de l'article 28 sont mieux assurés par d'autres moyens à savoir le recours aux mécanismes prévus par l'article 31 ou par l'alinéa 7 de l'article 34 de la constitution, on conclue que « la non application de l'alinéa 3 de

---

443 OUECHTATI A., La remise en cause du dogme mono partisan, Rev. Etudes Juridiques 1997, n° 5, p. 31.

444 La pratique parlementaire tunisienne montre que la chambre des députés a toujours voté ce que le Président de la République lui prescrit comme projets de lois.

445 Sur la procédure lourde de contrôle en matière de décrets-lois, voir KOUBAA A., Les décrets-lois dans la constitution tunisienne, Mémoire de DEA, Faculté de droit de Sfax 1999-2000.

l'article 28 ne peut donner aucun fondement à des doutes sur sa validité juridique »[446] et ne peut donc mettre en désuétude cette règle. Mieux encore, malgré l'absence de recours à l'alinéa 3 de l'article 28, les dispositions de cet alinéa sont toujours maintenues, du moins jusqu'à 2002, dans sa version originale. Les séries de révisions constitutionnelles introduites depuis 1965 n'ont apporté aucune modification formelle ou matérielle à cet alinéa. Quant à la révision du 1er juin 2002, elle n'a touché que formellement le contenu de cet alinéa, tirant la conséquence de l'introduction d'une deuxième chambre au Parlement.

591- Néanmoins, si l'autorisation de délégation, prévue par l'article 28, qui peut valoir en matière fiscale, ne présente pour le moment qu'un intérêt théorique, elle reste toujours une éventualité dont le Président de la République peut profiter pour faire face à des circonstances économiques ou financières qui nécessitent l'édiction des mesures fiscales conjoncturelles. A cet égard, il est à remarquer qu'en droit comparé, et notamment en droit français, en l'absence d'une technique de délégation spéciale à l'instar de celle qui est prévue par l'alinéa 7 de l'article 34 de la constitution tunisienne, le Gouvernement faisait usage courant de la technique de l'habilitation générale en matière fiscale[447].

2) L'habilitation législative sur la base de l'article 31 de la constitution

592- Depuis la loi constitutionnelle n° 65-23 du 1er juillet 1965 modifiant l'article 29 de la constitution, cette dernière s'est ralliée au système de session permanente. Désormais, « la chambre des députés se réunit chaque année en session ordinaire qui commence dans le courant du mois d'octobre et prenant fin dans le courant du mois de juillet ». Il est donc tout à fait concevable que pendant les vacances parlementaires, il serait indispensable de prendre des mesures relevant de la compétence législative. Dans ce cas une « suppléance » du pouvoir législatif non permanent peut être assurée par le pouvoir exécutif permanent. Cette suppléance permet au pouvoir exécutif de prendre, pendant l'intervalle des vacances, des mesures législatives que les circonstances pourraient exiger.

593- Cette éventualité est prévue par la constitution du 1er juin 1959 et ce dans le cadre de son article 31 qui dispose que « Le Président de la

---

[446] Sofiène BARKIA, mémoire précité, p. 28.

[447] Sur la pratique des lois d'habilitation en matière fiscale en France, voir : PH. THEVENIN, ouvrage précité, p. 245 et s.

République peut, pendant les vacances de l'assemblée, prendre, avec l'accord de la commission permanente intéressée, des décrets-lois qui doivent être soumis à la ratification de l'assemblée au cours de la session ordinaire suivante». Ainsi, pendant les vacances parlementaires, le Président de la république peut, après l'obtention de l'accord de la commission permanente intéressée « intervenir librement dans le domaine législatif, modifier et abroger des lois. A ce titre les décrets-lois peuvent porter sur n'importe quel domaine, même les domaines réservés expressément par la constitution à la loi »[448], à l'instar du domaine fiscal. Il en résulte que l'article 31 de la constitution prévoit « une délégation à l'exécutif pour continuer le rythme normal de la législation pendant les vacances parlementaires »[449].

594- A priori, on peut penser qu'il y a une différence de nature entre l'habilitation prévue par l'article 28 et celle qui est prévue par l'article 31 de la constitution. Il s'agit de deux catégories juridiques différentes de décrets-lois reconnus par la constitution. Cette thèse est notamment défendue par le Professeur AYADI qui prétend que l'élément de différenciation entre les deux techniques d'édiction de décrets-lois « est très important et réside essentiellement non seulement dans l'étendue du domaine des mesures prises mais aussi dans leur nature juridique »[450]. Cet auteur soutient donc que de la différence des règles relatives aux deux procédures d'édictions prévues par l'article 28 et l'article 31 découle une différence de nature juridique entre les deux catégories de décrets-lois. En effet, si l'article 28 reprend « la formule classique de l'habilitation », l'article 31 s'analyse en une « véritable délégation temporaire du pouvoir législatif, opérée par la constitution, au profit du Président de la République et des commissions permanentes de l'Assemblée »[451].

595- Ces régimes d'édictions des décrets-lois foncièrement différents conduisent l'auteur à analyser les mesures prises sur la base de l'article 28 comme étant de nature réglementaire jusqu'à leur ratification par l'Assemblée, alors que les mesures prises sur la base de l'article 31 « paraissent plutôt des actes législatifs que réglementaires »[452].

596- Cependant, cette thèse ne semble pas faire l'unanimité de la doctrine. Elle a été vigoureusement critiquée par le Professeur Y. BEN

---

[448] AYADI H., article précité, p. 104.
[449] CHAABANE S., La fonction d'élaboration des règles, CERP, Tunis 1979, p. 97.
[450] H. AYADI, Les décrets-lois dans la constitution tunisienne du 1er juin 1959, RTD 1969-1970, p. 101.
[451] Cf. H. AYADI, article précité, p. 103.
[452] H. AYADI, article précité, p. 109.

ACHOUR. Selon cet auteur, « malgré la simplification de procédure opérée par l'article 31, celui-ci ne crée pas une espèce de décrets-lois spéciale. Il répond aux mêmes critères que les décrets-lois de l'article 28 et obéit aux mêmes conditions. Ces conditions qui font que les décrets-lois sont des actes administratifs et non des actes à valeur législative »[453], ceci jusqu'à leur ratification par le Parlement.

597- En effet, l'intervention du Président de la République sur la base de l'article 31 ne sort pas du schéma général de la délégation de compétences législative au profit du chef de l'exécutif, tel que tracé par l'article 28. Plus particulièrement, en s'appuyant d'une part, sur la qualité de l'organe habilitant le Président de la République et la qualité de l'acte d'habilitation ; et d'autre part, sur l'objectif de l'habilitation et les délais de sa mise en œuvre, M. Y. BEN ACHOUR conclue que « les différences entre les deux articles sont plus apparentes que réelles, plus formelles que matérielles »[454]. A vrai dire, le pouvoir constituant opère dans le cadre de l'article 31 une « simplification de procédure », relative à la technique de la délégation générale, qui « ne peut engendrer une différence de nature juridique entre deux actes »[455].

598- La dernière révision constitutionnelle intervenue le 1er juin 2002, semble confirmer cette dernière thèse. Le pouvoir constituant a procédé à la simplification à l'extrême de la procédure de la délégation générale en supprimant à la fois la nécessité d'intervention de l'organe déléguant, du moins a priori, ainsi que l'acte de la délégation. La nouvelle version de l'article 31 dispose que « le Président de la République peut, pendant les vacances de la chambre des députés et de la chambre des conseillers, prendre des décrets-lois qui sont soumis, selon le cas, à l'approbation de la chambre des députés ou des deux chambres, au cours de la session ordinaire qui suit les vacances ». Désormais le chef de l'exécutif est affranchi de tout contrôle préalable, ni en provenance de l'Assemblée plénière ni en provenance d'une quelconque commission permanente. Il s'en suit que pendant les vacances parlementaires la compétence du législateur est totalement confisquée par le pouvoir exécutif.

599- Dans la pratique, depuis la révision de l'article 29 de la constitution, le Président de la République dispose effectivement du pouvoir d'intervention par décrets-lois dans les matières relevant du domaine législative et ce au cours des vacances parlementaires, s'étendant à trois mois allant du 15 juillet au 15 octobre. Pendant cette

---

[453] Cf. Yiadh BEN ACHOUR, Contribution à l'étude théorique des décrets-lois, RTD 1972, p. 172,. p. 181.
[454] Y. BEN ACHOUR, article précité, p. 176.
[455] Y. BEN ACHOUR, article précité, p. 181.

période, le chef de l'exécutif continue le rythme normal de la législation, en collaboration, jusqu'à 2002, avec la commission permanente intéressée[456].

600- Il semble que cette pratique n'a rien d'abusif, du moins jusqu'à présent. A cet égard, un auteur a remarqué que « l'examen des décrets pris entre les sessions de la chambre des députés montre qu'il n'y a rien d'exceptionnel concernant leurs contenus. Ce sont des textes que la chambre des députés peut adopter sans aucun « dommage » pour le gouvernement. Ce ne sont nullement des projets qu'on craint que la chambre des députés ne refuse en session ordinaire, et que le Président de la république cherche à prendre sous forme de décrets-lois pendant les vacances parlementaires »[457]. Le même auteur ajoute que ces décrets-lois « ne sont pas des projets de lois que la chambre des députés a évité de voter par crainte des suites politiques impopulaires qu'elles peuvent entraîner »[458].

601- Nécessairement, le dispositif de l'article 31 qui consacre une procédure de délégation générale, encore beaucoup plus souple et moins formaliste, favorise l'intervention courante du Président de la République, à titre initial, dans la matière fiscale[459]. Mais malgré cette simplification, la pratique montre que « le recours aux accords » consenties au Président de la République en vertu de l'article 31 de la constitution a connu une nette diminution....d'ailleurs, depuis 1985,

---

[456] Il s'agit des quatre commissions suivantes : commission des affaires culturelles, commission des affaires économiques et financières, commission des affaires politiques et commission de législation générale. Bien entendu, lorsque la mesure relève du domaine fiscal, la commission permanente concernée est la commission des affaires économiques et financières.

[457] Sadok CHAABANE, La fonction d'élaboration des règles, série : Etudes de droits et d'économie, volume XV, édition CERP, Tunis 1979, p. 18.

[458] Ibidem, p. 18.

[459] Contrairement aux décrets-lois de l'article 28 qui revêtent encore un caractère théorique et hypothétique, la pratique a consacré depuis longtemps l'intervention de décrets-lois sur la base de l'article 31 dans le domaine fiscal. On peut citer à titre d'exemple : Décret-loi n° 77-11 du 17 octobre 1973, portant institution d'une taxe compensatoire sur le ciment (JORT 1973 du 16-19 octobre 1973, p. 1585) ; Décret-loi n° 85-9 du 14 septembre 1985 portant réglementation sur la recherche et production des hydrocarbures (JORT N° 65 du 20/9/1985). ; Décret n° 85-14 du 11 octobre 1985 portant encouragements aux investissements dans les industries exportatrices (JORT 1985, n° 73, p. 1400); Décret-loi n° 85-15 du 11 octobre 1985 portant réduction de la redevance sur les produits de pêche à l'exportation. Cependant, le dépouillement de la JORT démontre que depuis 1986 aucun décret-loi en matière fiscale n'a été pris. Mais, nous avons pu quand même enregistrer plus récemment une renaissance de cette pratique en 2006, et ce à travers l'intervention du décret-loi n° 2006-01 du 31 juillet 2006, fixant les nouveaux délais pour bénéficier de l'amnistie fiscale prévue par la loi n° 2006-25 du 15 mai 2006.

aucun « accord » n'a été consenti par la commission permanente »[460]. On souligne que « l'exécutif a préféré le recours aux délégations prévues par l'article 34 de la constitution »[461].

602- Or, pour des raisons purement politiques il est fort souhaitable que l'exécutif renoue avec les techniques des décrets-lois et n'hésite pas à recourir non seulement aux procédés de l'article 31 mais aussi aux lois d'habilitations prévues par l'article 28 de la constitution. En effet, « pour bien se protéger juridiquement ou tout au moins légitimer son action » et « pour diriger sans s'engager directement dans le jeu de la conjoncture »[462], le Président de la République fait appel au Parlement pour avaliser certaines mesures fiscales qui peuvent avoir de sérieuses conséquences sur le contribuable.

B/ La technique de la délégation spéciale en matière fiscale

603- L'habilitation prévue par l'article 34 alinéa 7 de la constitution constitue l'une des innovations les plus remarquables de la révision constitutionnelle du 8 avril 1976. Elle consacre une délégation législative permanente et spéciale au domaine fiscal, au profit du Président de la République. Les nouvelles dispositions de l'article 34 de la constitution, ont permis de marquer une nette évolution dans la conception juridique et politique de la technique de la délégation, sachant que c'est pour la première fois que le pouvoir constituant consacre explicitement, la technique de la délégation, en tant que technique d'aménagement du pouvoir fiscal.

604- Certes, comme on l'a déjà signalé, l'habilitation du Président de la République à intervenir en matière fiscale à titre initiale ne constitue guère une nouveauté introduite par la révision de 1976. Cette possibilité est déjà consacrée par la technique des décrets-lois résultant d'une délégation générale se basant sur les articles 28 et 31 de la constitution. Toutefois, l'originalité de l'habilitation de l'article 34 de la constitution réside dans le mécanisme qui fut mis en place. En effet, l'article 34 de la constitution autorise la chambre des députés (les deux chambres à partir de 2002) à accorder des délégations portant sur ses propres compétences, c'est-à-dire celles qui sont visées par l'alinéa 7 de l'article 34, chaque fois qu'elle vote les lois de finances ou les lois fiscales, sans restriction

---

[460] S. BARKIA, mémoire précité, p. 58.
[461] Ibidem, p. 58.
[462] S. CHAABANE, Le système constitutionnel tunisien à travers la réforme de 1976, précité, p. 314.

de délai ou d'objet. Avec cette habilitation, la procédure de délégation est devenue moins formaliste que la procédure des décrets-lois. Le Président de la République est dispensé de recourir à la chambre des députés pour solliciter une autorisation chaque fois qu'il envisage de prendre les mesures fiscales exigées par les circonstances économiques ou politiques.

605- En outre, les décrets pris sur délégation échappent à toutes procédures de contrôle a posteriori. Ces actes ne sont soumis ni à la ratification ni à l'approbation du Parlement. Plus grave encore, jusqu'à une période récente, ces actes réglementaires bénéficient d'une immunité contre tout recours en annulation.

606- A l'égard de l'introduction de cette nouvelle technique de délégation spéciale, nous pouvons évoquer le constat paradoxal suivant, qui a déjà été émis par un jeune chercheur[463] : D'un côté, la technique de délégation spéciale est bien novatrice et aura une incidence certaine sur l'accroissement des prérogatives du chef de l'Etat aux dépens du Parlement. En effet, par cette habilitation, le pouvoir constituant de 1976 a bien voulu offrir au Président de la République une autre possibilité qui lui permet d'intervenir régulièrement en matière fiscale. Cette intervention plus souple et moins formaliste, risque d'accroître le pouvoir normatif du Président de la République dans le domaine fiscal, contribuant par là à l'affaiblissement des prérogatives du Parlement. D'un autre côté, et malgré son importance sur le plan normatif et politique, la technique de délégation spéciale prévue par l'article 34 alinéa 7 n'a suscité de débats ni au sein de la commission chargée de la révision de la constitution ni au sein de l'assemblée plénière[464]. La doctrine, de sa part, était généralement marquée par une neutralité inquiétante face à l'introduction de cette technique exceptionnelle et originale dans notre édifice constitutionnel. En effet, lorsqu'on consulte les travaux qui ont été consacrés à l'étude du pouvoir législatif ainsi qu'au pouvoir exécutif, on sera frappé par le fait que la question de la délégation spéciale a été largement négligée[465].

---

[463] S. BARKIA, mémoire précité, p. 35.

[464] Voir JORT débats, séances du 2 décembre 1976, p. 81 et séance du 2 avril 1976, p. 708.

[465] CHAABANE S., La fonction d'élaboration des règles, ouvrage précité, p. 311 ; MDHAFFAR Z., Le pouvoir législatif au Maghreb, CERP, Tunis 1979, « Le domaine de la loi en Tunisie », Servir 1984, n° 33, p. 9 ; MESTRE A., La signification de la révision constitutionnelle du 8 avril 1976 en Tunisie, Mélanges offerts G. MARTY, Tome 1, p. 831 ; BEN HAMMED M.R., Le pouvoir exécutif dans les pays du Maghreb (Etude comparative), CERP Tunis 1995, p. 84..

607- Pourtant la pratique de la délégation législative en matière fiscale en Tunisie remonte à des origines lointaines avant qu'elle soit définitivement consacrée par la constitution. Tout d'abord, la technique de la délégation législative, notamment en matière de fiscalité indirecte, avait connu, depuis les dernières années du Protectorat en Tunisie, un développement croissant, en rapport avec l'interventionnisme généralisé de l'Etat dans le domaine économique et l'utilisation de plus en plus systématique de l'impôt à des fins économiques et conjoncturelles. Ensuite, lors des délibérations de l'Assemblée nationale constituante de 1958, l'idée de consacrer la délégation était présente. Un membre de l'Assemblée a insisté sur la nécessité de déléguer à l'exécutif des pouvoirs spéciaux pour qu'il puisse procéder à des réformes. D'ailleurs, l'Assemblée nationale constituante en votant la loi n° 58-85 du 26 août 1958 modifiant le code des douanes, avait accordé des pouvoirs spéciaux au gouvernement. En effet, avec cette loi, le gouvernement est autorisé à modifier, à suspendre ou à rétablir, par décret, le tarif des droits de douanes à l'importation (article 8 de la loi). De même, le gouvernement est habilité à déterminer, par arrêté, les droits à l'exportation (article 9 de la loi). Enfin, l'introduction de cette technique dérogatoire n'est en fait qu'une consécration constitutionnelle d'une pratique législative antérieure à la révision de 1976. En fait, le législateur tunisien n'a pas attendu l'habilitation du constituant pour autoriser le gouvernement à intervenir en matière fiscale non pas pour assurer l'exécution des règles fixées par la loi, mais pour lui permettre de fixer lui même ces règles[466].

608- Par ailleurs, la pratique législative révèle que le législateur a fait un large usage de la technique de délégation, assez souvent en contradiction manifeste avec les principes qui régissent ce procédé exceptionnel. En effet, avant la révision constitutionnelle de 1976, les seules hypothèses de délégation reconnues au législateur au profit du Président de la République sont celles qui sont prévues par les articles 28 et 31 de la constitution. Il n'avait existé aucune habilitation préalable autorisant la chambre des députés à déléguer son pouvoir fiscal au Gouvernement. Il en résulte que l'absence de cette habilitation préalable devrait incontestablement rendre inconstitutionnelles les nombreuses délégations législatives autorisant le Gouvernement à intervenir en matière fiscale.

609- Notons que le recours à cette technique était principalement intervenu en matière de fiscalité indirecte. Il en résulte que dans ce domaine, le principe de légalité de l'impôt a semblé s'effacer derrières les impératifs d'une action économique cohérente et efficace.

---

[466] Ridha JENAYEH, Les délégations législatives en matière de fiscalité indirecte, R.T.D. 1983, p. 339.

610- En plus, la doctrine n'a pas manqué, à son tour, de souligner « la confusion et l'anarchie qui entourent l'utilisation de ce procédé », présentant ainsi « un grand danger pour les droits des contribuables » et portant directement atteinte « à un principe fondamental du droit fiscal tunisien: le principe de la légalité de l'impôt »[467]. Selon Ridha JENAYEH « le développement des délégations législatives en matière de fiscalité indirecte a souvent méconnu le caractère légal de l'impôt et les principes de la délégation »[468].

§ 2) La justification de la délégation législative

611- Le recours assez massif à la pratique de la délégation législative en matière fiscale, dans le cadre de l'expérience tunisienne, nous interpelle sérieusement, d'où la nécessité, pour en dévoiler la justification, de préciser les causes réelles et les véritables fonctions imparties à cette technique.

A/ Les cause de la délégation

612- L'interventionnisme généralisé de l'Etat dans le domaine économique et l'utilisation de plus en plus systématique de l'impôt à des fins économiques et conjoncturelles avaient justifié, depuis longtemps, le recours à la technique délégatrice. En effet, comme l'avait souligné Ridha JENAYEH, depuis les dernières années du Protectorat en Tunisie, on avait assisté à un développement croissant des délégations législatives au Gouvernement, notamment en matière de fiscalité indirecte[469].

613- Ces habilitations sont intervenues le plus souvent en matière des impôts indirects sur la dépense puisqu'ils se caractérisent par leur très grande sensibilité à la conjoncture économique; leur rendement s'accroît en période d'expansion économique et diminue en période de récession. D'autre part, ces impôts constituent un instrument d'intervention conjoncturelle de premier ordre. En période inflationniste, l'impôt sur la dépense, qui s'incorpore directement au prix, peut être utilisé comme un élément d'une politique fiscale conjoncturelle en raison de ses effets déflationnistes.

---

[467] Ridha JENAYEH, article précité, p.337.
[468] Ridha JENAYEH, article précité; p.358.
[469] Ridha JENAYEH, article précité, p. 337.

614- Ce procédé, assez original, permet, de surcroît une conciliation heureuse entre le principe de légalité de l'impôt, qui implique l'intervention du Parlement, et les nouvelles fonctions économiques dévolues à l'outil fiscal, qui nécessite désormais une intervention rapide du Gouvernement. Le développement des délégations législatives traduit donc l'inadaptation croissante de la procédure législative traditionnelle à régir des situations qui, en raison de leur caractère économique et conjoncturel nécessitent des interventions, à la fois, rapides et souples et une profonde connaissance des mécanismes économiques. A cet égard, le recours intense à la technique de la délégation législative peut être justifié par le souci d'assurer « la célérité du travail gouvernemental en plaçant le pouvoir de décision là où il peut être le plus judicieusement utilisé »[470].

615- Il y a lieu de préciser que ce recours à la technique de la délégation visant à se servir de la fiscalité comme instrument de la politique conjoncturelle du gouvernement n'est pas propre à la Tunisie, cette pratique est également assez répandue aussi bien dans les Etats développés que dans les pays en développement. En Grande-Bretagne, berceau du parlementarisme issu du principe de consentement de l'impôt, le Finance Act de 1961 autorisa le Chancelier de l'Echiquier à modifier de 10 pour cent le taux des impôts indirects, sans en référer au Parlement, de manière à relancer ou à freiner la consommation[471]. En France, Le Gouvernement reçut parfois des pouvoirs analogues lui permettant de modifier, dans certaines conditions, le taux de la taxe sur la valeur ajoutée[472].

616- Il n'est pas étonnant alors qu'en Tunisie des délégations législatives soient intervenues dans cette matière dans le but d'assurer « la célérité du travail gouvernemental »[473]. Dans cette perspective, en matière de taxe à la production, l'article 25 de la loi du 31 décembre 1970 portant loi de finances pour la gestion 1971 avait prévu la possibilité pour le Gouvernement d'accorder des exonérations ou de procéder à des réductions de taux par décret « pour tenir compte de la conjoncture économique ».

617- Après l'introduction de la TVA, l'article 8 du code de la TVA dispose que « dans le cadre de l'action du gouvernement pour le

---

470 Y. BEN ACHOUR, Les fonctions de la délégation en droit public tunisien, RTD 1976, II, p. 103.

471 Cf. sur ce point JESSUA, Un aspect de la politique économique britannique: le stop-go; thèse, Paris 1966, p.49 et s.

472 GEFFROY J-B, L'utilisation conjoncturelle de la TVA; thèse Poitiers 1981.

473 Y. BEN ACHOUR, Les fonctions de la délégation en Droit public tunisien; R.T.D., 1976 n° 2, p.99.

développement et la promotion de l'économie nationale ainsi que dans les cas conjoncturels, des suspensions ou des réductions de la taxe sur la valeur ajoutée pourront être prévues par décret pris après avis du ministre des finances et des ministres concernés ».

618- Cependant, la technique de la délégation est beaucoup plus utilisée en matière des droits de douane qui sont, selon DUVERGER « les premiers impôts qui ont servi à un interventionnisme économique accentué, leur développement ayant moins pour but de procurer des ressources financières à l'Etat que d'assurer une protection des produits nationaux contre la concurrence étrangère. Ils ont un caractère économique plutôt que fiscal »[474]. En effet, en matière douanière « l'efficacité est le plus souvent synonyme de rapidité, d'éventuelles manœuvres spéculatives ne pouvant être déjouées que par une mise en application immédiate des modifications du tarif douanier. Cela s'accommoderait difficilement des lenteurs de la procédure parlementaire »[475].

619- Ce particularisme des droits de douane explique que, depuis longtemps, les gouvernements se sont vus reconnaître la possibilité d'intervenir dans ce domaine à titre initial. Ainsi en France, l'article 8 du code des douanes de 1954, qui reprend pour l'essentiel la procédure spéciale instituée par la loi du 17 décembre 1874, dite loi du « cadenas », autorise le gouvernement à prendre par décrets, soumis ensuite à la ratification du Parlement, un certain nombre de mesures en matière de tarifs douaniers ». Il est significatif de souligner à cet égard que malgré la reconnaissance unanime par la doctrine du caractère inconstitutionnel de cet article (depuis la promulgation de la constitution de 1958, le gouvernement ne pourrait intervenir en cette matière que par ordonnances, prises en application de l'article 38 de ladite constitution), son application n'a pas été remise en cause. Dans ce domaine, où il faut agir vite pour déjouer les manœuvres spéculatives, l'impératif de l'utilisation de l'impôt à des fins conjoncturelles, l'emportent donc sur le principe de légalité.

B/ Les fonctions de la délégation

620- Le doyen Yadh BEN ACHOUR, en étudiant les fonctions de la technique délégatrice en droit public tunisien, scrute une multitude de

---

[474] M. DUVERGER, Eléments de fiscalité, P.U.F., 1976, p.291 et 292.

[475] J.L. GUIEZE, Le partage des compétences entre la loi et le règlement en matière financière; L.G.D.J. 1974, p.43.

fonctions qui sont susceptibles d'être remplies par cette technique, quelle que soit la forme qu'elle e revêtir[476]. Il s'agit des fonctions suivantes :

- assurer le désencombrement des autorités politiques ou administratives;

- placer le pouvoir de décision là où il peut être le plus judicieusement utilisé, soit à raison de la compétence technique de l'agent délégataire, soit à raison de sa proximité du lieu où la décision déploiera ses effets ou des sujets auxquels elle doit s'appliquer;

- éviter les circuits délibératifs et les organes collégiaux au profit des organes individualisés « exécutifs »;

621- Ces fonctions sont regroupées par l'auteur autour de deux idées clés: D'une part, la délégation permettra d'aboutir à une plus grande célérité et d'éviter la discontinuité du travail gouvernemental ou administratif, et d'autre part, elle permettra d'assurer une déconcentration du pouvoir de décision.

1) La célérité et la continuité du travail gouvernemental ou administratif

622- En nous intéressant plus particulièrement à la délégation de la compétence fiscale législative au profit du Président de la République, la première fonction de cette technique est de soustraire la prise de décision aux organes délibérants (le Parlement) pour la confier aux autorités actives (le chef de l'exécutif). Dans cette hypothèse, la délégation est utilisée pour soustraire le pouvoir de décision à l'organe collégial et la confier à l'organe individuel, en vue d'obtenir une plus grande rapidité et une plus grande efficacité dans le processus de décision.

623- En effet, la procédure délibérative se caractérise par sa lenteur. Il faut réunir l'organe délibérant, discuter, voter et cela exige du temps. Or, il peut se trouver que l'on soit devant une situation exceptionnelle qui nécessite des prises de décision rapides ou, en dehors de cette hypothèse que, pour plus d'efficacité, on veille prendre des décisions en dehors du circuit délibératif. C'est alors que l'on peut faire appel à la délégation. Le fait indéniable est que souvent on utilise ces types de délégations pour

---

[476] Y. BEN ACHOUR, Les fonctions de la délégation en droit public tunisien; R.T.D. 1976, n° 2, p. 102 et s.

réduire la compétence des organes délibérants. « La délégation d'une manière général joue contre les assemblées »[477].

2) La déconcentration technique et territoriale du pouvoir de décision

624- La délégation permet à ceux qui sont plus aptes à comprendre le sens d'une décision d'ordre technique, de même qu'à ceux qui sont plus proche du lieu où elle doit s'exécuter, de décider eux mêmes. Cette fonction de la technique délégatrice consiste donc à :

- Placer la décision au niveau technique qui doit raisonnablement être le sien: il s'agit de faire coïncider la compétence technique et la prise de décision.

- Placer la décision au niveau territorial qui doit être le sien: il s'agit de placer la décision à son niveau territorial adéquat.

625- Ainsi, dans le domaine fiscal c'est plutôt la haute technicité de cette matière qui, pour des raison d'équité et de rendement, devrait appréhender le plus exactement possible des réalités économiques assez complexes et diversifiées, est derrière plusieurs cas de dessaisissement de l'autorité parlementaire et l'octroi du pouvoir de décision et de normalisation au titulaire du pouvoir réglementaire, sensé être beaucoup mieux armé.

SECTION II

LA PORTEE DE LA DELEGATION DE LA COMPETENCE FISCALE AU POUVOIR EXECUTIF

626- Pour trouver un fondement de validité à cette technique de délégation, en plein développement, il est impératif d'assouplir la rigueur du principe de légalité qui était resté longtemps imperméable à toute évolution sur ce point. Cet assouplissement a consisté à introduire en matière fiscale, dans le cadre du texte constitutionnel, une nouvelle technique de délégation, différente du procédé classique des décrets-lois, d'ailleurs, plus lourd à mettre en œuvre. Il s'agit de la technique de la

---

[477] Y. BEN ACHOUR, article précité p. 110- 111.

délégation spéciale en matière fiscale, telle qu'elle est prévue par l'article 34 alinéa 7 de la constitution.

627- Nous avons bien noté à ce propos, qu'avant même la révision de 1976, la pratique de la technique de délégation a précédé sa consécration constitutionnelle dans la mesure où aussi bien le code des douanes que le code des investissements de 1969 ont bien accordé au gouvernement une délégation permanente. D'une part, l'article 12 du code des douanes accorde une délégation permanente au gouvernement en matière de tarif, d'autre part, l'article 5 du code des investissements reconnaît au gouvernement la possibilité d'accorder des avantages fiscaux non prévus par ledit code.

628- De même, l'Assemblée Nationale constituante avait déjà, par la loi du 26 août 1958, reconnu au gouvernement le pouvoir de modifier, par décret, le tarif des droits de douanes d'importation et à diminuer, par simple arrêté, celui des droits d'exportations. En outre, la loi de finances du 31 décembre 1971 a permis dans son article 48 d'instituer et de modifier, par décret, les taxes et redevances de compensation et de péréquation revenant à la caisse générale de compensation. Cette même loi a prévu dans son article 25 la possibilité pour le gouvernement d'intervenir en matière de taxe à la production pour modifier et suspendre le taux.

629- Il en résulte qu'en réalité la révision constitutionnelle de 1976 n'a fait que constitutionnaliser une pratique déjà existante. En plus, l'article 34 de la constitution tunisienne a introduit officiellement, en son alinéa 7, une catégorie spécifique de décrets, qu'on ne devrait pas confondre ni avec les décrets d'application, ni même avec les décrets autonomes.

§1) La consécration constitutionnelle de la technique de délégation

630- L'article 34 nouveau de la Constitution a introduit, en son alinéa 7, la possibilité pour le Parlement de transférer, par les lois de finances et les lois fiscales, ses compétences relatives à la détermination de l'assiette et du taux des impôts au profit de l'Etat, sans qu'il y ait besoin d'une ratification ultérieure par l'Assemblée législative des mesures décidées sur la base de cet article, comme en matière de décrets-lois.

631- En France, où un tel procédé fait défaut, son introduction est réclamée par une partie de la doctrine pour tenir compte de l'utilisation de l'impôt à des fins conjoncturelle et la nécessaire conciliation entre le principe de légalité de l'impôt et ses nouvelles fonctions économiques: « Une procédure de délégation spécifique à la matière fiscale, plus souple et moins formaliste que celle de l'article 38, pourrait permettre cette conciliation et éviter les recours à des habilitations inconstitutionnelles »[478].

632- En Tunisie, le Gouvernement avait fait un large usage de l'habilitation constitutionnelle instituée par l'alinéa 7 de l'article 34 de la Constitution. Cependant, pour être tout à fait conforme à la Constitution et aux principes généraux du droit public, l'intervention de l'exécutif doit respecter la volonté du titulaire de la compétence et ne peut se concevoir, en principe, en l'absence d'un acte de délégation.

A/ L'exigence d'une habilitation constitutionnelle préalable

633- En droit public, il est de principe qu'il ne peut y avoir de délégation de compétences. En effet, selon le Professeur EISENMANN « l'exercice d'une compétence par un autre que son titulaire constitue une modalité de son illégalité »[479]. Toutefois, à titre exceptionnel et pour des raisons d'efficacité, le mécanisme de délégation peut être utilisé, mais à des conditions très strictes. La délégation apparaît alors comme l'acte unilatéral par lequel une autorité, qui y a été habilitée, transfère une partie de sa compétence. Celle-ci étant une fonction et non un droit personnel, son transfert ne peut ainsi intervenir qu'en vertu d'un texte préexistant qui doit autoriser l'opération. C'est le principe de l'habilitation préalable[480] qui se traduit, dans le cas qui nous intéresse, par la nécessité d'une habilitation constitutionnelle en matière de délégation législative.

634- La mise en œuvre de la délégation est subordonnée à l'existence d'une autorisation constitutionnelle qui confère au législateur la faculté de se dessaisir de ses pouvoirs au profit de l'exécutif. Il s'agit, selon la dénomination donnée par Mohamed MIDOUN de « l'acte d'habilitation préalable »[481]. En effet, pour être régulière, la délégation de pouvoir doit être autorisée par un texte de même nature que celui qui a organisé les différentes compétences dans l'Etat. Face aux règles impératives qui régissent le principe de la répartition des compétences, l'acte d'habilitation préalable est indispensable pour la validité de toute

---

478 P. THEVENIN, Le pouvoir réglementaire en matière fiscale; p.279.
479 EISENMANN Ch., Droit administratif; cours de Doctorat, Paris 1956-1957, p.257.
480 Cf. M. MIDOUN, La délégation en droit administratif. Publication du C.E.R.P., V.XII, 1/1979, p.46 et s.
481 Mohamed MIDOUN, la délégation en droit administratif, série : Etudes de droit et d'Economie, volume XII, éd. CERP, Tunis 1979, p. 47 et s.

délégation[482]. Par conséquent, le Parlement n'est pas maître dans son domaine, il doit impérativement respecter les dispositions constitutionnelles relatives à la répartition des compétences. En ce sens, écrit Esmein, « le pouvoir n'est pas pour les assemblée un droit propre. C'est une fonction que la constitution leur confie, non pour en disposer à leur gré, mais pour l'exercer elles-mêmes d'après les lois constitutionnelles »[483].

635- Cependant, Carré De Malberg s'appuie sur une conception générale de la fonction réglementaire. Il prétend donc que tous les règlements prennent leur force de l'article 3 de la loi constitutionnelle du 25 février 1875 et que lorsque le Parlement autorise le Gouvernement à faire un règlement sur une matière législative, celui-ci, en le faisant ne fait qu'exécuter la loi qui lui donne mission[484]. Néanmoins, cette explication n'a pas été partagée par l'ensemble de la doctrine. En particulier Léon Duguit l'a vigoureusement critiqué en considérant que lorsque le Parlement autorise le Gouvernement, en vertu d'une loi spéciale, à édicter des règlements sur une matière législative, celui-ci « ne le charge pas d'assurer l'exécution d'une loi ; il le charge de faire une loi, ce qui est tout à fait différent »[485].

636- Ce processus de délégation à deux degrés, s'il peut apparaître comme source de complication, n'en est pas moins nécessaire, car il ne faut pas perdre de vue que ce procédé « constitue déjà une exception à l'ordre normal des compétences »[486].

637- En matière fiscale, lorsque le Parlement donne compétence au Président de la république d'établir et de modifier certains impôts et taxes, ceci ne se correspond pas du tout à l'exercice de son pouvoir réglementaire traditionnel en vue d'assurer l'exécution des lois, mais plutôt, il s'agit d'intervenir dans un domaine qui relève, en principe, du domaine législatif, chose qu'il ne peut la faire en l'absence d'une autorisation constitutionnelle préalable. C'est dans cette perspective que l'alinéa 7 de l'article 34 de la constitution institue expressément cette habilitation en autorisant le Parlement à accorder au Président de la république une délégation de ses compétences fiscales, par les lois de finances et les lois fiscales.

---

[482] M. MIDOUN, ouvrage précité, p. 47.

[483] Esmein, Revue politique et parlementaire, Août 1894, p. 200, cité par Habib Slim dans son article, Les conséquences d'une lacune de l'article 51 de la constitution tunisienne, Revue Tunisienne des Sciences Sociales 1970, n° 21.

[484] Raymond Carré De Malberg, Contribution à la théorie générale de l'Etat, précité, n° 215, p. 648.

[485] Léon Duguit, article précité, p. 318.

[486] R. JENAYEH, article précité, p.344.

B/ L'illégalité du caractère permanent de l'acte d'habilitation législative

638- Selon Raymond ODENT « la délégation de pouvoirs ou délégation de compétences consiste pour une autorité à laquelle certains pouvoirs ont été conférés à se dessaisir d'une fraction de ces pouvoirs et à les transférer à une autorité subordonnée »[487]. Il ressort de cette définition qu'une délégation de pouvoirs doit forcément revêtir un caractère partiel.

639- En effet, l'organe législatif devrait en principe exercer personnellement la totalité de ses compétences. Il ne peut pas légalement se décharger de toutes ses attributions en les déléguant. Il en résulte qu'il ne peut en déléguer qu'une fraction de ses pouvoirs. A cet effet, l'autorité délégante doit préciser avec assez de précision le cadre juridique et les limites d'intervention que l'autorité délégatrice doit observer. Suivant l'attitude du CE, une délégation complète et totale de pouvoirs est considérée comme étant « contraire aux principes généraux du droit français »[488]. Le CE veillerait toujours à ce « que la délégation n'ait pas pour effet de vider de toute substance la fonction exercée par le délégant en lui permettant de déléguer toutes ses attributions à un autre organe »[489]. Dans un avis ultérieur, le CE réaffirme sa position en jugeant que sont « interdites » les délégations qui par leur généralité révèlent l'intention de l'assemblée nationale de renoncer à l'exercice de la souveraineté nationale en la transférant au gouvernement[490].

640- A cet égard, Léon DUGUIT considère que la détermination de l'objet et de la durée de la délégation est une condition indispensable pour sa constitutionnalité et ce pour les deux raisons suivantes : « d'abord, le Parlement ne peut se dépouiller, d'une manière générale, des prérogatives que lui remet la constitution, et d'autre part, il faut qu'il puisse continuer d'exercer son contrôle sur toute l'activité gouvernementale »[491].

641- Or l'alinéa 7 de l'article 34 de la constitution tunisienne consacre une sorte de délégation permanente attribuée par le Parlement au profit du Président de la République. En effet, cette disposition constitutionnelle autorise le Parlement à accorder, sans restriction

---

[487] Raymond ODENT, Contentieux administratif, 1978-1980, p. 1801.

[488] CE 8 février 1950, chauvet, Rec. Lebon p. 85..

[489] GROSEHENS J.-C., La délégation administrative de compétences, D. 1958, chron., p. 199.

[490] Avis du 6 février 1953, RDP 1953, p. 170 et 171.

[491] Léon DUGUIT, Des règlements faits en vertu d'une compétence donnée au gouvernement par le législateur, p. 337.

de délai et de domaine, son pouvoir en matière fiscal à l'occasion du vote des lois de finances et des lois fiscales. De plus, cette possibilité a été largement utilisée par le pouvoir législatif au point qu'un chercheur qualifie les recours des délégations dans le cadre des lois de finances et des lois fiscales, comme étant « excessifs »[492]. Ceci est d'autant plus regrettable que ces actes de délégation échappent à l'examen de leur constitutionnalité. En effet, comme il a été signalé plus haut, les lois de finances ainsi que les lois fiscales ne sont pas soumises à la saisine obligatoire du Conseil constitutionnel.

642- Déjà en France la doctrine a vigoureusement contesté l'idée que le législateur puisse conférer au Gouvernement une compétence réglementaire générale et indéterminée. Léon DUGUIT pense que les lois d'habilitation ne sont constitutionnellement valides que sous la condition que l'attribution de compétence qu'elles contiennent soit spéciale et déterminée. Il a précisé « qu'une attribution générale de compétence réglementaire au gouvernement sur des matières législatives serait certainement contraire à la constitution, quelles que soient les circonstances dans lesquelles elle interviendraient »[493].

643- Néanmoins, ces principes ne semblent loin d'être transposables au droit constitutionnel tunisien dès lors que l'article 34 de la constitution a bien consacré la technique de la délégation sans pour autant limiter son objet ou sa durée. Or il y a lieu de nous interroger, dans ce cadre, est-il concevable dans un ordre constitutionnel, qui prétend assurer la souveraineté de la loi, de donner au législateur la possibilité d'abdiquer complètement ses pouvoirs ?

644- Jacques Donnedieu De Vabre a précisé, à ce propos, que « le Parlement peut tout faire sauf déléguer le droit de tout faire »[494]. En effet, la délégation est une technique dérogatoire à l'ordre des compétences ; elle ne doit pas par conséquent, se convertir en un droit permanent. C'est ainsi que l'absence d'une limitation de l'objet et de la durée de la délégation pourrait créer au profit du Président de la République un domaine d'intervention permanent dans le domaine législatif.

645- Dans la pratique, le pouvoir législatif tunisien n'a pas manqué à utiliser cette possibilité et a bien accordé des délégations permanentes au Président de la République afin d'intervenir constamment dans le

---

[492] Sur la fréquence des recours aux lois de finances et aux lois fiscales pour accorder une délégation législative en matière fiscale au Président de la République, cf. les développements dans le mémoire de S. BARKIA, précité, p. 54 et s.
[493] Léon DUGUIT, article précité, p. 335.
[494] Jacques Donnedieu De Vabre, Décrets-lois et pouvoirs réglementaires d'après la loi du 17 août 1948, D. 1949, p. 6.

domaine fiscal[495]. Il en est ainsi, par l'article 365 du code de travail, qui délègue au Président de la République la compétence de fixer « les taux, les modalités d'établissement, de recouvrement et de contrôle de la taxe de la formation professionnelle ». L'affectation des produits et des recettes provenant de cette taxe est également fixée par décret. Il en est ainsi, également, par l'article 86 de la loi n° 88-145 du 31 décembre 1988 portant loi de finances pour la gestion 1989, qui a accordé au Président de la République une compétence pour fixer les règles, les taux et les modalités de perception des impôts, droits et taxes relatifs aux secteurs visés aux positions n° 22-03 et 22-05 à 22-09 du tarif douanier.

646- Il ressort de ce texte que d'une part, les termes de la délégation sont tellement larges, qu'ils laissent au pouvoir décrétal un champ d'application assez étendu. En effet, toute la réglementation fiscale afférente aux secteurs susmentionnés a été attribuée dans sa totalité au Président de la république ; d'autre part, aucune limite de durée n'a été prévue par le texte de la délégation. A cet égard, il y a lieu de nous demander si cela signifie que le Président de la République dispose d'une marge d'appréciation lui permettant d'intervenir au moment qu'il jugera opportun ? et une fois il est intervenu, épuisera t-il sa compétence ou bien peut-il ressusciter cette compétence sans une nouvelle habilitation législative ?

647- Les éléments de réponse à ces interrogations sont bien évidemment fournis par la pratique. Dans ce cadre, nous constatons que plusieurs décrets ont été édictés par le Président de la République sur la base de l'article 86 de la loi de finances pour la gestion 1989 : En 1989, deux décrets ont été édictés pour modifier les taux de droit de consommation des produits relevant de la position tarifaire n° 22-03, 22-05, 22-06, 22-07 et 22-09[496]. Deux ans plus tard, un décret a été édicté ayant le même objet[497]. En 1993, le chef de l'Etat est intervenu de nouveau pour procéder à la modification des taux de droit de consommation et de la

---

495 En réalité, la délégation permanente du pouvoir fiscal avait existé même avant la révision constitutionnelle du 8 avril 1976. a titre d'exemple, depuis 1971, sur la base de l'article 48 de la loi n° 70-66 du 31 décembre 1970 portant loi de finances pour la gestion 1971, le Président de la république bénéficie d'une délégation permanente en matière des taxes compensatoires. Il peut, par décret, instituer ou modifier les taxes et redevances revenant à la Caisse Générale de Compensation.

496 Il s'agit du décret n° 89-479 du 29 avril 1989 portant modification du tableau annexé à la loi n° 88-62 du 2 juin 1988 portant refonte de la réglementation relative au droit de consommation, JORT 1989, n° 33, p. 818, ainsi que le décret n° 89-1348 du 7 septembre 1989 portant modification de la même loi, JORT 1989, n° 63, p. 1453.

497 Décret n° 91-551 du 20 avril 1991 portant modification du tableau annexé à la loi n° 88-62 du 2 juin 1988 portant refonte de la réglementation relative au droit de consommation, JORT 1991, n° 29, p. 936.

TVA relevant des secteurs susmentionnés[498]. Enfin, et avec le décret n° 97-1368 du 24 juillet 1997 relatif au régime fiscal des produits relevant des numéros 22-03 à 22-08 du tarif des droits de douane (JORT 1997, n° 80, p. 1818), on assiste à une refonte totale de la réglementation antérieure relative au régime fiscal des vins, des bières et des boissons alcoolisés. Notons que ce dernier décret a lui-même été amendé par le décret n° 2002-627 du 26 mars 2002 (JORT n° 27 du 2 avril 2002).

648- A travers ces modifications successives, nous pouvons déduire que le Président de la République intervient à titre initial et permanent dans un domaine dont la compétence appartenait en principe au législateur, comme s'il avait usurpé définitivement cette compétence. Or, il est toujours admis par la doctrine et la jurisprudence que la procédure de la délégation est une technique exceptionnelle de répartition des compétences qui doit en principe être interprétée de manière stricte[499]. De ce fait, le délégataire devrait normalement épuiser sa compétence une fois il a fait usage de l'acte d'habilitation. Le caractère permanent de la délégation constitue par voie de conséquence une atteinte à la légalité de la répartition des compétences entre le pouvoir législatif et le pouvoir exécutif.

649- Dans le même sens, la pratique législative montre également qu'il est d'usage qu'en matière des droits de douane et taxes assimilées, l'organe législatif renouvelle constamment et périodiquement la même formule d'habilitation au profit du Président de la République. C'est ainsi que dans chaque loi de finances, le législateur consacre une rubrique intitulée « ajustement des droits et taxes durant l'année budgétaire », au titre de laquelle il accorde au Président de la République la compétence d'agir dans le domaine fiscal afin de modifier les taux d'impôts, taxes et droits équivalents. A noter que les mesures prises sur la base de cette délégation ne sont valables que pendant l'année budgétaire en cours[500].

---

[498] Décret n° 93-2090 du 11 octobre 1993 portant fixation des taux du droit de consommation et de la taxe sur la valeur ajoutée sur les alcools, boissons alcoolisées, vins et bières, JORT 1993, n° 80, p. 1818.

[499] La jurisprudence du tribunal administratif est claire sur ce point. La haute juridiction a affirmé l'obligation d'interpréter les règles de compétence d'une manière restrictive. « Considérant qu'il résulte des principes fondamentaux du droit public que la règle dans l'exercice de la compétence est qu'elle soit attribuée à l'autorité qui a été désignée par le texte légal, de ce fait, les règles de compétence doivent être interprétées de manière restrictive » (notre traduction) : T. ad. 11 décembre 1990, req. n° 1051, Fatma Ben El Béchir et autres c/ le premier ministre.

[500] C'est grâce à la commission des finances et de la planification que la délégation en matière d'ajustement des droits douaniers a été limitée à une année, JORT Débats séances du 28 décembre 1979, n° 28, p. 711.

650- Cependant, le fait que le législateur renouvelle chaque année ladite délégation, cette dernière perdra nécessairement son caractère exceptionnel et dérogatoire et sera assimilée dans la pratique à une délégation permanente et donc irrégulière. En effet, la doctrine estime que « serait irrégulière une délégation qui pratiquement équivaudrait à priver le Parlement de sa compétence pendant la durée de son mandat »[501].

651- De même, en matière de TVA, l'article 8 du code de la TVA a également prévu, dans le cadre de l'action du gouvernement pour le développement et la promotion de l'économie ainsi que dans les cas conjoncturels une délégation permanente au profit du pouvoir réglementaire afin d'agir par décret en vue de suspendre ou de réduire la. TVA. Cette même disposition est rendue applicable en matière de droit de consommation par l'article 6 de la loi n° 88-62 du 2 juin 1988 portant refonte de la réglementation relative aux droits de consommation. Néanmoins, les chercheurs constatent que les recours excessifs à l'article 8 du code de la TVA, dans le but de réduire ou de suspendre, par décrets, les taux de la TVA et du droit de consommation a eu pour effet de créer « une réglementation parallèle à la législation du droit commun »[502].

652- Par ailleurs, la doctrine affirme qu'« il sera difficile d'interdire au législateur d'exercer une compétence concurrente »[503] et précise que « lorsque le Parlement délègue ses pouvoirs en matière législative au Gouvernement, il ne perd pas son pouvoir de légiférer dans les matières déléguées »[504]. Cependant, la pratique législative ne confirme pas cette orientation et révèle au contraire que le législateur, en accordant des délégations au profit du Président de la République, se dépouille complètement de sa compétence initiale et s'interdit de légiférer dans les matières déléguées. Autrement dit, le législateur n'intervient plus dans ces matières et abandonne ses prérogatives au profit du Président de la République qui devient ainsi le seul maître de la matière fiscale déléguée.

---

[501] MONTANE DE LA ROQUE P., L'article 38 de la constitution et la loi du 4 février 1960, Mélanges MAURY, Dalloz, 1960, p. 213.
[502] S. JAMMOUSSI, mémoire précité, p. 83.
[503] MIDOUN M., La délégation en droit administratif, ouvrage précité, p. 89.
[504] GROSHENS J.C., La délégation administrative de compétence, précité, p. 203.

C/ La nature juridique du décret pris sur délégation

653- L'alinéa 7 de l'article 34 de la constitution tunisienne a introduit une catégorie spécifique de décrets qui ne s'apparentent ni aux décrets d'application, ni même aux décrets autonomes, dont la spécificité est de porter sur un objet purement législatif, tout en revêtant la forme réglementaire. A ce titre, nous pouvons l'assimiler à la catégorie des décrets-lois. Contrairement à la catégorie des décrets d'application, ces décrets interviennent non pas dans le cadre de l'exercice d'un pouvoir subordonné et dérivé mais à titre initial et inconditionnel.

654- Certes, les procédés constitutionnels, mis en place à partir de 1959 et consolidés par la révision de 1976, offrent au Président de la République deux moyens possibles susceptibles de lui permettre d'intervenir à titre initial dans le domaine législatif : soit la technique du décret-loi soit celle relative au décret sur délégation législative. Néanmoins, il semble que ce dernier procédé, prévu par l'alinéa 7 de l'article 34 de la constitution est le plus approprié. En effet, dans cette hypothèse, l'intervention du Président de la République dans le domaine fiscal ne nécessite pas une ratification ultérieure par le Parlement. Ce moyen se distingue par conséquent par son caractère souple et moins formaliste que celui des décrets-lois.

655- Pour Ridha JENAYEH, le recours à cette catégorie de décrets « permet, de surcroît une conciliation heureuse entre le principe de légalité de l'impôt, qui implique l'intervention du Parlement, et les nouvelles fonctions économiques dévolues à l'outil fiscal, qui nécessitent une intervention rapide du gouvernement »[505].

656- En droit français où une telle technique fait défaut, son introduction a été préconisée par l'auteur d'une excellente thèse portant sur le pouvoir réglementaire en matière fiscale, et ce en vue de tenir compte de l'utilisation croissante de l'outil fiscal à des fins purement conjoncturelles. Il affirme à ce propos « qu'une procédure de délégation, par exemple, spécifique à la matière fiscale, plus souple et moins formaliste que celui de l'article 38, pourrait permettre cette conciliation et éviter le recours à des habilitations inconstitutionnelles »[506].

657- Cependant, il semble que la technique des décrets-lois est beaucoup plus protectrice des droits du contribuable, surtout lorsqu'il s'agit d'intervenir dans une matière assez sensible qui touche certains droits

---

[505] Ridha JENAYEH, article précité, p. 348.
[506] Philippe THEVENIN, ouvrage précité, p. 279.

fondamentaux, dont le droit de propriété et les libertés individuelles. A cet égard, seule la ratification parlementaire est en mesure d'exprimer le consentement des représentants du peuple aux actes pris par le Président de la république dans un domaine qui relève de leurs compétences. Cette ratification permet au Parlement de s'opposer aux mesures prises par le chef de l'Etat, au cas où ces dernières dépasseraient les termes de l'habilitation. Or en l'absence de cette formalité, le contribuable perd une garantie fondamentale qui limite certainement son droit de consentement à l'impôt.

658- Sur le plan juridique, le décret pris sur la base de l'article 34 alinéa 7 de la constitution, comme d'ailleurs le cas du décret-loi, est formellement un acte administratif qui émane du Président de la République. Mais quant au fond, il s'agit d'un texte qui édicte, non des mesures d'application, mais des mesures de portée législative. D'où cette ambivalence de la nature juridique du décret pris sur délégation se pose selon les mêmes termes que celle du décret-loi[507].

659- Normalement, si le Président de la République reçoit une délégation législative, il sera mis aux lieu et place du Parlement et il devient, selon l'expression de Léon DUGUIT, le législateur, puisque par définition, le délégué représente le déléguant et est mis à ses lieu et place. Dans cette hypothèse, le Président de la République cesse d'être une autorité administrative. Il est, en d'autres termes, investi pour cette catégorie de décrets, de la puissance législative elle-même. Il en résulte que le décret édicté en vertu d'une délégation « se soude à la loi qui l'a ordonné, et il en acquiert la valeur et les effets »[508].

660- Cependant, contrairement au décret-loi qui acquiert officiellement la valeur de la loi par l'effet de la ratification, le décret pris en vertu de l'article 34 alinéa 7 garde toujours la forme d'un décret. Or l'intervention d'un acte administratif dans un domaine législatif ne peut qu'entraîner une ambivalence de sa nature juridique. En particulier, la question qui se pose est celle relative au régime des recours contre ce type de décret: Cette catégorie de décret échappe-t-elle au contrôle du juge administratif ?

---

[507] La question de la nature juridique du décret-loi a fait l'objet de plusieurs études doctrinales. Voir, par exemple : Habib AYADI, les décrets-lois dans la constitution du 1er juin 1959, RTD 1969, p. 99 ; Henri GANNAC, Pleins pouvoirs et décrets-lois, GP 1951, 2ème semestre, doc. P. 9 ; Maxime MIGNON, Nature et effets juridiques d'une technique législative d'exception, mais d'utilisation répétée : le décret-loi, D. 1948, chron. P. 141 ; André De Laubadère, Des pouvoirs aux demi décrets-lois, D. 1952, p. 35.

[508] Raymond Carré De Malberg, Contribution à la théorie générale de l'Etat, ouvrage précité, n° 186, p. 565.

661- Selon un premier raisonnement, on peut admettre que comme délégué du pouvoir législatif, le Président de la République est « investi d'une puissance, dont les manifestations sont soustraites à tout contrôle juridictionnel »[509]. Néanmoins cette affirmation peut conduire à des risques d'arbitraire encourus par les administrés. En effet, même si l'on admet que le Président de la République est investi, en vertu de la délégation, de la puissance législative, comment peut-on garantir qu'il n'abuse pas de ce pouvoir ? A cet effet, le contrôle juridictionnel demeure le moyen le plus efficace pour assurer le respect de la légalité des actes pris par le Président de la République, quel qu'en soit le domaine d'intervention.

662- Sur la base d'un second raisonnement, on peut penser que même lorsqu'il est pris en vertu d'une délégation législative, le décret reste l'œuvre d'une autorité administrative et, par suite, demeure exposé aux recours qui sont susceptibles d'être formés contre les actes administratifs. Or, ce raisonnement n'est pas totalement admissible puisque la doctrine soutient qu'«il ne suffit pas, pour que le recours pour excès de pouvoir soit recevable, que l'acte émane d'une autorité administrative ; il faut encore qu'il soit l'exercice d'un pouvoir soumis au contrôle juridictionnel du Conseil d'Etat »[510].

663- En tout état de cause le décret pris sur délégation législative devrait être astreint au respect d'une légalité supérieure qui se manifeste par l'acte d'habilitation législative. Cependant, souvent l'imprécision des délégations pourrait laisser au chef de l'Etat un champ d'action illimité et difficile à contrôler. En effet, les textes d'habilitation n'exigent pas des conditions strictes pour l'exercice des pouvoirs délégués. D'une part, les finalités des délégations ne sont pas toujours définies avec assez de précision ; et d'autre part, les consultations exigées ont une portée juridique très réduite.

1) L'imprécision des finalités

664- Les textes portant délégation législative fixent souvent des objectifs qui constituent les justifications et les limites de l'intervention de l'exécutif dans le domaine fiscal. En effet, par l'exigence de certaines finalités, le législateur tend, d'une part, à déterminer le cadre général de

---

[509] Raymond Carré De Malberg, ouvrage précité, n° 198, p. 590.
[510] Gaston JEZE, notes de jurisprudence, RDP 1908, p. 47.

l'intervention de l'exécutif en matière fiscale, et, d'autre part, à légitimer le recours à cette technique exceptionnelle.

665- Vu l'importance et l'utilité de ces finalités, le Conseil constitutionnel français veille à ce que le Gouvernement soit toujours précis dans l'exposé des finalités des mesures qu'il se propose de prendre[511]. Le Conseil constitutionnel exige toujours que les finalités des mesures à prendre soient définies avec assez de précision[512]. En revanche, concernant le cas de la Tunisie, l'expérience montre que les objectifs mentionnés par les textes de délégations sont le plus souvent marqués par un caractère général et parfois ambigu.

666- Tout d'abord, les termes de « développement », « promotion » ou « soutien » de l'économie nationale sont des objectifs d'ordre général et ne sont pas spécifiques à l'intervention de l'exécutif en matière fiscale. Toutes les dispositions législatives ou réglementaires, doivent être établies dans ce cadre et doivent répondre à ces objectifs. Ensuite, l'expression « cas conjoncturels » mérite d'être clarifiée. Faute d'une définition législative, la doctrine économique la définit comme « une rencontre de certains évènements dans un même point « ou en d'autres termes « la coexistence, dans le temps, de plusieurs faits relatifs à un autre qu'ils modifient soit en bien, soit en mal »[513].

667- De ce fait « la conjoncture est l'ensemble des éléments constitutifs de la situation d'un secteur, d'une branche, d'une région ou d'un pays, à un moment donné »[514]. Il peut s'agir donc d'une situation économique, des circonstances politiques, des aléas climatiques, des comportements des agents économiques, d'un événement régional ou national, etc... L'ensemble de ces situations peut donc justifier la mise en œuvre des délégations législatives au profit du Président de la République.

668- Quant à l'instance qui détermine concrètement ces cas conjoncturels, il y a lieu de signaler qu'étant donné que les textes de délégations ne désignent pas expressément une autorité particulière, il reviendrait au délégataire, titulaire du pouvoir réglementaire, de décider si un cas conjoncturel nécessite une intervention ou non. Dans ces conditions, le rôle du Président de la République est, à la fois, d'apprécier les cas, d'évaluer les circonstances et d'édicter les décrets.

---

[511] MATHIEU B., Les rôles respectifs du Parlement, du Président de la République et du Conseil constitutionnel dans l'édiction des ordonnances de l'article 38, RFDA 1987, août-septembre, p. 707.
[512] CC. Décision 76-72 du 12 janvier 1972.
[513] BEBTEZ D.R., La conjoncture économique, « que sais-je ? », n° 2115, p. 3 et 4.
[514] Encyclopédie Universalis, Vol. 8, p. 349 et s.

669- Ce caractère trop général et imprécis des finalités risque de favoriser une intervention quasi systématique du Président de la République dans le domaine fiscal. Ce dernier bénéficie d'un pouvoir discrétionnaire pour la mise en œuvre des délégations accordées. Il a une liberté totale pour évaluer la situation, pour choisir discrétionnairement les types de mesures qu'il juge appropriées, le moment de son intervention. S'il estime que le meilleur moyen de protéger l'économie nationale est l'abstention, personne ne peut s'opposer ou critiquer cette appréciation. D'ailleurs, jusqu'à une période récente, « l'immunité persistante » des décrets réglementaires a pour effet d'amplifier davantage le pouvoir discrétionnaire du Président de la République.

670- Mieux encore, l'évolution législative montre que le Président de la République bénéficie à compter du 1er janvier 1996 d'une liberté de manœuvre encore plus grande. En effet, dans la nouvelle formulation des textes de délégations insérées chaque année dans le projet de loi de finances, l'énonciation des finalités, qui justifient l'action de réduction ou de suspension des droits de douane, n'est plus exigée[515].

671- Toutefois, il est nécessaire de souligner que si le droit interne a dispensé le Président de la République de respecter certaines finalités dans son action de réduction ou de suspension des droits de douanes, le droit international l'oblige à observer certains objectifs pour exercer son action de relèvement ou de rétablissement des taux des droits de douane. En effet, l'article 14 de l'accord Euro-Méditerranéen établissant une association entre la Tunisie et la communauté européenne et ses Etats membres[516], fixe des objectifs plus ou moins précis. A cet égard, « la protection d'une industrie naissante ou de certains secteurs en restructuration ou confrontés à de sérieuses difficultés surtout lorsque ces difficultés entraînent de graves problèmes sociaux », constituent de nouvelles finalités que le Président de la République est tenu de respecter.

---

[515] Depuis la loi de finances du 25 décembre 1995, le législateur a adopté une nouvelle formulation dans laquelle les objectifs du développement, de la protection de l'économie nationale et les cas conjoncturels ne sont plus mentionnés. La nouvelle formulation consacrée par le législateur est la suivante : « il peut être procédé pour l'année X, par décret, à la suspension des droits de douane y compris le minimum légal de perception, à leur réduction ou à leur rétablissement totalement ou partiellement ». Voir l'article 67 de la loi de finance 1996, article 52 de la loi de finances 1997, article 89 de la loi de finances 1998, article 175 de la loi de finances 1999, article 72 de la loi de finances 2000, article 67 de la loi de finances 2001, article de la loi de finances 2002 et l'article 104 de la loi de finances 2004.

[516] Cet accord est signé le 15 juin 1995 à Bruxelles et ratifié en Tunisie par la loi n° 96-49 du 20 juin 1996, JORT 1996, n° 51, p. 1311.

2) La portée réduite des consultations

672- A l'occasion des discussions des projets de lois de finances pour les gestions 1980 et 1982, certains députés ont souhaité que les délégations accordées au profit du Gouvernement en matière de droits douaniers soient assorties de la consultation de la chambre des députés. Par ces réclamations, il semble que les députés révèlent leur inquiétude devant l'abdication des compétences de la chambre des députés en matière fiscale et ils craignent les risques et les conséquences graves qui peuvent en résulter sur la protection du contribuable. Cependant, malgré l'importance de telle procédure, ces revendications n'ont pas été totalement satisfaites. Le Gouvernement s'est simplement contenté de limiter la procédure de la consultation à un niveau très réduit et très limité.

673- Tout d'abord, le Président de la République n'est tenu de consulter avant l'exercice des pouvoirs délégués, que le ministre des Finances, les ministres concernés, le Tribunal administratif et dans certains cas la commission supérieure d'investissement. A titre d'exemple, les décrets par lesquels le Président de la République peut suspendre ou réduire la TVA et les droits de consommation ou bien ajuster les droits de douane, doivent être pris après avis du ministre des Finances et des ministres concernés[517]. De même, les décrets accordant les avantages supplémentaires prévus par les articles 52, 52 bis, 52 ter et 53 du code d'incitations aux investissements, ne peuvent être pris qu'«après avis de la commission supérieure des investissements ». Enfin, s'agissant de décrets ayant un caractère réglementaire, tous les décrets pris sur délégation sont obligatoirement soumis à la consultation préalable du tribunal administratif[518].

---

[517] L'article 8 du code de la TVA dispose que « Dans le cadre de l'action du gouvernement pour le développement et la promotion de l'économie nationale ainsi que dans les cas conjoncturels, des suspensions ou des réductions de la TVA pourraient être prévues par décret pris après avis du ministre des finances et des ministres concernés ». de même et à titre d'exemple, l'article 24 de la loi de finances pour la gestion 1980 dispose que « dans le cadre de l'action du gouvernement pour le développement et la protection de la production nationale ou dans les cas conjoncturels, des décrets pris après avis du ministre des finances et des ministres responsables de la ressource peuvent, pour la gestion 1980, modifier le tarif des droits de douane, suspendre ou rétablir en tout ou partie, des droits de douane ».

[518] Aux termes de l'article 4 de la loi du 1er juin 1972 « le tribunal administratif est obligatoirement consulté par le gouvernement sur les projets de décrets à caractère réglementaire ».

674- De ce fait le Président de la République est tenu de soumettre le projet de décret à la consultation de l'organe prévu à cet effet. On en déduit que cette consultation constitue une formalité substantielle dans l'élaboration des décrets fiscaux, l'acte sera ainsi vicié si la consultation fait défaut. Cependant, malgré le caractère obligatoire de la consultation, le Président de la République n'est pas lié par l'avis formulé puisque les avis rendus par les autorités consultées sont simplement des avis consultatifs et non conformes.

675- A l'égard du contribuable, cette consultation « interne » ne constitue pas une garantie suffisante et ne peut pas être considérée comme une limite efficace pour le Président de la République dans l'exercice de ses pouvoirs fiscaux[519]. Cette consultation interne est, en effet, assurée par un organe ou une autorité qui ne remplit pas toutes les garanties d'indépendance. Ces organes de consultation sont en fait soumis directement à une hiérarchie politique[520] et ne jouissent pas d'un statut juridique en rapport avec sa mission.

D/ La concentration des délégations législative au profit du Président de la République

676- Avant la révision constitutionnelle de 1976, il est à constater que les délégations consenties par le législateur étaient le plus souvent accordées aux différents membres de l'exécutif, à savoir le Président de la République, le Premier ministre et le ministre des finances. A titre d'exemple, le code de la comptabilité publique, promulgué par la loi n° 73-81 du 31 décembre 1973, a prévu des délégations en matière fiscale au profit de certains membres du Gouvernement. En effet, l'article 25 a reconnu au Premier ministre le pouvoir d'accorder des dégrèvements partiels ou totaux d'impôts, droits ou taxes ou de remises de créances

---

[519] Sous réserve de la consultation du tribunal administratif qui est une formalité obligatoire pour tous les décrets à caractère réglementaire. Mais, même dans cette hypothèse, en dépit de l'autorité de cet organe qui jouit certainement d'un statut relativement plus indépendant, l'avis donné au Président n'est pas conforme. Le Président de la République peut passer outre et méconnaître les recommandations du tribunal.

[520] La commission supérieure des investissements est composée par le Premier ministre (président) et le ministre de l'intérieur, ministre de la coopération internationale et de l'investissement, ministre des finances, ministre du plan et du développement régional, secrétaire général du gouvernement et le gouverneur de la Banque centrale de Tunisie (membres). Voir Décret n° 93-2542 du 27 décembre 1993 portant composition, organisation et mode de fonctionnement de la commission supérieure des investissements (JORT 1994, n° 2, p. 12).

revenant à l'Etat ou aux établissements publics, dans certains cas particuliers. De même, lorsque ces dégrèvements ou remises concernent des impôts, droits, taxes ou créances revenant aux collectivités publiques locales, ils sont accordés par arrêté conjoint des ministres de l'intérieur et des finances sur proposition du conseil de la collectivité intéressée.

677- Face à cette déconcentration accrue du pouvoir fiscal, le pouvoir constituant de 1976 a limité l'habilitation au profit du Président de la République. En effet, en vertu de l'article 34 de la constitution, seul le Président de la République peut être habilité à intervenir en matière fiscale sur délégation législative expresse. Suivant la même direction, les efforts d'harmonisation de certaines dispositions fiscales avec l'article 34 de la constitution, accomplies par le législateur en 1995[521], sont allés, précisément, dans le sens de la restitution au Président de la République de son monopole en tant qu'attributaire du pouvoir de délégation, à l'exclusion de toute autre autorité.

678- La manifestation la plus éclatante de cette concentration du pouvoir de délégation entre les mains du Président de la République apparaît à travers les dispositions du code d'incitation aux investissements. Par une série de délégations législatives, prévues notamment par ce dernier code, le Président de la République se trouve investi de larges pouvoirs normatifs qui lui permettent d'intervenir constamment pour aménager la législation fiscale et notamment, le cadre juridique de l'investissement[522].

679- On souligne que la concentration des délégations au profit du Président de la république peut être justifiée par un souci de planification politique. En effet, selon les commentateurs, la révision constitutionnelle de 1976 a été présentée comme « une sorte de planification politique » qui vise non seulement à consolider les acquis du régime présidentiel mais de préserver la place du Président de la République en tant que titulaire du pouvoir exécutif, surtout qu'il est désormais assisté par un Premier ministre[523]. Accorder des pouvoirs fiscaux exceptionnels seulement au Président de la République lui

---

[521] Voir les articles 95 et 97 de la loi n° 94-127 du 26 décembre 1994, portant loi de finances pour la gestion 1995.

[522] Un examen de l'ensemble des dispositions du code d'incitations aux investissements ainsi que les multiples décrets d'application permet de mesurer l'ampleur et l'intensité de l'intervention du Président de la République. Sur cette question, cf. Néji BACCOUCHE, Le code d'incitations aux investissements et ses démembrements, RTD 2000.

[523] MESTRE A., La signification de la révision constitutionnelle du 8 avril 1976 en Tunisie, article précité, p. 824 et 826.

permet non seulement de préserver sa place au sein de l'exécutif mais de rester « toujours le chef »[524].

680- De ce fait, par ces multiples délégations, il semble que le rôle du Président de la République, que certain le désigne comme véritable « tuteur de l'activité économique »[525], ne se limite pas simplement à fixer les grandes orientations de la politique fiscale ou ses options fondamentales, mais il le dépasse largement pour procéder effectivement à la mise en œuvre de cette politique, parfois même dans ses moindres détails.

§2) L'usage abusif de la technique de délégation par le pouvoir exécutif

681- Aussi bien la complexité du droit fiscal, l'évolution de la fiscalité indirecte que la diversité des régimes d'incitation fiscale, ont mis en évidence l'impuissance du Parlement. Le gouvernement se présentait, en revanche, comme une autorité attributaire d'une compétence normative initiale, plus capable de répondre aux besoins de la politique fiscale[526].

682- La mise en œuvre de la délégation est subordonnée d'une part, à l'existence d'une autorisation constitutionnelle qui confère au législateur la faculté de se dessaisir de ses pouvoirs au profit de l'exécutif ; d'autre

[524] Selon l'expression de M. S. CHAABANE, Le système constitutionnel tunisien à travers la réforme de 1976, Annuaire de l'Afrique du Nord 1976, p. 317.

[525] Cf. S. BARKIA, mémoire précité, p. 145 et s.

[526] A titre d'illustration, nous pouvons poser le cas du code d'incitation aux investissements qui est composé de 67 articles, renvoie 55 fois à des décrets. Sur cette base il existe actuellement 36 décrets réglementaires, c'est-à-dire comportant des règles générales et impersonnelles. Toutefois, ces décrets pris en application du code d'incitations aux investissements n'ont pas le même fondement constitutionnel. Certains décrets sont de simples décrets d'application dont le fondement est l'article 53 de la constitution, y compris les décrets individuels puisqu'ils se contentent de fixer les modalités d'application d'une norme législative ou qu'ils constituent une application de cette dernière. En revanche, la plupart des autres décrets qui sont pris sur la base du code se rattachent à la délégation législative pris sur le fondement de l'article 34 alinéa 7 de la constitution dans la mesure où ces décrets posent des règles qui engagent les deniers publics et posent des conditions qui ne sont pas prévues par la loi.

part, à l'intervention de l'acte d'habilitation législative qui use, ainsi, de cette faculté.

683- Dans le processus de la délégation une distinction devrait donc être opérée entre d'une part, le texte qui autorise le délégant à transférer ses compétences, qui intervient dans une première étape; et d'autre part, l'acte de délégation par lequel le titulaire d'une compétence doit exprimer sa volonté de s'en dessaisir. Ainsi, une fois le Président de la République est autorisé par le Parlement à intervenir dans une matière législative, il ne jouissait pas, en principe, dans ce domaine d'un pouvoir absolu et illimité, son action est normalement limitée par les termes de la délégation.

684- Or l'examen des différentes délégations attribuées par le législateur tunisien dans le domaine fiscal montre qu'assez fréquemment ces délégations ne respectent pas toujours les conditions de leur validité. L'expérience montre que le souci légitime de donner au Gouvernement les moyens juridiques favorisant l'utilisation de l'impôt à des fins conjoncturelles n'est pas toujours accompagné par un souci de légalité, à savoir le respect des impératifs dictés par le principe de la légalité de l'impôt. En effet, la pratique des délégations législatives en Tunisie montre que plusieurs délégations consenties par le législateur sont bien entachées d'inconstitutionnalité, soit en raison de l'absence d'un fondement constitutionnel, soit qu'elles sont accordées à des autorités non habilitées à recevoir délégation.

A/ L'inconstitutionnalité des délégations intervenues avant la révision de 1976

685- Avant la révision de la Constitution en 1976, en dehors de l'hypothèse particulière des décrets-lois, le Parlement n'était pas habilité à déléguer au Gouvernement les compétences qui lui étaient reconnues par la Constitution du 1er juin 1959. Le texte constitutionnel est clair, il réserve à la loi le monopole de la compétence fiscale initiale, son article 36 (ancien) avait disposé que « les impôts d'Etat, les emprunts publics et les engagements financiers ne peuvent être décidées que par la loi ». En effet, en l'absence d'autorisation préalable, qui devrait être accordée par un texte de même nature que celui qui a fixé les pouvoirs de l'Assemblée, en l'occurrence ici par un texte constitutionnel, toute délégation consentie par le Parlement au Gouvernement manquait de fondement légal et devenait de ce fait inconstitutionnelle. C'est ainsi que plusieurs actes de délégations législatives, accordés par le Parlement avant 1976 au Président de la République, étaient considérés comme inconstitutionnels et ont été à l'origine de plusieurs incursions du Président de la république dans le domaine de la fiscalité.

688- Il en est ainsi de l'article 25 de la loi de finances pour l'année 1971, qui a ajouté au chapitre 1er du décret beylical du 29 décembre 1955, instituant la taxe à la production, une disposition permettant au Gouvernement de consentir « des exemptions ou des réductions des taux de la taxe à la production par décret, pour tenir compte de la conjoncture économique ». Cette disposition avait été à l'origine d'incursions de plus en plus fréquentes de l'exécutif dans le domaine de la taxe à la production et la taxe à la consommation, en contradiction avec le principe de légalité tel qu'énoncé par l'article 36 de la Constitution.

689- Il en est ainsi également de la loi n° 58-85 en date du 26 août 1958, qui a attribué une large délégation de compétences en matière d'établissement du tarif des douanes[527]. En vertu de cette délégation l'exécutif était habilité à modifier, par décret pris après avis des Secrétaires d'Etat aux Finances et au Commerce et à l'industrie, le tarif des droits de douane d'importation et à suspendre ou rétablir, en tout ou en partie, ces droits. Sur la base de cette disposition, de nombreuses interventions ont été effectuées par le Gouvernement, en matière de tarif des droits de douane, bien avant 1976.

690- Selon la doctrine l'usage fait par le Gouvernement de la compétence fiscale initiale en vertu d'une délégation législative inconstitutionnelle, était, également, entachée de ce même vice[528]. En conséquence, la référence au principe de l'habilitation préalable a pour effet de rendre inconstitutionnelles de très nombreuses exemptions ou réductions du taux de la taxe à la production, décidées par décrets, pour des considérations économiques, sur la base de l'article 25 de la loi de finances de 1971.

691- La justification avancée pour soutenir cette inconstitutionnalité est la suivante: « Quelle que soit l'opportunité de cet article, il ne pouvait en effet, à lui seul, être source de validité pour les actes de l'exécutif qui ont été pris sur sa base antérieurement à 1976 car, sinon, il y aurait eu méconnaissance du principe de la légalité de l'impôt posé par l'article 36 de la constitution de 1959 »[529].

---

[527] Article 8 nouveau du code des douanes modifié par la loi n° 58-85 du 26 août 1958 qui dispose que « Des décrets pris après avis des secrétaires d'Etat aux finances et au commerce et à l'industrie peuvent modifier le tarif des droits de douane d'importation, suspendre ou rétablir, en tout ou en partie, les droits de douane d'importation ».
[528] Ridha JENAYEH, article précité; p.346.
[529] Ridha JENAYEH, article précité; p.346.

B/ Les imperfections dans la mise en œuvre des délégations après la révision de 1976

692- Même si l'assouplissement du principe de la légalité de l'impôt par la consécration constitutionnelle de la technique délégatrice a été motivé par des impératifs d'une action économique rapide et efficace, le système mis en place à partir de 1976, demeure toujours déplorable, dès lors que l'introduction d'une technique dérogatoire à l'ordre normal des compétences n'a pas été compensée par un contrôle strict de constitutionnalité. De ce point de vue, la mise en œuvre de la technique de délégation législative après la révision de 1976 a été entachée de plusieurs imperfections.

693- En effet, dans le cadre du nouvel ordre constitutionnel, le législateur est lié par les termes de l'habilitation constitutionnelle. Il ne peut pas méconnaître les limites fixées par l'acte d'habilitation sous peine d'inconstitutionnalité de l'acte de délégation. Cette conformité à l'acte d'habilitation préalable doit se manifester aussi bien dans la désignation du délégataire que dans l'indication de l'objet de la délégation.

1) L'intervention du pouvoir réglementaire dans le domaine fiscal sans délégation spéciale

694- Bien que possédant un degré de validité analogue à celle de la loi formelle, les décrets pris sur délégation législative demeurent, néanmoins, subordonnés à une légalité supérieure, incarnée par les prescriptions de la loi d'habilitation. Cette nécessaire « subordination des actes sur délégation aux actes de délégation …est une conséquence directe du principe de la légalité de l'impôt »[530]. D'une part, ces décrets ne peuvent être pris qu'en vertu d'une habilitation législative autorisant expressément l'intervention de l'autorité réglementaire sur délégation. En matière fiscale, ce type d'habilitation est donné, soit dans le cadre des lois de finances, soit dans le cadre des lois fiscales. D'autre part, ces décrets sont tenus de respecter minutieusement le contenu des lois d'habilitation qui détermine les formalités à suivre et limite le champ d'intervention de l'autorité déléguée, notamment quant à l'objet et à la durée.

---

[530] S. BARKIA, mémoire précité, p. 119.

695- L'intervention de l'acte d'habilitation législative est donc indispensable afin de pouvoir apprécier la légalité des décrets de délégation. Le bénéficiaire de la délégation ne peut agir légalement aux lieu et place du délégant qu'en vertu d'une délégation expresse. Il ne suffit pas que la constitution autorise le procédé de la délégation législative « encore faut-il que l'autorité délégante prenne une décision d'application, aux termes de laquelle elle use de la faculté qui lui est donnée et accorde délégation à telle autorité »[531].

696- L'autorisation constitutionnelle préalable ne fait que donner la faculté au titulaire de la compétence de se dessaisir d'une fraction de ses pouvoirs pour la déléguer au profit du Président de la République. Il en résulte que sans la volonté du déléguant, il n'y aurait aucune délégation au profit du délégué, et que cette volonté doit expressément s'exprimée dans un texte légal et l'on ne peut jamais la présumer de manière implicite[532].

a- Le cas du décret n° 97-1368 du 24 juillet 1997 relatif au régime fiscal des vins

697- S'agissant d'un texte qui détermine les règles d'assiette et de taux des impôts, le décret n° 97-1368 du 24 juillet 1997 relatif au régime fiscal des vins est intervenu dans un domaine qui relève, en principe de la compétence du législateur. Normalement, l'intervention du Président de la République, à travers ce décret, devrait se baser sur une délégation expresse donnée par la chambre des députés. Or, l'examen des visas dudit décret montre que ce dernier se fonde sur une habilitation antérieure, octroyée quelques années avant la date de son édiction. Il s'agit de la délégation législative donnée par l'article 86 de la loi n° 88-145 du 31 décembre 1988 portant loi de finances pour la gestion 1989. Le pouvoir réglementaire a pris le texte de l'habilitation de l'article 86 susmentionné comme support juridique pour légitimer son intervention.

698- Le caractère dérogatoire de la délégation doit normalement exclure toute possibilité au Président de la république de renouveler, de sa propre initiative, sa compétence en matière législative. C'est ainsi qu'un chercheur dans ce domaine n'a pas hésité à évoquer que « l'absence d'une délégation spéciale pose inévitablement le problème de la constitutionnalité du décret de 1997 surtout que le Président de la

---

[531] Georges Liet-Veaux, note sous CE 29 octobre 1949, société comptoir des viandes « Le cloaque des délégations administratives, Rev. Administrative 1949, p. 581.
[532] T. ad. Affaire n° 1051 du 11 décembre 1990, Rec. 1989, 1990, 1991, CREA, p. 422

République n'a pas seulement modifié les taux de droit de consommation afférents à certains produits alcooliques mais il a institué un véritable régime juridique en la matière »[533].

b- Le cas du décret n° 2000-133 du 18 janvier 2000 relatif à l'institution d'un régime de vente aux non-résidents avec restitution de la taxe sur la valeur ajoutée

699- L'objet du décret n° 2000-133 du 18 janvier 2000 porte sur l'institution d'un régime de vente aux non-résidents avec possibilité de bénéficier de la restitution de la TVA. Il exclu du champ d'application de la TVA les personnes physiques non-résidentes de nationalité étrangère, au titre de leurs achats des produits locaux ou importés, qui les accompagnent à leur départ du territoire tunisien. Or la détermination du champ d'application d'un impôt est un élément fondamental qui faisait partie des règles d'assiette, qui en vertu de l'alinéa 7 de l'article 34 de la constitution, devrait relever obligatoirement de la compétence propre du législateur.

700- En application des règles strictes de partage des compétences prévues par les articles 34 et 35 de la constitution, le Président de la République ne pourrait intervenir dans le domaine de l'assiette des impôt que dans le cadre des deux hypothèses suivantes : soit au titre de son pouvoir réglementaire d'application, s'il s'agit de déterminer et de préciser les modalités d'application des mesures arrêtées par une norme légale ; soit en vertu d'une délégation législative accordée au Président de la République par le Parlement, dans le cadre d'une loi de finances ou d'une loi fiscale.

701- Or, le décret n° 2000-133 ne semble appartenir ni à la première ni à la seconde catégorie de décrets. Il ne s'agit pas tout d'abord, d'un décret d'application dès lors que son contenu consiste à édicter des règles fondamentales relatives à la détermination du champ d'application de la TVA. Il ne s'agit pas non plus d'un décret pris sur délégation spéciale puisqu'aucune habilitation législative n'a été accordée au Président de la République, en cette matière. En effet, les visas contenus dans ledit décret ne font référence à aucune disposition légale prévoyant une telle délégation. En particulier, l'article 71 du code des douanes qui constitue

---

[533] S. JAMMOUSSI, mémoire précité, p. 96.

la première base juridique de ce texte ne prévoit aucune délégation au profit du Président de la République[534].

701- Il en résulte que le décret n° 2000-133 devrait être déclaré à la fois illégal et inconstitutionnel, puisque d'une part, il est pris par une autorité incompétente et à ce titre il est entaché d'un vice d'incompétence ; et d'autre part, le Président de la République a violé les règles de la délégation, telles qu'elles sont prévues par l'article 34 alinéa 7 de la constitution en s'ingérant dans le domaine législatif sans avoir reçu, préalablement, une délégation spéciale par le titulaire de la compétence, qui est la chambre des députés..

2) La délégation du pouvoir fiscal au profit d'une autorité non compétente

703- L'acte de délégation législative est à son tour tenu de respecter les prescriptions imposées par la norme constitutionnelle qui constitue l'acte d'habilitation préalable. Pour que la délégation soit considérée comme valide, c'est-à-dire conforme à la constitution, il faut qu'elle soit effectuée conformément aux conditions prévues par l'alinéa 7 de l'article 34 de la constitution. Or, vu sous cet angle, l'examen de la pratique des délégations en Tunisie montre que dans plusieurs cas les délégations accordées sont entachées d'inconstitutionnalité.

704- Selon l'alinéa 7 de l'article 34, le Parlement, ayant la compétence exclusive pour fixer les règles d'imposition, ne peut déléguer ses pouvoirs, en ce domaine, qu'au profit du Président de la République. Néanmoins, la lecture de certaines dispositions des lois de finances ou des lois fiscales montre bien que le législateur ne s'est pas toujours conformé à ces prescriptions et a effectivement délégué son pouvoir fiscal non pas au profit du Président de la République mais au profit d'autres autorités non compétentes, tel le cas du ministre des finances ou une autorité administrative indéterminée.

---

[534] Le premier visa de ce décret fait référence à l'article 71 du code des douanes. Cet article dispose que « I – Les marchandises destinées à être exportées doivent être conduite à un bureau de douane pour y être déclaré en détail.
II – Sur les frontières terrestres, il est interdit aux transporteurs de prendre aucun chemin tendant à contourner ou à éviter les bureaux de douane ».

a- Les cas des délégations irrégulières

705- Jusqu'à une date récente, la pratique législative tunisienne était largement marquée par l'usage de délégations irrégulières qui a bien concernée plusieurs secteurs de la fiscalité.

706- En matière d'impôt direct, nous pouvons citer, à titre d'illustration, l'alinéa 5 de l'article 12 du code de l'IRPP et de l'IS avait habilité le ministre des finances et le ministre concerné à fixer la liste des organismes, projets et œuvres sociales pour lesquels les dons et subventions sont déductibles en totalité, indépendamment de la limite de 2%o.

707- En matière de TVA, les exemples sont également abondants. Il en est ainsi de l'alinéa c du n° 2 du tableau A annexé au code de la TVA, avait habilité le ministre des finances, après avis du ministre de la santé publique, à fixer la liste des laits conservés, concentrés, sucrés ou non spécialement traités en vue d'en faciliter l'assimilation par les nourrissons ou les malades, qui bénéficient de l'exonération de la TVA. Il en est de même pour la détermination des œuvres reconnues d'intérêt général, dont les affaires sont exonérées de la TVA ainsi que pour la fixation des listes des plants et semences et des films cinématographiques impressionnés à caractère social, scientifique ou de formation qui bénéficient également de l'exonération de la TVA.

708- En matière des droits d'enregistrement, le n° 17 de l'article 23 et le paragraphe 1 de l'article 55 du code des droits d'enregistrement et de timbre avaient habilité le ministre des finances à fixer la liste des œuvres ou organismes d'intérêt général, à caractère philanthropique, éducatif, scientifique, social ou culturel qui sont susceptibles de bénéficier d'un régime de faveur aux cas où ils reçoivent des dons (application du tarif réduit : un droit fixe de 10 dinars par page) ou des legs (exonération des droits sur les successions).

709- Enfin, la matière des droits de douane demeure son domaine de prédilection. C'est ainsi que l'article 159 du code des douanes, par exemple, avait habilité le ministre des finances, après avis du ministre de l'industrie et du commerce, de fixer les conditions dans lesquelles les administrations des douanes peuvent autoriser l'exportation temporaire des produits envoyés hors du territoire douanier pour recevoir un complément de main-d'œuvre. De même, l'article 170 du code des douanes avait habilité le ministre des finances à autoriser l'importation, en franchise des droits et taxes de certaines catégories de marchandises et envois.

710- Conscient du problème d'inconstitutionnalité de ces différentes dispositions qui ont transféré la compétence fiscale à des autorités incompétentes, le législateur a procédé, dans la loi n° 94-127 du 26 décembre 1994 portant loi de finances pour la gestion 1995, à un réajustement de compétence. Il a édicté les articles 95 à 98 qui ont pour objet « d'harmoniser la législation fiscale avec les dispositions de l'article 34 de la constitution ». Le problème ne consiste pas seulement en un changement de termes mais il s'agit de retirer la compétence à une autorité incompétente et de la restituer au profit de l'autorité visée par l'alinéa 7 de l'article 34, à savoir le Président de la République. En dépit de ses limites, l'harmonisation introduite par la loi de finances pour la gestion 1995 traduit une tendance visant à rétablir la légalité.

b- la légalité des actes pris sur la base d'une délégation irrégulière

711- La question qui s'impose est celle relative à la valeur juridique des actes pris sur délégation législative confiée à une autorité non compétente, au regard de la norme constitutionnelle. Dans cette hypothèse, nous sommes bien confrontés à une délégation conforme à une loi méconnaissant les prescriptions de la constitution, c'est-à-dire, à une loi inconstitutionnelle.

712- L'appréciation de la légalité de l'acte pris par l'autorité déléguée nécessite l'examen, par le juge, de la conformité de cet acte par rapport aussi bien à l'acte de délégation législative qu'à l'acte d'habilitation constitutionnelle. La solution que pourrait aboutir cet examen varierait certainement selon qu'on applique ou non la théorie de « la loi écran » ou de «l'écran législatif ».

713- La théorie de l'écran législatif est définie par la doctrine comme suit : « quand la légalité d'un acte administratif est contestée pour des motifs tirés de la violation de la constitution, la position du juge administratif est totalement différente selon qu'une loi s'interpose entre la constitution et cet acte, auquel cas la loi constitue pour le juge un écran infranchissable et c'est en fonction de la loi seule qu'il apprécie la légalité de l'acte litigieux. Si, au contraire, aucune loi n'est intervenue en la matière, le juge administratif apprécie, directement par rapport à la loi constitutionnelle, la légalité discutée devant lui de l'acte administratif »[535].

714- Si l'on applique cette théorie de l'écran législatif, nous serons nécessairement conduits à considérer que l'acte ministériel qui s'appuie sur une délégation législative est bien légal, quand bien même cette

---

[535] Raymond ODENT, ouvrage précité, p. 232 et s.

délégation est inconstitutionnelle. La loi vient s'interposer entre l'acte administratif et la norme constitutionnelle. Les actes pris sur délégation seront donc immunisés étant donnée qu'il existe une loi qui s'interpose entre ces actes et la constitution. En revanche, si la théorie de la loi écran n'est pas applicable, on pourrait toujours évoquer l'inconstitutionnalité indirecte des actes ministériels du fait qu'ils sont pris en vertu d'une loi inconstitutionnelle[536].

715- Par ailleurs, le législateur, dans le cadre de la même loi de finances pour la gestion 1995, semble opter pour la consolidation du caractère légal des actes de délégation pris par l'autorité ministérielle. En effet, au sein de l'article 98 de cette loi, il est prévu que « les textes en vigueur demeurent applicables jusqu'à la promulgation des décrets prévus par les articles 95 et 97 de la présente loi ». Néanmoins cette dernière disposition est superflue puisque si la légalité d'un acte administratif est appréciée par rapport à la loi, l'article 98 n'ajoute rien dans la mesure où l'acte est déjà conforme à une loi précédente. En revanche, en dehors de la théorie de la loi écran, si l'appréciation de cette légalité a eu lieu par rapport à la norme constitutionnelle, les actes administratifs pris par une autorité incompétente demeurent toujours entachés d'inconstitutionnalité, en dépit de l'intervention de la seconde loi, prétendant consolider la légalité de ces actes.

3) Le dépassement des termes de la délégation par les actes pris sur délégation

716- Le Président de la république, en intervenant, sur délégation législative, dans un domaine qui relève de la compétence du Parlement, n'est pas totalement affranchi du contrôle de la légalité. Son action demeure liée par l'obligation du respect d'une « légalité minimale » qui se manifeste par la nécessité de se conformer, d'une part, au contenu de

---

[536] La jurisprudence tunisienne a fait preuve d'une innovation dans la décision du tribunal administratif du 21 mai 1996, ligue tunisienne pour la protection des droits de l'homme c/ le ministre de l'intérieur. Dans cette affaire, l'attitude du juge administratif est clairement favorable au contrôle de la conformité de la loi par rapport aux traités internationaux dûment ratifiés lorsqu'il s'agit d'un rapport tripartite mettant en relation un règlement administratif, une loi et une norme internationale. A travers cette démarche du juge administratif, l'écran est devenu « transparent » de la sorte que la loi ne fait pas obstacle à ce que le tribunal administratif contrôle la conformité de l'acte administratif aux normes supralégislatives. D'où pourrait-on transposer ce raisonnement au rapport, également tripartite, entre le règlement administratif, la loi et la norme constitutionnelle.

l'acte de délégation, c'est-à-dire la volonté du délégant, et d'autre part, aux principes généraux du droit.

717- Concernant, le respect du contenu de l'acte de délégation, la pratique montre qu'il y a toujours un risque d'altération de la loi fiscale par les actes pris sur délégation. Cette situation est essentiellement la conséquence directe de la difficile vérification des limites de la délégation due aux généralités des termes et à l'imprécision des pouvoirs délégués par les lois fiscales. En effet, sous prétexte de la technicité de la matière fiscale, le législateur se désintéresse fréquemment des détails et prévoit dans les lois fiscales des délégations parfois générales, vagues ou obscures. A cet égard, l'ambiguïté qui marque souvent les objectifs à réaliser ou l'étendue des pouvoirs délégués risque de doter le chef de l'exécutif d'une marge de liberté très considérable dans la mise en œuvre des délégations[537].

718- D'ailleurs ce phénomène, semble t-il, n'est pas propre à la Tunisie. Commentant l'expérience française, un auteur affirme que « les services fiscaux avaient, en présentant au Parlement de telles dispositions, agit dans un double sens : d'une part, les faire voter rapidement sans modification, car ils ont sans doute pensé que les parlementaires, n'y comprenant rien, les accepteraient sans discuter, ce qui s'est produit. D'autre part, obtenir une sorte de blanc-seing afin de les compléter par décrets, ce qui fut acquis »[538].

719- Néanmoins, même dans l'hypothèse où les termes de la délégation sont clairs et dénués de toute ambiguïté, l'expérience montre que le chef de l'exécutif ne justifie pas toujours d'une attitude respectueuse du contenu de l'acte de délégation. La réglementation fiscale nous offre quelques exemples particulièrement significatifs où le Président de la République a surpassé, sur bien des points, l'objet de la délégation consentie.

720- Il en est ainsi pour l'article 52 du code d'incitations aux investissements qui délègue au Président de la république le pouvoir d'accorder des avantages fiscaux supplémentaires lorsque les investissements revêtent un intérêt particulier pour l'économie nationale

---

[537] La doctrine affirme aujourd'hui qu'une certaine ambiguïté qui marque les délégations consentie est « l'œuvre » de l'administration. Cette dernière, en présentant des projets de lois comportant des dispositions obscures, cherche à ce qu'elle soit bénéficiaire d'une délégation vague et imprécise ce qui permet d'agir en toute liberté dans l'interprétation et la mise en œuvre des délégations reçues.
Voir N. BACCOUCHE, La doctrine administrative et les garanties du contribuable (en arabe), Etudes juridique, 2001 n°8, p. 13 et s.

[538] CHRETIEN M., Les récentes dispositions législatives en matière d'impôts directs, JCP 1948, I, p. 699.

ou pour les zones frontalières, tels que l'exonération de l'impôt sur le revenu ou de l'impôt sur les sociétés pendant une période ne dépassant pas 5 ans et la suspension des droits et taxes en vigueur au titre des équipements nécessaires à la réalisation des investissements.

721- Cependant, les décrets pris sur délégation de l'article 52 accordant des avantages fiscaux[539] ont ajouté une condition pour bénéficier de la suspension des droits et taxes en vigueur au titre des équipements nécessaires à la réalisation de l'investissement. Par une disposition de style[540], ces décrets interdisent l'aliénation des équipements importés et qui ont bénéficié des avantages fiscaux et ce pendant cinq ans à partir de la date d'importation.

722- De plus, pour vérifier la réalisation de cette condition, les décrets ont exigé que l'entreprise bénéficiaire des avantages doive souscrire lors de chaque importation un engagement de ne pas céder, à titre onéreux ou gratuit, les équipements importés et bénéficiant du régime fiscal privilégié. L'engagement doit être déposé à l'appui de la déclaration en douane.

723- Or ces conditions ne sont pas prévues par l'article 52, et ne figurent même pas dans les termes de la délégation. En effet, l'objet de la délégation accordée par l'article 52 se limite à octroyer les encouragements « par décret après avis de la commission supérieure d'investissements lorsque les investissements revêtent un intérêt particulier pour l'économie nationale ou pour les zones frontalières ». Aucune délégation n'a été donnée au Président de la république afin de poser des conditions supplémentaires pour l'octroi des avantages. Néanmoins, les décrets pris sur délégation de l'article 52 ont bien ajouté cette condition dans le but d'éviter le détournement des avantages fiscaux.

724- La délégation accordée par l'article 52 a été victime d'un autre dépassement de ses termes. Ainsi dans un autre décret de délégation pris sur la base de l'article 52[541], le Président ne s'est pas limité aux avantages prévus par cet article, il a octroyé à la société de promotion immobilière de Gabès, en plus de l'exonération totale de l'impôt sur les sociétés, pendant une période de cinq ans, une exonération du minimum d'impôt prévu par l'article 12 de loi n° 89-114 du 30 décembre 1989 portant promulgation du code de l'IRPP et de l'IS. Or ce nouveau

---

[539] Sur le régime des avantages fiscaux accordés sur la base de cet article, cf. AYADI L., Les avantages fiscaux supplémentaires des articles 52 du code d'incitations aux investissements, Mémoire DEA, Faculté de droit de Sfax, 2000.

[540] A titre d'exemple, l'article 2 du décret n° 2001-24.

[541] Il s'agit du décret n° 96-344 du 6 mars 1996, JORT 1996, n° 22, p. 539.

privilège fiscal ne figure pas dans la liste des avantages énumérés par l'article 52, qui lie normalement le Président de la République, selon les termes de la délégation qu'il a reçu du législateur, et qui doivent avoir, selon les termes du Doyen BACCOUCHE, « une application stricte »[542].

* * * *

725- Si l'article 34 de la Constitution semble exclure toute hypothèse de « fiscalité gouvernementale », pour reprendre l'expression de M. LIET VEAUX, cette exclusion est tempérée par l'introduction, dans cette matière, de la technique délégatrice qui est de nature à permettre au Chef de l'exécutif d'intervenir dans un domaine, en principe réservé à la loi.

726- Mais, quelle que soit l'opportunité et les vertus de la technique de la délégation législative, elles ne peuvent, en effet, à elles seules, dissiper, ce qu'un auteur qualifie «la légèreté qui a marqué l'utilisation de la technique en matière (plus particulièrement) de fiscalité indirecte ». Le recours à tout prix à la technique de la délégation a le plus souvent été dans « la confusion et la méconnaissance par les pouvoirs publics des règles de la délégation »[543].

727 La « conciliation entre la nécessité d'une utilisation croissante de l'impôt à des fins conjoncturelles, qui implique l'intervention du Gouvernement, et le principe de la légalité dont le fondement est la protection du contribuable »[544] s'avère, dans la pratique, si difficile que l'usage de la technique de délégation est le plus souvent entaché par des atteintes aussi bien à la légalité qu'à la constitutionnalité.

---

[542] N. BACCOUCHE, Le code d'incitation aux investissements et ses démembrements, RTD 2000, p. 15.
[543] Ridha JENAYEH, Article précité p. 342.
[544] Ridha JENAYEH, article précité, p. 341.

CHAPITRE II

L'EXISTENCE D'UN POUVOIR REGLEMENTAIRE AUTONOME EN MATIERE FISCALE

783- Dans sa version initiale, la constitution tunisienne a consacré le principe de répartition verticale des compétences donnant la primauté absolue à la loi, par contre le règlement n'occupe qu'une place subordonnée et résiduelle. La révision constitutionnelle du 8 avril 1976 a bouleversée l'agencement classique des pouvoirs législatifs et exécutifs. Elle a eu pour effet d'instituer une nouvelle distribution des compétences normatives entre la loi et le règlement. Il s'agit de relativiser l'exclusivité de la compétence initiale de la loi et d'ouvrir, par là, la possibilité au pouvoir réglementaire d'édicter des normes à titre initial, en dehors des matières protégées par l'article 34 de la constitution.

784- Ainsi cette révision de 1976, oeuvrant dans le sens du renforcement du pouvoir exécutif, a introduit, bien que de manière assez timide et incomplète, la catégorie des règlements autonomes[545]. Mais, il faudrait attendre la révision constitutionnelle du 27 octobre 1997 pour que l'existence de cette catégorie de décrets soit définitivement consacrée dans l'ordre constitutionnel tunisien. Cette dernière révision a donc poursuivi la même tendance en consolidant davantage le pouvoir réglementaire qui sera désormais titulaire de la compétence normative de droit commun, alors que la loi n'intervient que dans les matières qui sont spécifiquement énumérées par les articles de la constitution.

785- Plus particulièrement, la matière fiscale a été, à son tour, touchée par ce bouleversement de la répartition des compétences entre la loi et le règlement. En effet, quand bien même le législateur a conservé une compétence plus ou moins étendue dans le domaine fiscal, le règlement a conquis une place respectable parmi les sources normatives du droit fiscal. L'article 35 de la constitution prescrit désormais, avec une clarté implacable, que « les matières autres que celles qui sont du domaine de la loi relèvent du pouvoir réglementaire général ».

---

[545] L'expression « règlement autonome » désigne un type de règlement, autonome par rapport à la loi, c'est-à-dire non soumis au principe de conformité. Sur ce point, cf. R. CHAPUS, de la soumission au droit des règlements autonomes, D. 1960, chron., p. 119 et s.

SECTION I

L'INTERVENTION DU POUVOIR EXECUTIF DANS LE DOMAINE FISCAL A TITRE INITIAL

788- L'une des manifestations, la plus spectaculaire, qui marque l'extension du pouvoir exécutif est la possibilité de son intervention dans le domaine fiscal, à titre initial, et ce en exerçant, en vertu de la constitution, un pouvoir réglementaire autonome. Néanmoins, si ce pouvoir réglementaire fiscal autonome est définitivement et clairement consacré par le texte constitutionnel, à l'issue d'une longue évolution (**§ 1)**, son contenu devrait être précisé en se basant sur l'interprétation qui devrait être adoptée quant au nouveau mécanisme de répartition horizontale de la compétence fiscale entre le Parlement et le Gouvernement **(§ 2)**.

§1) La reconnaissance d'une compétence fiscale initiale au pouvoir réglementaire autonome

789- Initialement, dès la révision constitutionnelle de 1976, le pouvoir constituant avait, timidement, ouvert la possibilité au chef de l'exécutif d'intervenir, à titre initial, dans le domaine normatif au moyen du pouvoir réglementaire autonome. Mais en raison du caractère lacunaire du texte constitutionnel, à cette époque, une bonne partie de la doctrine a nié l'existence d'un véritable pouvoir réglementaire autonome, notamment en matière fiscale. Ce n'est qu'avec la révision constitutionnelle du 27 octobre 1997, que l'ambiguïté a été définitivement dissipée et le pouvoir constituant a finalement opter pour une consécration, sans équivoque, d'un pouvoir réglementaire autonome.

A/ La naissance du pouvoir réglementaire autonome

790- Dans sa version initiale l'article 36 de la constitution du 1er juin 1959 dispose que « les impôts d'Etat, les emprunts publics et les engagements financiers ne peuvent être décidés que par la loi ». Il résulte des termes généraux de cet article que la volonté du constituant est de doter le pouvoir législatif d'une compétence absolue en matière fiscale. Cette compétence ne laisse, en principe, au pouvoir réglementaire aucune marge de manœuvre pour intervenir, à titre initial, dans le domaine fiscal.

791- La première remise en cause de cette compétence absolue du législateur en matière fiscale est intervenue par la révision constitutionnelle du 8 avril 1976 qui a remanié les règles d'attribution de la compétence normative par la modification des articles 34, 35 et 36 de la constitution. L'article 34 nouveau a prévu dans son alinéa 7 que « prennent la forme de loi, les règles relatives...à l'assiette de l'impôt et ses taux au profit de l'Etat ». Cet alinéa 7 a donc attribué l'essentiel de la compétence fiscale au pouvoir législatif.

792- Néanmoins, la formulation de l'alinéa 7 est certainement plus spécifique que celle de l'ancien article 36 de la constitution puisque les matières énumérées par cet alinéa ne couvrent pas totalement le domaine fiscal. Il en résulte que tous les autres éléments qui touchent ce même domaine sont désormais exclus de la compétence législative et devraient obligatoirement relever du pouvoir réglementaire autonome. En effet, si l'on envisage l'opération d'imposition dans ses différentes étapes, elle se ramène principalement à trois étapes : la première consiste en la détermination et l'évaluation de l'assiette ; la seconde a pour objet la liquidation de l'impôt et la troisième est relative à ses procédures de recouvrement. De ce fait, l'interprétation des termes de l'article 34 alinéa 7 nous amène à exclure de la compétence du législateur les règles relatives aux procédures de recouvrement et les règles de liquidation autre que le taux. Le pouvoir réglementaire disposait ainsi d'un domaine assez étendu. Il pourrait intervenir dans les matières non réservées au législateur, à savoir, les modalités de recouvrement des impôts, l'institution des taxes, redevances, taxes parafiscales ainsi que les impôts locaux.

793- Le problème qui s'est posé après l'insertion des articles 34 et 35 en 1976, est de déterminer la portée de ces articles. Autrement dit, les articles 34 et 35 ont-ils assigné le domaine de la loi ? La révision de 1976 a-t-elle consacré la catégorie des décrets réglementaires autonomes à l'instar de la constitution française de 1958 ? En réponse à ces questions la doctrine a été divisée en deux courants soutenant chacun une thèse spécifique : la thèse du domaine assigné et celle du domaine réservé.

1) La thèse du domaine assigné

794- Pour certains auteurs[546] la révision du 8 avril 1976 assigne un domaine à la loi. Ceci implique que la chambre des députés n'a plus le pouvoir d'intervenir en dehors de la liste des matières énumérées par les articles 34 et 35, ce qui permet au Président de la République d'édicter des décrets réglementaires autonomes. Selon cette thèse, la révision de 1976 a institué deux domaines distincts : celui de la loi et celui du règlement. « La frontière entre eux est nette. Ainsi, le pouvoir réglementaire a une compétence de droit commun et le pouvoir législative a une compétence d'attribution »[547].

795- Pour fonder leur point de vue, ces auteurs avancent les arguments suivants : ils partent de l'idée selon laquelle toute révision doit avoir un effet utile. Les articles 34 et 35 n'auraient aucun sens s'ils n'avaient pour objet de modifier l'état antérieur du droit, « pourquoi donc auraient-ils été édictés ?...si on admet que les articles 34 et 35 n'ont pas pour résultat d'assigner un domaine à la loi, l'intervention du constituant deviendrait gratuite et absurde »[548]. Les partisans de cette thèse ajoutent que la liste des matières prévues par les articles 34 et 35 ne peut être que restrictive conformément au principe selon lequel toute énumération est limitative ; sauf mention expresse contraire. Ainsi, le fait de retenir la thèse du domaine réservé à la loi aboutit à admettre des exceptions sans texte.

2) La thèse du domaine réservé

796- Selon les partisans de cette thèse, la chambre des députés est la seule autorité compétente pour légiférer dans les matières prévues par les articles 34 et 35, mais cela n'implique pas qu'elle ne peut pas intervenir en dehors de ces matières. En effet, la loi demeure une norme inconditionnée qui peut saisir n'importe quelle matière. A cet égard, les articles 34 et 35 ont été insérés simplement pour protéger certaines matières, vu leurs intérêts dans la vie nationale. C'est ce qui explique l'absence de l'équivalent de l'article 37 de la constitution française de

---

[546] Cette thèse a été soutenue notamment par R. JENAYEH, De l'existence des règlements autonomes en Tunisie, RTD 1976 II, p. 233 ; A. MESTRE, La signification de la révision constitutionnelle du 8 avril 1976 en Tunisie, Mélanges G. MARTY, Paris, LGDJ 1978, p. 834 ; M. LADHARI, Le décret réglementaire en Tunisie : quelques aspects à la lumière du droit comparé, RJPIC 1980, n° 2, p. 578.

[547] Z. M'DHAFFAR, Le domaine de la loi en Tunisie, RTSP Servir, n° 33, 1984, p. 9.

[548] Y. BEN ACHOUR, cité par R. JENAYEH, article précité.

1958, lequel a été repris par les constitutions adoptant le modèle français[549], qui dispose explicitement que « les matières autres qui sont du domaine de la loi ont un caractère réglementaire ».

797- Les travaux préparatoires de la révision constitutionnelle de 1976 semblent confirmer cette conception. La déclaration du premier ministre, lors de la discussion du projet de la révision du 8 avril 1976, est catégorique sur ce point. « Pour ce qui est de l'article 34, on a pas pris en considération toutes les situations, on a fait une énumération à titre indicatif et non pas une énumération restrictive »[550]. Par ailleurs, la thèse du domaine réservé a été confirmée par la pratique constitutionnelle de la Tunisie. La chambre des députés avait continué à édicter des lois dans toutes les matières, même celles qui n'étaient pas prévues par les articles 34 et 35.

798- La révision du 8 avril 1976 n'a pas opéré un véritable partage du pouvoir normatif entre la loi et le règlement. S'il existe vraiment un domaine réservé à la loi par les articles 34 et 35 de la constitution, aucun texte constitutionnel n'est venu déclasser les lois intervenues dans le domaine réservé au règlement ou encore interdire au pouvoir législatif de prendre des lois dans le domaine réglementaire.

799- De cette situation, nous pouvons tirer les deux conséquences suivantes : d'une part, les textes ayant valeur législative intervenus avant la révision constitutionnelle de 1976 conservent leur nature législative et ne peuvent être modifiés que par une loi ; d'autre part, le législateur peut toujours intervenir dans les domaines non énumérés dans les articles 34 et 35.

800- Ainsi, sous le régime de compétence institué par l'article 34, issu de la révision de 1976, rien n'empêche le législateur d'intervenir dans un domaine déjà réglementé, c'est la raison pour laquelle plusieurs auteurs ont choisi à ce type de décret la dénomination de « décret quasi-autonome ». La pratique parlementaire a été claire à ce propos. La chambre de députés a continué à légiférer dans tous les domaines comme si rien n'a eu lieu et « les matières fiscales non énumérées dans l'article 34 alinéa 7 peuvent être l'apanage exclusif du législateur si celui-ci désire conserver la totalité de sa compétence en la matière »[551].

---

[549] Voir, à titre d'exemple, les constitutions algérienne et marocaine.
[550] Débats parlementaires, JORT 1975, p. 82.
[551] S. JAMMOUSSI, mémoire précité, p. 110.

B/ L'extension du pouvoir réglementaire autonome

801- La révision constitutionnelle du 27 octobre 1997 a mis fin aux ambiguïtés qui entourent le domaine de la loi en créant un domaine propre au règlement distinct de celui de la loi. Dans cette perspective, cette révision a bien « franchi le pas en adoptant un article 34 presque identique à l'article 34 de la constitution française de 1958 et un article 35 semblable à l'article 37 de cette dernière »[552].

802- Selon l'exposé des motifs de la révision de 1997[553], le Constituant tunisien a voulu éviter l'ambiguïté et l'incertitude créées par la révision de 1976. Il ajoute que le partage des compétences entre la loi et les règlements est devenu possible grâce à la mise en place du Conseil constitutionnel.

803- Désormais, le domaine normatif attribué au pouvoir réglementaire se définit par voie de clause générale. En vertu de l'article 35 alinéa 1er de la constitution « les matières autres que celles qui sont du domaine de la loi, relèvent du pouvoir réglementaire général ». En outre, l'article 53 alinéa 2 de la constitution définit le détenteur de ce pouvoir réglementaire qui est le Président de la République. Ce dernier peut déléguer toute ou une partie de sa compétence au premier ministre[554]. Dans ces conditions, la nouvelle version de l'article 35 s'avère extrêmement favorable au pouvoir réglementaire puisqu'elle lui attribue une compétence de droit commun, alors que la loi dispose d'une compétence d'exception.

804- Ainsi, selon le Professeur Néji BACCOUCHE, la limitation des domaines d'intervention du Parlement et du Président de la République, en sa qualité de détenteur du pouvoir réglementaire général, constitue une « véritable révolution »[555] dans l'ordre constitutionnel tunisien. Le pouvoir réglementaire ne se présente plus comme une source résiduelle et subordonnée du droit fiscal mais plutôt comme une source concurrente, créatrice de normes initiales en ce domaine.

---

[552] N. BACCOUCHE, Les dernières révisions de la constitution tunisienne du 1er juin 1959, RTD 1998-1999, n° 6, p. 32 et s.
[553] Débats parlementaires, audience du 21 octobre 1997, JORT, p. 8.
[554] Selon la nouvelle version de l'article 53 de la constitution, introduite par la révision du 1er juin 2002, le Président de la République «exerce le pouvoir réglementaire et peut en déléguer une partie au Premier ministre ».
[555] Néji BACCOUCHE, Les dernières révisions de la constitution tunisienne du 1er juin 1959, article précité, p. 35.

805- A cet égard, nous pouvons aisément constater que l'ambiance générale de la révision de 1997 semble très bien favoriser la promotion du décret autonome comme source normative concurrente à la loi. Néanmoins, en matière fiscale, l'apport de la révision peut être envisagé sous deux angles différents. D'une part, au niveau de l'attribution de la compétence normative, la révision a élevé le pouvoir réglementaire au rang du pouvoir normatif du droit commun. A ce titre le décret peut intervenir à titre initial en matière fiscale afin d'instituer ou de réglementer certains aspects essentiels de la fiscalité. D'autre part, s'agissant du domaine législatif protégé par la constitution, la révision a entraîné un élargissement dans les compétences du législateur en ajoutant à la liste prévue par l'alinéa 7 de l'article 34 les procédures de recouvrement ainsi que les impôts locaux. De ce point de vue, le domaine proprement fiscal du pouvoir réglementaire autonome a fait l'objet d'un véritable rétrécissement par rapport à son étendue sous l'ancienne version de l'article 34.

806- Mais au niveau de la production décrétale, la révision de 1997 a engendré un accroissement quantitatif des décrets réglementaires en dotant le pouvoir exécutif d'un domaine exclusif et réservé, tout en l'autorisant à modifier les lois antérieures à la révision du 27 octobre 1997, lorsqu'elles touchent le nouveau domaine du décret autonome. « Il découle de cette possibilité, selon Néji BACCOUCHE, un déclassement des lois antérieures à la révision de 1997 au rang de l'acte réglementaire »[556].

§2) Le contenu du pouvoir réglementaire autonome en matière fiscale

807- En nous appuyant sur la formulation générale figurant à l'article 35 de la constitution, nous déduisons que l'étendue du domaine réglementaire dépend de celui de la loi. Toutes les matières fiscales qui ne relèvent pas de l'énumération du domaine législatif, telle qu'elle est prévu par l'article 34 ou les autres dispositions de la constitution, rentrent forcément dans le champ de compétence du pouvoir réglementaire. Ce dernier revêt dans cette hypothèse la forme d'un pouvoir réglementaire autonome.

---

[556] Néji BACCOUCHE, article précité, p. 35.

A/ La portée du pouvoir réglementaire autonome en matière fiscale

808- D'une manière générale, faisant application d'un article similaire à l'article 35 de la constitution tunisienne (l'article 37 de la constitution française), le conseil constitutionnel français admet que « ... les dispositions qui ne touchent à aucune des règles non plus qu'à aucun des principes fondamentaux que l'article 34 a rangés dans le domaine de la loi ont un caractère réglementaire »[557]. Dans le même sens, le conseil d'Etat a jugé « ...qu'enfin ces dispositions ne portent sur aucune des autres matières relevant du domaine de la loi en vertu de la constitution, que dès lors le gouvernement, en les prenant par décret, n'a fait qu'user des pouvoirs qu'il tient de l'article 37 de la constitution »[558].

809- Plus particulièrement, dans le domaine fiscal, le conseil constitutionnel français soutient que « si l'article 34 de la constitution place dans le domaine de la loi la fixation des règles concernant l'assiette, le taux et les modalités de recouvrement des impositions de toute nature, la mise en œuvre de cette compétence ne saurait faire obstacle à l'exercice par l'autorité réglementaire des pouvoirs que celle-ci tient de l'article 37, 1er alinéa, de la constitution »[559].

810- Nous pouvons donc conclure, avec TROTABAS et COTTERET, que « dans la mesure où une disposition fiscale peut être détachable d'une règle d'assiette, de liquidation ou de recouvrement, le pouvoir réglementaire peut établir lui-même la règle fixant cette disposition, en vertu du pouvoir propre qui lui est donné par l'article 37 de la constitution (l'article 35 pour le cas de la constitution tunisienne) »[560]. Le pouvoir réglementaire peut donc intervenir, sur la base de l'article 35, en matière fiscale, comme en toute autre matière. Seulement, aussi bien la précision de l'article 34 que l'interprétation qui en a été consacrée, tant par la pratique législative que par la jurisprudence, réduisent assez sensiblement la portée de cette hypothèse.

811- En effet, si la formulation générale de l'article 35 semble extrêmement favorable au pouvoir réglementaire puisqu'elle lui attribue une compétence normative de droit commun, la portée de cet article est assez relative sur le plan fiscal. A ce propos, le constituant, même suite à la révision de 1997, est toujours convaincu de la nécessité de conserver au pouvoir législatif l'essentiel de la matière fiscale, il a donc procédé,

---

557 C. C. 24 octobre 1969, J.O. 1ER novembre 1969, p. 10.743.
558 C.E. 2 févier 1962, BEAUSSE, Rec. 82.
559 C.C. 30 janvier 1968, J. O. 1er février 1968, p. 1195.
560 TROTABAS et COTTERET, Droit fiscal, Dalloz, 1973, n° 59.

de manière concomitante, à l'élargissement du domaine de la loi en modifiant l'alinéa 7 de l'article 34 pour y intégrer tous les impôts ainsi que leurs procédures de recouvrement. De surcroît, les dispositions qui pourraient être détachables d'une règle d'assiette, de liquidation ou de recouvrement ainsi que des matières qui sont visées par les autres dispositions de la constitution, ne peuvent concerner réellement que des questions annexes ou tout à fait secondaires.

812- De même, il est à noter, que dans le domaine fiscal, comme en tout autre, le gouvernement bien que compétent, s'agissant d'une disposition détachable, peut accepter, pour diverses raisons, l'intervention du législateur. Il range ainsi de sa propre autorité la disposition en question dans le domaine de la loi. Cette attitude qui consiste à concevoir le pouvoir du gouvernement de saisir le législateur, comme bénéficiant d'un droit de dispenser de la constitution, est considéré comme regrettable par certains auteurs. Ainsi, SFEZ, par exemple, soutient que « les compétences, en droit public, n'appartiennent pas aux organes qui en sont titulaires. Elles ne sont pas une propriété avec l'usus et l'abusus. Elles s'imposent de la façon la plus stricte »[561].

813- Il en résulte que dans la pratique, le domaine fiscal résiduel, véritablement délaissé au pouvoir réglementaire autonome, et effectivement récupéré par ce dernier, est relativement restreint. Mais, il n'en demeure pas moins que cette étendue du pouvoir réglementaire fiscal, si restreinte qu'elle soit, constitue bien un nouveau titre de compétence reconnu et réservé par le constituant de 1997 au profit du Président de la république.

814- Ainsi, par cette reconnaissance de la catégorie des règlements autonomes en matière fiscale, le constituant a bien établi une répartition horizontale de la compétence fiscale entre le Parlement et le gouvernement. Désormais, en dépit de la proclamation par la constitution du principe de la légalité de l'impôt, le règlement constitue une source normative concurrente à la norme fiscale législative. D'où, la relativisation de la règle de la subordination du pouvoir réglementaire au pouvoir législatif, qui n'est totalement valable et juridiquement opérationnelle qu'au sein d'un système constitutionnel basé sur une distribution exclusivement verticale des compétences normatives.

---

[561] SFEZ, Une survivance : le règlement d'administration publique, Etudes de droit public, CUJAS, 1964, p. 249 et s.

B/ Les matières fiscales relevant du pouvoir réglementaire autonome

815- Les matières fiscales qui relèvent du domaine du décret autonome peuvent être déduites de l'énumération figurant à l'article 34 de la constitution. Mais, allant dans la logique que la compétence réglementaire autonome est de droit commun, la liste de ces matières qui est susceptible d'être dégagée à un moment donné ne peut être considérée comme exhaustive. A priori, le pouvoir réglementaire autonome est toujours compétent pour intervenir à titre initial dans toute matière nouvelle, du moment qu'elle n'a pas été expressément assignée au domaine législatif. A cet égard, nous pouvons évoqué le cas de création d'établissements et d'entreprises publics ainsi que les matières qui n'ont pas été visées par l'article 34 de la constitution.

1) La création d'établissements et d'entreprises publiques

816- La création d'établissements et d'entreprises publiques pourrait toucher au domaine fiscal dans la mesure où les textes les créant renferment des dispositions à caractère fiscal. Il en est ainsi, par exemple, de la loi n° 60-30 du 14-12 1960 relative à l'organisation des régimes de sécurité sociale, ayant créé la caisse nationale de sécurité sociale, qui prévoit dans son article 115 que « les sommes versées à titre de cotisation, tant par l'employeur que par le salarié, sont déductibles du total du revenu de ceux-ci pour l'assiette des impôts. Les personnes qui bénéficient des prestations sont exemptées de tous impôts et taxes, sur les sommes perçues par elles au titre des régimes prévus par la présente loi ».

817- Cette création d'établissements et d'entreprises publiques est bien une compétence qui avait été du ressort du pouvoir législatif avant l'intervention de la révision du 27 octobre 1997[562]. Cette compétence a dû basculer au profit du pouvoir réglementaire suite à la modification de l'alinéa 2 de l'article 34 de la constitution. En effet, la nouvelle formulation ne réserve désormais à la loi que « la création des catégories d'établissements et d'entreprises publiques ». La constitution tunisienne s'aligne ainsi, sur ce point, sur la solution arrêtée par son homologue

[562] L'article 34 alinéa 2 ancien de la constitution dispose que « sont pris sous forme de loi les textes relatifs ...à la création d'office, d'établissements publics, de sociétés ou d'entreprises nationales ».

français de 1958[563]. Il en découle alors que la création d'établissements publics ou d'entreprises publiques relève finalement du domaine du décret réglementaire[564].

818- En vertu, du principe de « parallélisme des formes », la suppression d'une entreprise ou d'un établissement public fait partie également du domaine du pouvoir réglementaire[565]. Il en est ainsi du changement de leurs appellations et de leurs missions[566], sous réserve que l'établissement en cause ne constitue pas à lui seul une catégorie.

2) Les matières fiscales non énumérées par l'article 34 de la constitution

819- En dépit de la reconnaissance au Président de la République d'un pouvoir réglementaire autonome, le constituant semble avoir voulu réserver rigoureusement l'impôt à la compétence du Parlement. Néanmoins, l'éclatement de l'unité des prélèvements obligatoires a élargi le champ des ressources de l'Etat. En effet, l'impôt était le mode quasi exclusif de la couverture des charges publiques, mais avec l'augmentation des besoins financiers de l'Etat, concomitamment à l'extension de son interventionnisme dans les domaines économiques et sociaux, on assiste à une prolifération des prélèvements obligatoires,

---

[563] L'article 34 alinéa 2 de la constitution française de 1958 dispose que « la loi fixe les règles concernant :... la création de catégories d'établissements publics ».

[564] Plusieurs décrets, portant création d'établissements publics ont été pris après la révision de 1997, à titre d'exemple, voir : le décret n° 98-405 du 18 février 1998 portant création du centre de défense et d'intégration sociale de Dar Chaâbane Elfehri et fixant son organisation administrative et financière et ses modalités de fonctionnement, JORT n° 17 du 17 février 1998, p. 403 ; le décret n° 99-281 du 27 octobre 1999 portant création de l'école supérieure de forces de sécurité intérieure et fixant ses missions et son organisation administrative et financière, JORT n° 90, p. 2272 ; le décret n° 99-2814 du 21 décembre 1999 portant création des établissements publics, JORT n° 105, p. 2290 ; le décret n° 2000-1189 du 30 mars 2000, JORT n° 46 du 9 juin 2000, p. 1404.

[565] Voir le décret n° 98-744 du 30 mars 1998 portant suppression d'un établissement public, JORT n° 29 du 10 avril 1998, p. 721 ; le décret n° 98-1066 du 11 mai 1998 portant suppression de l'école supérieure des postes et des télécommunications de Tunis, JORT n° 41 du 27 mai 1998, p. 1140 ; le décret n° 98-1813 du 21 septembre 1998 portant suppression d'un établissement d'œuvres universitaires, JORT n° 78 du 29 septembre 1998, p. 1976.

[566] Voir le décret n° 98-2246 du 16 novembre 1998 portant changement d'appellations de certains établissements publics, JORT n° 94, p. 2298 ; le décret n° 99-255 du 1er février 1999 portant changement de l'appellation arabe de certains établissements publics relevant du ministère de l'intérieur, JORT n° 13, p. 241 ; le décret n° 98-468 du 23 février 1998 portant changement de la mission et de l'appellation de deux établissements d'enseignement supérieur, JORT n° 18, p. 433.

sous des formes diverses : taxes, redevances, cotisations, taxes parafiscales.... Ces prélèvements échappent désormais à la compétence du législateur.

820- Par ailleurs l'énumération par l'alinéa 7 de l'article 34 de la constitution des domaines fiscaux qui relèvent du domaine législatif, à savoir : la détermination des règles d'assiette de taux et des modalités de recouvrement de l'impôt, équivaut à dire que tous les autres domaines qui peuvent intéresser le régime de l'impôt sont désormais classer dans le champ d'intervention du décret autonome. Il en est ainsi, par exemple, des règles relatives à l'organisation interne des services fiscaux. Dans ces conditions, une partie non négligeable de la fiscalité échappe au législateur et tombe dans le domaine d'intervention du pouvoir réglementaire autonome.

a- Les prélèvements obligatoires autres que fiscaux

821- Au lendemain de la seconde guerre mondiale, il s'est développé dans certains pays une nouvelle catégorie de prélèvements qui échappe « en totalité ou en partie aux règles de la législation budgétaire et fiscale en ce qui concerne les conditions de création de la recette, de la détermination de son assiette, de la procédure de recouvrement ou de contrôle des fonds »[567] cette catégorie de prélèvement est désignée globalement par le concept « parafiscalité » qui répond à des fins d'ordre économique ou social[568]. « Il s'agit d'un impôt affecté à une dépense spéciale et perçu par un organe qui ne relève pas directement de l'Etat »[569].

822- Selon cette définition la parafiscalité suppose les trois conditions suivantes : l'existence d'un besoin général est démontré qui n'est pas couvert par la fiscalité classique ; la création d'un organisme destiné à répondre à ce besoin ; et enfin, l'aménagement d'une technique de financement qui va permettre à cet organisme de répondre à ce besoin.

823- Cette définition doctrinale repose sur un statut légal de la parafiscalité qui résulte en France des dispositions de l'article 4 de l'ordonnance du 2 janvier 1959 indiquant que « les taxes parafiscales

---

[567] Avis du CE sur la loi du 25 juillet 1953 en date du 11 mai 1954, cité par Francis QUEROL, La parafiscalité, CNRS, Paris 1957, p. 88.

[568] Dès son apparition lors de la deuxième guerre mondiale, dans le contexte d'une organisation économique destinée à faire face à la pénurie des matières premières et des capitaux, la parafiscalité se révèle comme l'un des moyens privilégiés d'intervention à la disposition du pouvoir exécutif.

[569] Ader DUCROS, La notion juridique de la parafiscalité, RSLF 1956, p. 660.

perçues dans un intérêt économique ou social au profit d'une personne morale de droit public ou privé autre que l'Etat, les collectivités territoriales et leurs établissements publics administratifs, sont établies par décrets en conseil d'Etat, pris sur le rapport du ministre des finances et du ministre intéressé »[570].

824- Depuis l'ordonnance de 1959, il est admis en France que les taxes parafiscales ne sont pas au nombre des « impositions de toute nature » visées par l'article 34 de la constitution française, et de ce fait, le pouvoir réglementaire demeurera prépondérant en cette matière. Les taxes parafiscales sont donc créées par décret en conseil d'Etat, pris sur le rapport du ministre des finances et du ministre intéressé. Néanmoins, elles n'échappent pas pour autant au contrôle du législateur[571].

825- Toutefois, en ce qui concerne le cas tunisien, notre droit n'a pas consacré explicitement une définition légale ou même jurisprudentielle de la parafiscalité[572]. Pourtant, la pratique montre qu'il existe bien des

---

[570] Il est à signaler que l'évolution de la jurisprudence constitutionnelle en France tend à élargir la notion d'imposition de toute nature en y intégrant, éventuellement, les taxes parafiscales. En effet, dans la décision du Conseil Constitutionnelle n° 140 DC du 28 juin 1982, la haute juridiction considère que les dispositions de l'article 4 de l'ordonnance de 1959 relative aux taxes parafiscales n'ont pas pour effet de faire obstacle à ce que les mêmes objectifs (c'est-à-dire les prélèvements perçus dans un intérêt économique ou social) puissent être atteints par l'institution, par la loi, d'une imposition. Il en découle, ainsi, que rien ne s'oppose à ce que le législateur crée une contribution de caractère fiscal et en attribue son produit à un établissement public à caractère commercial. En d'autres termes, cela signifie que le législateur a le pouvoir s'il le souhaite, d'intégrer toute taxe parafiscale et, à la limite, même l'ensemble de la parafiscalité, dans la notion d'imposition de toute nature en « légalisant » les taxes parafiscales. Cette évolution jurisprudentielle a été entérinée sur le plan législatif puisque le législateur français a finalement abandonné la catégorie des taxes parafiscales dans le cadre de la loi organique des lois de finances du 1er août 2001. Désormais ce type de prélèvement devrait se soumettre au même régime juridique du prélèvement fiscal, et notamment il relève de la compétence parlementaire. Sur cette évolution récente des taxes parafiscales en France, cf. Jean-Luc ALBERT, Quelques réflexions sur la mort de la parafiscalité, Mélanges Paul AMSELEK, Bruylant, Bruxelles, 2006, p. 1.

[571] Une taxe parafiscale créée par décret est immédiatement exigible. L'autorisation du Parlement est cependant requise pour sa perception au-delà du 31 décembre de l'année de sa création. Ainsi, il a été instauré un contrôle annuel par le Parlement des taxes parafiscales qui est concrétisé par un état annexé à la loi de finances, état qui comporte, pour chacune des taxes maintenues par le législateur, l'indication de l'organisme habilité à la percevoir, de son taux et de son assiette, des textes législatifs et réglementaires qui la régissent, ainsi que l'indication de son produit pour l'année écoulée et son évaluation pour l'exercice suivant.
Sur les tentatives, en France, pour soumettre la parafiscalité au contrôle parlementaire, voir THEVENIN, ouvrage précité, p. 295 et s.

[572] Le droit tunisien utilise la notion de parafiscalité sans lui donner une définition préalable, à l'instar du droit français. A cet égard, on pourrait citer l'article 46 du code

taxes qui répondent plus ou moins à la définition susmentionnée. En effet, depuis longtemps, on assistait à la prolifération de taxes parafiscales qui répondent à plusieurs objectifs. Elles financent des actions d'assistance, de solidarité et des aides culturelles. De même, notamment dans le secteur économique, la recette parafiscale peut être destiné à la promotion de certains produits, aux encouragements des actions collectives de la recherche développement ou à la lutte contre la nuisance et la pollution.

826- Le conseil constitutionnel français a eu l'occasion de se prononcer sur l'intégration ou non des taxes parafiscales dans la catégorie « impositions de toutes natures » prévue par l'article 34 de la constitution française. Il a conclu « que dés lors, les dispositions de l'article 34, alinéa 2, 4 de la constitution, qui ne visent pas les taxes parafiscales (…) ne trouvent pas, en l'espèce, leur application »[573]. De ce fait, le Doyen TROTABAS déduit que « sous la Vème République la parafiscalité n'est pas comprise dans les impositions de toute natures, dont le législateur doit fixer le taux, l'assiette et les modalité de recouvrement »[574].

827- La solution française peut être bien évidemment transposable pour le cas tunisien, dans la mesure où l'expression « impositions de toute nature » employée par le texte constitutionnel français est nécessairement plus générale que l'expression « impôt », employée par la constitution tunisienne. Dans la pratique, les taxes parafiscales sont tantôt créées et réglementées par une loi[575], tantôt elles le sont par un texte à caractère réglementaire[576]. Ce qui a amené certains auteurs à

---

de l'IRPP et de l'IS qui dispose que « Sont exonérés de l'impôt sur les sociétés dans la limite de leur objet social :

- Les groupements interprofessionnels qui ne réalisent pas à titre principal des activités lucratives et dont les ressources sont d'origine fiscales ou parafiscales…. ». Il semble que dans ce texte, le législateur tunisien cautionne implicitement la définition légale qui était adoptée par l'article 4 de l'ordonnance française du 4 janvier 1959.

[573] CC 18 octobre 1961, voir les grands arrêts de la jurisprudence fiscale.

[574] Louis TROTABAS, Jean-Marie COTTERET, Droit fiscal, précité, p 77.

[575] Voir à titre d'exemple, la loi n° 2 juillet 1971, relative à la taxe sur les agrumes (JORT 1971, n° 29, p. 848) ; la loi n° 88-145 du 31 décembre 1988 portant loi de finances pour la gestion 1989 (JORT 1988, n° 87, p. 1793) telle que modifiée par la loi n° 90-111 du 31 décembre 1990 et de la loi n° 93-125 du 27 décembre 1993.

[576] Voir, à titre d'exemple, le décret n° 73-11 du 17 octobre 1973, relatif à la taxe compensatrice sur les ciments (JORT 1973, n° 39, p. 1585) ; le décret n° 94-2372 du 21 novembre 1974, fixant le barème d'octroi des ristournes sur la taxe de formation professionnelle (JORT 1994, n° 93, p. 1898), tel que modifié par le décret n° 97-560 du 31 mars 1997 (JORT 1997, n° 27, p. 555).

conclure que le statut juridique de la parafiscalité en droit tunisien est bien marqué par une certaine « ambiguïté »[577].

828- Cependant cette ambiguïté semble disparaître en matière de rémunérations pour service rendu qui revêtent soit la forme de taxe au sens strict soit celle de redevance et qui sont juridiquement considérés comme des prélèvements non fiscaux. A ce titre ils ne sont pas concerné par les matières visées par l'alinéa 7 de l'article 34 de la constitution, et par voie de conséquence relèvent en vertu de l'article 35 du domaine des décrets autonomes.

b- L'organisation interne des services fiscaux

829- Certaines questions ont un caractère assez secondaire ou annexe et donc, à défaut qu'elles soient expressément attribuées au législateur, rentrent naturellement dans le domaine du règlement autonome. Parmi ces matières nous pouvons évoquer à titre d'illustration l'organisation des administrations fiscales. En effet, dans la mesure où une disposition est détachable des règles d'assiette, de taux ou de recouvrement et qui intéresse exclusivement l'organisation interne des services fiscaux, le juge considère que cette question est susceptible de relever du domaine réglementaire. Ainsi, s'agissant d'une taxe, le conseil constitutionnel français a jugé que les dispositions qui l'instituaient relevaient de la loi, « ... à l'exception toutefois de celles de ces dispositions ... qui, prévoyant que la matérialisation du paiement de la taxe est opérée par la délivrance d'un certificat, ne mettant en cause aucune des règles que l'article 34 a placées dans le domaine de la loi et qui, dès lors, ressortissent à la compétence du pouvoir réglementaire »[578].

830- De même, le juge constitutionnel français a étendu cette jurisprudence en matière d'organisation interne des tribunaux. Saisi afin d'apprécier la nature juridique des dispositions de l'article 98 de la loi du 28 décembre 1959, portant réforme du contentieux fiscal et divers aménagements fiscaux, le conseil constitutionnel a estimé que cet article, instituant des sections fiscales dans les tribunaux administratifs, sections composées de magistrats conseillers au tribunal administratif et présidées par le président ou le vice-président de ce tribunal, ne tendait ni à modifier les compétences attribuées par la loi en matière fiscale, ni à donner aux sections fiscales une composition de nature à leur conférer le

---

[577] Cf. S. JAMMOUSSI, mémoire précité, p. 112 et s.

[578] C.C. 23 févier 1970 ; J.O. 1er mars 1970, p. 2117, D. 1970, p. 388, note LAVIGNE.

caractère d'un nouvel ordre de juridiction, mais concernait l'organisation interne des tribunaux et relevait du règlement autonome »[579].

831- Le Conseil constitutionnel français admet, en outre, le caractère réglementaire de diverses dispositions fiscales (....) déterminant le grade, la résidence ou l'affectation des fonctionnaires de l'administration fiscale habilités à effectuer certaines opérations dans le respect des règles relatives à l'assiette de l'impôt »[580]. Il est donc admis de considérer, plus généralement, que toutes les questions d'ordre intérieur aux administrations fiscales devrait logiquement relever du domaine décrétal.

832- La pratique réglementaire tunisienne confirme ces principes, non seulement celle qui est intervenue après la révision du 27 octobre 1997, mais également bien avant cette date 16 janvier 2008. En effet, depuis longtemps, c'est le pouvoir réglementaire qui est intervenu pour l'aménagement des règles relatives à l'organisation de l'administration fiscale. Cette matière est rangée classiquement dans le champ d'intervention du pouvoir réglementaire.

833- Il s'agit tout d'abord, du décret n° 91-556 du 23 avril 1991 portant organisation du ministère des finances, qui a d'ailleurs, remplacé le décret n° 75-317 du 30 mai 1975 L'innovation la plus importante introduite par le décret n° 91-556 est la suppression de la direction générale des impôts et sa scission en deux directions générales : la direction générale de contrôle fiscale et la direction générale des études et de la législation fiscale[581]. Le pouvoir réglementaire est intervenu ultérieurement, à maintes reprises, afin de modifier ledit décret dans le sens, notamment, d'une restructuration des administrations fiscales[582]. La modification la plus importante date du 14 mai 2007 à travers le décret n° 2007-1198 qui a procédé à une refonte de l'organisation de l'administration fiscale[583].

834- Ensuite, un décret en date du 1er juillet 1991(JORT n° 50, p. 1287) est intervenu pour fixer l'organisation et les attributions des services extérieurs de la direction générale du contrôle fiscal qui constitue la

---

[579] C.C. 1er avril 1971, J.O. 4 avril 1971, p. 3244.

[580] C.C. 4 avril 1968, J.O. 14 avril 1968, p. 1855.

[581] Les attributions de chaque direction générale sont prévues par les articles 18 et 19 du décret du 23 avril 1991.

[582] Tels les cas, du décret n° 92-950 du 18 mai 1992 portant création d'une direction générale des avantages fiscaux et financiers ; le décret n° 96-259 du 14 février 1996 portant création auprès du ministère des finances une commission chargée du suivi de la préparation, de l'exécution et de l'évaluation de l'exécution du budget de l'Etat.

[583] Cf. le décret n° 2007-1198 du 14 mai 2007 modifiant et complétant le décret n° 91-556 du 23 avril 1991 portant organisation du ministère des finances, JORT N° 40 du 18 /05/2007.

structure administrative de base intervenant en matière de contrôle et de mise en œuvre de la réglementation fiscale. Ce même décret a été de sa part plusieurs fois modifié et complété avant qu'il soit définitivement abrogé et remplacé par un nouveau décret en date du 16 janvier 2008[584]. De même, c'est le pouvoir réglementaire qui est intervenu pour fixer le statut des agents de l'impôt ainsi que le régime de leurs rémunérations[585].

835- Enfin, le pouvoir réglementaire autonome intervient couramment pour régir certaines questions ayant un caractère assez secondaire, tel est le cas de la fixation des conditions et des modalités de délivrances du quitus fiscal pour départ définitif aux étrangers résidents ou exerçant une activité en Tunisie, qui sont fixées par le décret n° 98-2109 du 2 novembre 1998[586]. En examinant les visas de ce dernier, il appert qu'il est loin d'être intervenu sur la base d'une quelconque invitation ou délégation législative mais plutôt sur en vertu d'une attribution de compétence récemment inscrite dans le cadre de l'article 35 de la constitution.

---

[584] Cf. Décret n° 2008-94 du 16 janvier 2008, portant organisation et attributions des services extérieurs de la direction générale des impôts au ministère des finances, JORT N° 6 du 08/01/2008.

[585] Voir le décret n° 86-269 du 26 février 1986, fixant le statut particulier au personnel du corps du ministère des finances, tel que modifié par le décret n° 91-665 du 13 mai 1991 et le décret n° 97-992 du 26 mai 1997; le décret n° 86-270 du 26 février 1986 relatif à la rémunération du personnel du ministère des finances, tel que modifié par le décret n° 97-993 du 26 mai 1997 ; le décret n° 91-1194 du 14 août 1991 relatif à l'indemnité pour charges administratives (contrôle fiscal) ; le décret n° 91-807 du 23 avril 1991 relatif à l'indemnité de contrôle et prime d'intéressement ; le décret n° 91-808 du 23 avril 1991 relatif à l'indemnité de recouvrement et prime d'intéressement ; le décret n° 91-1374 du 17 septembre 1991, fixant le statut particulier des agents des douanes

[586] Il semble que plus récemment le législateur avait bien récupéré cette matière puisque à partir du 1er janvier 2008, l'article 59 de la loi n°2007-70 du 27 décembre 2007 portant loi de finances pour l'année 2008, en ajoutant un article 112 au code des droits et procédures fiscaux, a institué un nouveau régime de transfert des revenus à l'étranger. A cet effet, l'article 112 du code des droits et procédures fiscaux a subordonné le transfert des revenus imposables à l'étranger à la présentation d'**une attestation de régularisation de la situation fiscale** au titre de tous les revenus et bénéfices imposables réalisés en Tunisie.

Par ailleurs, le législateur a en même temps habilité le pouvoir réglementaire d'exécution afin de prévoir les modalités d'application de l'article 112 susmentionné. A cet effet, il a été édicté le décret n° 2008-1858 du 13 mai 2008, fixant les modalités d'application de l'article 112 du code des droits et procédures fiscaux relatif à la subordination du transfert des revenus imposables par les étrangers à la régularisation de leur situation fiscale, qui a curieusement abrogé le décret autonome n° 98-2109 du 2 novembre 1998.

SECTION II
L'ETENDUE DU POUVOIR NORMATIF DU DECRET AUTONOME

836- L'aménagement d'un pouvoir réglementaire autonome au profit de l'exécutif a conduit certains auteurs, en France, au lendemain de la promulgation de la constitution du 4 octobre 1958, à l'instar du doyen VEDEL, à affirmer que les décrets réglementaires pris sur la base de l'article 37 disposent de la même force juridique que la loi. Mais, ce point de vue a été critiqué par le professeur CHAPUS qui soutient que pour exempt qu'il soit au respect de la loi, le décret autonome n'est pas entièrement affranchi de toute soumission au droit. En effet, le caractère administratif conservé par les décrets de l'article 35 de la constitution empêche de les analyser comme des actes totalement inconditionnés. En dépit du fait que le domaine des décrets autonomes bénéficie d'une protection efficace organisée par la constitution **(§2),** cette catégorie de décret est, bien soumise au principe de la légalité administrative **(§1).**

§1) La soumission du décret autonome au principe de la légalité administrative

837- Président de la république, en tant que titulaire du pouvoir réglementaire autonome, doit, à l'instar des autres autorités administratives, « sous peine d'entacher ses actes d'irrégularité juridique, respecter un ensemble de normes juridiques constituant ce que l'on appelle la légalité : et le principe de la légalité exprime l'obligation pour l'administration de se soumettre ainsi au droit »[587].

838- Cependant, vu sa place dans la hiérarchie des normes, le décret autonome est soumis à une légalité moins contraignante que celle qui régit les autres actes administratifs. Ces décrets pris en vertu de l'article 35 de la constitution interviennent dans toutes les matières autres que celles limitativement énumérées par la constitution comme étant assignées au domaine législatif. A ce titre, ils constituent des règles initiales et inconditionnées[588] et se trouvent directement en contact avec

---

[587] René CHAPUS, Le contrôle et le contentieux de l'administration en Tunisie, Cahier du CREA, ENA Tunis 1968, p. 62.

[588] Un pouvoir vraiment initial devrait, comme la loi, être affranchi du contrôle juridictionnel. Or le CE a toujours accepté les recours dirigés contre lés règlements

les dispositions constitutionnelles, les traités internationaux et les principes généraux de droit. En revanche, l'autonomie de ces décrets par rapport à la loi est la conséquence logique de la disparition de la médiation législative qui subsiste au niveau des décrets réglementaires d'exécution, aussi bien complémentaire que d'application (visés tant par l'articles 53 que l'article 34 alinéa 7 de la constitution).

A/ La nature juridique des décrets autonomes

839- C'est dans la première édition de son précis, que le doyen Vedel[589] avait soutenu que le pouvoir réglementaire est doté de la même force juridique que la loi. Cet auteur avait soutenu que «la conséquence logique de la reconnaissance de ce second type de pouvoir réglementaire eût été de déclarer irrecevable tout recours, et notamment le recours pour excès de pouvoir, tendant à contester la validité des règlements de cet ordre »[590].

840- Cette attitude a été, à cette époque, vivement critiquée par René CHAPUS dans une remarquable chronique. Cet auteur soutient que l'autonomie des règlements ne doit s'entendre que par rapport à la loi et ce pour les deux raisons suivantes : d'une part, ces règlements ne sont pris en vertu d'aucune loi L'autonomie résulte de l'absence de médiation de la loi. En effet, si les décrets réglementaires d'exécution supposent, pour être édictés, une loi préexistante qu'ils exécutent, les décrets réglementaires autonomes, eux, sont pris librement, à titre initial. Ils se trouvent directement en contact avec les dispositions constitutionnelles, les traités dûment ratifiés et les principes généraux de droit. L'autonomie de ces décrets est la conséquence de la disparition de la loi; d'autre part, ils sont affranchis de toute obligation de conformité avec n'importe quelle norme législative. Mais cela ne signifie plus que l'exécutif détient un pouvoir législatif parallèle à celui qu'exerce l'assemblée parlementaire.

841- Cependant, en dépit du caractère autonome de ces règlements, ils ne sont pas pour autant dispensés de toute soumission au droit. Ils sont

---

autonomes. Comme l'a bien montré le doyen Georges Vedel, seul le pouvoir législatif est considéré véritablement initial (du moins si l'on écarte le problème de la constitutionnalité des lois). Il y a abus de langage de qualifier le pouvoir dit autonome de pouvoir initial : ce qui est vrai c'est qu'il existe spontanément. Voir Georges Vedel, Manuel de droit administratif, Thémis 1968.

[589] G. Vedel, Droit administratif, Thémis, 1ère édition, p. 631.

[590] G. Vedel, Droit administratif, Thémis, 5ème édition, p. 47.

tenus, d'abord, de respecter les dispositions constitutionnelles. Ils sont également soumis aux conventions internationales dûment ratifiées qui ont une valeur supérieure à la loi en vertu de l'article 32 de la constitution, mais surtout, ils doivent respecter le préambule de la constitution et les principes généraux de droit. A ce propos, René CHAPUS ajoute, que « dans le régime constitutionnel établi le 4 octobre 1958, le rang d'une norme juridique est comme dans le passé en relation avec celui de son auteur : ni la loi ni le règlement autonome ne dérogent à ce principe »[591]. Le décret autonome « n'est quant à lui rien d'autre que l'acte de l'autorité administrative titulaire du pouvoir réglementaire général (....) c'est à bon droit que le CE a admis la recevabilité du recours pour excès de pouvoir contre les décrets autonomes qui, quant à leur valeur juridique, sont des décrets comme les autres. Dès lors, ils sont soumis, comme tous les actes des «diverses autorités administratives », au respect des principes généraux du droit, et plus généralement, de toutes les règles jurisprudentielles »[592].

842- Georges VEDEL, ultérieurement, a critiqué la théorie qu'il avait initialement défendue et a, de sa part, conclu au maintien du caractère administratif du règlement autonome. Il considère dans ce sens que ce dernier demeure une variété d'acte administratif qui n'est pas susceptible d'acquérir l'autorité de la chose légiférée, mais doit se borner à atteindre celle de la chose décidée[593].

843- Devant le tâtonnement de la doctrine, la jurisprudence française avait manifesté une attitude beaucoup plus tranchée. Dès le départ, le CE admettait facilement la soumission des décrets autonomes visés par l'article 37 de la constitution française au contrôle juridictionnel, notamment à travers le recours pour excès de pouvoir. Mieux encore, il tend à développer son contrôle. Jean Claude DOUENCE conclue que « cette attitude de la jurisprudence manifeste à quel point les critères formels conservent leur importance traditionnelle. Les régimes juridiques de la loi et du règlement restent, comme pour le passé, séparés par un véritable abîme sur le plan des principes »[594].

844- Ainsi, à propos de la conformité des règlements autonomes aux principes généraux de droit, Guy BRAIBANT souligne que le contrôle, exercé par le juge sur les décrets autonomes, « n'a plus un caractère

---

[591] R. CHAPUS, De la soumission au droit des règlements autonomes, D. 1960, chron., p. 119 et s.

[592] R. CHAPUS, Les limites du pouvoir réglementaire autonome, in Documents d'études, n° 1.08 édition 1994 : La loi et le règlement, p. 31.

[593] G. Vedel, Droit administratif, Thémis 5ème éd., p. 49 et p. 203 et s.

[594] Jean Claude Douence, Recherches sur le pouvoir réglementaire de l'administration, p. 258.

purement formel ; il ne s'attache pas à la seule régularité externe des actes ; il vise leur conformité à des règles non écrites, qui ont un caractère fondamental ». Il conclut alors que le Gouvernement, « lorsqu'il fait usage d'un pouvoir réglementaire autonome (...) n'est pas souverain : il est soumis au doit »[595].

B/ La subordination du décret autonome aux normes juridiques supérieures

845- Tout d'abord, le décret autonome est astreint au respect de l'ensemble des dispositions constitutionnelles. A côté des dispositions fixant le champ d'interventions des lois et règlements, il y a lieu de signaler les dispositions édictant des règles de fond. Il s'agit, par exemple, du principe d'égalité devant la loi, tel qu'énoncé par l'article 6 de la constitution et plus particulièrement pour la matière fiscale du principe de la nécessité de l'impôt ou de l'équité fiscale énoncés par l'article 16 de la constitution. Ainsi, « l'existence de règles constitutionnelles en matière fiscale ainsi que de principes ayant une valeur constitutionnelles pose inévitablement la question de la conformité de la norme fiscale avec les règles et principes constitutionnels qui, par définition, ont, dans les Etats dotés d'une constitution rigide une valeur juridique supérieure au reste des lois et règlements »[596], y compris bien entendu les décrets autonomes.

846- Les traités régulièrement ratifiés, de même que l'ensemble des règles de droit international, s'imposent également, au même titre que la loi, au pouvoir décrétale puisqu'ils ont une valeur supérieure à la loi, en vertu de l'article 32 de la constitution.

847- Les principes généraux du droit appartiennent également au bloc de la légalité. Il s'agit « des normes non écrites que le juge dégage de l'ensemble du droit positif et qui résultent d'un certain état de civilisation »[597]. Leur place dans la hiérarchie des normes se situe, selon René CHAPUS, à un niveau qui est à la fois « infra-législatif et supra-décrétal »[598]. Il a expliqué cette position par le fait que « le juge est soumis au respect de la législation, mais non à celui de la réglementation administrative, même la plus élevée. Serviteur des lois, il est censeur des

---

[595] Guy Braibant, Les limites du pouvoir réglementaire autonome, in Documents d'études, n° 1.08 édition 1994 : La loi et le règlement, p. 31.
[596] Néji BACCOUCHE, Constitution et droit fiscal, article précité, p. 48.
[597] Jean Claude Douence, article précité, p. 260.
[598] René Chapus, De la soumission au droit des règlements autonomes, précité, p. 124.

décrets »[599]. Aussi, en France, suite à l'entrée en vigueur de la constitution de 1958, certains commentateurs – et le CE lui-même – furent-ils tentés de rattacher les principes généraux du droit (ou du moins certains d'entre eux) à des textes de valeur constitutionnelle, afin de garantir leur suprématie par rapport aux actes du pouvoir réglementaire. Mais cette construction juridique n'était pas nécessaire : quelques que soient les innovations introduites par la constitution de 1958 - qui sont tout également consacrée en Tunisie par la révision constitutionnelle de 1997-, les actes du pouvoir réglementaire n'auraient qu'une valeur infra-législative, ce qui suffit à justifier leur subordination aux principes généraux du droit.

848- En matière fiscale, parmi les principaux principes généraux du droit qui s'imposeraient aux décrets autonomes, nous pouvons citer le principe de la non rétroactivité des actes réglementaires, le principe de l'égalité des contribuables devant l'impôt et le principe du respect du droit de la défense[600].

§ 2) La protection du domaine décrétal

849- Par le biais de l'article 35 de la constitution, issu de la révision constitutionnelle du 27 octobre 1997, le domaine d'intervention du législateur en matière fiscale est désormais cantonné aux matières qui sont limitativement énumérées par la constitution ; en revanche, la compétence réglementaire devenait le principe avec la confirmation de l'existence en droit tunisien d'un pouvoir réglementaire général autonome.

850- Un auteur a remarqué que cette délimitation constitutionnelle, instituée en 1997, du domaine de la loi et du règlement pourrait « constituer un terrain favorable au développement du contrôle de la constitutionnalité des lois en raison des incursions possibles de l'exécutif dans le domaine de la loi »[601]. Or, la constitution tunisienne, telle qu'elle a été révisée en 1997 n'a fait qu'accentuer la protection du domaine décrétal en prévoyant des mécanismes qui protègent davantage le domaine du décret autonome contre les incursions de la loi.

851- A cet effet, le Président de la République est en mesure de défendre les matières réglementaires qui lui sont réservées par la

---

599 René Chapus, article précité, p. 124.

600 Sur le contenu de ces principes, voir supra p. 179 et s.

601 N. BACCOUCHE, Constitution et droit fiscal, article précité, p. 48.

constitution. Il peut, d'une part, délégaliser les textes législatifs précédents relatifs à ces matières, et d'autre part, il a la possibilité d'opposer l'irrecevabilité de tout projet de loi ou d'amendement intervenant dans le domaine réglementaire. En effet, comme il a été souligné par un auteur, « contrairement à la situation de l'après avril 1976, ce n'est plus le domaine de la loi qui est protégé, mais celui du règlement. Ce n'est plus seulement la loi qui peut reprendre au règlement son bien, mais aussi le règlement peut reprendre ce qui a été capté, indûment, par la loi »[602].

852- Ainsi, les procédures de délégalisation et d'irrecevabilité se présentent comme des moyens permettant au titulaire du pouvoir réglementaire général d'enfermer le législateur dans les limites que lui a tracées la constitution.

A/ La technique de la délégalisation

853- L'alinéa 2 de l'article 35 de la constitution dispose, dans sa version issue de la révision de 1997, que « les textes précédents relatifs à ces matières (relevant du domaine du règlement autonome) peuvent être modifiés par décret soumis obligatoirement au Tribunal administratif et pris sur son avis conforme ». Le constituant tunisien, tout comme le constituant français, n'a pas dénommé la procédure instituée par ce texte. Les auteurs emploient habituellement l'expression de « délégalisation »[603] pour désigner cette procédure.

854- Cette technique consiste à « ôter, par un avis conforme, le caractère législatif aux dispositions contenues dans un texte précédent ayant force de loi »[604]. Ce qui permettra au règlement de reprendre ce qui a été capté indûment par la loi. En vertu de l'alinéa 2 de l'article 35, le Président de la République est la seule autorité compétente pour déclencher la procédure de délégalisation, au cas où il envisagerait de modifier un texte législatif précédent, pris dans le domaine réglementaire.

855- L'objet de la délégalisation est assez vaste, puisque le terme « texte » vise ceux ayant valeur de loi. Ainsi, sont susceptible d'être

---

[602] Mohamed SAYARI, Les procédures de délégalisation et d'irrecevabilité de l'article 35 de la constitution, quatre ans après la révision constitutionnelle du 27 octobre 1997, RTD 2001, p. 466.
[603] Voir, à titre d'exemple, l'article de Louis Favoreu, la délégalisation des textes de forme législative par le conseil constitutionnel, Mélanges Marcel Walline, LGDJ 1974, tome II, p. 424.
[604] Marcel Walline, article précité, p. 424.

délégalisés les décrets-lois ratifiés par la chambre des députés, les lois référendaires de l'article 47 de la constitution, les lois ordinaires et les lois organiques. Mais comme les lois organiques et certaines lois ordinaires sont soumises, en vertu des articles 72 à 74 de la constitution, à la saisine obligatoire du Conseil Constitutionnel, on peut penser que ces lois ne peuvent pas faire l'objet de la procédure de délégalisation puisque leur « conformité à la constitution a été spécialement, examinée par le Conseil Constitutionnel (...) qui a donc vérifié qu'elles portent bien sur une matière réservée à la loi »[605].

856- Cependant, le terme « textes précédents » est ambigu puisqu'il est susceptible de revêtir au moins deux interprétations. Il peut s'agir des textes législatifs antérieurs à la révision du 27 octobre 1997, comme il peut s'agir de tout texte législatif antérieur au décret en cause et à la procédure de déclassement qui l'accompagne[606].

857- Néanmoins, il semble que la première interprétation est la plus conforme à la volonté des auteurs de la révision. En effet, le Premier ministre a précisé que « concernant les matières qui ont fait l'objet de textes ayant la forme d'une loi antérieurement à l'entrée en vigueur de la présente révision constitutionnelle, il est possible de les modifier par décret sur la base d'un avis conforme du tribunal administratif »[607]. Par ailleurs, le constituant a donné au Président de la République la possibilité d'opposer l'irrecevabilité de tout projet ou d'amendement intervenant dans le domaine réglementaire. De ce fait, les deux techniques consacrées par la constitution, visant la protection du domaine réglementaire sont bien complémentaires. La délégalisation concerne les textes antérieurs à la révision de 1997, alors que l'irrecevabilité concerne les textes postérieurs à ladite révision.

858- Le Président de la République est tenu de saisir le Tribunal administratif et de suivre l'avis rendu par ce dernier chaque fois qu'il envisage de modifier un texte législatif intervenant dans le domaine réglementaire. A cet égard, il importe de signaler que le Tribunal administratif, en jugeant « la nature juridique du texte ancien que le gouvernement se propose de modifier, ne juge pas la nature du nouveau texte que le gouvernement se propose de prendre pour modifier l'ancien »[608]. Il en résulte que les décrets réglementaires pris en

---

[605] F. LUCHAIRE et G. CONAC (sous la direction de), La constitution de la République française, Economica, 2ème édition, 1987, p. 792.

[606] Ibrahim BERTEJI, Le nouveau dans le pouvoir réglementaire après la révision constitutionnelle du 27 octobre 1997 (en arabe), RTD 1999, p. 267.

[607] Débats de la chambre des députés JORT n° 37 du 15 juillet 1997, p. 29.

[608] MEZARD, Dix années de jurisprudence du Conseil constitutionnel en matière de répartition des compétences législatives et réglementaires, AJDA, 1970, p. 259.

application de l'article 35 alinéa 2 de la constitution, sont précédés par deux sortes d'avis émanant du Tribunal administratif. Le premier, prévu par l'article 35 alinéa 2, est relatif à la répartition des compétences entre la loi et les décrets réglementaires ; et le deuxième, celui de l'article 4 de la loi du 1er juin 1972, relatif au Tribunal administratif, concerne le projet même du décret que le Président de la République se propose de prendre.

859- Dans la pratique, le Président de la République n'a pas tardé à utiliser cette faculté de procéder à la délégalisation des textes précédents. Plusieurs décrets ont été édictés pour modifier les lois antérieures à la révision de 1997 et qui concernent le nouveau domaine attribué au pouvoir réglementaire[609]. Il en est ainsi du décret n° 98-1374 du 30 juin 1998 relatif à l'office de l'aviation civile et des aéroports qui a modifié la loi n° 70-30 du 3 juillet 1970 portant création de l'office aérien de Tunisie (JORT n° 15 du 7 juillet 1998, p. 1444). De même, le décret n° 98-2006 du 19 octobre 1998 portant transfert de tutelle de deux établissements publics (JORT n° 85 du 23 octobre 1998, p. 2092)[610].

860- Sur la question particulière de la mise en vigueur en matière fiscale de la technique de la délégalisation, une jeune chercheuse a constaté que « l'examen du contenu des décrets procédant au déclassement de certaines matières montre que certains prélèvement qui relèvent, en principe, de la compétence du pouvoir réglementaire n'a pas fait l'objet d'une délégalisation »[611]. Du moins jusqu'à 2001, l'auteur constate que « trois ans qui nous sépare de la révision de 1997, sans qu'elle apparaisse une tendance à déclasser les domaines de la fiscalité qui appartiennent en

---

[609] Un bilan provisoire de la pratique de délégalisation a été dressé en 2000. 15 décrets modificatifs pris sur l'avis conforme du tribunal administratif ont été édictés en vertu de l'article 35 alinéa 2 de la constitution. Voir dans ce sens, l'article de Mohamed Sayari, « Le domaine de la loi et du règlement, délégalisation et irrecevabilité », Colloque « La loi et le règlement en Tunisie, Bilan provisoire de l'application de la révision constitutionnelle du 27 octobre 1997 », Journée d'étude au sein de la faculté des sciences juridiques, politiques et sociales de Tunis, Vendredi le 21 avril 2000. Le même auteur a publié un article intitulé « Les procédures de délégalisation et d'irrecevabilité de l'article 35 de la constitution, quatre ans après la révision constitutionnelle du 27 octobre 1997 », précité, dans lequel il a dénombré 17 décrets modificatifs pris sur l'avis conforme du tribunal administratif, jusqu'au 18 décembre 2001. Le détail de ces décrets est donné dans un tableau récapitulatif en pp. 472-474 du même article.

[610] Dans le même sens : décret n° 98-1780 du 14 septembre 1998, relatif au changement de la dénomination de la société nationale de chemin de fer tunisien, JORT n° 76 du 22 septembre 1998, p. 1947 ; décret n° 98-813 du 21 septembre 1998 portant suppression d'un établissement d'œuvres universitaires, JORT n° 85 du 23 octobre 1998, p. 2092 ; décret n° 98-2243 du 16 septembre 1998 portant changement d'appellation de certains établissements publics, JORT n° 94 du 24 novembre 1998, p. 2298 ; décret n° 99-2828 du 21 décembre 1999 portant changement de la dénomination d'établissements publics, JORT n° 1 du 4 janvier 2000, p. 11.

[611] S. JAMMOUSSI, mémoire précité, p. 122.

principe au pouvoir réglementaire général »[612] et ce en dépit des multiples possibilités offertes au Président de la République pour intervenir en matière fiscale.

861- A titre d'illustration, on peut citer l'exemple du décret n° 440 du 14 février 2000 qui a été édicté sur la base d'un texte d'habilitation législative[613]. Ce décret est relatif aux redevances qui relèvent actuellement du domaine du pouvoir réglementaire général. L'intervention du Président de la République aurait du être dans le but de déclasser ce domaine et l'intégrer dans le champ de la compétence du pouvoir réglementaire. Or, le chef de l'Etat a préféré intervenir en la matière par le biais de la délégation et non pas en usant de la technique de la délégalisation.

862- Il semble donc que l'existence de la technique de la délégation spéciale en matière fiscale rende superflue la possibilité constitutionnelle, offerte au gouvernement, en vue de récupérer les matières réglementaires qui ont fait l'objet d'incursions législatives.

B/ La technique d'irrecevabilité

863- L'introduction de la technique d'irrecevabilité afin d'assurer le respect des frontières séparant le domaine de la loi et du règlement est une protection supplémentaire du domaine réglementaire. En ce sens, l'alinéa 3 de l'article 35 de la constitution dispose que « le Président de la République peut opposer l'irrecevabilité de tout projet de loi ou d'amendement intervenant dans le domaine du pouvoir réglementaire général. Le Président de la République soumet la question au conseil constitutionnel qui statue dans un délai maximum de dix jours à partir de la date de réception ».

864- Selon la doctrine, la notion d' «exception de l'irrecevabilité » est définie comme étant « le terme générique qui désigne toute opposition qui peut être soulevée, dans la procédure parlementaire, contre la mise en discussion ou la mise aux voix d'une initiative présentée en méconnaissance de certaines prescriptions constitutionnelles ou de certaines dispositions des règlements des assemblées »[614]. Ainsi définie,

---

[612] Ibidem, p. 122-123.

[613] Il s'agit de la loi n° 97-37 du 2 juin 1997, relative au transport par route des matières dangereuses et notamment son article 11, JORT, 1997, n° 16, p. 535.

[614] Jean-Pierre Bon Houre, Irrecevabilité, in Dictionnaire constitutionnel publié sous la direction d'Olivier Duhamel et Yves Mény, PUF, 1ère édition 1992, p. 523.

la technique d'irrecevabilité apparaît comme une procédure permettant de garantir la protection de la compétence réglementaire en empêchant le vote, par les députés, de dispositions relevant, en principe, du domaine du décret autonome. Selon Jean FOYER, cette technique d'irrecevabilité se présente comme « une barrière procédurale destinée à empêcher l'invasion du domaine réglementaire par l'initiative parlementaire »[615].

865- D'après les termes de l'article 35 alinéa 3, le champ d'application de la technique d'irrecevabilité semble être assez étendu. D'une part, cet article a une portée générale puisqu'il a vocation à s'appliquer aux différentes catégories de lois que connaît le droit positif, y compris donc les lois fiscales et lois financières[616]. D'autre part, son champ d'application s'étend également aux amendements. Or, selon Eric Olivier, les députés peuvent amender un texte de différentes manières : en premier lieu, « ils peuvent déposer des amendements tendant à apporter des modifications aux projets et propositions de lois », ensuite, « ils peuvent déposer des sous-amendements, c'est-à-dire des initiatives ayant pour objet de modifier des amendements », enfin, les députés « peuvent présenter des articles additionnels qui introduisent une disposition nouvelle »[617].

866- Il y a lieu donc à se demander si l'article 35 alinéa 3 vise seulement les amendements stricto sensu ou peut-il s'étendre à toutes les modalités d'exercice du droit d'amendement par les députés? Les commentateurs penchent plutôt pour l'application « d'une conception extensive du concept d'amendement »[618]. En effet, si l'amendement au sens strict signifie la modification d'une disposition déjà existante, l'article additionnel, comme son nom l'indique, ne se limite pas à la seule modification du texte préexistant, mais il modifie le sens général du texte par addition, par ajout.

867- Toutefois, en dépit de ce caractère extensif du champ d'application de la technique d'irrecevabilité, dans la pratique, le Président de la République n'a jamais, jusqu'à ce jour, usé de cette arme pour défendre son propre domaine. Ceci pourrait s'expliquer pour diverses raisons.

---

615 J. FOYER, L'application des articles 34 et 37 par l'Assemblée Nationale, actes du colloque d'Aix en Provence du 2-3 décembre 1978, Economica 1981, p. 85.

616 L'alinéa 3 de l'article 35 suscite une remarque d'ordre terminologique. En effet, il parle de « projet de loi », ce qui est un non-sens. Le projet de loi étant déposé à l'initiative du Président de la République, on voit mal ce dernier soulever l'irrecevabilité à l'encontre de ses propres projets de loi. Par conséquent, il faut comprendre que l'alinéa 2 vise, en réalité, les propositions de loi ou d'amendements et non les projets de loi.

617 Eric Oliva, L'article 41 de la constitution du 4 octobre 1958, Initiative législative et constitution, Ed. Economica, P.U.A.M., coll. Droit public positif, 1997, p. 139.

618 Voir, Saoussen JAMMOUSSI, mémoire précité, p. 124.

868- D'abord, des raisons d'ordre technique, la distinction entre les matières législatives et celles relevant du pouvoir réglementaire général n'est pas toujours aisée, il est souvent difficile de dissocier les matières relevant de ces deux domaines. Ensuite, des raisons d'ordre politique, le Président de la République pourrait, parfois, préférer que certaines mesures soient revêtues de l'autorité de la représentation nationale, en raison de leur importance ou pour exclure la possibilité du recours à la juridiction administrative.. La dernière raison est d'ordre pratique, en effet, les projets de lois sont déposés dans la majorité des cas sur l'initiative du Président de la République. On voit, donc, mal dans ce cas que ce dernier soulève l'irrecevabilité à l'encontre de ses propres projets de lois, sachant qu'il peut lui même inclure dans un projet de loi, des dispositions réglementaires pour des fins de rapidité et de célérité (vue la lenteur de la procédure consultative)[619].

869- La mise en œuvre de la technique d'irrecevabilité, par le recours au conseil constitutionnel demeure tributaire au bon vouloir du Président de la République. Ce dernier dispose de la faculté prévue par l'alinéa 3 de l'article 35 de la constitution de « faire déclarer par le conseil constitutionnel, au cours de la procédure législative, qu'une proposition ou amendement relève du domaine réglementaire »[620]. Cette disposition n'a pas précisé la période ou la date limite au cours de laquelle peut être opposée l'irrecevabilité[621].

870- En nous basant sur la lettre de l'article 35 alinéa 3, nous devons comprendre que l'exception d'irrecevabilité peut être soulevée à tout moment de la procédure législative, c'est-à-dire tant que la proposition de la loi ou d'amendement n'a pas été votée. Car une fois votée « le texte n'est plus alors une proposition ou un amendement, il est devenu la délibération d'une assemblée parlementaire »[622].

871- Cela signifie que le Président de la République peut opposer l'irrecevabilité après l'enregistrement de la proposition de loi ou d'amendement, conformément à l'article 9 alinéa 1 du règlement intérieur de la chambre des députés. Il peut l'opposer aussi après l'inscription de la proposition de loi ou d'amendement à l'ordre du jour

---

619 Cf. L. FAVOREU, Bilan provisoire de seize années de fonctionnement de la procédure de délégalisation devant le conseil constitutionnel, RDP 1976, p. 739.

620 Léon-Joseau Marigné, L'application des articles 34 et 37 par le Sénat, Colloque : le domaine de la loi et du règlement, 2ème éd., Economica 1981, p. 125.

621 Le règlement intérieur de la chambre des députés n'apporte aucune précision en cette matière, contrairement au règlement intérieur de l'assemblée nationale française qui précise le moment auquel l'article 41 de la constitution, l'équivalent de notre article 35 alinéa 3, peut être appliqué.

622 F. LUCHAIRE et G. CONAC, ouvrage précité, p. 837.

puisqu'en vertu de l'article 12 alinéa 2 du règlement intérieur de la chambre des députés, « avant la réunion de la séance plénière, le président de la chambre communique... au gouvernement le projet de l'ordre du jour de la séance... ». En outre, l'irrecevabilité peut être soulevée au cours de l'examen de la proposition de loi ou d'amendement, par la commission parlementaire compétente. En effet, le règlement intérieur de la chambre des députés, tout en prévoyant dans son article 40 alinéa 1, que « les séances des commissions se tiennent à huit clos », il autorise celles-ci, dans son article 42, à « demander l'audition du représentant du gouvernement ». L'irrecevabilité peut être soulevée, enfin, au cours de la discussion de la proposition de loi ou d'amendement, en séance plénière, qu'il s'agisse de la discussion générale ou de la discussion article par article, étant entendu que la deuxième lecture prévue à l'article 52 alinéa 2 de la constitution relatif au droit de veto, à pour effet de rouvrir la discussion au fond. .

872- Bref, pour reprendre les termes du Professeur Yadh Ben Achour « l'irrecevabilité est ouverte jusqu'au moment de la promulgation, c'est-à-dire au cours de toute la procédure législative »[623].

873- En définitive, les moyens de protection offerts par la constitution au Président de la République, afin de défendre son propre domaine contre les incursions du législateur, reflètent sa prépondérance par rapport au pouvoir législatif. On dénote ainsi un déséquilibre remarquable dans les mécanismes de protection.

* * * *

874- Le principe de la légalité de l'impôt interdit, normalement, au pouvoir réglementaire la détermination des éléments essentiels de l'impôt. En ces matières, le rôle du pouvoir réglementaire devrait, en principe, être cantonné à assurer l'exécution et la mise en œuvre de la loi fiscale. Toutefois, l'interventionnisme de l'Etat dans les domaines économique et social a eu pour conséquence incontournable la transformation du rôle de l'impôt. Ce dernier, marqué par une technicité accrue et une complexité épouvantable, est devenu de plus en plus actif grâce à une politique fiscale volontariste « mise en œuvre par le Gouvernement « conformément aux orientations et aux options définies par le Président de la République ».

---

[623] Y. Ben Achour, Le pouvoir réglementaire général et la Constitution, Mélange H. AYADI, CPU.

875- Sur le plan d'élaboration de la norme fiscale, ceci se traduit par une érosion de la compétence fiscale du Parlement, et corrélativement par une extension du pouvoir réglementaire en cette matière. L'importance qui a été prise par ce pouvoir réglementaire ôte certainement une grande partie de sa valeur au principe de la légalité de l'impôt.

CONCLUSION DE LA PREMIERE PARTIE

876- Dans son sens classique, le principe de la légalité de l'impôt ne pourrait constituer une garantie fondamentale œuvrant en faveur de la conciliation entre la nécessité de l'impôt et la protection des libertés des contribuables, que si ces derniers, ou du moins leurs représentants ont la main mise sur la matière fiscale. Il faudrait que l'essentiel de la compétence fiscale soit confié au Parlement, de telle sorte que soit établie la suprématie de la norme législative sur la norme réglementaire et corollairement, l'instauration d'une subordination complète du pouvoir réglementaire par rapport au pouvoir législatif.

877- Ce principe, se rapportant à cette signification pure, est l'expression juridique propre aux institutions représentatives classiques d'un principe plus large, à savoir celui du consentement de l'impôt. Originairement, il s'était justifié par la volonté de contrôler des gouvernants non élus. C'est en ce sens qu'il s'était initialement imposé dans le contexte d'un Etat libéral. Le député, choisi par le suffrage censitaire, avait à cœur de défendre les contribuables en préconisant une gestion économe de l'Etat.

878- Toutefois, en droit tunisien, nous avons enregistré que l'avènement du principe de la légalité fiscale a eu lieu dans le contexte de la construction d'un l'Etat indépendant et catalyseur du développement. Même si ce principe est constamment consacré par le pouvoir constituant, il semble qu'au niveau de sa mise en œuvre pratique, il demeure assez éloigné du modèle susmentionné. En effet, jusqu'à ce jour, les pouvoirs publics manifestent un intérêt à encadrer beaucoup plus la nécessité de l'impôt et à rechercher par l'instrumentalisation de l'impôt la plus grande efficacité économique, tandis que le souci de protéger les droits et libertés des contribuables est, sinon peu présent, du moins relégué au second rang.

879- Ce constat se concrétise dans le cadre de cette première partie, au stade de l'élaboration de la norme fiscale qui est gouvernée par le système, institué par la constitution, relatif à la répartition du pouvoir fiscal entre le Parlement et le Gouvernement. Ainsi, comme il a été souligné par P. THEVENIN, sous l'effet des mutations politico-éconiomiques, « l'évolution des institutions politiques paraît donc devoir être considérée comme un argument supplémentaire en faveur d'un aménagement plus réaliste des compétences respectives du législateur et du Gouvernement en matière fiscale » »[624]. Dans ce contexte, nous ne

---

[624] P. THEVENIN, ouvrage précité, p. 320.

devrons pas émettre une conclusion hâtive, à l'instar de certains auteurs, en proclamant la fin ou l'enterrement définitif du principe de la légalité de l'impôt. Bien au contraire, ce principe doit être maintenu mais adapté à l'utilisation économique et sociale de l'impôt qui s'impose comme une tendance irréversible. Il constitue toujours un idéal à atteindre et une norme qui sert à mesurer le degré de démocratisation du système fiscal, et au-delà de ce dernier du régime politique lui-même[625].

880- En effet, afin de conserver la vigueur du principe de la légalité fiscale, la nécessité de la protection du contribuable qui constitue l'essence de ce principe, est désormais recherchée dans l'encadrement et le contrôle des autorités titulaires du pouvoir normatif. Ces dernières doivent être soumises à un contrôle juridictionnel strict de légalité et de constitutionnalité. Désormais, c'est donc le pouvoir juridictionnel qui est le véritable garant du respect du principe de la légalité de l'impôt.

881- Or, contrairement aux mutations réalisées dans les pays démocratiques, si l'expérience tunisienne a bien consacré l'érosion du pouvoir normatif du Parlement, et l'extension corrélative de celui du Gouvernement, le contrôle juridictionnel de la légalité est assez limité, tandis que le contrôle constitutionnel est quasi-défaillant.

882- Il n'en est pas moins vrai que le consentement parlementaire est un élément de l'appréciation psychologique de l'impôt par le contribuable. Dans ces conditions, c'est la légitimité même de l'impôt qui peut être atteinte par la marginalisation de la compétence fiscale du Parlement, et le développement corrélatif du pouvoir réglementaire. Il en est ainsi en Tunisie, où le pouvoir réglementaire fait fréquemment recourt à des procédures détournées taxées d'illégalité, voire d'inconstitutionnalité, à l'abri de tout contrôle politique ou juridictionnel.

---

[625] En fait il y a une corrélation étroite entre le régime politique et le système fiscal. Pour une étude plus profonde de cette interaction, cf. Sadok BELAÏD, Système fiscal et système politique : quelques enseignements à partir de l'histoire arabo-musulmane, in Mélanges en l'honneur de Habib AYADI, CPU 2000, p.. 29 et s. ; Slim BESBES, la notion de politique fiscale, RTD 1997, p. 50.

DEUXIEME PARTIE

L'APPLICATION BRUTALE DE LA NORME FISCALE

889- Au niveau de l'application de la norme fiscale, le principe de la légalité de l'impôt est de plus en plus présenté actuellement, dans la plupart des démocraties politiques, comme un principe qui conditionne largement le régime des rapports qui s'établissent entre le Fisc et le contribuable. Ainsi, en vertu de ce principe, l'administration fiscale n'est dotée que d'une compétence liée consistant à « établir et recouvrer les impositions dans les conditions fixées par le législateur. L'administration ne dispose donc que du pouvoir de mettre en œuvre la loi fiscale. Une telle solution est conforme à la sécurité juridique des contribuables »[626]. Elle favorise également l'Etat de droit normalement caractérisé par la subordination des organes de l'Etat aux normes juridiques, et dont la légitimité de ses gouvernants ainsi que de son appareil administratif chargé de mettre en œuvre la politique gouvernementale, trouve son fondement dans la soumission à la loi.

890- A cet égard, la majorité des auteurs s'accordent à considérer que les rapports du Fisc avec le contribuable sont des rapports de droit objectif. Cela veut dire que vis-à-vis de l'Administration le redevable se trouve dans une situation générale et impersonnelle, véritablement statutaire qui ne laisse pas, en principe, grand-place à des éléments d'ordre subjectif.

891- Néanmoins, l'expérience montre que dans la pratique, les rapports effectifs qui s'établissent entre le fisc et le contribuable sont le plus souvent assez tendus puisqu'on est loin de retrouver l'équilibre, l'égalité et la réciprocité escomptés. Déjà, dans un pays démocratique comme la France, un auteur critique a pu remarquer que « les rapports du fisc et du contribuable seraient des rapports de supérieur à inférieur, et dans lesquels le contribuable « spolié » par le fisc est dépourvu de tout moyen de défense efficace »[627]. Un chercheur tunisien, a émis, plus récemment, un diagnostique, non moins alarmiste à l'égard des rapports entretenus entre le fisc tunisien le contribuable. Il a énoncé que « comparativement au contribuable étranger, le contribuable tunisien, face à un agent qui connaît souvent mieux l'outil fiscal et qui dispose de prérogatives de puissance publique, se trouve réellement démuni de moyens efficaces pour empêcher les abus éventuels »[628].

892- L'action de l'autorité administrative tendant à la mise en œuvre de la politique fiscale du Gouvernement, se concrétise à travers l'exercice du pouvoir administratif qui est défini comme « l'unité des organes qui, dans l'Etat, ont pour fonction de permettre la réalisation de la fonction

---

[626] F. DOUET, ouvrage précité, p. 20

[627] J.-C. MARTINEZ, Le statut du contribuable, ouvrage précité, p. 46.

[628] O. GADHOUM, thèse précitée, p. 232.

du pouvoir politique et d'exécuter ses projets et décisions. Le pouvoir administratif est une composante essentiel de l'Etat, voir une concrétisation de ce dernier»[629].

893- En ce qui concerne l'administration fiscale, son pouvoir administratif se manifeste à travers ses deux composantes principales, à savoir le pouvoir normatif et le pouvoir de contrôle. Le principe de la légalité de l'impôt, envisagé au niveau de l'application de la norme fiscale, n'acquiert son effectivité que si le contribuable est suffisamment protégé contre ces deux composantes du pouvoir administratif fiscal. Ainsi, face aux pouvoirs exorbitants de l'administration, les garantie dont bénéficient actuellement le contribuable constituent-elles un véritable contrepoids ? Le contribuable tunisien dispose t-il suffisamment de moyens juridiques lui permettant d'affronter efficacement les abus éventuels de l'administration fiscale ?

894- Pour répondre à ces interrogations, nous allons tenter de démontrer dans le cadre de cette seconde partie que le contribuable tunisien ne jouit pas réellement d'une protection suffisante tant contre le pouvoir normatif de l'administration fiscale **(Titre I)** que contre son pouvoir de contrôle **(Titre II)**, ce qui conduit inéluctablement à une application brutale de la norme fiscale, illustrant dans ce domaine également l'ineffectivité du principe de la légalité de l'impôt.

---

[629] Y. BEN ACHOUR, Pouvoir gouvernemental et pouvoir administratif, RTD 1977, p. 29.

TITRE I

L'INSUFFISANCE DE LA PROTECTION DU CONTRIBUABLE CONTRE LE POUVOIR NORMATIF DE L'ADMINISTRATION

895- Dans le jungle aride et en perpétuelle mouvance des textes fiscaux, de plus en plus nombreux, complexe, sophistiqués, souvent d'ailleurs mal rédigés ou mal conçus à la suite, par exemple, de remaniements improvisés de dernière minute, de concessions faites par le gouvernement à des groupes de pression ou arrachées par les parlementaires au cours de la discussion de ses projets, l'administration fiscale en est tout naturellement venue à assumer à l'égard du public des contribuables, comme elle le faisait déjà à l'égard de ses propres agents, une fonction essentielle de pédagogie, et plus généralement, d'aide à l'interprétation et à l'application de la réglementation en vigueur. En vérité le droit fiscal serait, pour sa plus grande part, inapplicable autrement, sans cette « doctrine administrative »[630].

896- Dans le cadre de l'exercice de sa mission interprétative des normes fiscales, l'administration fiscale est en principe tenue de respecter non seulement la constitution mais également la loi votée par le Parlement. En édictant des notes communes ou des instructions générales, parfois contraires à la loi, l'administration fiscale ne portera-t-elle pas atteinte au principe de la légalité de l'impôt ? En effet, ce dernier principe est censé prémunir les contribuables « contre le risque d'arbitraire lié au mode d'élaboration de la doctrine administrative qui, contrairement à la loi, n'est pas soumise au débat et à la critique parlementaire »[631], ni a fortiori, à un contrôle minutieux exercé par le juge.

897- L'ensemble de ces textes édictés par l'administration fiscale assure, d'après ODEN, l'application correcte et uniforme sur tout le territoire de la même règle de droit[632]. De ce fait, la doctrine administrative est censée permettre de rendre la loi plus intelligible en passant de la généralité de la règle aux cas concrets devant rentrer dans le schéma conçu par le législateur. Or, sous prétexte d'interpréter la loi fiscale, la doctrine administrative risquerait de la modifier soit dans un sens plus favorable au contribuable soit dans un sens plus

---

[630] Paul AMSELEK « Les mécanismes régulateurs de la pratique du droit fiscal en France », Revue Droit fiscal 1983, n° 40, p. 1176.
[631] Oualid GADHOUM, thèse précitée p. 5.
[632] R. ODEN, Contentieux administratif, Institut d'Etudes Politiques de Paris, 2ème édition, p. 973.

défavorable à ce dernier. Dans ces hypothèses, le contribuable est-il suffisamment protégé contre cet exercice irrégulier par l'administration de son pouvoir normatif ?

898- En effet, l'expérience montre que, sous couvert d'interprétation, l'administration fiscale s'est permise dans certains cas d'introduire de véritables changements aux dispositions législatives, elle déborde par sa doctrine administrative les textes fiscaux allant ainsi au delà des termes de la loi et exerçant, selon l'expression de Philippe THEVENIN, « un pouvoir réglementaire occulte »[633]. Il en résulte qu'à travers ce pouvoir normatif que s'arroge l'administration fiscale, le principe de la légalité de l'impôt subira une atteinte assez grave.

899- Ainsi, vu les répercussions de l'interprétation des textes fiscaux et leur application sur le statut du contribuable, et considérant les risques inhérents à l'interprétation administrative des textes fiscaux, en raison de la propension naturelle de l'administration vers l'adaptation des textes dans un sens servant beaucoup plus les intérêts du trésor, s'est ainsi posé la question des garanties qui devraient être remplies au profit du contribuable contre aussi bien la doctrine administrative illégale que contre le changement intempestif de cette doctrine.

---

[633] PH. THEVENIN, ouvrage précité, p. 62.

CHAPITRE I

LA PROTECTION DU CONTRIBUABLE CONTRE UNE DOCTRINE ILLEGALE DEFAVORABLE

900- Le principe de la légalité de l'impôt, sur lequel se base notre droit fiscal, devrait théoriquement impliquer que la compétence normative en matière fiscale est en principe attribuée au législateur. C'est la loi qui, en vertu de l'article 34 alinéa 7 de la constitution, doit fixer les règles en matière d'assiette, de taux et des procédures de recouvrement de l'impôt. Le pouvoir exécutif, et notamment l'administration fiscale, doivent donc se placer dans une situation de subordination à l'égard de cette loi.

901- Mais, dans la pratique, ce principe de légalité se heurte à des limites sérieuses à l'occasion de la mise en œuvre des textes fiscaux par l'administration fiscale, notamment lorsque cette dernière procède à l'interprétation de ces textes préalablement à leur application. En effet, le caractère fréquemment général des mesures fiscales- et parfois même lacunaire - conduit l'administration à donner très régulièrement dans le cadre de ses instructions, notes communes, l'interprétation officielle des textes qu'elle se charge d'appliquer.

902- C'est à travers cette doctrine administrative[634] que l'administration fiscale exprime son pouvoir d'interprétation de la norme fiscale qui, par son ampleur et sa portée, risque de se dégénérer en une véritable source de normativité **(SECTION I)**. Par voie de conséquence, lorsqu'une doctrine administrative contrarie une disposition légale en allant au delà de la stricte mission d'interprétation, elle sera considérée comme illégale, et à ce titre le contribuable est autorisé à demander son annulation devant le juge de l'impôt **(SECTION II)**.

903- Cependant, si cette interprétation administrative est toujours soumise au contrôle du juge, dont la mission naturelle, dans un Etat de droit, est de protéger le contribuable contre toute atteinte à la légalité, cette protection juridictionnelle du contribuable s'avère dans certaines hypothèses insuffisantes. En effet, l'expérience pratique montre que l'administration fiscale disposait toujours d'une échappatoire, lui

[634] Pour un examen complet de la notion de doctrine administrative fiscale, voir en droit tunisien, O. GADHOM, thèse précitée ; en droit comparé : la thèse de L. VAPAILLE, La doctrine administrative fiscale, L'HARMATTAN, 1999.

permettant de sauver sa doctrine illégale en recourant notamment à la technique de la validation législative **(SECTION III)**.

SECTION I

LA PORTEE DE LA DOCTRINE ADMINISTRATIVE DEFAVORABLE

904- Une doctrine administrative est considérée comme défavorable au contribuable lorsqu'elle contredit le texte de la loi, soit en posant une condition supplémentaire pour l'obtention d'un avantage fiscal, soit en aggravant la situation fiscale du contribuable, soit, enfin, en réduisant les garanties de ce dernier. Nous examinerons successivement, dans la présente section, le caractère illégal de la doctrine administrative défavorable **(§ 1)** et quelques illustrations concrètes des doctrines administratives instituant une aggravation des textes fiscaux **(§ 2)**.

§1) Le caractère illégal de la doctrine administrative défavorable

905- En France, la distinction dégagée par le Conseil d'Etat, à propos des circulaires administratives en général a pour origine le célèbre arrêt de principe « Institution Notre-Dame de KREISKER »[635] qui a permis de distinguer, ultérieurement, les circulaires simplement interprétatives ne faisant pas grief et par conséquent non susceptibles de recours en annulation, des circulaires réglementaires qui, en revanche, ajoutent à la loi ou la contredisent et par conséquent susceptibles d'un recours pour excès de pouvoir, dès lors qu'elles font grief.

906- En Tunisie, la jurisprudence, de sa part, distingue entre la circulaire interprétative et la circulaire réglementaire. Par une jurisprudence constante, le tribunal administratif effectue un contrôle sur la nature de la circulaire et annule, pour illégalité, celle qui dans son contenu ajoute ou contredit la loi ou le règlement[636]. Cependant, comparativement à la matière administrative, le contrôle juridictionnel de la nature de la circulaire administrative est relativement moins

---

[635] La distinction entre circulaire interprétative et circulaire réglementaire trouve également son fondement dans un arrêt plus ancien : CE 7 février 1936, JAMART, in « Les grands arrêts de la jurisprudence administrative, p. 316 et s.

[636] Voir à titre d'exemple : T. ad. 3 mars 1978, req. n° 233, M. Khouja c./ Premier ministre.

abondant en matière fiscale. Dans cette matière et jusqu'à une période récente, le juge manifeste une certaine réticence à se reconnaître compétent par la voie de l'excès de pouvoir.

907- En réalité, même en France, la jurisprudence a difficilement accepté le caractère réglementaire de la circulaire fiscale[637]. Mais cette situation n'a pas durée longtemps et la jurisprudence a fini par reconnaître, et d'une manière constante, le caractère réglementaire d'une circulaire fiscale[638]. Elle contribue, par ce fait, à assurer la protection du contribuable, d'une part, et se prémunir contre les circulaires réglementaires d'autre part, surtout qu'il est fâcheux que l'administration s'octroie un pouvoir déguisé consistant à modifier la loi ou à en écarter l'application pour des raisons d'opportunité.

908- Pour le cas de la Tunisie, le revirement jurisprudentiel s'est opéré à partir de 1998. Ainsi dans une affaire du 15 juillet 1998, le juge administratif a annulé une circulaire prise par la Direction Générale des Douanes. En l'espèce, il s'agit d'une voiture qui a été importée et qui devait normalement supporter le taux de 10% de droit de douane, étant donnée qu'elle répond aux exigences de la loi de finances pour la gestion 1995 dans ses articles 63, 64 et 93 à savoir, une puissance de quatre chevaux, un âge inférieur à trois ans et une cylindrée ne dépassant pas 1200 cm3. Une circulaire émanant de la Direction Générale des Douanes, ayant fixé la liste des marques de voitures

---

[637] CE- 20 décembre 1963, Conf2dération générale des Vignerons du Midi, Rec. Lebon, p. 648 : il s'agit d'une instruction de la DGI sur la distillation des vins et les transferts de compensation qui a édicté une règle applicable à une situation non prévue par un décret ; CE 29 mai 1964, Boyreau, Rec. Lebon, p. 304, DF 1964, n° 28, concl. Bertrand : il s'agit d'une circulaire qui a modifié les règles d'évaluation des revenus des propriétés non bâties ; CE 18 mai 1973, Geoffroy, Rec. Juglart : il s'agit d'une circulaire par laquelle le ministre décide de ne pas faire application d'une exonération de droit de mutation ; CE 25 juillet 1975, Sté le Nickel, Rec. Lebon, p. 447, RJF 1975, p. 334: il s'agit d'une circulaire étendant l'imposition sur le revenu des valeurs mobilières aux sociétés n'ayant pas leur siège dans le territoire de la Nouvelle-Calidonie ; cités par J. LAMARQUE, Sources de droit fiscal, Jurisclasseur, I-D, Fasc. 3 C, 2, 1981 (15).

[638] Dans plusieurs cas la Haute Assemblée a sanctionné des instructions ou circulaires modifiant le champ d'application de la loi fiscale soit parce qu'elles étendent l'application d'un impôt à des catégories d'opérateurs ou d'activités : CE 27 février 1985, n° 50657, 50658 et 50751, DF 1986, n° 14, comm. 746, concl. O. Fouquet ; soit parce que, à l'inverse, elles en excluent certaines activités : CE, Sect. 4 mai 1990, Association freudienne, M. Robinet 8 août 1990, n° 68387 C.C.I. Dunkerque, DF 1990, n° 41, comm. 1869, concl. Racine. Ont également été sanctionnées des instructions et circulaires qui modifient l'assiette d'un impôt : CE 30 septembre 1981, n° 17.343, DF 1982, n° 12, comm. 624, concl. Bassara. Enfin, l'illégalité de ces textes a aussi été admise lorsqu'ils ont pour effet de modifier la portée dans le temps de formalités incombant aux contribuables : CE 6 mai 1987, n° 72.838, DF 1987, n° 31-32, comm. 1499.

bénéficiant des avantages sus-indiqués, a laissé le Directeur des Douanes refuser que la voiture soit dédouanée sur la base des dispositions des articles 63, 64 et 93 de la loi de finances pour la gestion 1995. Le propriétaire de la voiture a alors demandé l'annulation d'une telle circulaire dans la mesure où en délimitant les marques de voitures, elle a bien ajouté à la loi des conditions qui rendraient son application plus limitative.

909- Le juge administratif a annulé la circulaire et a considéré que cette dernière n'est en réalité qu'un document administratif interne et qui ne peut contenir des dispositions réglementaires mais plutôt que des dispositions purement interprétatives[639]. Plus récemment, dans une affaire du 11 février 2002, le tribunal administratif a souligné que le rôle de la doctrine administrative n'est autre que l'interprétation des textes fiscaux ambigus. Elle ne peut pas contredire les dispositions juridiques. Sont alors nuls et dépourvus de tout effet et par conséquent non opposables aux tiers, les circulaires et les notes communes dont le contenu n'est pas strictement interprétatif[640].

§2) Les doctrines administratives instituant une aggravation des textes fiscaux

910- Le phénomène de l'aggravation des textes fiscaux par l'administration fiscale peut constituer une première forme de l'illégalité de la doctrine administrative[641]. La pratique fiscale tunisienne nous offre plusieurs illustrations. Il s'agit d'aggraver soit l'obligation fiscale principale soit les obligations fiscales annexes. Ce phénomène est aussi perceptible au niveau de toutes les catégories d'imposition.

A/ L'aggravation de la situation fiscale du contribuable

911- Une doctrine administrative peut engendrer une aggravation de la situation fiscale du contribuable. Elle opère alors un amoindrissement de son statut fiscal, comparativement à ce qui a été prévu par la loi. Il en est ainsi, par exemple, lorsque l'application d'une doctrine se traduit par

---

639 Cf. T. Ad., jugement de premier degré, 4ème section, du 15 juillet 1998.

640 Cf. T. Ad., cass. Du 11février 2002, req. 32786 .

641 La deuxième forme de l'illégalité de la doctrine administrative est représentée par le phénomène des tolérances administratives. Voir plus loin, p. 296 et s.

un allongement des délais de la prescription ou une prorogation de la durée de la vérification. Il en est ainsi, également, lorsque par une interprétation administrative plus sévère de la loi, la doctrine aboutit à un quasi-doublement de l'impôt.

1) L'allongement des délais de prescription prévus par l'article 72 I du code de l'IRPP et de l'IS

912- « Lorsque des omissions, des insuffisances ou des erreurs commises par un contribuable au préjudice du trésor sont constatées par l'administration, celle-ci dispose pour les réparer d'un certain délai à l'expiration duquel il y a prescription. La mise en œuvre par l'administration fiscale est appelée action de répétition. Elle s'exerce dans le délai de répétition ou de reprise »[642]. Dans ce cadre, la législation fiscale tunisienne a évidemment prévu, au profit de l'administration fiscal, un droit de reprise, dont les délais varient aussi bien en fonction de la nature de l'impôt qu'en fonction de la nature de l'omission (partielle ou totale). Avant la promulgation du code des DPF, ces délais étaient fixés dans des périodes allant de trois à quinze ans.

913- En ce qui concerne l'IRPP et l'IS, ainsi que les autres impôts et taxes soumis au même régime procédural, l'article 72 I(ancien) du code de l'IRPP et de l'IS avait organisé le délai de reprise comme suit : « Les omissions partielles constatées dans l'assiette de l'impôt sur le revenu ou l'impôt sur les sociétés, les erreurs commises dans l'application des taux ainsi que les défauts ou insuffisances de retenues au titre de cet impôt peuvent être réparées jusqu'à l'expiration de la troisième année suivant celle au titre de laquelle l'imposition est due Les omissions totales constatées au titre de l'un de ces deux impôts peuvent être réparer jusqu'à l'expiration de la cinquième année suivant celle au titre de laquelle l'imposition est due ».

914- L'administration fiscale a interprété cet article d'une manière extensive en prolongeant le délai de prescription de trois à quatre ans. Elle a estimé que le point de départ de ce délai de prescription court à compter de l'année de la déclaration de l'impôt qui est « l'année au titre de laquelle l'imposition est dû » et qui interviendra nécessairement l'année suivant la réalisation des revenus ou bénéfices. A titre d'exemple, l'impôt dû sur les revenus réalisés en 1996, doit faire l'objet d'une déclaration en 1997 et le droit de reprise de l'administration

---

[642] Th. LAMBERT, Contrôle fiscal, Droit et pratique, PUF 1991, p. 65.

relatif à cet impôt s'étend jusqu'à la fin de la troisième année qui suit l'année de la déclaration c'est- à-dire avant le 31 décembre de l'année 2000.

915- Ainsi, lorsque, par exemple un contrôle fiscal intervient en 1991, l'administration fiscale pourrait vérifier et éventuellement redresser la situation fiscale relative à toute la période allant du 1er janvier 1987 jusqu'au 31 décembre 1991. En effet, dans cette hypothèse, selon l'administration, la période de prescription commence à partir de l'année de la déclaration des revenus relatifs à l'année 1987, c'est-à-dire le 1er janvier 1988 et s'expirera jusqu'à la fin de la troisième année suivante, c'est-à-dire le 31 décembre 1991[643].

916- Le Professeur Habib AYADI a cautionné cette interprétation administrative et lui a même cherché une justification juridique. Selon lui « il ne fait aucun doute que l'année au titre de laquelle l'imposition est due est l'année d'imposition (donc de déclaration) dès lors que l'article 2 du code de l'IRPP et de l'IS précise que l'impôt sur le revenu est dû au 1er janvier de chaque année, par toute personne physique ayant en Tunisie une résidence habituelle sur l'ensemble des bénéfices ou revenus réalisés pendant l'année précédente »[644].

917- Néanmoins, cette thèse défendue par le Professeur AYADI est juridiquement discutable pour les raisons suivantes :

- Tout d'abord, cette interprétation aboutit à un traitement inégal entre les contribuables puisque les personnes physiques soumises à l'IR feront l'objet d'une vérification sur quatre ans, alors que les personnes morales soumises à l'IS demeureront vérifiable sur une période de trois ans, alors même que l'article 72 figure parmi les dispositions communes qui devrait normalement réserver un traitement égal entre les personnes quelque soit leur régime d'imposition.

- Ensuite, le paiement de l'impôt se fait essentiellement l'année de réalisation du bénéfice selon des techniques diverses, telles que : la retenue à la source, l'acompte provisionnel ou l'avance... Les déclarations effectuées au cours de l'année suivant celle de la réalisation du bénéfice ne constituent en réalité que de simples régularisations qui ne se font pas le 1er janvier mais elles s'étendent sur l'année suivant celle de la réalisation du revenu, suivant un échéancier de date limite

---

643 Cf. Ces argumentations sont relatées dans l'affaire : T. ad. 1er décembre 1997, requête n° 31554, Société « Lubrifiant ESSO » c/ la direction générale du contrôle fiscal.

644 H. AYADI, Droit fiscal : TVA, droit de consommation et contentieux fiscal, ouvrage précité, p. 208.

fixé par l'article 60 du code de l'IRPP et de l'IS (s'étendant entre le 25 février et le 5 décembre).

918- Cette interprétation constitue une doctrine administrative constante qui est adoptée non seulement depuis la promulgation du code de l'IRPP et de l'IS, mais également depuis la promulgation de l'ancien code de la patente par l'arrêté du 30 mars 1954[645]. Or, en réalité, cette interprétation administrative déforme le contenu de la norme légale puisqu'elle aboutit à la prolongation de la période de prescription. Cette attitude extensive de l'administration fiscale s'aligne tout à fait en faveur de l'intérêt du trésor puisqu'elle aboutit, en fait, à étendre son contrôle et augmenter, par là, le rendement financier des opérations de contrôle. En revanche, cette doctrine administrative aggrave la situation du contribuable et lui réduit la portée de la garantie légale nécessaire à l'institution d'une sécurité juridique, à savoir, le bénéfice d'un droit de prescription à l'encontre du pouvoir de reprise du fisc.

2) Le quasi doublement de l'impôt pour les forfaitaires

919- Dans l'objectif d'améliorer le rendement financier du régime forfaitaire[646], les articles 28 et 29 de la loi de finances pour la gestion 1997 ont institué, à la charge des forfaitaires le payement des acomptes provisionnels dont les modalités de calcul sont exactement les mêmes que celles qui sont applicables aux autres personnes qui en sont assujettis[647]. Or, dans une note commune (n° 16/97), l'administration fiscale, dans une interprétation contestable des articles 28 et 29 de la loi de finances pour la gestion 1997, a curieusement considéré que « les

---

[645] Il est à noter que l'article 72 I du code de l'IRPP et de l'IS a repris purement et simplement les dispositions de l'article 71 de l'ancien code de la patente.

[646] Les travaux préparatoires relatifs à la loi de finances pour la gestion 1997 révèlent l'inquiétude des pouvoirs publics quant à l'augmentation du nombre des forfaitaires sans cesse croissant et atteignant en 1997, d'après le ministre des finances, à 240.000. Parmi eux, 90% déclarent un chiffre d'affaires inférieur à 10.000 dinars. L'amélioration du recouvrement de l'impôt et la rentabilisation du régime forfaitaire sont, selon le ministre des finances, les principales causes du paiement à titre définitif desdits acomptes. Voir débats parlementaires JORT n° 23, séance du vendredi 27 décembre 1996, p. 18.

[647] Il s'agit des personnes visées par l'article 51-I du code de l'IRPP et de l'IS : les personnes morales passibles de l'IS et les personnes soumises à l'IR exerçant une activité commerciale ou une profession non commerciale, à l'exception des exploitants dans les secteurs de l'agriculture et de la pêche, des artisans soumis au régime forfaitaire et des personnes physiques soumises à l'impôt forfaitaire optionnel. En application du paragraphe II de l'article 51 du même code, les acomptes provisionnels payables à compter de la deuxième année d'activité sont perçus par trois échéances égales chacune à 30% de l'impôt dû au titre des revenus ou bénéfices de l'année précédente.

acomptes provisionnels sont payés à titre définitif et ne sont pas imputables sur l'impôt forfaitaire »[648].

920- En vertu de cette interprétation administrative, les forfaitaires sont pratiquement tenus de payer des acomptes qu'ils ne peuvent curieusement pas récupérer ni déduire. Leur charge fiscale sera d'emblée dédoublée : une première fois, par le paiement du montant forfaitaire calculé en fonction de leur chiffre d'affaires réalisés pendant l'année d'imposition ; une seconde fois, par le paiement du montant des acomptes, au titre de la même année, sans possibilité d'imputation.

921- Or, cette doctrine, en instituant une aggravation des articles 28 et 29 de la loi de finances pour la gestion 1997, aboutit certainement à alourdir la situation fiscale d'une catégorie de contribuables, c'est pour cette raison qu'elle a été vivement contestée par l'organisation professionnelle chargée de défendre leurs intérêts en avançant que cette note est illégale[649].

923- Un auteur remarque « que même si les forfaitaires ne contribuent que très modestement au trésor, il n'en reste pas moins vrai que la méthode utilisée en 1997 pour augmenter leur contribution est contestable sur le plan juridique. En effet, l'impôt forfaitaire est calculé sur la base des barèmes figurant dans des annexes prévus par l'article 44-IV du code de l'IRPP et de l'IS, c'est-à-dire par un texte législatif qui n'a fait l'objet d'aucune modification lors de l'instauration des acomptes provisionnels aux forfaitaires. Tout s'est passé comme si les acomptes provisionnels étaient un impôt indépendant de l'IR »[650]. Le même auteur conclue que « l'interprétation administrative porte atteinte au principe d'imputabilité des acomptes provisionnels, affirmé non seulement par le code des l'IRPP et de l'IS dans l'article 51-II, mais aussi par le bon sens »[651].

924- Le législateur aurait pu, s'il voulait vraiment qualifier de « non imputables» les acomptes provisionnels dus par les forfaitaires, le prévoir nonobstant les dispositions de l'article 54-I du code de l'IRPP et de l'IS. Un jeune chercheur a pu remarquer que « si l'intention des auteurs des articles de la loi de finances pour la gestion 1997 a été d'instituer des acomptes provisionnels additionnels, cette intention était

---

[648] Note commune n° 16/97, Texte DGI 97/07.

[649] Lettre adressée au ministre des finances par l'UTICA (Union régionale de Sfax) qui a attiré l'attention de ce dernier sur l'illégalité de la note commune n° 6 /97 et lui a demandé son retrait puisqu'elle transgresse la loi et n'obéit à aucune logique, citée par O. GADHOUM, thèse précitée, p. 273.

[650] O. GADHOUM, thèse précitée, p. 270.

[651] O. GADHOUM, thèse précitée, p. 270.

très mal exprimée. Apparemment, le législateur a utilisé un style ambigu pour faire passer les « solutions douloureuses ». Les responsables du fisc, véritables concepteurs des textes fiscaux, comptant sur l'insu du contribuable et le silence incompréhensible de la doctrine ainsi que sur la passivité du juge, imposent les solutions les plus absurdes pour qu'elles soient rentables financièrement »[652].

B/ La réduction des garanties et des avantages fiscaux octroyés aux contribuables

925- Le contenu d'une doctrine administrative aggravante pourrait bien aboutir à une réduction des garanties et des avantages fiscaux octroyés au contribuable par la loi. Il en est ainsi dans le cas de la modification de la composition de la commission de conciliation, de même que dans le cas de la limitation du champ d'application de l'avantage au titre de l'acquisition des voitures de petite cylindrée.

1) La modification de la composition de la commission de conciliation

926- L'article 67 I (ancien) du code de l'IRPP et de l'IS avait prévu qu'avant l'établissement de l'arrêté de taxation d'office, il est procédé à l'étude du dossier du contribuable, objet du litige, par une commission dont les membres sont désignés par décision du Ministre du Plan et des Finances. En application de ce texte, il a été créé initialement une seule commission de conciliation, à l'échelle nationale, dont la composition a été prévue par le chapitre IV de la charte du contribuable et qui comprend :

- le directeur du contentieux fiscal : Président ;

le directeur de la coordination et du suivi : Membre ;

- un haut cadre de la direction du contentieux fiscal : Membre ;

- un haut cadre de la direction générale des études et la réforme fiscal : Membre.

927- La doctrine a bien critiqué l'idée de l'institution d'une commission de conciliation unique à l'échelle nationale. Selon le Professeur Néji

---

[652] M. NAYFAR, Le forfait, Mémoire de DEA, Faculté de droit de Sfax, 1997, p. 132.

BACCOUCHE, une telle solution est « irréaliste, injustifiable et incompatible avec la politique de décentralisation »[653].

928- Postérieurement à l'intervention du décret n° 91-1016 du 1er juillet 1991, portant organisation et attribution des services extérieurs du contrôle fiscal, le gouvernement avait procédé à la régionalisation de ladite commission de conciliation. Il a été créé de ce fait une commission régionale à l'échelle de chaque centre de contrôle des impôts, à l'exclusion de Tunis où il existe une seule commission (à la fois pour Tunis I et Tunis II).

929- Il semble que cette régionalisation de la commission de conciliation a été effectuée en marge de la légalité pour les raisons suivantes :

- Le texte de la charte du contribuable n'a pas été touché et il garde toujours la même composition d'une seule commission de conciliation à l'échelle nationale. Or, en principe, c'est ce texte qui constitue le véritable fondement légal le la composition de ladite commission. Malgré son origine doctrinale, ce texte est opposable à l'administration fiscale en vertu de l'article 63 du code de l'IRPP et de l'IS.

- Les arrêtés ministériels qui ont prévu la nouvelle composition de la commission (arrêtés du ministre des finances du 20 mai 1994 et du 7 décembre 1994) ne satisfont pas les conditions de validité formelle. En effet, il est à noter que ces arrêtés ne sont pas visés par le premier ministre comme il est prévu par l'article 5 du décret n° 69-500 du 7 novembre 1969, relatif au Premier ministère[654]. Ils n'ont pas été non plus publiés au journal officiel de la République tunisienne, comme l'exige les dispositions de la loi n° 93-64 du 5 juillet 1993[655]. Ces irrégularités constituent incontestablement une violation des formalités substantielles et rendent annulables lesdits arrêtés et ce, conformément à

---

[653] Néji BACCOUCHE, Le nouveau code de l'impôt sur le revenu, article précité, p. 1 et s.

[654] L'article 5 du décret n° 69-500 du 7 novembre 1969 portant création d'un premier ministère et fixant les attributions du premier ministre, dispose que « dans le cadre de la mission générale de conduite des affaires de l'Etat, le premier ministre est chargé :
- de viser ou vérifier, selon le cas, les arrêtés réglementaires ou individuels des ministres et des secrétaires d'Etat ».

[655] L'article premier de la loi n° 93-64 du 5 juillet 1993, relative à la publication des textes au Journal Officiel de la République Tunisienne et à leur exécution, dispose que « Les lois, les décrets-lois, les décrets et les arrêtés sont publiés au Journal Officiel de la République Tunisienne... ». L'article 2 de la même loi ajoute que « les textes législatifs et réglementaires sont exécutoires cinq jours après le dépôt du Journal Officiel dans lequel ils sont insérés, au siège du gouvernorat de Tunis.

la jurisprudence établie du Tribunal administratif en matière de recours pour excès de pouvoir[656].

930- Dans ces conditions, la nouvelle composition de la commission de conciliation telle qu'elle est consacrée par la pratique administrative constitue une atteinte manifeste à la garantie légale octroyée au contribuable. En effet, dans une perspective de protection du contribuable, la composition nationale de la commission lui offre, certainement, plus de garanties. En revanche, la composition régionale aboutit à confier aux agents du même centre régional ayant la charge du dossier du contribuable taxé et désignés par le chef hiérarchique des vérificateurs. Ceci «ne constitue absolument pas une garantie pour le contribuable puisque c'est l'administration qui se concilie avec elle-même. Sa composition méconnaît les principes élémentaires de neutralité et d'impartialité »[657].

2) Le régime fiscal des voitures de petite cylindrée

931- L'article 63 de la loi n° 94-127 du 26 décembre 1994 portant loi de finances pour l'année 1995 précise que sont soumises à la TVA au taux de 10%, l'importation, la fabrication et la vente des véhicules de transport de personnes présentant les caractéristiques techniques suivantes :

- Véhicule à moteur à piston alternatif à allumage autre qu'à combustion interne ;
- Avoir une cylindrée n'excédant pas 1200 cm3 ;
- Avoir une puissance qui ne dépasse pas 4 chevaux ;
- Avoir un âge qui ne dépasse pas trois ans à compter de la date de la première mise en circulation ;
- Relevant de la position tarifaire 87-03 à l'exclusion des véhicules tous terrains.

932- L'administration fiscale a interprété ces dispositions dans le cadre de sa note commune n° 16/95 du 30 janvier 1995. Ainsi, cette dernière a limité le champ d'application de l'article 63 susmentionné en arrêtant une liste des véhicules qui sont susceptibles de bénéficier du régime

---

[656] T. ad. 5 mai 1993, affaire n° 2571, Ali CHEKIR c./ ministre de l'éducation et des sciences, in Arrêts et jurisprudence du Tribunal administratif : 1991, 1992, 1993, p. 508.
[657] O. GADHOUM, thèse précitée, p. 235.

fiscal privilégié. Cette liste est composée de sept catégories de véhicules qui sont successivement : Peugeot 106 et 205 ; Fiat Uno et Punto ; Citroën AX ; Toyota Starlet : Opel Corsa.

933- La confrontation de cette note commune à l'article 63 montre que la première mesure, d'origine administrative, constitue une aggravation certaine de la norme légale. A cet égard, on enregistre un grand décalage entre les conditions générales prévues par la loi pour le bénéfice de l'avantage fiscal et la liste limitative arrêtée par l'administration fiscale. Dans cette hypothèse, l'intervention de la doctrine administrative n'a pas eu pour objet d'interpréter le contenu de la loi et de préciser ses modalités d'application, mais elle a engendré une aggravation de la situation des contribuables puisqu'elle a abouti à limiter le champ d'application de cette loi et donc réduire considérablement la portée de l'avantage fiscal octroyé par une disposition légale. En effet, la liste proposée par la note commune ne peut être qu'une partie de la loi car il existe, certainement, des véhicules qui satisfont à l'ensemble des caractéristiques techniques prévues par la loi mais qui sont exclues par la note commune puisque ne rentrant dans aucune des catégories prévues par la liste. (Tel est le cas, par exemple des véhicules de marque Nissan objet de la contestation déférée soumise au juge de l'excès de pouvoir).

SECTION II

LA PROTECTION JURIDICTIONNELLE CONTRE LA DOCTRINE ADMINISTRATIVE ILLEGALE

934- En principe, les interprétations que l'Administration prête aux textes fiscaux, notamment dans le cadre de ses circulaires, constituent de simples mesures d'ordre intérieur insusceptibles d'être invoquées devant le juge fiscal, ni par elle ni par les contribuables ; ne faisant pas grief, elles ne peuvent donc être attaquées directement en justice. Cependant, lorsque l'administration fiscale déborde la simple interprétation du texte fiscal pour le modifier, notamment dans un sens défavorable au contribuable, cette irrégularité pourrait être dénoncée devant le juge qui statue sur son annulation, ou du moins son non application.

935- Ainsi, dans ce domaine, le respect du principe de la légalité fiscale, supposant la garantie du contribuable contre les interprétations abusives de l'administration fiscale, est impérativement subordonné à l'instauration d'une protection juridictionnelle efficace de ce dernier contre toute doctrine administrative illégale.

936- La doctrine administrative cesse bien d'être une simple mesure d'ordre intérieur du simple fait qu'elle ajoute des dispositions à caractère réglementaire aux normes fiscales. Elle revêt par là un caractère normatif, nécessairement illégal, qui la rendra susceptible d'être valablement invoquée tant devant le juge de l'impôt, dans le cadre du contentieux de l'imposition **(§ 1)**; que devant le juge de la légalité, dans le cadre du recours pour excès de pouvoir **(§ 2)**.

§1) Le contrôle de la doctrine administrative défavorable par le juge de l'impôt

937- Le contribuable tunisien est en mesure d'être protégé contre l'illégalité de la doctrine administrative défavorable en ayant la possibilité de la contester devant le juge de l'impôt, dans le cadre du contentieux de l'imposition **(A)**. A cet égard, l'expérience montre nettement, que dans plusieurs occasions, le juge fiscal n'hésite pas de censurer toute doctrine considérée comme contraire à la légalité **(B)**.

A/ La contestation d'une doctrine administrative défavorable est un moyen de droit invocable dans le cadre du contentieux de l'imposition

938- Le contentieux de l'imposition est défini par Mr BERN comme étant un contentieux qui « englobera l'ensemble des litiges - et les procédures juridictionnelles et administratives susceptibles de les résoudre- qui permettent aux prises le fisc et les redevables à propos du principe ou du montant de leurs dettes fiscales individuelles, c'est-à-dire pratiquement sur la question d'assiette ou de liquidation de l'impôt »[658]. Ce contentieux englobe alors tous les litiges relatifs à la créance fiscale et il est considéré comme « le cours même du contentieux fiscal, c'est-à-dire, son composant le plus spécifique »[659].

---

[658] Philippe BERN, La nature juridique du contentieux de l'imposition ; Paris, LGDJ 1972, p. 133.
[659] Marchessou, ouvrage précité, p. 133.

939- Selon la haute juridiction administrative française, le contentieux de l'imposition relève de la catégorie du contentieux de pleine juridiction. Ce dernier est défini comme un contentieux « dans lequel le juge peut prononcer non seulement des annulations mais aussi des condamnations pécuniaires, et notamment en vue de la réparation de préjudice »[660]. Dans le domaine fiscal, le juge de l'impôt a le pouvoir d'aller plus loin que l'annulation. Il peut corriger l'évaluation effectuée par l'administration fiscale et moduler l'impôt mis à la charge du contribuable. Il s'agit en effet d'agir comme un véritable administrateur puisqu'il peut se substituer à l'administration pour décider lui même du montant de l'imposition.

940- La principale originalité de ce contentieux réside dans la possibilité pour le juge fiscal de s'ériger en juge de l'annulation pour examiner la légalité des opérations d'imposition et des différents textes qui lui servent de support. De ce fait, il est souvent amené à apprécier la légalité d'une doctrine administrative. Ainsi, « lorsqu'une instruction est contraire à la loi, le contribuable peut la contester et lui opposer le droit découlant de la loi dans la mesure où l'application qui lui en est faite lui est préjudiciable »[661]. De plus, le contribuable ne saurait se prévaloir d'une doctrine administrative prévoyant des conditions plus restrictives par rapport à la loi »[662].

941- D'ailleurs, la doctrine administrative, quelle soit légale ou illégale est toujours inopposable au juge de l'impôt. La jurisprudence française, ancienne et constante, prouve que le juge fiscal refuse toute autorité semblable à la loi[663]. Un auteur a pu écrire que « les tribunaux ne peuvent ni motiver leurs décisions ni prononcer des condamnations en s'appuyant sur des instructions du Ministre des finances, même à l'encontre de l'administration… »[664].

---

[660] Réné CHAPUS, Droit administratif général, Tome 1, Monchrestien 1988, § 856.
[661] CE 12 juin 1987, req. n° 41-369, Boumonville, Rec. Lebon, p. 212 et 213, DF 1988, n° 43, comm. 1982, RJF 8-9/87, n° 902, note M. Lièbert-Champagne, RJF 10/87, p. 502 et s.
[662] CE 26 juillet 1991, req. n° 112-906, Sté des Grands Magasins Galeries Lafayette, DF 1992, n° 26, comm. 1235, RJF 10/91, n° 1203, concl. Olivier FOUQUET, p. 693 ET S.
[663] Cass. 8 juin 1863, Sirey, 1863-1-431 et 4-11865, Sirey 1865-1. 179.
CE 27 novembre 1931, Bielomart et Cie.
Crim 18 janvier 1923, BCI. 1923, p. 8 ; Civ. 4 mars 1890, Sirey 1890-1-33.
CE 1er janvier 1926, BCI 1927, n° 4, req. n° 52-286, DF spécial n° 109 ; CE 7 novembre 1963, req. n° 59.492 ; CE 7ème Sous-sect. 10 mai 1965, req. n° 61.973 ; CE 9ème Sous-set. 21 juin 1968, req. n° 72.407, BCD TVA 1968, p. 4 59-11361 Brieu.
[664] J.-P. LUKASZWICZ, Nouveaux aperçus sur l'autonomie du droit fiscal, thèse, Université de PICARDIE, 1974, p. 47.

942- Serviteur de la loi, le juge de l'impôt doit ignorer la doctrine administrative. En effet, la doctrine administrative est un domaine dans lequel le juge fiscal ne peut se mouvoir. Ayant pour mission de dire le droit, le juge de l'impôt écarte toute prétention qui viendrait contredire la norme fiscale en cause dans l'espèce[665]. Par là, « le juge consolide... sa suprématie sur l'administration, en déniant à son interprétation toute possibilité de modification du régime fiscal... »[666].

943- En Tunisie, malgré une traditionnelle domination du contentieux fiscal par l'administration fiscale, qui a perduré jusqu'à une période récente, le juge de l'impôt a réussi, dans certains cas, à s'en affranchir. Il n'a pas hésité à écarter la doctrine administrative chaque fois où il constate une contrariété manifeste entre cette dernière et une disposition légale.

B/ L'attitude du juge de l'impôt à l'égard de la doctrine administrative défavorable

943- En France, la jurisprudence a toujours considérée que l'administration fiscale n'est pas en mesure d'établir l'impôt sur la base de sa doctrine, et a fortiori, lorsque cette doctrine est illégale[667]. Lorsque l'administration redresse la situation du contribuable sur la base d'une doctrine administrative, le juge serait «à même de redresser cette interprétation si elle est erronée »[668]. De même, la cour de cassation française a toujours rappelé qu'« aucun impôt soit direct, soit indirect ne peut être augmenté, diminué ou modifié qu'en vertu d'une loi »[669].

944- En Tunisie, le juge de l'impôt a eu l'occasion d'écarter la doctrine administrative lorsqu'il lui apparaît que cette dernière contredit manifestement le contenu d'un texte légal. C'était notamment le cas pour la doctrine administrative interprétant l'article 72 II du code de l'IRPP et de l'IS, de même que celle qui a interprétée l'article 67 du même code.

---

665 C LASRY, Le Conseil d'Etat juge de l'impôt, EDCE 1955, p. 68, cité par O. GADHOUM, thèse précitée p. 176.
666 Ph. MARCHESSOU, ouvrage précité, p. 77.
667 CE 16 octobre 1985, n° 46.701-46.702, RJF 12/85, n° 1532 ; CE 30 janvier 1987, n° 53.004, RJF 3/87, n° 306 ; CE 27 février 1989, n° 57.066, RJF 4/89, n° 423.
668 D. HAGELSTEEN, ouvrage précité, p. 113.
669 Cass. Civ. 12 mai 1862, S. 1862, I, 540.

1) L'attitude du juge de l'impôt à l'égard de la doctrine administrative relative au délai de prescription

945- L'interprétation des dispositions de l'article 72 II du code de l'IRPP et de l'IS, par le juge de l'impôt, a subi une évolution intéressante. En effet, dans un premier temps le juge administratif s'est aligné à la position de la doctrine administrative, qui prétend que l'expression «année au titre de laquelle l'imposition est due » doit être entendue comme l'année de l'imposition ou de déclaration des revenus ou des bénéfices. Ainsi, dans une affaire en 1993, le juge a soutenu que « L'administration fiscale peut , jusqu'au 31 décembre 1995, réparer des omissions ou des insuffisances constatées au titre de l'année 1991 ou des exercices comptables clos en 1991 »[670].

946- Cependant, un revirement jurisprudentiel s'est opéré en 1995. La nouvelle interprétation soutenue par le juge de l'impôt a été exposée dans deux arrêts rendus le même jour et relatifs au même contribuable (affaires Direction générale du contrôle fiscal c/ Chahira Fakhfakh), elle se résume dans le considérant suivant : « Considérant qu'il résulte de ce qui précède que l'administration peut réparer les omissions jusqu'à l'expiration de la troisième année suivant celle au titre de laquelle l'imposition est due. L'administration aurait du donc, pour préserver son droit de reprise, établir un arrêté de taxation d'office au plus tard le 31 décembre 1983 puisque l'année 1980 c'est l'année au titre de laquelle l'imposition est due et les trois années suivantes sont 1981, 1982 et 1983 »[671].

947- Cette même position a été clarifiée, quelques jours après, à l'occasion d'une nouvelle affaire examinée par le juge de l'impôt. Plus concrètement, ce dernier précise que l'expression «troisième année suivant celle au titre de laquelle l'imposition est due » coïncide avec l'année de réalisation du bénéfice, donc du fait générateur. Elle doit être interprétée comme coïncidant avec le 31 décembre, date de la clôture de l'exercice pour les sociétés dont l'exercice coïncide avec l'année civile. La période vérifiable s'étend alors sur une période au plus égale à quatre ans[672].

---

[670] T. ad 30 décembre 1993, req. n° 784.
[671] T. ad. 13 mars 1995, Req. n° 957 et 958, Direction générale du contrôle fiscal c/ Chahira Fakhfakh.
[672] Voir dans ce sens T. ad. 29 mai 1995 req. n° 1143 ; .H. AYADI «droit fiscal : Taxe sur la valeur ajoutée Droit de consommation et contentieux fiscal », CERP Tunis 1996, p. 208.

948- Cette interprétation constitue, désormais, une jurisprudence constante puisque le Tribunal administratif a confirmé sa position dans ses arrêts ultérieurs. Il en est ainsi pour l'affaire jugée le 1er décembre 1997, à l'occasion de laquelle le juge administratif a adopté l'argumentation suivante: « Attendu que l'administration avance que l'année 1987 soumise au contrôle est imposable en 1988, il en résulte que le délai de reprise s'étend jusqu'à la troisième année qui suit l'année 1988, c-à-d à l'expiration de l'année 1991 … et attendu que dans ces circonstances, l'administration est normalement tenue de réparer les omissions constatées dans l'établissement de l'assiette de l'impôt, et ce avant l'expiration de l'année 1990, constituant la troisième et dernière année, puisque l'année au titre de laquelle l'imposition est due est l'année 1987… »[673] De même, dans une autre affaire jugée le 13 juillet 1998, il a été tranché dans le même sens : « Attendu qu'il résulte des pièces du dossier que l'administration a établi l'arrêté de taxation d'office en date du 7 décembre 1991, alors que les années au titre desquelles l'imposition est due sont 1987, 1988 et 1989. Le dernier délai pour la réparation des omissions au titre de l'année 1987 sera donc fixé au 31 décembre 1990 puisque le délai de trois années ci-dessus mentionné commence le 1er janvier 1988 et s'achève le 31 décembre 1990 »[674].

949- Face à l'attitude du juge, l'administration fiscale a élaboré à l'usage de ses services un véritable argumentaire[675]. Elle s'est, tout d'abord, référée aux articles 2, 7 et 10 du code de l'IRPP et de l'IS, Ces textes, interprétés sur la base des principes posés par l'article 532 du code des obligations et des contrats[676], prévoient que les revenus réalisés au cours d'une année sont soumis à l'impôt l'année suivante. Ensuite, elle s'est prévalue de l'usage dont elle a toujours fait des délais de prescription. D'après l'administration, « 80% des contribuables ainsi que les juges au niveau des commissions de taxation d'office, jusqu'à ce qu'ils ont changé d'avis en 1998, ont toujours respecté et appliqué les délais de quatre ou de six ans ». Enfin, elle s'est référée aux travaux préparatoires du code de l'IRPP et de l'IS et plus particulièrement à la

---

[673] T. Ad. 1er décembre 1997, Req. n° 31.554 .

[674] T. Ad. 13 juillet 1998; Req., n° 31438.

[675] Note du 23 mars 1997 adressée au directeur de la mission d'enquête et de contrôle nationale polyvalente et aux chefs de centres régionaux de contrôle fiscal.

[676] L'article 532 du code des obligations et des contrats dispose : « En appliquant la loi, on ne doit lui donner d'autre sens que celui qui résulte d ses expressions, d'après leur ordre grammatical, leur signification usuelle et l'intention du législateur ».

réponse du ministre des finances qui précise que les délais de reprise sont de quatre ou de six ans[677].

950- Rejetant cette argumentation, le juge de l'impôt a, de son côté, refusé catégoriquement ce rallongement d'une année des délais de prescription, considérant implicitement que l'administration n'avait pas le droit de dépasser la lettre de la loi sous couvert d'interprétation et qu'elle était donc incompétente pour le faire.

2) **L'attitude du juge de l'impôt à l'égard de la doctrine administrative relative à la composition de la commission de conciliation**

951- Les premières décisions rendues par les juges de fond à l'égard de la modification de la composition de la commission de conciliation, dans le sens de sa régionalisation, étaient claires. Selon le juge de l'impôt cette régionalisation n'a rien d'illégal, s'agissant d'une question d'organisation de service qui relève de la compétence de l'exécutif. Ainsi, à titre d'exemple la Commission Spéciale de Taxation d'Office de Sfax a soutenu dans sa décision du 20 mai 1997, Décision n° 25/96, que «La charte est un document interprétatif qui simplifie les dispositions de la loi et l'administration est tenue de suivre son contenu dans le cadre de la loi qui l'oblige de transmettre le dossier du contribuable à la commission de conciliation. Elle est également tenue de respecter la composition de la commission prévue par la charte à la date de sa publication tant que l'arrêté qui a approuvé cette composition est encore en vigueur à cette date. Mais s'il a été abrogé ou remplacé par un nouvel arrêté qui a modifié la composition de cette commission, rien ne s'oppose à modifier la composition prévue par la charte parce que la composition de la commission est prévue par l'arrêté ministériel et non pas par la charte, et ce en application des dispositions de l'article 67 du code de l'impôt »

952- Cependant, cette position a été infirmée par la juridiction suprême. En effet, dans un arrêt récent qui date du 10 juillet 2001, le tribunal administratif a considéré que les commissions de conciliation qui sont tenues selon une composition régionale sont irrégulières puisque non

---

[677] Débats parlementaires, JORT, 29 décembre 1989, n° 104.

conformes ni à l'article 67 du code ni à la charte du contribuable, et par conséquent la procédure est viciée[678].

953- Le juge de cassation avait fondé cette jurisprudence sur l'argumentation juridique implacable suivante : «Considérant qu'il résulte des éléments du dossier que la commission de conciliation n'a pas été constituée suivant les précisions données par le chapitre IV de la charte du contribuable mais elle est tenue conformément à l'arrêté du 20 mai 1994 sous la présidence du directeur du centre régional du contrôle des impôts et avec pour membres le directeur du bureau de contrôle des impôts et l'agent vérificateur de la cellule de la vérification approfondie. Et considérant que la tenue de la commission de conciliation conformément à cette composition est considérée comme contraire à la charte du contribuable dont le contenu est rendu opposable à l'administration par la loi. Il en résulte que les travaux de la commission sont entachés d'une violation à la loi ». Et en plus, ajoute la haute juridiction « la composition de la commission de conciliation ainsi que les procédures suivies devant elle constitue un moyen d'ordre public susceptible d'être invoqué même pour la première fois en cassation »

954- Il est à noter qu'avant l'intervention de l'arrêt du 10 juillet 2000, la position du tribunal administratif était marquée par le tâtonnement et l'hésitation. En effet dans un arrêt du 13 juillet 1998 (T. Ad 13 juillet 1998, req. n° 31719), le tribunal administratif a rejeté un pourvoi qui s'est fondé sur l'irrégularité de la composition de la commission de conciliation puisque, selon le juge, « contrairement aux prétentions du requérant, la commission prévue par l'article 67 et le chapitre IV de la charte du contribuable s'est réunie à Tunis et non pas à Béja ...et sa composition était bien légale, sous la présidence du directeur du contentieux... ». Mais, dans des décisions ultérieures, chaque fois que le requérant invoque le non-respect des procédures prévues par l'article 67 du code, le tribunal administratif se contente d'affirmer qu'«il résulte des éléments du dossier que ce dernier a bien été soumis à l'étude de la commission de conciliation », mais sans se prononcer sur la légalité de la composition de cette dernière[679].

---

[678] Voir T. Ad. du 10 juillet 2000, req. n° 31870, Ali Mansour c/ La direction générale du contrôle fiscale.

[679] Voir T. Ad. 19 octobre 1998, req. n° 31721 ; T. Ad. 28 juin 1999,req. n° 31690.

§ 2) Le contrôle de la doctrine administrative défavorable par le juge de l'excès de pouvoirs

955- Le recours pour excès de pouvoir peut être défini comme étant « le recours par lequel on demande au juge l'annulation d'une décision administrative en raison de l'illégalité dont elle serait entachée »[680]. C'est un recours de droit commun qui est ouvert même sans texte et permet d'obtenir devant le juge administratif l'annulation totale ou partielle de toute décision administrative. Selon une jurisprudence classique du Conseil d'Etat français, le recours pour excès de pouvoir est considéré comme « un recours qui est ouvert, même sans texte, contre tout acte administratif et qui a pour effet d'assurer, conformément aux principes généraux du droit, le respect de la légalité »[681].

956- En France, la recevabilité du recours pour excès de pouvoir (REP) en matière fiscale a vu ses conditions peu à peu assouplies par le juge administratif. Pendant longtemps le conseil d'Etat oppose au recours pour excès de pouvoir, en matière fiscale, une fin de non recevoir tirée de l'existence d'un recours parallèle. Il est avancé qu'«un acte général a toujours une suite dans un acte d'imposition individuelle, bien que le recours pour excès de pouvoir soit impossible, l'intérêt du contribuable était sauvegardé dans la mesure où, pour lui, c'est en définitive l'imposition qui est la plus importante »[682].

957- Cependant, cette théorie du recours parallèle a évolué vers un adoucissement général. On s'est aperçu que le recours devant le juge d'imposition n'offre pas à l'ensemble des contribuables une garantie totale. En effet, si ce type de recours réussit, l'acte d'exécution est bien écarté mais le texte réglementaire illégal qui lui a servi de base demeure en vigueur. Le juge de l'impôt ne peut pas l'annuler. Il en résulte que rien n'interdit que l'administration prenne la même mesure à l'égard d'autres contribuables, voire à l'égard du même contribuable, les années suivantes. De nouvelles procédures contentieuses seraient alors nécessaires.

958- Dans un cadre plus général, le Conseil d'Etat a appliqué aux circulaires et instructions les critères suivants dégagés par l'arrêt

---

680 Réné CHAPUS, Droit administratif général, § 858, p. 502.

681 CE, Assemblée 17 février 1950, Ministre de l'agriculture contre Dame Lmotte, Lebon, p. 111 et conclusion du Commissaire du Gouvernement M. Delvolvé, RDP 1951, p. 478, note Walline.

682 Ph. THEVENIN, ouvrage précité, p. 230.

« Institution Notre Dame du Kreisker »[683] : est considérée comme réglementaire, la circulaire qui prétend ajouter quelque chose à la loi ou, d'une manière plus large, à l'ordonnancement juridique, notamment en imposant des sujétions nouvelles aux administrés ou, à l'inverse, en leur procurant des garanties nouvelles[684]. Néanmoins, il s'est montré assez sévère pour l'appréciation du caractère réglementaire des circulaires et instructions fiscales. En effet, « Dans un système de droit écrit, fondé sur la hiérarchie des normes et des organes, la reconnaissance du caractère réglementaire d'une disposition administrative bouleverse les critères traditionnels d'analyse juridique »[685].

959- En matière fiscale, la rigueur de la position du Conseil d'Etat refusant d'admettre le caractère réglementaire aux instructions et circulaires a conduit à des situations dans lesquelles le principe de légalité était délibérément ignoré. En effet, le procédé par lequel l'administration en faisant adopter par le Parlement des lois fiscales extrêmement sévères, qu'elle atténue par la suite, lui permet sous couvert d'interprétation bienveillante, d'user en toute impunité, de la possibilité de tolérance.

960- La position de la jurisprudence du tribunal administratif tunisien à l'égard du REP contre les décisions administratives illégales, en matière fiscale, a été marquée par une évolution intéressante. Dans un premier temps, le juge administratif a manifesté une attitude négative à l'égard de ce type de recours en matière fiscale. Plus récemment, la haute juridiction a infléchit sa jurisprudence et a fini par accepter la possibilité d'un REP en cette matière.

A/ L'attitude négative du juge administratif tunisien à l'égard du REP contre les décisions administratives en matière fiscale

961- En application de l'article 3 de la loi n° 72-40 du 1er juin 1972 le tribunal administratif est compétent pour statuer en premier et dernier ressort sur les recours en annulation pour excès de pouvoir formés

---

[683] CE Assemblée 29 janvier 1954, AJDA 1954, II bis, 5, Chronique de Gazier et Long.

[684] En matière fiscale, selon Patrick Dibout, « ont la qualité de circulaire réglementaires celles qui soumettent la mise en œuvre des droits des administrés à des sujétions ou l'entourent de garanties, ou celles qui soumettent les décisions individuelles ultérieures à une règle générale et impérative nouvelle non incluse dans un acte antérieur » (« L'illégalité des instructions et circulaires fiscales- L'administration et le contribuable»).

[685] Philippe Marchessous « L'interprétation des textes fiscaux », précité, p. 83.

contre tous les actes des autorités administratives centrales et régionales, des collectivités publiques locales et des établissements publics à caractère administratif. Il résulte des termes généraux de ce dernier texte que les actes administratifs concernés par le recours pour excès de pouvoir (R.E.P.) peuvent très bien contenir des décisions de nature fiscale que le juge administratif doit veiller, en cas de recours, au contrôle de leur légalité.

962- Le Tribunal administratif fait du recours pour excès de pouvoir une action de droit commun ouverte, même sans texte, contre tout acte administratif. Ce principe général de procédure qui reconnaît une compétence générale au juge de l'excès de pouvoir, a été dégagé par l'arrêt Zoubeïda C/CNRPS du 15 juillet 1980[686].

963- Cependant, l'examen de la jurisprudence du tribunal administration infirme cette conclusion puisque le juge soutient une autre interprétation et consacre une attitude restrictive à l'égard de la compétence du tribunal administratif en matière fiscale. Selon lui tout ce qui ressort du domaine fiscal rentre dans le cadre de l'article 11 et le juge ne peut en connaître que par voie de la cassation. Toute autre voie serait erronée. En effet, le juge administratif saisi à maintes reprises de R.E.P. en matière fiscale, a refusé de se reconnaître compétent. Il en est ainsi dans deux affaires similaires, en matière d'impôts locaux, portée devant lui[687]. Le juge administratif a argumenté sa position de la manière suivante : «Attendu que la présente affaire portant sur la matière du recouvrement des impôts locaux, qu'elle est régie par des principes particuliers de compétence et que le T.A. n'en connaît que par voie de cassation après le recours devant les tribunaux judiciaires compétentes. Attendu que la loi n° 72-40 du 1er juin 1972, en évoquant dans son article 11 al. 4 ce type de recours et en le confiant au tribunal administratif par la voie de cassation, a entendu l'exclure du domaine de l'article 3 relatif au recours pour excès de pouvoir».

964- Or dans ces deux affaires la S.N.C.F.T. contrairement à l'interprétation du juge ne contestait ni l'assiette ni les modalités de recouvrement de l'impôt mais plutôt la décision même de son assujettissement. Cette jurisprudence a été vivement critiquée par la doctrine[688]. La démarche adoptée par le juge est dominée par une conception simplificatrice du partage de compétence. Cette simplicité

---

[686] Cf. T. ad. 15 juillet 1980 Zoubeïda Béchir c/ CNRPS, RTD 1981, p. 523.
[687] T.Ad. 1ère Chambre 20 juin 1976 S.N.C.F.T / C/ Municipalité de Sfax et T.A. 28 juin 1976 S.N.C.F.T /C/ Municipalité de Sfax.
[688] Neïla CHAABANE, L'apport de la jurisprudence du tribunal administratif en matière fiscale; p. 301 et s.

apparaît dans le fait que face à un litige se rattachant à un problème fiscal, le requérant n'aura pas à choisir entre les deux ordres de juridiction administratif ou judiciaire pour introduire sa requête. Il s'adressera directement au tribunal judiciaire ou à la commission spéciale de taxation d'office et le Tribunal administratif n'interviendra que par voie de cassation. Cependant rien dans les textes des articles 3 et 11 ne semble justifier une telle exclusion des litiges d'ordre fiscal du domaine du R.E.P.

965- Dans le cadre des deux affaires précitées, le juge administratif, ignorant les conclusions présentées par la requérante, s'est basé sur une interprétation contestable des articles 3 et 11 de la loi n° 72-40 du 1er juin 1972 et ce en faisant le lien entre deux dispositions portant sur des objets différents: le recours pour excès de pouvoir et le recours en cassation. Il a fait de l'objet du litige (dans ce cas le recouvrement d'impôts locaux), le critère de départage de deux recours pour excès de pouvoir et en cassation. Alors qu'en fait ce sont les conclusions du requérant qui permettent de qualifier la nature du recours. En effet, dans un R.E.P. les conclusions présentées doivent tendre à obtenir l'annulation d'une décision administrative, alors que dans un recours en cassation les conclusions doivent tendre à obtenir l'annulation d'une décision rendue par une juridiction en dernier ressort. Il y a certes une similitude entre les deux recours en ce que tous les deux ont pour finalité l'annulation d'une décision.

966- Seulement dans un cas il s'agit d'une décision administrative et dans l'autre d'une décision juridictionnelle. Donc la doctrine tire la conclusion qu'il est tout à fait possible dans le cadre d'un même domaine, le domaine fiscal en l'occurrence, il peut y avoir, d'une part, des R.E.P. introduits contre les décisions rendues par l'administration fiscale et indépendantes ou détachables des opérations d'assiette et de recouvrement de l'impôt et d'autre part, des recours en cassation introduits contre les décisions juridictionnelles rendues en dernier ressort par les différentes juridictions compétentes en matière fiscale. Ce raisonnement aboutit donc à saisir les articles 3 et 11 comme n'étant pas exclusif l'un de l'autre comme l'a présenté le juge administratif.

667- Cette jurisprudence a été confirmée par la suite dans une autre affaire (T.A. 5 décembre 1978 S.T.P.A c/Min. des Finances). Dans cette affaire, une société a obtenu un agrément en vue de l'installation d'une semoulerie à Sfax par une décision du Ministre de l'Economie du 28 mars 1973 et un agrément d'extension en vue de l'acquisition de wagons nécessaires pour l'alimentation de l'usine et ce par une 1ère décision du Ministre de l'Economie en date du 24 juin 1975. De tels agréments devraient permettre à l'entreprise de bénéficier de la suspension du paiement des taxes et droits à l'importation. Or lors du dédouanement des wagons, l'administration a refusé l'exemption pour la taxe à la production. La société a été contrainte de payer cette taxe. Elle a donc saisie le Ministre des Finances d'une requête par laquelle elle a contesté la légalité du refus de l'administration d'appliquer l'exemption prévue par la loi en vigueur. Devant le refus des Finances de sa requête par le Ministre, la société a introduit un recours pour excès de pouvoir en vue de l'annulation de ce refus d'application à son égard le principe de l'exemption de la taxe à la production (régime extérieur) prévu par le code des investissements au profit de la S.T.P.A.

968- Dans cette espèce la S.T.P.A. a bien demandé, dans ses conclusions, l'annulation de la décision administrative du ministre des Finances lui refusant le principe même de l'exemption de la taxe à la production. Sa requête ne se réduisait pas à une simple demande de restitution de taxe, elle répondait par là aux conditions de recours pour excès de pouvoir. Cependant le tribunal administratif a, une autre fois, refusé de suivre la société sur cette voie en invoquant son incompétence et en avançant l'argumentation suivante: «Considérant que les tribunaux de première instance sont seuls compétents pour trancher les litiges afférents à des taxes douanières et ce conformément à l'article 227 du code des douanes. Considérant qu'il ressort de tout ce qui précède que l'examen de la question de la taxe à la production acquittée par la requérante relève du ressort du tribunal de Première Instance en premier ressort et qu'il échoit de prononcer l'incompétence du Tribunal administratif auquel incombe la protection et la dévolution des compétences entre tous les tribunaux et à tous les niveaux ».

969- Le haute juridiction administrative a refusé de se reconnaître compétente pour juger la légalité de la décision ministérielle du refus, en raison, dit-elle, de la nature véritable du recours intenté devant elle. Pour le Tribunal, en effet, la société demande l'annulation de la décision du ministre par laquelle il refuse de restituer le montant de la Taxe à la production acquitté lors du dédouanement. Or les demandes en restitution relèvent, d'après le Tribunal, de la compétence des Tribunaux de 1ère instance et la haute juridiction administrative ne peut en connaître que par voie de cassation. Le Tribunal administratif a par conséquent rejeté le recours pour excès de pouvoir contre une décision incontestablement administrative. D'ailleurs le Commissaire d'Etat lui même a plaidé pour la compétence du Tribunal et a demandé l'annulation de la décision ministérielle en raison de son illégalité notoire.

970- Le juge administratif s'en est tenu à sa conception première selon laquelle tout ce qui ressort du domaine fiscal ne relève de la compétence du tribunal administratif que par voie de cassation. Cette jurisprudence du Tribunal a été vigoureusement critiquée par la doctrine[689]. Selon Hafedh BEN SALAH elle est à la fois « dangereuse », « timide » et surprenante »[690]. Néji BACCOUCHE constate, à son tour, que le Tribunal administratif observe une jurisprudence très discutable en la matière dans la mesure où le Tribunal n'a pas le souci de la protection des contribuables[691].

971- Par cette attitude le juge a raté une occasion d'or en vue de contrôler un des multiples actes par lesquels l'administration intervient dans la vie économique.[692]. On doit en outre préciser, qu'en l'espèce, vu que le recours visait l'annulation pour excès de pouvoir du refus d'appliquer un agrément légalement octroyé, il n'avait aucun rapport avec les opérations d'assiette ou de recouvrement de l'impôt et par conséquent, la société n'a pas contesté un acte d'imposition, mais plutôt un acte administratif détachable d'autant plus qu'il est admis que l'agrément n'est pas un acte fiscal, mais plutôt un acte qui déclenche un statut fiscal préalablement défini[693].

972- En dépit de ces multiples critiques, cette jurisprudence a été observée dans des arrêts ultérieurs. Ainsi, dans l'arrêt du 22 mai 1979, le Tribunal a rappelé sa jurisprudence d'après laquelle le contentieux douanier, y compris les demandes relatives aux droits dus au titre de l'importation, relèvent en 1er ressort de la compétence des tribunaux civils et ce par application de l'article 227 du code des douanes. Par conséquent, le refus par l'administration d'accorder une exonération à un contribuable ne doit pas être soumis au Tribunal Administratif en tant que juge de l'excès de pouvoir, et qu'en application de l'article 11 al. 4, le Tribunal n'est compétent qu'en tant que juge de cassation[694]. Cette décision a été confirmée par une 2ème le 27 novembre 1979[695].) et une 3ème décision, rendue le 11 novembre 1980[696].

---

[689] H. AYADI, RTD 1980 p. 535.

[690] H. BEN SALAH, chronique de jurisprudence administrative RTD 1976 II p. 236.

[691] N. BACCOUCHE « Droit fiscal », p. 180.

[692] Ibidem p. 303.

[693] TOURNIE « Les agréments fiscaux », p. 216.

[694] T.Ad. 22 mai 1979, Recueil p. 144.

[695] T.Ad. 27 novembre 1979, Recueil p. 278.

[696] T.Ad. 11 novembre 1980, Recueil p. 376.

B/ L'admission du REP contre les décisions administratives illégales en matière fiscale

973- La question de la recevabilité d'un REP a été rebondie de nouveau devant le Tribunal administratif à l'occasion, toujours de refus d'agréments. En réalité, cette question est fort complexe. Il s'agissait d'examiner si le refus d'agrément constitue-t-il, oui ou non, une décision administrative et s'agissant d'une décision émanant de l'Administration, quelle est la juridiction naturellement compétente ?

974- La doctrine, s'alignant avec la jurisprudence, admet qu'il est tout à fait exact que lorsqu'il s'agit de questions litigieuses relevant des droits de douane et uniquement de ceux-là, il appartient aux juridictions judiciaires de se déclarer compétentes. Cette compétence, attribuée notamment aux tribunaux de première instance, se justifie en leur qualité de juge administratif ou de juge de l'administration tant que le problème des droits de douane se trouve rattaché à la question de souveraineté. De ce point de vue et uniquement de celui-là, la doctrine conclue avec la jurisprudence, qu'il s'agit bien d'attributions qui relèvent du Tribunal administratif uniquement par voie de cassation[697].

975- En revanche, il est difficile d'admettre pour ce qui est des taxes sur le chiffre d'affaires, telles que l'ancienne taxe à la production ou l'actuelle TVA, que la haute juridiction ne dispose pas d'une compétence de principe car si le refus de l'agrément se rapporte au régime suspensif en matière de TVA ou en matière des droits de consommation intéressant des opérations locales, rien ne s'oppose à la compétence du Tribunal administratif en tant que juge de l'excès de pouvoir : l'agrément ou plutôt le refus d'agrément est une décision administrative de nature particulière (la matière fiscale) prise par une autorité administrative et qui ne concerne en rien les droits de douane, se rapportant eux, généralement, aux opérations d'importation.

976- Au surplus, le fait que les contribuables disposent d'une autre voie de recours, la cassation, n'apporte pas toute les garanties nécessaires aux justiciables en raison de la nécessaire procédure de taxation d'office et de l'obligation de saisir préalablement les juges de fond, de premier et deuxième degré. Autrement dit, afin que le justiciable puisse se défendre en cassation, il faut que l'administration fiscale accepte de taxer d'office. Son inaction implique clairement une impossibilité pour le

---

[697] Cf Ahmed ESSOUSSI, Fiscalité et investissements : Analyse et commentaire de code d'incitation aux investissements ; Publications de l'IORT 2002, p.48.

contribuable de se défendre devant les tribunaux contre l'illégalité des décisions administratives.

977- Dans un train de décisions qui ont été déclenchées à partir de 1997, la haute juridiction semble assouplir sa position et finalement accepte d'admettre sa compétence au titre de certaines décisions. On peut citer sa décision du 29 mars 1997 (Requête n° 4129), selon laquelle les litiges douaniers relatifs aux exportations, qui bénéficient des privilèges fiscaux prévus par le code d'incitation aux investissements, relèvent de la compétence du juge administrative en matière de recours pour excès de pouvoir et de sursis à exécution. Ou encore la décision du 18 juin 1997, par laquelle le tribunal a accepté sa compétence par la voie de recours pour excès de pouvoir s'agissant d'une question relative aux réinvestissements exonérés, soit naturellement un problème relevant de l'impôt.

978- A cet égard, la doctrine souhaite que la haute juridiction accepte d'être davantage plus claire dans ses positions et accepte la généralisation de cette voie permettant aux contribuables de mieux défendre leurs intérêts face à une administration bien puissante[698].

979- Par ailleurs, plus récemment le juge fiscal admet que le contribuable puisse introduire un recours pour excès de pouvoir contre la doctrine administrative mais à condition que celle-ci ajoute un élément nouveau à la norme interprétée, c'est-à-dire lorsqu'elle se transforme d'une mesure interprétative à une mesure réglementaire faisant grief. Dans cette hypothèse le juge de l'impôt doit démontrer, lorsqu'il est saisi d'un recours pour excès de pouvoir contre la doctrine administrative, que cette dernière ajoute bien des dispositions nouvelles à la législation existante[699].

980- Il en est ainsi, dans une affaire qui date du 15 janvier 1998, à l'occasion de laquelle le juge de l'impôt tunisien a pour la première fois explicitement admis la recevabilité du recours pour excès de pouvoir qui est dirigé contre la doctrine administrative, jugée en partie illégale. Dans cette affaire, le requérant était une étudiante tunisienne qui poursuivait ses études à l'étranger. Lors de son retour définitif en Tunisie, elle a importé un véhicule de marque Nissan. Elle a donc déposé une demande auprès des autorités compétentes pour bénéficier du régime fiscal privilégié prévu par la loi de finances de 1995. Etant donnée qu'elle a reçu un avis négatif, elle a introduit un recours pour excès de pouvoir contre cette réponse négative du ministre des finances en invoquant

---

[698] A. ESSOUSSI, ouvrage précité ; p. 49.
[699] Cf. KADDACHI Nada, mémoire précité, p. 116.

l'illégalité de la décision ministérielle qui est, à son tour, fondée sur une note commune illégale (note commune n° 16/95 du 30 janvier 1995).

981- La haute juridiction administrative a motivé sa décision par les considérations suivantes : « Considérant que le requérant soutient que la circulaire n'est pas autorisé à ajouter des conditions nouvelles à celles qui figurent dans le cadre de la loi de finances...ce qui rend la liste fixant les catégories de voitures annexée au paragraphe 3 de la circulaire susmentionnée contraire aux articles 63, 64 et 93 de la loi de finances du 26 décembre 1994 (...) Considérant que les termes des dispositions des articles 63, 64 et 93 de la loi de finances pour l'année 1995 ont un caractère absolu et général, ce qui les rend susceptibles de s'appliquer exclusivement à toutes les catégories de voitures répondant aux conditions sus mentionnées. Et considérant que l'annexe figurant au paragraphe 3 de la circulaire n° 016/95 du 30 janvier 1995 a bien limité l'application des dispositions sus-indiquées à cinq catégories de voitures seulement. Et considérant de ce fait que la circulaire attaquée, en limitant le champ d'application des article 63, 64 et 93 de la loi de finances susmentionnée à cinq catégories de voitures, a bien introduit des dispositions réglementaires nouvelles, ce qui la rend entachée de vice d'incompétence et sera donc susceptible d'annulation, en ce qui concerne sa partie relative à la fixation de la liste des voitures éligibles aux dispositions fiscales susmentionnées »[700]. Le Tribunal administratif a donc fini par annuler aussi bien, la note commune n°16/95, en premier lieu, que la décision du ministre des finances en deuxième lieu.

982- Cette position soutenue par le juge tunisien rejoint une jurisprudence constante du conseil d'Etat français qui soutient de sa part, que « les dispositions qui présentent un caractère réglementaire et sont dès lors susceptibles d'être déférée à la juridiction administrative du recours pour excès de pouvoir, ont été prises par une autorité incompétente et sont ainsi entachées d'illégalité »[701]. La doctrine administrative à caractère réglementaire est donc considérée comme un acte administratif détachable de l'opération d'imposition[702]. Il s'agit

---

[700] T. ad. 15 juillet 1998, requête n° 15424, Chérif Héla c/ le ministre des finances.

[701] CE 24 juin 1994, Société Ricard, DF 1994, n° 39, comm. 1651, RJF 8-9/94, comm. 929. Dans le même sens, voir : CE 30 septembre 1981, n° 17343, RJF 11/81, n° 963 ; CE 27 juillet 1984, n° 40749, RJF 10/84 n° 1254 ; CE 27 février 1985, n° 50664, RJF 4/85, n° 591 ; CE 19 mars 1986, n° 53579, RJF 5/86, n° 554 ; CE 30 avril 1986, n° 64088, RJF 6/86, n° 646 ; CE 6 mai 1987, n° 72838, RJF 7/87, n° 816.

[702] Peut être considéré comme détachable de la procédure d'imposition toute décision qui « aura des répercussions directes et permanentes sur toutes les opérations accomplies à l'avenir par un contribuable ». Il en est ainsi par exemple, pour les agréments fiscaux. (Conclusion de M. Martin-Laprade, sous CE Section, 3 novembre 1978, n° 3129, Dame Lamothe-Lemaire, DF 12-1979, n° 593).

bien d'une décision administrative qui fait grief puisqu'elle place le contribuable sous un nouveau régime fiscal qui lui sera applicable pour l'avenir.

C/ Les effets de l'annulation de la doctrine administrative illégale

983- Lorsque le juge prononce l'annulation d'une doctrine administrative illégale, pour excès de pouvoir, celle-ci serait réputée n'avoir jamais existé. Elle disparaît rétroactivement, ce qui, du même coup, prive de base légale, les mesures prises sur son fondement. A cet égard, c'est à l'administration fiscale et non pas au juge de l'excès de pouvoir qu'il appartiendra de la remplacer.

984- A la suite de l'annulation d'une doctrine administrative défavorable au contribuable, ce dernier pourra demander le remboursement des impositions illégalement perçues. A partir de l'entrée en vigueur du code DPF, La restitution des sommes perçues en trop de l'impôt n'est pas de plein droit, elle suppose le dépôt d'une demande du contribuable qui devrait remplir un certain nombre de condition afin qu'elle soit recevable[703].

985- Par ailleurs, la question qui s'impose est inhérente à la diversité des formes que peut revêtir la doctrine administrative. L'annulation d'une forme particulière de la doctrine administrative (note commune par exemple) entraîne-t-elle l'annulation de la même interprétation administrative contenue dans d'autres formes de la doctrine (réponse ministérielle par exemple) ?

986- Il semble que la réponse positive s'impose sur le plan de la logique. L'annulation d'une seule forme de la doctrine administrative devrait entraîner, en principe, l'annulation de la même interprétation administrative soutenue dans les autres formes de la doctrine. En d'autres termes, cette doctrine est annulée en tant que telle, sous toutes ses formes. Cette solution paraît plus logique à cause notamment de « l'homogénéité matérielle supposée de la doctrine administrative »[704]. Cette homogénéité résulte, selon la jurisprudence française, du principe

---

[703] Les articles 28 à 35 du code DPF fixent les conditions de l'exercice de l'action en restitution : cette action est introduite au moyen d'une demande écrite motivée pour des sommes perçues en trop dans un délai maximum de trois ans à compter de la date à laquelle l'impôt est devenu restituable conformément à la législation fiscale.

[704] KADDACHI Nada, mémoire précité, p. 123.

de l'absence de parallélisme des formes[705]. Ce principe signifie qu'une doctrine administrative peut être modifiée sans que la forme de cette modification soit nécessairement celle sous laquelle cette doctrine avait été initialement exprimée[706].

SECTION III

LES LIMITES DE LA PROTECTION JURIDICTIONNELLE CONTRE LA DOCTRINE ADMINISTRATIVE DEFAVORABLE

987- En principe, la décision d'origine jurisprudentielle prévaut sur l'interprétation administrative à cause de sa valeur normative et de son caractère exécutoire. De ce fait, l'administration fiscale devrait normalement s'incliner et s'aligner sur la norme jurisprudentielle lorsque son interprétation est contraire à celle du juge. Cependant, dans la pratique, elle ne se conforme pas aisément à la décision jurisprudentielle. Son alignement reste tributaire de son bon vouloir, faute de moyens juridiques efficaces, l'obligeant à modifier sa doctrine administrative. En effet, l'expérience montre que dans le cas où les conséquences financières de la jurisprudence sont très importantes, l'administration fiscale refuse de se conformer à la norme jurisprudentielle et continue à appliquer la doctrine administrative illégale, sensée protéger davantage les intérêts du trésor.

988- Par ailleurs, pour contourner en toute légalité une jurisprudence défavorable, l'administration fiscale pourrait user d'une institution efficace, à savoir la pratique de la validation législative. D'une manière générale, « la validation est l'opération par laquelle le législateur empêche le juge d'annuler un acte juridique en raison d'un vice particulier ou pour quelque motif que ce soit, ou l'opération par laquelle il rend à nouveau valide, en le réintroduisant dans l'ordonnancement juridique, un acte administratif qui vient d'être annulé ou privé d'efficacité par une juridiction »[707].

989- En ce sens, l'administration fiscale fait parfois intervenir le législateur pour arrêter les effets d'une jurisprudence contraire à ses

---

[705] CE 22 février 1978, RJF 4/78, n° 174, DF 1978, n° 42/78, comm. 1601 ; CE 18 mars 1988, RJF 5/88, n° 627 ; CE 26 avril 1985, RJF 6/85, n° 486, DF 28/85, comm. 1277 ; CE 4 juillet 1989, RJF 8-9/86, n° 799, p. 467.

[706] GOUZET, La garantie contre les changements de doctrine, RJF 8-9/86, p. 468.

[707] LESAGE, Les interventions du législateur dans le fonctionnement de la justice, LGDJ 1960, cité par Ph. THEVENIN, ouvrage précité, p. 234.

théories. Cette modification interprétative de la loi, pour reprendre l'expression de M. GAMBIER[708], donne du texte original la signification qu'entend faire prévaloir l'Administration. Elle prend la forme d'une nouvelle disposition législative, qui peut être réclamée interprétative de la première, ce qui lui donne une valeur rétroactive au jour de la publication de la norme originelle.

990- La pratique de la validation législative est relativement ancienne, elle est apparue en France dès le début du XIXe siècle. Le procédé apparaît, à l'époque, exceptionnel, mais son utilisation devient non négligeable au début du XXe siècle que se soit pour consacrer une tolérance administrative ou au contraire, pour annihiler l'argumentation d'un contribuable, reprise par le juge. Cette pratique de la validation législative s'est considérablement développée depuis 1945[709].

991- L'expérience législative tunisienne connaissait également les règles juridiques de validation, particulièrement celles qui entérinent une doctrine administrative bienveillante[710]. En revanche, ce n'est que plus récemment que cette institution est introduite en vue de contrarier une jurisprudence défavorable à l'administration. Il en est ainsi en matière de délai de prescription **(§ 1)**, et de la composition de la commission de conciliation **(§ 2)**.

§ 1) La validation de la doctrine relative au délai de prescription

992- La détermination du délai de la prescription, prévue notamment par l'article 72 du code de l'IRPP et de l'IS, a suscité plusieurs controverses aboutissant enfin à la parution de la première loi interprétative dans l'histoire de notre pays, et ce afin de préciser le sens voulu par le législateur de l'an 2000 à propos de l'expression « année au titre de laquelle l'imposition est due » qui est introduite dès 1989 par l'article 72

---

[708] GAMBIER, Les impôts en France, 1979, § 1906, p. 467.

[709] Ph . MARCHESSOU, L'interprétation des textes fiscaux, Economica 1980 ; p.97-101.

[710] Cette pratique est d'autant plus souhaitable qu'il n'existe pas en Tunisie un mécanisme semblable à l'article L 80 A et B du Livre des Procédures Fiscales français (Garantie contre le changement de doctrine administrative) qui prévoit la possibilité pour le contribuable d'opposer à l'administration sa propre doctrine. A titre d'exemple on peut se référer à la loi n° 97-19 du 22 mars 1997, relative à l'enregistrement des jugements et arrêts au droit minimum au profit des parties non condamnées aux dépens, qui a entériné l'instruction générale de l'administration fiscale (Texte n° 96/65 ; DGI 457).

susvisé[711]. Dans ce cadre, l'article 49 de la loi n° 2000-97 du 25 décembre 2000 portant loi de finances pour l'année 2001[712] dispose que « L'expression « celle au titre de laquelle l'imposition est due » prévue à l'article 72 du code de l'impôt sur le revenu des personnes physiques et de l'impôt sur les sociétés désigne l'année suivant celle de la réalisation du revenu ou du bénéfice soumis à l'impôt sur le revenu ou à l'impôt sur les sociétés ». L'alinéa 2 de cet article ajoute que « Les dispositions du présent article sont des dispositions interprétatives ».

993- La jurisprudence, tant du Tribunal administratif que des différentes commissions spéciales de taxation d'office, s'est pliée, dans un premier temps à l'interprétation avancée par la doctrine administrative qui considère que le délai de prescription court à partir de l'année de la déclaration du revenu ou des bénéfices [713].

994- Un revirement s'est opéré à partir de 1995 au niveau de la jurisprudence du Tribunal administratif, suivi ensuite par celle de la plupart des commissions spéciales de taxations d'office.[714]. Ainsi, selon la nouvelle interprétation soutenue par le juge de l'impôt, l'expression « année suivant celle au titre de laquelle l'imposition est due » doit être entendu comme commençant à partir de l'année de la réalisation du bénéfice, donc du fait générateur. Elle doit être interprétée comme coïncidant avec le 31 décembre, date de la clôture de l'exercice pour les sociétés dont l'exercice coïncide avec l'année civile. Il en résulte que la période vérifiable, contrairement aux prétentions de l'administration, s'étend sur une période au plus égal à quatre ans en ce qui concerne les omissions partielles et au plus égale à six ans en ce qui concerne les omissions totales[715].

995- En dépit du caractère constant de cette nouvelle jurisprudence, l'administration fiscale persistait à exercer son pouvoir de reprise sur

---

[711] En réalité cette expression est utilisée même avant cette date par l'article 71 de l'ancien code de la patente promulgué par l'arrêté du 30 mars 1954. L'article 72 du code de l'IRPP et de l'IS a repris purement et simplement ces dispositions.

[712] Voir notre article « Analyse sur une base de droit comparé des dispositions de l'article 49 de la loi n° 2000-98 portant loi de finances pour l'année 2001 », Revue Comptable et Financière, n° 53 Troisième trimestre 2001, p. 33.

[713] Dans un arrêt du 30 décembre 1993, le Tribunal administratif a jugé que « l'administration fiscale peut, jusqu'au 31 décembre 1995, réparer des omissions ou des insuffisances constatées au titre de l'année 1991 ou des exercices comptables clos en 1991 » ; T. ad. 30 décembre 1993, req. n° 784.

[714] Voir à titre d'exemple : Commission Spéciale de Taxation d'Office de Bizerte n° 99/43 du 01/07/1998 ; Commission Spéciale de Taxation d'Office de Sousse n° 98/48 du 15/02/2000.

[715] Voit T. ad. 29 mai 1995 req. n° 1143 ; et dans le même sens, T. ad. 1er décembre 1997, req. n° 31554 ; T. ad. 13 juillet 1998, req. n° 31438.

une période totale de cinq ans ou de sept ans, selon le cas, méconnaissant ainsi le rôle confié à l'institution juridictionnelle comme mécanisme régulateur des conflits[716]. Il faut dire que ni les plaidoiries présentées de manière informelle par les représentants de l'administration à la haute autorité juridictionnelle, ni même l'argumentation juridique minutieusement préparée et rituellement présentée au juge à l'appui de ses prétentions[717], n'ont réussi à faire ébranler la position du juge de l'impôt qui semble définitivement établie.

996- C'est afin d'invalider cette jurisprudence et de légaliser par là sa vieille doctrine sur la quantification de la période de prescription en matière d'IR ou d'IS, que l'administration fiscale a eu finalement recours au législateur en faisant introduire dans la loi de finances pour l'année 2001 une disposition interprétative sous l'article 49 de cette loi[718]. Ce dernier article illustre parfaitement un cas d'une validation législative de la doctrine administrative. En effet, pour contrarier la jurisprudence du tribunal administrative à l'égard de l'interprétation de l'expression « année au titre de laquelle l'imposition est due » utilisée par l'article 72 susvisé, l'Administration fiscale a réussi à faire voter cette disposition qui tranche le débat en sa faveur : désormais, il n'y aura aucun doute, le point de départ de la période de la prescription est l'année de déclaration des revenus ou des bénéfices et non plus l'année de leur réalisation.

997- Afin de faire prévaloir la doctrine administrative invalidée par le juge de l'impôt, l'article 49 de la loi de finances pour l'année 2001 a modifié l'article 72 du code de l'IRPP et de l'IS et a entériné la position de l'administration quant à la détermination du délai légal de la prescription en matière d'IR ou d'IS.

998- Pour déterminer la véritable portée de ce texte, il est utile de préciser quelles est la date de son entrée en vigueur : sera t-elle fixée au 1er janvier 2001 à l'instar des autres dispositions de la loi de finances [719] ou a-t-il vraiment un effet rétroactif ? La réponse à cette question est subordonnée à la clarification de la véritable nature juridique des

---

[716] Cf. Néji BACCOUCHE, La doctrine administrative et les garanties du contribuable, article précité, p. 19.

[717] Voir la note du 23 mars 1997 adressée au directeur de la mission d'enquête et de contrôle nationale polyvalente et aux chefs de centre régionaux de contrôle fiscal.

[718] Sur la nature juridique et la portée de cette disposition, cf. Slim BESBES, Commentaire des dispositions de l'article 49 de la loi n° 2000-97 du 25 décembre 2000, portant loi de finances pour l'année 2001 ; TRD 2001, p. 79 et s.

[719] En vertu de l'article 68 de la loi de finances n° 2000-98 du 25 décembre 2000, les dispositions de cette loi sont applicables à compter du 1er janvier 2001.

dispositions de ce texte : ont-t-elles une nature rectificative ou tout simplement interprétative ?

999- L'interrogation sur la nature juridique des dispositions de l'article 49 semble être superflue puisque, c'est au sein même de ces dispositions que le législateur annonce, sans aucune équivoque, que l'article 49 revêt un caractère interprétatif. Cependant, nous savons très bien, en nous basant sur l'expérience française que les textes ayant ce caractère sont loin d'être homogènes, d'où l'intérêt de savoir, plus exactement, à quelle catégorie de textes interprétatifs appartient cet article 49 ?

1000- Par ailleurs, l'adoption de l'article 49 par notre législateur consacre une institution qui vise à affaiblir le principe de la légalité, à travers la technique de la validation législative par le vote d'une loi faussement interprétative[720]. En effet, comme il a été souligné par Me Neila CHAABANE, «le recours au législateur semble conforter la position du juge, puisque l'administration a eu besoin de la couverture législative pour faire prévaloir son point de vue sur celui du juge »[721]. C'est ce point de vue que confirme M. Fouquet en précisant que «l'utilisation du terme « interprétatif » est un euphémisme car il s'agit le plus souvent non d'interpréter une règle obscure qui existe, mais de donner une interprétation de cette règle qui d'ailleurs est souvent fort claire, contraire à celle que la jurisprudence vient de faire connaître »[722].

1001- Ainsi, afin de faire prévaloir la doctrine administrative invalidée par le juge de l'impôt, l'article 49 de la loi de finances pour l'année 2001 semble être un texte faussement interprétatif qui a pour but de modifier l'article 72 du code de l'IRPP et de l'IS, dans le sens de l'interprétation administrative quant à la détermination du délai légal de la prescription en matière d'IR ou d'IS.

---

720 Cf. Slim BESBES, article précité, p. 81 et s.

721 Neila CHAABANE, Le pouvoir réglementaire du ministre des finances, in Mélanges Sadok BELAID, CPU 2004, p. 268.

722 Fouquet O., La rétroactivité des lois fiscales, R.A. 1994, n° 278, p. 141, cité par N. CHAABANE, article précité, p. 272.

§ 2) La validation de la doctrine relative à la composition de la commission de conciliation

1002- Avant le 1er janvier 2002, le législateur avait institué une procédure de conciliation visant à résoudre à l'amiable les litiges qui sont nés entre les contribuables et l'administration fiscale. En effet, en application des dispositions de l'article 67 du code de l'IRPP et de l'IS, avant l'établissement de l'arrêté de taxation d'office, il est procédé à l'étude du dossier du contribuable , objet du litige, par une commission dont les membres sont désignés par décision du Ministre des Finances. La composition de cette commission a été précisée par la charte du contribuable qui a consacré une structure nationale composée du Directeur du Contentieux fiscal, en tant que Président, du Directeur de la Coordination et du suivi, un Haut cadre de la Direction du Contentieux fiscal, et un Haut cadre de la Direction Générale des Etudes et de la Réforme fiscale, en tant que membres.

1003- La pratique administrative a initialement respecté cette composition puisqu'une seule commission a été instituée au départ, à l'échelle nationale. Cependant à la suite de l'intervention du décret n° 91-1016 du 1er juillet 1991 portant organisation et attribution des services extérieurs du contrôle fiscal, l'Administration fiscale a procédé à la régionalisation de cette commission. Il a été mis en place autant de commissions que de centre régional de contrôle des impôts, à l'exclusion de Tunis où il existe une seule commission (à la fois pour Tunis I et Tunis II). Néanmoins, aucune modification n'a été introduite au texte de la charte relatif à la composition de la commission de conciliation. D'où, une atteinte à la légalité due, notamment par cette distorsion entre la pratique administrative et les prescriptions légales[723].

1004- Selon la Commission Spéciale de Taxation d'Office, Sfax 20 mai 1997, Décision n° 25/96 «La charte est un document interprétatif qui simplifie les dispositions de la loi et l'administration est tenue de suivre son contenu dans le cadre de la loi qui l'oblige de transmettre le dossier du contribuable à la commission de conciliation. Elle est également tenue de respecter la composition de la commission prévue par la charte à la date de sa publication tant que l'arrêté qui a approuvé cette composition est encore en vigueur à cette date. Mais s'il a été abrogé ou remplacé par un nouveau arrêté qui a modifié la composition de cette commission, rien ne s'oppose à modifier la composition prévue par la

---

[723] Il est bien précisé dans le cadre de l'article 63 III du code de l'IRPP et de l'IS que « le contenu de cette charte est opposable à l'administration ».

charte parce que la composition de la commission est prévue par l'arrêté ministériel et non pas par la charte, et ce en application des dispositions de l'article 67 du code de l'impôt »

1005- Cependant, cette position a été, ultérieurement, infirmée par la juridiction suprême. En effet, dans un arrêt rendu le 10 juillet 2000, le tribunal administratif a considéré que les commissions de conciliation qui sont tenues selon une composition régionale sont irrégulières puisque non conforme ni à l'article 67 du code ni à la charte du contribuable, et par conséquent la procédure est viciée. Ainsi dans cet arrêt, le juge de cassation fiscale soutient que, «considérant qu'il résulte des éléments du dossier que la commission de conciliation n'a pas été constituée suivant les précisions données par le chapitre IV de la charte du contribuable mais elle est tenue conformément à l'arrêté du 20 mai 1994 sous la présidence du directeur du centre régional du contrôle des impôts et avec pour membres le directeur du bureau de contrôle des impôts et l'agent vérificateur de la cellule de la vérification approfondie. Et considérant que la tenue de la commission de conciliation selon cette composition est considérée comme contraire à la charte du contribuable dont le contenu est rendu opposable à l'administration par la loi. Il en résulte que les travaux de la commission sont entachés d'une violation de la loi…La composition de la commission de conciliation et les procédures suivis devant elle est un moyen d'ordre public qui peut être soulevé même pour la première fois en cassation »[724]

1006- S'appuyant sur le fait que les travaux de la commission de conciliation sont entachés d'illégalité, le juge administratif a cassé la décision de la commission spéciale de taxation de Sousse. L'administration, se basant sur les dispositions de l'article 67, a considéré que le ministre était compétent pour réorganiser la commission de conciliation. Mais le juge ne l'a toutefois pas suivi sur cette voie. On souligne que « le juge administratif, en prenant une telle position, a donné plein effet à l'article 63 du code de l'IRPP et de l'IS, qui prévoit l'opposabilité à l'administration de sa doctrine officielle publiée en matière de droits et obligations en cas de vérification »[725].

1007- Par suite à cet arrêt, et vu ses répercussion financières néfastes vis à vis du trésor, l'administration fiscale a procédé à la modification du chapitre IV de la charte du contribuable en y intégrant la nouvelle composition de la commission de conciliation prévue par les arrêtés du ministre des finances du 20 mai 1994 et du 7 décembre 1994 instituant des commissions régionales au niveau de chaque centre régional de

---

[724] T. Ad. du 10 juillet 2000, req. n° 31870.
[725] N. CHAABANE, article précité, p. 274.

contrôle des impôts et une commission nationale au niveau de la mission des enquêtes et de la vérification nationale polyvalente, mettant ainsi fin à la distorsion qui existait auparavant entre la pratique administrative et la légalité.

1008- Mais si cette légalisation de la composition de la commission de conciliation a pour effet de régulariser la pratique administrative pour l'avenir, constitue t-elle une validation législative des actions mises en œuvre dans le passé ? Les éléments de réponse ont été avancés par la juridiction suprême dans le cadre d'une nouvelle décision, intervenue sis mois après l'arrêt du 10 juillet 2000. Selon le juge de cassation « Considérant que tant que la charte émane de l'administration, qui n'est pas liée par le législateur à l'égard de l'organisation de la commission de conciliation, elle est donc considérée comme tenue d'actualiser la charte suivant les exigence de la déconcentration, chose qui a été faite par le ministre des finances conformément de sa décision du 20 mai 1994 qui a fixé le lieu de la commission de conciliation au niveau de chaque gouvernorat ainsi que sa composition, et cette modification de la charte a eu lieu selon la même procédure que son adoption »[726].

1009- Le juge est donc revenu sur sa décision précédente en reconnaissant la légalité de la décision de régionalisation. Il considère que l'article 67 du code de l'IRPP et de l'IS a utilisé le terme « commission » sans spécifier qu'elle était unique et centralisé et qu'il a attribué la compétence de désigner les membres de cette commission au ministre de finances, il peut donc régionaliser la commission dans le cadre de la déconcentration des services fiscaux. Par conséquent, la soumission du dossier du contribuable à une commission régionale conformément aux dispositions de la charte du contribuable telle que révisée par les mesures introduites par la décision du ministre des finances du 20 mai 1994, est conforme à la légalité.

1010- Cette jurisprudence est critiquable puisque le juge fait abstraction du fait que l'administration a omis de modifier matériellement le document officiel de la charte qu'elle veille à diffuser. Cette modification n'est intervenue que tardivement (en novembre 2000)[727] postérieurement à l'arrêt rendu par le Tribunal administratif, du 10

---

[726] Cf. l'arrêt du tribunal administratif du 22 janvier 2001, requête n° 31939, confirmé par l'arrêt du 20 mai 2002, requête n° 32228.

[727] Le nouveau texte modifié de la charte du contribuable a fait l'objet d'une publication dans un document officiel du ministère des finances, diffusé par l'imprimerie officielle de la république tunisienne sans indication de date !

juillet 2000, constatant cette irrégularité. Elle a donc implicitement reconnu un effet rétroactif de cette modification

1011- Par ailleurs, en l'absence d'une modification du texte de la charte, et même en admettant que l'organisation de l'administration fiscale est du ressort du pouvoir réglementaire, il est incontestable que la décision du ministre des finances du 20 mai 1994 est entachée de certaines irrégularités. En effet, non seulement cette décision n'a pas été visée par le premier ministre, elle n'a jamais fait l'objet d'une publication ni au journal officiel, conformément aux prescriptions de l'article 2 de la loi n° 93-64 du 5 juillet 1993[728], ni ailleurs, contrairement à l'arrêté du 15 février 1990 qui a été bien publié, du moins à travers son incorporation dans la charte du contribuable[729]. Or tant que le texte n'a pas été publié, il demeure inopposable aux tiers[730].

---

[728] L'article 1er de la loi n° 93-64 du 5 juillet 1993, relative à la publication des textes au journal officiel de la république tunisienne et à leur exécution, dispose que les lois, les décrets-lois, les décrets et les arrêtés sont publiés au Journal Officiel de la République Tunisienne... De même, en application de l'article 2 de cette loi, les textes réglementaires sont exécutoires cinq jours après le dépôt du Journal Officiel dans lequel ils sont insérés, au siège du gouvernorat de Tunis. Le jour du dépôt n'est pas pris en considération dans le décompte du délai

[729] Certes ce mode de publication est original, mais il a, au moins permis aux contribuables concernés de connaître les étapes de la vérification fiscale. Afin de demeurer cohérent avec le choix qui a été fait précédemment et que le nouveau texte soit opposable aux contribuables, il aurait fallu que la charte du contribuable soit modifiée suite à la décision de régionalisation. Ceci n'a pas été fait dans les premières années qui ont suivi la prise de celle-ci.

[730] En ce sens le professeur R. CHAPUS affirme que l'entrée en vigueur des règlements est « subordonnée à la publicité officielle qui leur est donnée, par le moyen de leur publication ou de leur affichage », in Droit administratif général, Paris, Montchrestien, 15ème éd., Tome I, n° 1146, 1147.

CHAPITRE II

LA PROTECTION DU CONTRIBUABLE CONTRE LE CHANGEMENT DE LA DOCTRINE ADMINISTRATIVE

1018- Le caractère anormal ou en tout cas « illégitime » du pouvoir normatif de l'administration fiscale découle avant tout de sa genèse : une instruction ou une circulaire qui confère des droits est, par nature, illégale, puisqu'elle ne peut avoir cet effet que si elle ajoute à la loi (si elle n'y ajoute pas c'est cette dernière qui confère les droits en cause). Les ajustements opérés par l'administration fiscale, voire dans certains cas, les écarts de la doctrine administrative par rapport à la base légale profite souvent aux contribuables. Ils sont donc loin de faire l'objet d'une contestation de la part de ces derniers. Mais dès lors que cette doctrine administrative s'écarte de la solution expressément consacrée par le législateur, elle revêt forcément un caractère illégal **(SECTION I)**.

1019- Cependant, ces mesures administratives qui profitent au contribuable, même si elles constituent des agissements qui permettent d'établir des situations en marge de la légalité, peuvent toujours, par la suite être substituées par l'administration fiscale, à tout moment, d'où le phénomène du changement de la doctrine administrative **(SECTION II)**.

1020- Néanmoins, contrairement au sort du contribuable dans les démocraties occidentales qui bénéficie de garanties efficaces à l'égard du phénomène de changement de la doctrine administrative, le contribuable tunisien est plutôt exposé à l'insécurité juridique, en l'absence de mécanismes légales le protégeant contre ce phénomène **(SECTION III)**.

SECTION I

L'ILLEGALITE DE LA DOCTRINE ADMINISTRATIVE FAVORABLE

1021- Dans cette hypothèse l'illégalité de la doctrine administrative relève du fait qu'elle déroge à une norme fiscale en instituant au profit du contribuable des tolérances fiscales. Ces dernières sont définies par MATINEZ « en six caractères comme des dérogations administratives à une règle expresse ou tacite, de source législative ou administrative prises par voie d'instruction ou de réponses ministérielles au profit de certaines catégories de contribuables »[731]. Dans la pratique, la doctrine administrative favorable est susceptible de revêtir une diversité de cas (**§ 1**). Mais l'«invocabilité» de cette doctrine administrative par le contribuable est subordonnée à certaines conditions (**§ 2**).

§ 1) La portée de la doctrine administrative favorable

1022- En matière des finances publiques, le phénomène des tolérances fiscales est extrêmement important à cause de ses répercussions économiques tant sur le fisc (réduction des recettes fiscales) que sur le contribuable (réduction de la charge fiscale). En fait, les différents cas de tolérances fiscales administratives ont toujours suscités des effets assez controversés .

A/ Les cas de tolérances administratives

1023- La pratique de l'administration fiscale tunisienne a consacré plusieurs cas de tolérances administratives qui aboutissent soit à la suspension des effets de dispositions légales assez rigoureuses, soit à déroger à une règle législative ou réglementaire relativement contraignante, soit enfin à instituer un régime d'imposition ne reposant sur aucun support juridique.

1) Cas où l'administration fiscale suspend les effets de la loi par simple note administrative

1024- Dans le cadre des lois de finances respectives pour l'année 1977 et l'année 1983, le Gouvernement a pris une série de mesures visant le renforcement des procédures de contrôle et de recouvrement de certains impôts (notamment ceux relatifs aux professions libérales). Ces dernières mesures ont rencontré une résistance de la part de certaines catégories de contribuables particulièrement les médecins et les avocats. Sous l'effet de ces

---

[731] MARTINEZ J-C, ouvrage précité, p. 113.

pressions, le Gouvernement a du faire marche arrière en déposant un projet de loi de finances complémentaires visant à atténuer les nouvelles mesures du contrôle fiscal et l'administration fiscale a édicté, par simple notes administratives, des mesures de remplacement[732].

1025- Tout d'abord, des mesures de contrôle instituées par la loi de finances du 31 décembre 1976 prévoyant des dispositions relatives au contrôle fiscal de certaines professions (profession libérales, industrielles et commerciales) et à l'institution de certaines pénalités[733]. Ces mesures ont été remplacées par des mesures édictées par l'administration[734] ;

1026- Ensuite, des mesures préparatoires qui ont été prises dans le cadre de la réforme entreprise par la loi de finances du 31 décembre 1982. Ces dernières avaient pour objet, soit de modifier le poids global de l'impôt, soit de renforcer les règles d'assiette et de contrôle pour mettre fin à certaines formes d'évasion fiscale[735]. En effet, l'allégement consenti à certaines catégories de contribuables a été accompagné de dispositions propres à assurer l'exacte connaissance des revenus imposables. Cependant, devant la résistance de certaines catégories de contribuables à l'égard de ces nouvelles mesures, le Gouvernement a été conduit à

---

[732] N. BACCOUCHE, Droit fiscal, précité, p. 73.
H. AYADI, Droit fiscal, 1989, précité, p. 220.
H. DACHRAOUI, Impôts directs et conventions fiscales, Imprimerie Dar Essabeh 1980, p. 95.

[733] Ces mesures concernent notamment, la présentation de la quittance de la déclaration des revenus à l'occasion de la demande d'un permis de construire, d'un abonnement de téléphone, l'achat d'une voiture ainsi que l'acquisition d'un bien immobilier dont la valeur est supérieure à 5.000 dinars.
De même, et pour permettre à l'administration de cerner plus efficacement le revenu imposable dans certaines activités, la loi du 31 décembre 1976 a institué :

- un contrôle sur les ordonnances médicales délivrées par les médecins, dentistes et vétérinaires. Celles-ci devant être extraites d'un carnet à souches numérotées dans une série ininterrompue dont l'impression est portée à la connaissance de l'administration par les soins de l'imprimeur ;
- une fiche au greffe des tribunaux indiquant le nombre, la nature et l'objet des affaires enrôlées au nom des avocats ou traitées par les experts ;
- présentation d'une copie de déclaration d'impôt à l'occasion du dépôt de toute licence d'importation.

[734] Sur les mesures qui touchent plus particulièrement la détermination du forfait des avocats, voir H. Dachraoui, Impôt direct et conventions fiscales, Imprimerie Dar Essabah, septembre 1980, p. 95.

[735] Sur le contenu des mesures prises par la loi de finances du 31 décembre 1982, voir H. AYADI, Droit fiscal, 1989, n° 163, 164 et 165, p. 71.

déposer devant la chambre des députés un projet de loi de finances complémentaires visant à atténuer les mesures de contrôle[736].

1027- Enfin, la loi de finances du 30 décembre 1984, dans son article 13, met à la charge des organismes de sécurité et de la prévoyance sociales, des compagnies d'assurances et des mutuelles de joindre à leur déclaration d'employeur, un état sur un modèle fourni par l'administration fiscale, comprenant les noms, prénoms et adresses des praticiens exerçant une profession libérale (médecin, dentiste, laboratoire d'analyse…) sur lequel est indiqué le montant des honoraires bruts portés sur les feuilles de soins déposées par les assurés au fin de remboursement. Cette disposition a été purement et simplement suspendue. Le Professeur H. AYADI précise que « ces dispositions n'ont pas reçu, à leur tour jusqu'à présent application »[737]. Or, s'agissant que c'est précisément l'administration fiscale qui est sensée mettre en œuvre la loi, son abstention équivaudrait donc en fait à une suspension pure et simples des mesures concernées.

2) Cas où l'administration accorde des mesures de tolérance qui dérogent à une règle législative ou réglementaire

1028- Il arrive, pour l'administration fiscale, de prendre des mesures de tolérance (ou de bienveillance ou de tempérament) tout en dérogeant à une règle législative ou réglementaire. D'une manière générale la mesure de tolérance comporte l'octroi d'un avantage fiscal qui se traduit soit par l'allégement de l'obligation fiscale principale, soit par l'allégement de l'obligation fiscale accessoire.

a- L'allégement de l'obligation fiscale principale

1029- Il s'agit du cas des déductions supplémentaires admises sur justifications comptables au niveau de la contribution personnelle d'Etat (CPE) par les titulaires des revenus de professions libérales soumis au régime forfaitaire. L'article 14 de la loi n° 89-114 portant promulgation du code de l'IRPP et de l'IS prévoit l'allégement de la charge fiscale des contribuables qui déposent spontanément avant le 30 septembre 1990 des déclarations rectificatives concernant leurs revenus et bénéfices au titre des années 1987, 1988 et 1989. Ces mesures de faveur ont été

---

[736] Sur les différents aménagements apportés par la loi de finances complémentaire du 30 juillet 1983, voir H. AYADI, Droit fiscal, 19898, précité, n° 166 et 167, p. 72.

[737] H. AYADI, Droit fiscal 1989, précité, p. 331.

prévues par la loi pour l'impôt sur revenu des personnes physiques et l'impôt sur les sociétés, mais la doctrine administrative les a étendues à d'autres catégories d'imposition.

1030- Ainsi, dans une note commune n° 7 Texte DGI 90/13, DGI 87, l'administration fiscale a prévu l'extension du champ d'application de l'article 14 à la contribution au programme national de résorption des logements rudimentaire (prévue par les dispositions de l'articles 34 de la loi n° 86-106 du 31 décembre 1986 et de l'article 42 de la loi n° 87-83 du 31 décembre 1987). De même, la note commune n° 55 Texte DGI 90/65, DGI 233 a de nouveau étendu le champ d'application de l'article 14 aux contribuables en défaut en matière de TVA et de droit de consommation. Or, il est évident que la TVA et le droit de consommation sont des impôts indirects et n'ont aucun lien avec l'article 14 qui est sensé régir exclusivement la situation des contribuables en matière d'imposition directe, plus particulièrement les impôts sur le revenu pour les personnes physiques et l'impôt sur les bénéfices de sociétés pour les personnes morales. L'illégalité de la note commune n° 55-Texte DGI 90/65, qui a institué cette dernière extension, est donc manifeste.

b- L'allégement de l'obligation fiscale accessoire

1031- La tolérance administrative se traduit aussi par un allégement de l'obligation fiscale accessoire. Tel est le cas de la prorogation par décision administrative des délais du dépôt des déclarations fiscales. Il en est ainsi, tout d'abord, pour la déclaration des revenus des salariés de la fonction publique réalisant plus d'une catégorie de revenus et relative à l'année 1994. En effet, l'article 60 du code de l'IRPP et de l'IS prévoit, pour cette catégorie de contribuables, l'obligation de dépôt de la déclaration annuelle au plus tard le 25 mai de chaque année. Alors que la note commune n° 23 DGI 95/37 est venue reporter ce délai pour l'année 1994, sans pénalité de retard, jusqu'au 25 juillet 1995.

1032- Cette intervention administrative en matière de délai des déclarations du revenu ne peut être qu'«une violation manifeste de la légalité » puisqu'« en vertu de l'article 34 de la constitution tunisienne, il appartient seulement au législateur de fixer les règles concernant l'assiette, les taux d'imposition et les procédures de recouvrement »[738].

1033- Il en est de même, pour les personnes morales soumises à l'IS, à l'égard desquelles l'article 60 I. 2. du code de l'IRPP et de l'IS dispose

---

[738] KADDACHI Nada, mémoire précité, p. 44.

que « la déclaration doit être déposée dans un délai n'excédant pas le 25 mars de chaque année ou dans un délai n'excédant pas le vingt cinquième jour du troisième mois qui suit la date de clôture de l'exercice si celui-ci est arrêté à une date autre que le 31 décembre ». Cette norme légale a également été modifiée par la note commune n° 92/98 du 27 mai 1998 dans laquelle il a été décidé de permettre aux entreprises totalement exportatrices et qui ont un lien de dépendance avec les sociétés à l'étranger, de déposer leurs déclarations d'impôt sur les sociétés en franchise des pénalités de retard au plus tard le 25 juin de chaque année.

1034- Cette mesure de bienveillance a été adoptée par l'administration fiscale afin de prendre en compte les liens de dépendance qui existaient entre ces sociétés et les sociétés implantées à l'étranger, liens qui sont à l'origine de retard dans la clôture de l'exercice et dans le dépôt des déclarations. Mais, nous ne manquons pas de signaler qu'une modification de la législation en vigueur aurait pu aboutir au même résultat, en toute légalité.

1035- Par ailleurs, dans le domaine des incitations fiscales aux investissements, l'administration intervient souvent par des mesures de tempérament visant généralement l'allégement de certaines conditions légales pour le bénéfice d'un certain avantage. En ce qui concerne l'octroi de l'avantage du dégrèvement pour réinvestissement exonéré qui a été prévu par une succession de lois, l'administration fiscale est intervenue à maintes reprises dans le but d'assouplir et de clarifier dans un sens plus favorable au contribuable les conditions fixées par le législateur.

1036- En ce qui concerne tout, d'abord, l'exercice au titre duquel la déduction doit être opérée, les différents textes législatifs prévoient que les bénéfices ou revenus réinvestis sont déductibles des bénéfices ou revenus réalisés pendant l'année du réinvestissement. C'est ainsi que les bénéfices réinvestis en 2003 sont déductibles des bénéfices réalisés en 2003 et qui sont déclaré en 2004. Or l'application stricte de cette disposition légale rend les entreprises concernées incapables de décider avec lucidité le montant de bénéfices à réinvestir puisque leur situation exacte ne sera définitivement arrêtée qu'après la clôture de l'exercice, qui intervient généralement le 31 décembre. C'est pour cette raison que l'administration fiscale, depuis longtemps, a été indulgente quant à la date de prise en compte du réinvestissement.

1037- Ainsi, par une tolérance administrative confirmée, officiellement par la note commune n° 5 du 13 janvier 1988, l'administration a largement assoupli l'exigence légale en affirmant qu' « étant entendu que pour les catégories d'investisseurs autres que les salariés, la mesure de souplesse actuellement en vigueur demeure applicable. Cette mesure consiste à prendre en considération, lors du dépôt de la D.U.R., l'investissement réalisé au cours de l'année de la réalisation du revenu et celui réalisé durant l'année du dépôt de la D.U.R., jusqu'à la date limite de ce dépôt »[739]. Selon l'administration fiscale, l'objectif recherché de cet assouplissement de l'exigence légale « est de rendre l'opération de l'épargne et de l'investissement une pratique quotidienne et d'inciter, par conséquent, le contribuable à y adhérer efficacement par le biais des avantages fiscaux et par l'allègement des procédures administratives »[740].

1038- En ce qui concerne la constitution du poste comptable « réserves pour réinvestissement exonéré », l'alinéa 2 de l'article 6 de la loi n° 62-75 du 31 décembre 1962 dispose que « Elle (l'exonération) entraîne comptabilisation au passif du bilan d'un poste- réinvestissements exonérés- par prélèvement sur le compte de résultat de l'exercice au cours duquel le réinvestissement a été effectué ». Il découle de l'application stricte de cette disposition que la non constitution de cette réserve constitue pour l'entreprise un cas de déchéance, qui, à lui seul, entraîne le retrait de l'avantage fiscal découlant du réinvestissement effectué et, par conséquent, le reversement de la réduction d'impôts obtenue, assorti de pénalités.

1039- Cependant, témoignant de la même démarche pragmatique, l'administration fiscale, dans la note commune n° 85/204, constate qu' «au regard de la non constitution de la dite réserve, l'application stricte du texte semble être rigide, voire même contraignante, surtout dans le cas où l'entreprise bien que ne l'ayant pas constituée, détient au passif de son bilan l'équivalent de cette réserve, sans l'affecter littéralement au compte « Réserve pour réinvestissements exonérés », et qu'elle a satisfait, par ailleurs, à tout le reste des obligations édictées par la loi n° 62-75 précitée, et le décret n° 63-30 du 22 janvier pris pour son application. Dans ce cas, l'entreprise à l'encontre de laquelle la déchéance est soulevée, a néanmoins atteint l'essentiel des objectifs qui ont motivé l'adoption de ladite loi n° 62-75, sur les plans économique et financier »[741]. Pour toutes ces raisons, l'administration a assoupli sa position en décidant « exceptionnellement de ne considérer comme un cas de déchéance, la première omission, relevée par le contrôle, du

---

[739] Note commune n° 5 du 13 janvier 1988, p. 2, in Raouf YAICH, Droit fiscal, Mémento de la doctrine administrative, 1988, p. 30.

[740] Ibidem.

[741] Note commune n° 85/204, pages 1091 à 1092 : Avantages fiscaux applicables de la loi n° 62-75 du 31 décembre 1962, constitution du poste comptable « Réserve pour réinvestissements exonérés » ; in R. YAICH, ouvrage précité, p. 31 et s..

défaut de constitution de la « Réserve pour réinvestissements exonérés », lorsque l'entreprise défaillante détient au passif de son bilan l'équivalent de la réserve sans l'avoir affecté littéralement au compte en question et à charge pour elle de constituer cette réserve »[742].

1040- De même, l'article 12 de la loi n° 62-75 du 31 décembre 1962 prévoit que les bénéfices ou revenus qui pourront donner lieu au dégrèvement fiscal sont ceux qui auront été réinvestis sous forme d'acquisition d'actions, parts ou obligations nouvellement émises. Le terme « acquisition » utilisé par le législateur est relativement ambigu, la question qui se pose : à quel moment l'acquéreur d'une action ou d'une part sociale peut il bénéficier de l'avantage ? à la date de la souscription ou à la date de la libération ?[743].

1041- Dans la pratique, certaines entreprises déduisent de leurs bénéfices imposables uniquement la partie libérée de leurs actions souscrites, tandis que d'autres déduisent plutôt le montant de la souscription qu'elle soit totalement ou partiellement libérée. Bien entendu la deuxième solution est la plus favorable pour le contribuable. L'administration fiscale a tranché cette question en interprétant libéralement le terme « acquisition ». Dans sa note commune n° 85/185, elle a décidé « d'introduire la notion d'option à ce niveau. Ainsi, un investisseur en action ou parts sociales sera tenu… d'opter dans le cadre de la D.U.R suivant l'année pendant laquelle la souscription a été faite : soit pour l'exonération sur souscription ; soit pour l'exonération sur libération.

1042- En cas d'option pour l'exonération sur souscription et si celle-ci est effectuée dans le cadre de la loi n° 62-75, la réserve pour réinvestissement doit être constituée pour le montant intégral de la souscription. En cas d'option pour l'exonération sur libération, l'entreprise intéressée devra distinguer à son actif la partie des titres libérés de celle qui ne l'est pas et ne constituer éventuellement de réserves bloquées que pour la partie libérée de ces titres… » [744]. Les motivations avancées par l'administration fiscale, en vue de l'adoption

---

[742] Ibidem, p. 32.

[743] Si cette question ne présente aucune difficulté dans l'hypothèse où la souscription au capital de la société créée est entièrement libérée l'année même, comme le cas des SARL, elle mérite par contre, d'être examinée au cas où la souscription au capital d'une telle société n'est pas entièrement appelée l'année de sa souscription, tel le cas des autres sociétés de capitaux comme les sociétés anonymes ou les sociétés en commandite par action, qui peuvent n'appeler à la libération que le quart du capital social souscrit.

[744] Voir la note commune n° 85/185, pages 1027 à 1033 : Modalités d'application de la loi n° 62-75 du 31 décembre 1962 ; in Raouf YAICH, ouvrage précité, p. 23.

de cette solution, témoigne de la démarche pragmatique entreprise par cette dernière.

1043- En outre, en 1996, l'administration fiscale a, dans la note commune n° 13 (texte DGI 96/12), supprimé la condition de blocage des titres souscrits au moyen des fonds provenant du compte d'épargne pour investissement. La justification de cette mesure trouve son fondement dans la suppression de la condition de blocage des titres dès la promulgation du code des incitations aux investissements. Selon ladite note c'est afin de donner une certaine dynamique aux opérations d'investissement que les titres acquis aux moyens de fonds provenant des comptes-épargne pour l'investissement ne sont plus subordonnés à la condition de blocage[745]. Pourtant les dispositions de l'article 32 I alinéa 5 de la loi du 31 décembre 1982 prévoient clairement et sans aucune équivoque cette condition et n'ont fait l'objet d'aucune modification[746].

3) Cas où l'administration édifie un régime d'imposition ne reposant sur aucun support juridique

1044- Aux termes des dispositions de l'article 21 alinéa 3 du code de l'IRPP et de l'IS, « en l'absence de comptabilité, les agriculteurs et les pêcheurs sont soumis à l'impôt sur la base d'une évaluation forfaitaire déterminée après consultation des experts du domaine et tenant compte de la nature des spéculations selon les régions ». Afin de déterminer le revenu imposable des agriculteurs, l'administration a établi en marge des dispositions légales et, en collaboration avec les organismes professionnels intéressés, un tableau portant classification des zones agricoles, fixant pour chacune d'elles le rendement moyen et le revenu net par hectare ou pied d'arbres[747]. C'est ce même barème qu'applique

---

[745] Note commune n° 13, Texte DGI 9617, p. 127.

[746] Aux termes de ces dispositions, les titres souscrits au moyen des fonds du compte d'épargne pour l'investissement « ...doivent être déposés et bloqués auprès de l'établissement financier pendant une période de 5 ans à partir de la date de leurs libérations ».

[747] A titre d'exemple, pour les céréales : trois catégorie de terres sont généralement retenues :

La zone « A » comprend les plaines fertiles à haut rendement ;
La zone « B » comprend les plaines non fertiles ;
La zone « C » comprend les régions du centre.

En ce qui concerne les oliviers, trois régions sont retenues : le nord, le centre et le sud.

l'administration fiscale en cas de défaut ou d'insuffisance dans les déclarations.

1045- Cette technique d'évaluation forfaitaire des bénéfices agricoles soulève plusieurs observations. Tout d'abord, l'administration fiscale bénéficie d'une grande liberté dans le choix et la détermination des critères retenus pour le calcul du montant d'impôt sur la base de l'article 24 alinéa 3 du code de l'IRPP et de l'IS alors qu'en principe, cette matière (détermination de l'assiette de l'impôt) relève, en application de l'article 34 alinéa 7 de la constitution du législateur. Un auteur souligne qu'«il aurait fallu au moins que le législateur pose les critères essentiels pour la détermination des bases forfaitaires au lieu de se limiter seulement au terme « évaluation forfaitaire » »[748]. Ensuite, ces barèmes d'imposition figurent seulement dans le BODI ce qui pose le problème de leur opposabilité. En effet, en application de l'article 2 de la loi n° 93-64 du 5 juillet 1993, le seul mode de publicité pour rendre les textes législatives et réglementaires applicables, et donc opposables aux contribuables, est leur insertion au journal officiel de la république tunisienne. Enfin, le juge administratif n'a pas eu l'occasion de statuer sur la légalité du barème agricole. Dans l'arrêt Héritiers Idriss c/ la direction générale d'impôts du 22 avril 1982, le juge a été obligé de statuer de façon préalable sur la question de non rétroactivité des dispositions fiscales, considérée comme d'ordre publique. De ce fait la question de la légalité de ce barème était une question de second degré qui n'a pas été examinée, au fond, par le juge. Néanmoins, il n'est pas exclu d'attaquer directement la légalité de la méthode d'évaluation forfaitaire par le biais du recours pour excès de pouvoir[749].

B/ Les effets des mesures de tolérances administratives

1046- Les mesures de tolérances administratives portent atteintes aux principes les plus fondamentaux qui gouvernent la matière fiscale, à savoir le principe de la légalité de l'impôt et le principe de l'égalité devant l'impôt. C'est à ce titre qu'elles ont fait l'objet de sévères critiques par la doctrine. Pourtant, ces mesures sont justifiées, dans la pratique, par les multiples avantages qu'elles sont susceptibles de procurer. Cependant, malgré leur caractère apparemment favorable au

---

748 KADDACHI Nada, mémoire précité, p. 53.

749 Le principe d'ouverture de ce type de recours a été annoncée par la jurisprudence du Tribunal administratif dans sa décision du 15 juillet 1980 Zoubeida Béchir c/ CNRPS, RTD 1981, p. 523.

contribuable, la présence de ces mesures de tolérances administratives peut, dans certaines hypothèses, constituer pour ce dernier, une réelle source d'insécurité juridique.

1) Les critiques adressées au phénomène de tolérances administratives

1047- Le phénomène de tolérance administrative porte atteinte tant au principe de la légalité de l'impôt qu'au principe d'égalité devant l'impôt.

a- Les tolérances administratives portent atteinte au principe de la légalité de l'impôt

1048- Tout d'abord, il est à noter que le phénomène des tolérances fiscales constitue une véritable atteinte au principe de la légalité de l'impôt. En effet, il est indéniable que ce dernier principe suppose que le législateur soit seul compétent pour mettre en cause la loi fiscale. En particulier, l'administration fiscale ne dispose d'aucun pouvoir propre dans la mise en œuvre de la règle fiscale. Il en résulte, selon les termes de Mr TOURDIAS, que « de nombreuses exonérations seront décidées par voie de circulaires, c'est-à-dire par une administration anonyme dans le silence des bureaux, en méconnaissance des dispositions constitutionnelles et législatives les plus formelles »[750].

1049- En effet, dans l'accomplissement de sa mission d'interprétation et/ou d'application des textes, l'administration fiscale tend, à travers certaines notes communes, à accorder un avantage à l'ensemble des contribuables ou à une catégorie de ceux-ci, en marge des textes fiscaux. Ceci constitue certainement une véritable violation par l'administration fiscale des règles constitutionnelles (les articles 28 et 34 de la constitution) qui fondent le principe de la légalité de l'impôt. Elle s'arroge ainsi d'un pouvoir de prise de décisions lui permettant de modifier l'étendue des droits et obligations de la catégorie des personnes qu'elle vise.

1050- Le développement de cette technique des tolérances fiscales d'origine administrative peut être justifié par le fait que l'administration fiscale ne peut pas revenir au Parlement à tout moment pour lui demander de modifier certaines dispositions légales inadaptées. Il s'agit

---

[750] TOURDIAS, Les circulaires fiscales, JCL, édition CI 1961, n° 68397, p. 109.

donc de s'affranchir de la lenteur de la procédure parlementaire. Cependant, la doctrine réplique que « dès lors, il est permis de s'interroger sur l'intérêt de cette pratique administrative, délibérément illégale alors qu'un résultat comparable pourrait être obtenu par l'emploi d'une procédure à peine moins rapide mais qui offrirait en contrepartie l'énorme avantage d'être légale »[751]. On souligne, en outre, que « même si l'administration fiscale trouve que le texte fiscal voté par le Parlement pourrait engendrer une quelconque difficulté d'application, elle n'est aucunement autorisée à le modifier ou à écarter son application par une simple note commune sans valeur juridique contraignante. Seul le pouvoir législatif ou le pouvoir exécutif, lorsqu'il a reçu une délégation, est habilité à le faire »[752].

1051- Quand bien même ces tolérances sont justifiées par des considérations pratiques, elles constituent souvent une véritable transgression du texte fiscal. Elles se traduisent, dans la pratique, par une renonciation soit à percevoir l'impôt légalement dû, soit à percevoir les pénalités de retard afférentes aux déclarations tardives. L'aboutissement vers ce résultat passe nécessairement par « la mise à l'écart de la norme, afin de lui substituer une signification plus douce mais illégale »[753]. D'ailleurs, en portant ainsi atteinte au principe de la légalité de l'impôt, de telles notes communes, œuvre de l'administration fiscale, contribuent encore à l'affaiblissement du rôle du Parlement qui, impuissant, verra ses textes parfois ignorés au nom du pragmatisme administratif[754].

b- Les tolérances administratives portent atteinte au principe d'égalité devant l'impôt

1052- La tolérance administrative constitue également une atteinte au principe de l'égalité devant l'impôt. Ce principe exige que les personnes se trouvant dans des situations identiques soient traitées de la même manière[755]. Or l'administration fiscale, dans son interprétation bienveillante, ne respecte pas le contenu de ce principe et elle introduit une discrimination entre les contribuables qui a «pour conséquence

---

[751] Marchessou, ouvrage précité, p. 72.
[752] O. GADHOUM, thèse précitée, p. 304.
[753] Ph. MARCHESSOU, ouvrage précité, p. 95.
[754] O. GADHOUM, thèse précitée, p. 303.
[755] Cf. COZIAN Maurice, L'inégalité devant l'impôt par le fait de l'administration ; D. 1975, Chron. P. 100. Selon cet auteur, il s'agit d' « autre forme d'inégalité qui est le fait de l'administration lorsqu'elle dispense à certains en les refusant aux autres ce qu'on appelle périodiquement des mesures de bienveillance ou de tolérance », p. 100.

d'appliquer la loi à une catégorie et d'édicter un régime plus doux pour l'autre »[756].

1053- En établissant un tel « désordre juridique », les tolérances fiscales portent ainsi atteinte à la fois à la légalité et à l'égalité. Ces deux exigences imposent « la sanction des violations de la règle de droit »[757].

2) Les avantages des tolérances administratives

1054- En dépit des diverses critiques adressées au phénomène de tolérances fiscales, ce dernier présente dans la pratique un avantage certain. C'est que cette tolérance constitue un moyen d'action assez souple qui permet l'intervention bienveillante de l'administration fiscale à l'égard de certains secteurs ou à « l'égard de certains contribuables membres d'une catégorie socioprofessionnelle déterminée »[758]. Elle constitue aussi un moyen de lutte contre la rigidité de la loi fiscale. En ce sens, note le commissaire du gouvernement Turôt, que « ...notre droit fiscal se caractérise par un subtil contrepoids entre la loi fiscale souvent très générale et rigide et la doctrine administrative qui apporte les mesures de tempérament nécessaires. Ces mesures de tempérament vont par définition au delà des termes de la loi ce qui fait l'intérêt, pour les contribuables, de la doctrine administrative c'est précisément qu'elle est illégale et qu'elle offre à celui qui a intérêt à s'en prévaloir une parfaite sécurité juridique »[759].

1055- De même, certains soulignent que la tolérance fiscale permet de concilier entre la commodité et la rentabilité du fisc et l'intérêt des contribuables. En ce sens, Martinez précise qu'« en bien des cas, la décision d'accorder une tolérance fiscale n'est qu'une saine application d'une analyse en termes de coûts et avantages. Lorsque l'application stricte d'une règle entraînerait pour le service une charge disproportionnée, par rapport à la recette fiscale prévisible, la tolérance devient, au delà des apparences le meilleur moyen d'assurer la finalité et l'efficacité du service. Les contribuables en bénéficient sans doute, mais c'est surtout la commodité et la rentabilité du fonctionnement administratif qui ont été recherchées... »[760].

---

[756] Marchessou, ouvrage précité, p. 71.
[757] L. TALLINEAU, Les tolérances administratives, AJDA, 1978, p. 4.
[758] Marchessou, ouvrage précité, p. 71.
[759] Le commissaire du gouvernement TUROT, conclusion sous CE 4 mai 1990 Association freudienne et autres.
[760] MARTINEZ J-C, Le statut du contribuable, p. 117.

3) Les risques inhérents aux tolérances administratives

1056- L'administration peut toujours revenir sur ce type de mesures sans qu'aucun moyen ne puisse lui être valablement opposé. Elle peut ainsi revenir sur une exonération qu'elle a décidée[761], écarter une circulaire fixant un barème de calcul avantageux[762], revenir sur ce qu'on appelle « une interprétation implicite des textes », tel le cas d'avoir imposé un contribuable d'une certaine manière[763] ou de l'avoir plusieurs fois vérifié sans avoir procédé à un redressement sur le problème litigieux[764].

1057- Paradoxalement, ce sont les prises de positions administratives les plus favorables au contribuable qui peuvent, en fin de compte, s'avérer les plus dangereuses pour ce dernier. En fait, l'expérience montre que les générosités du Fisc ne vont pas sans danger.

1058- Il arrive parfois que spontanément ou sous l'influence de groupes de pression organisés, tels que les syndicats professionnels, l'Administra libérale vis-à-vis de certaines activités économiques sans étendre sa bienveillance à des activités pourtant similaires. Toutefois, la doctrine et la jurisprudence sont catégoriques, dans ce domaine, à affirmer que, sous réserve en matière de fiscalité locale, « le contribuable est d'une façon générale désarmé contre les mesures de tolérance accordée à d'autres que lui, même si ces mesures lui portent réellement préjudice »[765].

1059- Mais le contribuable n'a pas seulement à redouter la bienveillance administrative à l'égard d'autrui. Il lui faut également se méfier des mesures libérales dont il est susceptible de profiter personnellement. Il ne doit pas, en effet, oublier qu'il n'a aucun droit acquis à la

---

[761] Pour une circulaire ayant accordé une exonération non prévue par la loi : C.E. 3 mars 1971, D.F. 1972 n° 2 comm. 308 ; ou ayant étendu un régime d'amortissement dégressif à des entreprises non prévues par la loi : C.E. 15 janvier 1975, D.F. 1975 n° 6 comm. 191.

[762] C.E. 2 décembre 1969, D.F. 1970 n° 18 comm. 518 ; C.E. 14 juin 1972, D.F. 1972 n° 3 comm. 50.

[763] C.E. 30 juillet 1973, D.F. 1973 n° 39 comm. 1310.

[764] C.E. 30 janvier 1974 rec. P. 66 ; C. E. 16 février 1977, D.F. 1977, p. 42 : dans cette espèce le C.E. a jugé qu'aucune autorité publique n'a le pouvoir d'autoriser une dérogation aux règles d'assiette de l'impôt fixées par la loi, par suite, la décision implicite de l'administration accordant d'une manière irrégulière à un contribuable l'option d'un régime donné d'imposition est sans influence sur le bien-fondé de l'imposition.

[765] Philippe Bern, article précité p. 755.

bienveillance administrative et que rien ne peut empêcher le Fisc de passer soudain de la tolérance à l'orthodoxie.

§2) L'«invocabilité » de la doctrine administrative favorable

1060- Normalement, lorsque l'administration fiscale adopte une doctrine administrative favorable ou de bienveillance, elle peut toujours être invoquée à son encontre par le contribuable, à l'appui de ses prétentions, alors que l'Administration ne peut, en droit, jamais se prévaloir de sa propre doctrine pour l'opposer au contribuable[766]. Ainsi, dans l'hypothèse où l'interprétation administrative s'écarte de la loi, seule la doctrine favorable au contribuable est opérante. Mais dans ce cas, comme le signale Maître Martine CONSTANT « le juge examine la doctrine à titre résiduel et subsidiaire. Il examine, en principe, toujours la situation d'abord au regard de la loi fiscale avant de l'analyser sur le terrain de la doctrine pour autant que celle-ci est expressément invoquée »[767]. Il en résulte que le contribuable ne peut valablement se prévaloir devant le juge de la doctrine administrative favorable qu'à la condition qu'il l'invoque lui-même, expressément. En effet, le juge ne soulève, en principe, jamais d'office, la doctrine administrative.

1061- Dans ce contexte, il est patent, note Martine CONSTANT « que la doctrine administrative peut être source d'inégalité entre les contribuables dès lors qu'elle n'est applicable qu'à ceux qui l'invoquent, donc à ceux-là seuls qui en connaissent l'existence ; il y a ceux qui savent et il y a ceux qui ne savent pas et les seconds sont objectivement pénalisés par rapport aux premiers »[768]. Cette constatation est d'autant plus vraie que la majeure partie de la doctrine administrative ne fait pas l'objet d'une publication officielle. Seuls, certains initiés ont donc, dans la pratique, accès à cette doctrine[769].

---

[766] Cf. Abderraouf YAÏCH, Théorie fiscale, p. 94.

[767] Maître Martine CONSTANT, RJF n° 5- mai 1990, p. 315.

[768] Martine CONSTANT, précité, p. 315.

[769] Il est à noter que grâce à certaines initiatives privées louables, nous pouvons accéder à l'ensemble des prises de positions individuelles de l'administration fiscales. Néanmoins cet accès est payant et même assez coûteux et nécessite, en plus, un équipement informatique, ce qui ne fait qu'accentuer les inégalités susmentionnées : il y a ceux qui s'équipent, paient et supportent le coût et donc ils détiennent l'information et ceux qui en sont démunis. Sur les sources de la doctrine administrative voir les documentations électroniques suivantes :

- D B Profiscal sur l'adresse : WWW. Profiscal.com (Base de donnée Doctrine administrative).

SECTION II

LA REMISE EN CAUSE DE LA DOCTRINE ADMINISTRATIVE FAVORABLE

1062- La remise en cause par l'Administration de sa doctrine favorable perturbe la sécurité juridique du contribuable. Or, comme « le droit a pour première fonction de procurer la sécurité à l'homme moderne : dès lors, la première valeur sociale à atteindre, c'est la sécurité juridique »[770], il est donc indéniable d'affirmer qu'au niveau de l'application de la norme fiscale, le principe de la légalité de l'impôt exige la protection du contribuable contre toute insécurité, notamment celle qui résulte du changement de la doctrine administrative.

1063- Cette garantie devrait se fonder par l'institution d'un texte juridique spécial qui s'explique par le fait que dans un Etat de droit, seule la règle de droit doit être appliquée. Sachant que la doctrine administrative n'est qu'une hérésie juridique, puisqu'elle repose sur l'idée que l'administration peut, sans aucun titre de compétence, ignorer la loi, la contrarier, ou l'amender. Cependant, comme il a été affirmé par un auteur d'une thèse récente sur la doctrine administrative tunisienne, « l'observation de la législation fiscale tunisienne oblige de constater l'absence de certaines techniques favorisant la protection du contribuable, dont notamment, le rescrit fiscal ou la protection du contribuable lors du changement de la doctrine administrative »[771]. Ce même auteur conclut que le contribuable tunisien, « comparativement au contribuable étranger, notamment européen, semble loin d'être protégé efficacement contre les aléas de la doctrine administrative, parfois, avec la bénédiction du législateur lui-même »[772].

1064- Nous examinerons ainsi, dans la présente section, dans un premier temps, le phénomène du changement de la doctrine administrative **(§1)** ; ensuite, nous préciserons les effets du changement de la doctrine administrative favorable **(§ 2)**.

- Encyclopédie fiscale informatisée : Fiscavision,.

[770] G. NOEL, Pour un droit constitutionnel à la sécurité fiscale. S'inspirer des principes communautaires pour offrir des meilleures garanties au contribuable, RFC avril 1996, 277, p. 45.

[771] O. GADHOUM, thèse précitée, p. 314.

[772] Ibidem, p. 344.

§ 1) Le phénomène du changement de doctrines administratives favorables

1065- Lorsque l'administration fiscal adopte une interprétation d'un texte fiscal plus favorable au contribuable, rien l'empêche, en principe, de revenir sur sa position et de remplacer sa doctrine bienveillante par une doctrine beaucoup plus sévère. Ce phénomène de changement doctrinal est, dans la pratique assez courant, il peut s'avérer assez dangereux pour la sécurité juridique des contribuables. Nous nous contentons, ci-après, de rapporter deux illustrations de ce phénomène, tirées de l'expérience tunisienne :

A/ Le sort fiscal des amortissements non comptabilisés

1066- Les conditions de déduction des amortissements ont été initialement précisées par l'administration fiscale dans le cadre de sa doctrine du 23 mars 1984 (BODI Texte DGI 94/134, pages 676 à 683). Dans cette doctrine l'administration a adopté une interprétation bienveillante dans l'intérêt du contribuable. En effet, elle a d'une part, confirmé que la condition prévue par la loi, exigeant que les amortissements doivent être réellement effectué, doit être interprétée comme nécessitant la comptabilisation de la dépréciation de l'élément amorti. L'amortissement non comptabilisé n'est pas admis en déduction du bénéfice imposable. Mais, dans la même doctrine, l'administration a adopté une prise de position favorable au contribuable puisqu'en se basant sur le caractère lacunaire du texte interprété, elle a dégagé une conséquence qui ne résulte pas forcément dudit texte. A cet égard, l'administration a soutenu que « les amortissements qui n'ont pas été comptabilisés en tant que tels à la clôture de l'exercice, que celui-ci soit bénéficiaire ou déficitaire », s'ils « ne peuvent pas être admis en déduction au cours de l'exercice en question », ils peuvent, quand même, « être pratiqués au taux habituel après la fin de la période normale d'amortissement ou en totalité au moment de la mise hors service des éléments considérés ».

1067- Il est à noter que cette mesure de faveur d'origine doctrinale est, sans nul doute, illégale, puisqu'il s'agit d'un pur ajout à la loi qui ne résulte pas forcément d'une interprétation stricte du texte fiscal. Quelques années plus tard, en 1990, l'administration fiscale est revenue sur cette doctrine bienveillante et la remplacée par une autre doctrine plus sévère, publié par la note commune n° 83[773]. Dans cette nouvelle doctrine, l'administration, après avoir repris la même condition de déductibilité de l'amortissement, à savoir, il faut qu'il soit comptabilisé, elle a dégagé une conséquence plus sévère pour le contribuable en soutenant que « les amortissements non constatés en comptabilité, ne sont pas déductibles du résultat fiscal de l'exercice et ne sont pas reportables sur le résultat des exercices ultérieurs ».

1068- Dans cette doctrine, l'administration applique strictement la règle de la spécialité des exercices comme critère de rattachement des charges[774]. Le contribuable ne peut plus donc à sa guise constater ses charges d'amortissement, quand bon lui semble, quitte à les constater en totalité à la clôture de la période d'amortissement. Mais ceci ne veut pas dire que le contribuable, de bonne foi, qui a omis de constater ses charges d'amortissements pendant un exercice, n'est pas en mesure de rectifier cette erreur par le dépôt d'une déclaration rectificative au titre de l'exercice concerné.

1069- Mais, quel sera le sort des contribuables qui ont pris connaissance de la doctrine de 1983 et sur la base de laquelle ils ont organisé leur situation fiscale relative à la période qui précède la date du changement de ladite doctrine? Il est assez choquant d'admettre qu'un contribuable soit pénalisé du simple fait qu'il s'est confirmé à une doctrine administrative. Ceci n'est-il pas contraire au principe de la sécurité juridique ou au principe de la confiance légitime, largement enraciné chez nos partenaires européens[775]?

B/ Le changement de la doctrine administrative relative à la soumission de la promotion immobilière à la TVA

1070- Initialement, suite à la promulgation du code de la TVA, l'administration fiscale a donné son interprétation à l'égard des dispositions de l'article 1er II N° 5 du code de la TVA. Selon la note commune n° 88/403 « les ventes de locaux réalisées par les promoteurs immobiliers dans le cadre de la promotion immobilière ne sont pas

---

[773] Note commune n° 83, Texte DGI 90/106, pages 305 à 390 : Les amortissements.

[774] Selon la règle de la spécialité des exercices, les charges sont rattachées à l'exercice au titre duquel elles sont engagées.

[775] Cf Josse MERTENS DE WILMARS et Jacques STEENBERGEN, La notion de sécurité juridique dans la jurisprudence de la cour de justice des communautés européennes, in Mélange LEGROS, p. 449 et s.

soumises à la TVA »[776]. Au niveau de l'interprétation avancée dans le cadre de la note commune n° 63/88, l'administration fiscale a tiré la conséquence logique qui s'impose de l'article 1er du code de la TVA, en précisant que les promoteurs immobiliers se situent en dehors du champ d'application de la TVA, pour leur activité de vente d'immeubles. En revanche, la vente des lots par les lotisseurs immobiliers est une activité soumise à la TVA par détermination de la loi, puisqu'elle est expressément visée par l'article 1er II-5) du code de la TVA.

1071- Douze ans plus tard, et par un changement spectaculaire, l'administration fiscale a modifié son interprétation et la nouvelle doctrine a fait l'objet de la note commune n° 19/2000, alors que les mêmes dispositions législatives promulguées en 1988 n'ont subi aucune modification. Il est à préciser à cet égard, que l'activité de promotion immobilière a fait l'objet d'une définition par l'article 1er de la loi n° 90-17 du 26 février 1990. S'appuyant sur cette définition, la doctrine administrative considère « désormais que les opérations de promotion immobilière sont des opérations imposables par nature puisqu'elles constituent des opérations commerciales autres que les ventes (visées par l'article 1er I du code de la TVA) et sont de ce fait situées dans le champ d'application de la TVA »[777].

1072- Néanmoins, la doctrine administrative précédente est toujours maintenue en ce qui concerne la vente d'immeubles bâtis à usage exclusif d'habitation destinés au consommateur final qui demeure en dehors du champ d'application de la TVA. Le revirement doctrinal est donc opéré au niveau des opérations de vente d'immeubles bâtis à usage commercial, administratif ou professionnel effectuées par les promoteurs immobiliers qui rentrent, désormais, dans le champ d'application de la TVA. Cette note commune précise que son contenu annule et remplace la doctrine précédente publiée dans la note commune n° 63/1988. D'ailleurs, la note commune n° 19/2000 a été précédée par des prises de positions isolées qui se sont prononcées dans le sens de la soumission à la TVA des immeubles à usage commercial et professionnel[778].

---

[776] Note commune n° 88/403 du 16 juillet 1988, p. 2739 : Promotion immobilière : exonération des promoteurs immobiliers de la TVA.

[777] Note commune n° 19/2000, Texte DGI 2000/31 ; DGI 183 : Régime fiscal en matière de TVA applicable à l'activité de promotion immobilière.

[778] Voir, à titre d'exemple : - Réponses administratives du 4 août 1998 ; Réponses administratives du 19 juillet 1999 ; Courrier administratif du 3 août 1999. (cités par N. ABDEDDAYEM, article précité, p.)

1073- La doctrine s'est, à juste titre, révoltée contre ce changement brutal de la doctrine administrative[779]. En effet, au-delà des effets spécifiques qu'il pourrait avoir sur le secteur de la promotion immobilière, ce phénomène touche, plus généralement, des questions de principe : qui est le titulaire effectif du pouvoir normatif en matière fiscale, le Parlement ou l'administration fiscale ? La hiérarchie des normes juridiques ne s'oppose-t-elle pas à ce qu'une simple note commune puisse décider de l'exigibilité d'un prélèvement fiscal après une période de non imposition ? Est-il concevable d'admettre que par une simple note administrative on procède à une modification de cette ampleur tendant à l'extension de la TVA à tout un secteur économique assez sensible, avec toutes les répercussions graves qui peuvent en résulter ? L'usurpation du pouvoir normatif par l'administration fiscale ne constitue-t-il pas une grave violation de la légalité fiscale ?

1074- Certes, l'administration fiscale dans ces diverses prises de positions use de son rôle, qui lui a été confié par le pouvoir réglementaire, d'interprète de la loi fiscale. Néanmoins, l'interprétation des textes fiscaux, parmi les vocations principales de l'administration, ne doit aucunement se traduire par l'octroi à cette dernière d'un pouvoir normatif aussi dangereux. Dès lors, nous partageons l'avis d'un auteur qui a affirmé que « la légalité de cette doctrine administrative est plus que douteuse puisqu'elle contredit un principe solidement établit en droit fiscal qui est d'ailleurs hissé au rang des principes constitutionnels. Il s'agit du principe de la légalité fiscale...En outre, par la note commune n° 19/2000, l'administration a violé le principe du consentement à l'impôt, corollaire du principe de la légalité de l'impôt, dans la mesure où c'est l'administration fiscale et non le Parlement, représentant des contribuables, qui a décidé en l'espèce l'assujettissement de n'importe quelle opération à la TVA»[780].

§ 2) Les effets du changement de la doctrine administrative favorable

1075- Le changement de la doctrine administrative, qui se traduit parfois par la substitution à une interprétation bienveillante, une interprétation plus sévère, est susceptible d'engendrer au moins deux conséquences pour le contribuable : il sera désormais soumis au régime

---

[779] Cf. Najla ABDEDDAYEM, La TVA sur la promotion immobilière (à propos de la note commune n° 19/2000), Etudes Juridiques, n° 9, 2002, p. 189 et s.
[780] N . ABDEDDAYEM, article précité, p. 204.

sévère découlant de la nouvelle interprétation, il peut en outre faire l'objet d'un redressement relativement aux exercices non prescrits. Ce qui constitue pour le contribuable une source d'insécurité fiscale.

1076- Cette éventualité comporte ainsi pour le contribuable un double danger. Le premier concerne l'avenir : un individu peut organiser sa situation financière et fiscale en fonction de l'interprétation qu'entend donner le Fisc d'un texte légal ou réglementaire. Et bien évidemment si le point de vue de l'Administration vient à changer dans le sens de la rigueur, les calculs du contribuable s'en trouveront faussés en se voyant imposé plus sévèrement. Toutefois, le risque demeure, dans une certaine mesure, supportable car l'intéressé gardera la possibilité de s'adapter tant bien que mal à la nouvelle doctrine administrative. En revanche, le second danger encouru par le contribuable serait beaucoup plus difficilement supportable si des dispositions n'avaient été prises pour en atténuer les effets. Ce danger concerne le passé et tient au droit de reprise que les articles 19 et suivants du code des droits et procédures fiscaux confèrent à l'Administration fiscale. On imagine fort bien en effet qu'après avoir changer de point de vue sur une question, le Fisc use de son droit de reprise et procède à des redressements d'imposition portant sur des années antérieures au revirement de sa doctrine. Ainsi suite à ce changement de doctrine, les contribuables qui s'étaient conformés aux directives administratives initiales, pouvaient se trouver soudain en infraction pour le passé et se voir réclamer des suppléments d'impôts.

1077- L'un des éminents représentants de la doctrine tunisienne souligne, à juste titre qu' « il est choquant de voir un contribuable qui a organisé sa situation financière et fiscale en fonction d'une interprétation donnée d'un texte par l'administration, imposé plus sévèrement selon une nouvelle interprétation émanant de la même administration »[781]. En effet, cette pratique fâcheuse de l'administration fiscale, qui constitue une véritable atteinte à la sécurité fiscale du contribuable, risque de « compromettre la trésorerie des entreprises et mettre en péril leur équilibre financier »[782]. Dans ces conditions, « comment une entreprise pourrait-elle engager un programme d'investissement, comment un particulier admettrait-il de s'endetter pour réaliser une opération si la fiscalité, qui l'intéresse directement lui semble fluctuante, susceptible de changements brusques ? »[783]. Or, un système qui garantie la sécurité juridique du contribuable suppose « non

---

[781] H. AYADI, Droit fiscal, 1989, précité, p. 222.
[782] A. HEURTRE, Pouvoirs généraux de l'administration, garantie du contribuable contre les changements de la doctrine, Fiscal ID, Fasc. 1462. II, 1977, paragraphe 2.
[783] J. SCMIDT, L'impôt, Dalloz 1995, p. 82.

seulement une certaine constance de la législation fiscale, mais encore et surtout que la règle du jour ne soit pas modifiée rétroactivement »[784].

1078- En somme, il semble qu'en Tunisie, si la protection du contribuable contre les prises de position abusives de la doctrine administrative est jugée comme relativement satisfaisante, ce même contribuable se trouve beaucoup moins protégé contre les vicissitudes des attitudes libérales de l'administration fiscale. Or dans un Etat de droit, le système fiscal qui est construit autour du principe de la légalité de l'impôt doit non moins respecter le principe de la sécurité juridique du contribuable. A cet effet, en droit comparé, plusieurs procédés ont été consacrés visant la protection du contribuable contre les changements de la doctrine administrative. Qu'en est il alors du cas de la Tunisie ?

SECTION III
L'ABSENCE DE PROTECTION DU CONTRIBUABLE CONTRE LE CHANGEMENT DE LA DOCTRINE ADMINISTRATIVE

1079- Contrairement aux législations fiscales en vigueur dans la plupart des pays développés, la législation tunisienne n'a pas prévu de dispositions spécifiques relatives à la protection du contribuable lors du changement de la doctrine administrative. En l'absence de cette garantie, le contribuable tunisien risque d'être condamné à subir les changements parfois intempestifs de la doctrine administrative et les volte-faces de l'administration fiscale dans l'application de cette dernière. En effet, à la suite d'un changement de doctrine administrative, le contribuable qui s'était conformé à une doctrine précédente, en organisant sa situation financière et fiscale en fonction de cette dernière, pourrait se retrouver subitement en infraction pour le passé et se voir réclamer des suppléments d'impôts plus les pénalités y afférentes.

1080- En revanche, dans les systèmes fiscaux qui consacrent la protection du contribuable contre les changements de la doctrine administrative, il a été mis fin à l'instabilité des interprétations administratives qui, en l'absence de mécanismes de protection efficace, risquent de menacer la sécurité juridique du contribuable d'une part, et d'instaurer un climat d'arbitraire fiscal d'autre part. En effet, selon le Professeur MARTINEZ « rien ne paraît plus arbitraire que le rehaussement d'imposition qui est mis à la charge d'un contribuable suite au changement de l'interprétation du texte fiscal sur laquelle était

---

[784] J. TUROT, Les lois fiscales rétroactives, article précité, p. 659.

fondée l'imposition primitive, soit en violation de l'accord qui était intervenu entre ce contribuable et son inspecteur. La loyauté que l'on exige des contribuables dans le système de la déclaration (même contrôlée) s'accorde mal avec le fait du prince ou le reniement de la parole donnée ; la moralité fiscale ne devait pas emporter moins d'obligations pour l'administration que pour le contribuable »[785].

1081- On constate ainsi que face au risque du changement de la doctrine administrative, la législation fiscale tunisienne n'a consacré au profit du contribuable, ni une procédure préalable : le rescrit fiscal, à l'instar d'une pratique très enracinée dans les démocraties occidentales **(§ 1)**, ni même la garantie légale instituant l'opposabilité à l'administration de sa propre doctrine, en vigueur chez nos principaux partenaires **(§ 2)**. Pis encore, la nouvelle législation, adoptée à partir de 2002, a même fâcheusement supprimé une garantie antérieure : l'opposabilité de la charte du contribuable **(§ 3)**.

§1) L'absence d'une procédure préalable : Le rescrit fiscal

1082- En France, aux termes de l'article L 64 du LPF, lorsque l'Administration estime que la portée véritable d'un contrat ou d'une convention a été dissimulée sous l'apparence de stipulations donnant ouverture à des droits d'enregistrement moins élevés, ou déguisant soit une réalisation, soit un transfert de bénéfices ou de revenus ou permettant d'éviter en totalité ou partiellement le paiement des TCA dues à raison de ces contrats ou conventions, elle peut restituer son caractère véritable à l'opération litigieuse.

1083- Cependant ce droit relatif à la restitution de leur véritable caractère aux actes dissimulant la portée véritable d'un contrat ou d'une convention est une simple faculté pour le service chargé du contrôle fiscal. Cette prérogative, d'autre part, n'est pas d'ordre public puisque l'Administration peut valablement renoncer à l'avance à l'exercer, soit expressément, soit même implicitement. Plus précisément, l'article L 64 B du LPF écarte l'application de la procédure de l'abus de droit :

- lorsqu'un contribuable, préalablement à la conclusion d'un contrat ou d'une convention a consulté par écrit l'Administration centrale en lui fournissant tous éléments utiles pour apprécier la portée véritable de cette opération ;

---

785 J. C. MARTINEZ, Le statut du contribuable, ouvrage précité, p. 137.

- et que l'Administration n'a pas répondu dans un délai de six mois à compter de la demande.

1084- Cette garantie instituée au profit du contribuable par l'article L 64 B du LPF est désignée par l'expression « rescrit fiscal »[786]. Cette technique offre au contribuable la possibilité de saisir l'administration fiscale pour avis sur la régularité d'une opération que ce dernier envisage pour l'avenir. Ainsi, par la voie du rescrit, « le contribuable peut obtenir, par avance, l'accord de l'administration sur une situation fiscale dont les conséquences, une fois acceptées, ne sauraient être ultérieurement, remises en cause par la dite administration, au titre de l'abus de droit »[787]. Il s'agit certainement d'une procédure qui offre au contribuable une véritable sécurité fiscale.

1085- Cette technique est également consacrée dans la plupart des pays développés. Aux Etats-Unis, le rescrit est connu sous le terme « advance ruling » qui a, d'ailleurs inspiré la législation française. Il se présente sous deux aspects, Le premier est celui d'une interprétation des textes fiscaux publiés par l'administration fiscale, connu sous le nom de « Revenue Ruling » et qui s'apparente d'ailleurs, aux instructions administratives. Le second, est le « Private Ruling » qui n'est en réalité qu'une réponse écrite adressée par l'administration fiscale au contribuable. Certains pays, notamment le Canada, le Portugal, la Suède, l'Uraguay et les Etats-Unis, ont même fait du rescrit une procédure de portée générale, cela veut dire que la question posée par le contribuable à l'administration fiscale peut porter sur n'importe quel impôt, à propos de tout projet et en dehors de tout formalisme[788].

1086- Dans le cadre du système fiscal tunisien, le contribuable demeure malheureusement toujours privé de cette garantie si utile pour instaurer la sécurité juridique, corollaire indispensable au principe de la légalité de l'impôt. En effet, en dépit d'une recommandation émanant du Conseil Economique et Social[789], le code des DPF, récemment

---

[786] Le terme « rescrit » est inspiré du mot latin « rescriptum » qui voulait dire à Rome la « réponse de l'Empereur aux questions adressées par les gouverneurs ou les particuliers sur les difficultés à résoudre et d'une portée limitée à la personne à laquelle elle était adressée », in GALIMARD M., Le rescrit, Journal des notaires et des avocats, 1987, Article 59077, p. 895.

[787] Bruno OPPETIT, L a résurgence du rescrit, Recueil Dalloz Sirey, 1991, 15ème cahier, Chr. XX.

[788] O. GADHOUM, thèse précitée, p. 324.

[789] Cf. Avis du conseil constitutionnel sur le projet de loi portant promulgation du code des droits et procédures fiscaux, inédit.

promulgué n'a pas introduit la technique du rescrit fiscal, permettant ainsi à l'administration de garder les mains libres.

§2) L'absence d'une garantie légale instituant l'opposabilité à l'administration de sa propre doctrine

1087- Le changement de la doctrine administrative se traduit, généralement, par la substitution à une interprétation de la loi fiscale une interprétation nouvelle laquelle peut être favorable ou défavorable au contribuable. Ce n'est que dans cette dernière hypothèse, que la garantie contre les changements de doctrine administrative peut être invoquée par le contribuable. Cela ne veut pas dire que le fisc ne peut pas changer sa doctrine. Au contraire, il est obligé d'actualiser sa doctrine en fonction de l'évolution de la vie à condition, toutefois, de respecter la garantie dont on parle. Celle-ci consiste donc à limiter l'effet de la nouvelle interprétation dans l'avenir. Autrement dit, c'est une garantie contre l'effet rétroactif de la doctrine nouvelle de l'Administration. Il s'agit d'imposer à l'Administration de ne pas réclamer les rehaussements d'imposition qui pourraient résulter pour le passé, de l'interprétation nouvellement établie par elle, ce qui constitue en fait une limite au droit de reprise de l'administration fiscale.

1088- La garantie contre les changements de doctrine administrative doit être distinguée de la garantie contre la doctrine administrative illégale. Celle-ci implique que l'Administration doit se borner à expliquer et à clarifier la règle de droit. A son tour, le fisc n'a qu'un rôle strictement interprétatif à jouer. Il n'a pas un pouvoir créateur de droit à l'instar du Parlement. La doctrine administrative est illégale si elle présente un caractère réglementaire, c'est-à-dire qu'elle ajoute ou contredit la loi.

1089- La garantie contre la doctrine illégale emporte l'inopposabilité de celle-ci au contribuable. En effet, celui-ci a toujours la possibilité, s'il justifie d'un intérêt à agir, d'exercer un recours pour excès de pouvoir en vue d'annuler une circulaire ou une instruction à caractère normatif. En revanche, la garantie contre le changement de doctrine administrative est justifiée par la nécessité d'assurer aux contribuables un climat de sécurité juridique et d'instaurer ainsi la règle de la certitude. En effet, en droit comparé, cette règle « a justifié pour une large part la mise en place... de garanties du contribuable quant à la stabilité dans l'interprétation des textes de lois par l'Administration »[790].

1090- Qualifier la garantie du contribuable contre l'aggravation de sa charge fiscale due à la modification dans l'interprétation de la législation fiscale, comme étant une condition nécessaire à assurer la sécurité fiscale, exige de la part du législateur sinon l'édiction de dispositions parfaites, du moins l'allusion dans les textes en vigueur que le contribuable dispose d'une garantie contre les changements de la doctrine administrative[791].

1091- Pour que cette garantie soit effective et efficace, il est indispensable qu'elle s'appuie sur un fondement textuel qui dissipe toute ambiguïté quant à sa mise en place. A cet égard, la question s'est notamment posée de savoir s'il y a en droit fiscal tunisien un droit reconnu au contribuable de se prévaloir de l'interprétation faite par l'administration d'un texte fiscal en vigueur ? Autrement dit, y-a-il en droit tunisien un support textuel à l'appui duquel le contribuable peut invoquer la garantie contre les changements de doctrine administrative ?

1092- La réponse est, sans nul doute, négative. En effet, la méconnaissance d'une telle garantie laisse notre législation loin d'être en harmonie avec les droits comparés[792]. Cette lacune constitue d'une part, un obstacle sérieux à améliorer les relations entre les contribuables et l'administration fiscale. D'autre part, elle ne rassure pas les investisseurs tunisiens et étrangers qui, vu l'importance de la fiscalité dans leur choix de gestion, requièrent des garanties sûres et stables. Dans ce sens, Jean Schmidt a écrit que « comment une entreprise pourrait-elle engager un programme d'investissement, comment un particulier admettait-il de s'endetter pour réaliser une opération si la fiscalité qui l'intéresse directement lui semble fluctuante, susceptible de changements brusques »[793].

---

[790] J-C. Pierre, Les garanties du contribuable contre les changements de doctrine de l'administration fiscale, DF 1995, n° 5, p. 220.

[791] L'tifi Habib, La protection du contribuable en matière de contrôle fiscal, Mémoire DEA, p. 41.

[792] Dans la tradition occidentale la garantie contre les changements de la doctrine administrative a des origines lointaines, elle trouve son fondement dans la règle de certitude dans le domaine de l'établissement et du prélèvement de l'impôt par l'Etat souligné par le philosophe et économiste anglais Adam SMITH. En France, depuis longtemps, le problème du changement de la doctrine administrative et ses répercussions sur la situation du contribuable, a été évoqué aussi bien par les parlementaires que par les membres du Gouvernement.

1093- S'il faut trouver, à tout prix, en droit tunisien une base textuelle de cette garantie, il y a lieu de citer une doctrine française lointaine du 31 janvier et 23 mars 1928 qui, selon le Professeur Ayadi, a reçu application en Tunisie[794]. Cette instruction de l'administration française a prévu que « dans le cas de changement de la jurisprudence, ou de modification de la doctrine administrative, les suppléments d'imposition que pourraient justifier les nouvelles règles ne doivent pas être réclamés et ces règles ne doivent être appliquées que pour l'avenir ». En effet, eu égard aux liens étroits qui existaient sous le protectorat, entre les administrations fiscales française et tunisienne, il est bien certain que les circulaires de l'administration française du 31 janvier et 23 mars 1928 avaient reçu application en Tunisie. Certes, aucune prise de position officielle de l'administration tunisienne n'est venue confirmer ou infirmer, après l'indépendance, cette doctrine. Mais tout porte à croire, selon le Professeur Ayadi, qu'elle est encore en vigueur. Toutefois, le même auteur remarque, que « l'hypothèse même du maintien de cette doctrine après l'indépendance ne donne pas de garanties suffisantes au contribuable parce que l'on sait d'une part, que l'administration peut toujours revenir sur sa doctrine et que d'autre part, le juge saisi ne censurera pas ce revirement si ce dernier s'avère conforme à la loi fiscale »[795].

1094- Cependant, les garanties résultant de cette attitude libérale de l'Administration se sont révélées précaires et la protection sensée offerte au contribuable s'est avérée largement insuffisante, et ce pour les deux raisons suivantes : D'une part, l'expérience montre que l'administration n'a pas toujours respecté le cadre qu'elle s'est fixée. A cet égard, l'autolimitation de l'administration n'est pas un moyen souhaitable de protection des administrés dans un Etat de droit où tous les pouvoirs sont liés par des règles précises et où il n'y a pas lieu à l'arbitraire. D'autre part, le juge saisi, exerçant un contrôle de légalité, ne censure pas ce revirement si ce dernier s'avère conforme à la loi fiscale.

1095- D'où la nécessité impérieuse de l'intervention du législateur afin d'édicter un texte claire et précis sur ce problème. Notons que le législateur tunisien a raté une précieuse occasion pour introduire une disposition expresse instituant la garantie du contribuable contre le changement de doctrine administrative et ce, afin de mettre notre législation en harmonie aussi bien avec les principes qui la gouvernent,

---

[794] Cf. H. AYADI, Droit fiscal, Publication du CERP, Tunis 1989, § 513.
[795] H. AYADI, ouvrage précité, p. 224.

dont celui de la légalité de l'impôt, qu'avec les législations en vigueur en droit comparé, notamment chez nos partenaires européens[796].

1096- En effet, la promulgation récente en 2000 du code des droits et procédures fiscaux constitue certes la première tentative dans notre histoire législative de rassembler l'ensemble des règles aménageant les rapports entre l'administration fiscale et le contribuable dans un code unique. Cependant, le législateur n'a pas prévu, dans le cadre de ce code, un texte relatif à la protection du contribuable lors du changement de la doctrine administrative. Et puisque le Conseil Economique et Social a proposé au Gouvernement et au Parlement l'introduction de cette garantie, il est donc légitime de penser, avec O. GADHOUM, que « le refus de sa consécration est un refus volontaire et émane d'une volonté administrative de garder « les mains libres » surtout que le contentieux fiscal a échappé, par le code des DPF, à l'administration »[797].

1097- Pis encore, dans ce domaine il semble que le contenu du code des DPF a même opéré une véritable régression par rapport à l'état de la législation précédente lorsqu'on sait que ce dernier a abrogé l'article 63 du code de l'IRPP et de l'IS qui a déjà déclenché une première expérience fructueuse, en droit tunisien, en matière de protection du contribuable contre le changement de doctrine administrative.

* * * * *

1098- En droit comparé, et notamment français, le contribuable bénéficie de garanties légales énergiques qui le protègent contre tout changement de doctrine administrative. Il peut, soit à titre préventif par la procédure du rescrit fiscal, interroger l'administration sur la légalité de son montage projeté, et sa réponse, ou même sa non réponse la lie ultérieurement. Soit opposer à l'administration fiscale sa propre doctrine en vigueur au moment de l'opération litigieuse. En dépit même du caractère illégal de cette doctrine, le juge de l'impôt, lorsqu'il est saisi,

---

[796] Soucieuse de la sécurité juridique, la CJCE a depuis longtemps fait de cette dernière une exigence fondamentale, voire un principe général de droit (CJCE 15 décembre 1987, Ireland c/ commission aff. 325/85, Rec. 5041). D'autres principes communautaires ont été dégagés ultérieurement par la CJCE, notamment, celui de « la confiance légitime » qui consiste en la protection des « ressortissants contre les changements exagérément brutaux de la réglementation économique qui porteraient atteinte à leurs intérêts légitimes » (CJCE 3 MAI 1987, aff. 112.77, Rec. CJCE p. 1019). Cf. F HUBEAU, Le principe de la protection de la confiance légitime dans la jurisprudence de la cour de justice des communautés européennes, Cahier de droit européen 1983, p. 143.

[797] O. GADHOUM, thèse précitée, p. 320.

est tenu, sur requête du contribuable, d'écarter la loi et d'appliquer la doctrine illégale favorable.

1099- Malheureusement, des mécanismes semblables n'ont pas été consacrés par le législateur tunisien, jusqu'à ce jour. Le contribuable tunisien, contrairement a ses homologues dans les pays développés, demeure toujours menacé par le risque de revirement doctrinal qui l'expose en permanence à un climat d'insécurité juridique. Il est tout à fait regrettable, qu'en dépit de l'ampleur de la doctrine administrative tunisienne, son foisonnement et son impacte réel sur les droits des contribuables, elle demeure encore en dehors de tout encadrement juridique. De ce fait, la protection offerte au contribuable contre le pouvoir normatif de l'administration fiscale s'avère très insuffisante, très en deçà des garanties exigées en vue d'un véritable respect de l'impératif constitutionnel de la légalité fiscale.

TITRE II

L'INSUFFISANCE DE LA PROTECTION DU CONTRIBUABLE CONTRE LE POUVOIR DE CONTROLE FISCAL

1126- Indéniablement, par son poids, par sa définition même, celle de prélèvement obligatoire, ainsi que par une histoire marquée par la coercition, l'impôt peut apparaître à bien des égards comme une institution particulièrement contraignante, et donc comme une institution négative. Mais dans un autre côté, et même si son essence, sa sociologie ou encore les pesanteurs liées à son origine font que la fiscalité va parfois, et d'une manière successive, jusqu'à être présentée comme une institution liberticide, l'impôt peut de ce point de vue être regardé comme une institution positive parce qu'il permet le fonctionnement des sociétés organisées. Mieux encore, on peut même considérer, comme G. ARDANT[798] que l'impôt a représenté un facteur d'émancipation et de progrès par rapport au pillage, à la réquisition ou à tout autre mode autoritaire de prélèvement. De ce point de vue, l'impôt peut être vu comme « une technique libérale » lorsqu'il est le « moyen de faire contribuer les individus aux besoins de la société et aux besoins propres des dirigeants, tout en leur laissant le maximum de liberté »[799].

1227- Cette conciliation nécessaire, entre autorité et liberté, est une garantie indispensable pour l'institution d'un Etat de droit. Elle constitue de ce fait une exigence incontournable pour un véritable respect du principe de la légalité fiscale. Autrement dit, cette conciliation ne pourrait être parfaitement assurée que si l'autorité qui veille à mettre en œuvre la politique fiscale soit liée dans son action par la légalité. Cette dernière fixe scrupuleusement, à la fois, les prérogatives de l'Administration et les garanties du contribuable.

1228- Le principe de la légalité est donc la négation de tout pouvoir arbitraire qui engendre inéluctablement un déséquilibre dans les rapports entre l'Administration fiscale et le contribuable.

1229- Le droit positif tunisien, renforcé par une pratique qui n'est pas toujours très respectueuse des impératifs de la légalité, n'a pas réussi à consacrer cet équilibre requis en tant qu'exigence indispensable du principe de la légalité de l'impôt. Le contribuable tunisien demeure,

---

[798] G. ARDANT, Histoire de l'impôt, FAYARD, 1972, 2 volumes.

[799] IBIDEM, cité par M. BOUVIER, Introduction au droit fiscal et à la théorie de l'impôt, LGDJ, 1996, p. 43.

malgré les efforts louables liés au progrès de la législation, insuffisamment protégé contre le pouvoir de contrôle de l'administration fiscale.

1230- Les rapports qui se sont établis dans le cadre de l'expérience tunisienne, entre l'administration fiscale et le contribuable sont marqués par une évolution intéressante[800]. Avant la réforme fiscale de 1990, ces rapports étaient caractérisés par l'inégalité et le déséquilibre manifeste en faveur du fisc. La réforme fiscale avait bien œuvré en faveur de la conciliation entre les prérogatives de l'administration fiscale et les garanties du contribuable, mais elle n'avait pas pour autant réussi à instaurer un véritable équilibre entre ces deux protagonistes de notre système fiscal. Ainsi, même si le bilan du droit positif tunisien, en cette matière, dévoile une lente évolution guidée par l'idéal de l'instauration d'un équilibre entre les pouvoirs de l'administration et les droits du contribuable, la situation actuelle de ces rapports montre que face à des prérogatives attribuées à l'Administration de plus en plus consolidées par le dispositif législatif **(Chapitre I)**, le contribuable souffre toujours d'un déficit en matière de garanties légales, susceptible de lui offrir une protection suffisante à l'encontre des agissements du fisc **(Chapitre II)**.

---

[800] Cf. Slim BESBES, L'évolution des rapports entre l'administration fiscale et le contribuable dans le système fiscal tunisien, RCF, n° 84, Deuxième trimestre 2009, p. 86 et s..

CHAPITRE I

DES PREROGATIVES ADMINISTRATVES DE PLUS EN PLUS CONSOLIDEES

1230- Depuis longtemps, afin de permettre à l'administration fiscale d'accomplir, efficacement, sa mission de contrôle, le législateur tunisien lui a mis à sa disposition un arsenal de prérogatives. Ce dispositif a fait l'objet d'une rationalisation dans le cadre du nouveau code des droits et procédures fiscaux. En effet, non seulement le nouveau dispositif législatif a maintenu les principales prérogatives de l'administration fiscale, mais surtout, il a procédé à leur consolidation afin de doter le pouvoir de contrôle du fisc davantage d'efficacité **(SECTION I)**.

1231- Par ailleurs, la consolidation des prérogatives de l'administration fiscale ne se situe pas uniquement au niveau de la diversité de ses moyens et la richesse des instruments de contrôle, elle se manifeste également au niveau de l'étendue de son pouvoir de contrôle. En effet, pour la mise en œuvre des différentes prérogatives administratives prévues par la loi, l'autorité de contrôle jouissait d'une certaine marge de liberté lui permettant de choisir discrétionnairement l'opportunité du recours à telles prérogatives **(SECTION II)**.

SECTION I

LA DIVERSITE DES PREROGATIVES DE L'ADMINISTRATION FISCALE

1232- Les prérogatives de l'administration fiscale sont marquées par leur diversité. Tout au long du processus du contrôle, nous pouvons distinguer les moyens d'investigation, le droit de vérification et le droit de redressement. Sur l'ensemble de ces instruments de contrôle fiscal, l'évolution législative consacrée en Tunisie est dans le sens d'une consolidation des prérogatives de l'administration fiscale. Nous exposerons successivement, tout d'abord, l'extension des prérogatives de l'administration fiscale en matière d'investigation **(§1)**, ensuite, l'aménagement de ses prérogatives en matière de vérification **(§2).**

§ 1) L'extension des pouvoirs d'investigation de l'administration fiscale

1233- La recherche d'informations est la pierre maîtresse d'un contrôle efficace et rentable. Elle consiste dans « les efforts fournis par le vérificateur pour collecter des informations qui ne figurent pas dans la documentation administrative »[801]. Ces informations constituent, selon CASIMIR, « les munitions que le contrôleur doit préalablement accumuler pour lutter victorieusement contre la fraude fiscale »[802]. En cette matière, nous détectons une évolution législative tendant à consacrer tant l'élargissement du droit de communication, que la banalisation du droit de visite et de perquisition.

A/ L'élargissement du droit de communications

1234- La notion de droit de communication a reçu plusieurs dénominations par les différents systèmes fiscaux[803]. C'est ainsi que le droit Belge fait référence au « droit d'enquête »[804], alors que le droit canadien se réfère à la « demande péremptoire de renseignements ». Sans s'aventurer dans une définition abstraite, la majorité de la doctrine s'accorde à considérer le droit de communication du fisc comme un moyen qui permet aux agents de l'administration fiscale d'avoir connaissance de tous les documents détenus par le contribuable ou des tiers afin de recueillir les informations qu'ils renferment pour établir l'assiette et contrôler tous les impôts[805].

---

[801] J. P. CASIMIR, Les signes extérieurs des revenus : le contrôle et la reconstitution du revenu par l'administration fiscale, LGDJ, 1979, p. 171.

[802] Ibidem, p. 167.

[803] Cf. CHIHI Badreddine, Le secret professionnel et le droit de communication du fisc au sens du code des droits et procédures fiscaux, Mémoire DEA, Faculté de droit et des sciences politiques de Tunis, 2000-2001, p. 5.

[804] Robert-Depret H., Deklerck L., Le secret bancaire, Ed. Qorum, Bruxelles, 1988, p. 29 à 31.

[805] AYADI H., Droit fiscal, CERP Tunis, 1989, § n° 1255 ; GROSCLAUDE J., MARCHESSOU Ph., Procédures fiscale, Dalloz, Paris, 1998, p. 98 ; LAMBERT Th., Contrôle fiscal : droit et pratique, 2ème éd. PUF, Paris, 1998, § n° 66 ; MARTINEZ J-C., DIMALTA P., Droit fiscal contemporain : l'impôt, le fisc et le contribuable, Ed. Litec, Paris 1986, p. 300 ; CASIMIR J-P., Les signes extérieurs de revenus : le contrôle et la reconstitution du revenu global par l'administration fiscale, éd. LGDJ, Paris, 1972, p. 174.

1235- A l'instar de la plupart des systèmes fiscaux, le législateur fiscal tunisien n'a pas consacré une définition précise de la notion de « droit de communication ». Il s'est simplement contenté de délimiter l'étendue de cet instrument d'investigation. En ce sens, les articles 16, 17 et 18 du code des DPF[806] précisent que ce droit permet à l'administration fiscale de prendre connaissance auprès des tiers de documents utiles à l'assiette, au contrôle et au recouvrement de l'impôt. A ce titre, c'est un instrument d'aide au contrôle fiscal, qui peut être utilisé préalablement à une procédure de contrôle pour compléter les informations dont dispose déjà le service ou parallèlement à celle-ci pour vérifier les informations recueillies lors du contrôle du dossier ou de la comptabilité.

1236- Le droit de communication ne peut être exercé qu'auprès des personnes limitativement prévues par la loi et sur les documents spécifiques à chacune d'elles. Plus précisément, les articles 16 et suivants du code des DPF prévoient l'exercice du droit de communication suivant les deux modalités suivantes : soit que le détenteur de l'information ou du document est tenu de les présenter à l'administration fiscale sur sa demande (le rôle de l'administration est plutôt actif), soit que ce détenteur est tenu de présenter l'information ou le document de façon spontanée, à son initiative et sans demande préalable de l'administration fiscal (le rôle de l'administration est plutôt passif).

1237- Dans tous les cas, le droit de communication, tel que consacré par les articles 16, 17 et 18 du code des DPF, reflète, sans aucun doute, un élargissement considérable de cet instrument qui se manifeste à travers l'extension de son champ d'application. Ce dernier a connu un élargissement important que ce soit à l'occasion de son exercice auprès du contribuable qu'auprès des tiers.

1) L'exercice du droit de communication auprès du contribuable

1238- Le code des DPF distingue d'une part, un droit de communication général qui est susceptible de s'exercer auprès de tous les contribuables (article 8), et d'autre part, un droit de communication plus spécifique

[806] Ces articles sont commentés par la note commune n° 44/2002, Texte DGI 2002/66, DGI 579.

qui ne concerne, en principe, que les personnes physiques ou morales soumises à l'obligation de tenir une comptabilité (article 9)[807].

a- Le droit de communication général auprès de tous les contribuables

1239- Le droit de communication prévu par l'article 8 est général dans la mesure où il concerne l'universalité des contribuables qui sont soumis à tous impôts et taxes, perçus par le trésor tunisien. Toutefois, ce droit demeure toujours spécifique quant aux informations et documents sur lesquels il peut porter puisque ceux-ci sont limitativement énumérés par la loi. Il s'agit des quittances, documents et factures qui se rattachent au paiement des impôts dont ce contribuable est redevable ou encore justifiant l'accomplissement de ses obligations fiscales. Il résulte du caractère limitatif de l'énumération de l'article 8 du code des DPF que le droit de communication, exercé dans cette hypothèse, ne peut pas porter sur d'autres documents. En effet, il est généralement admis qu'en matière fiscale, les textes sont interprétés de manière stricte[808].

b- Le droit de communication spécifique auprès des personnes soumises à l'obligation de tenir une comptabilité

1240- Dans le cadre de l'article 9, le législateur a énuméré de manière précise les personnes auprès desquelles l'administration fiscale exerce son droit de communication. Ce sont les personnes qui sont astreintes à l'obligation de tenir une comptabilité conformément aux dispositions de l'article 62 du code de l'IRPP et de l'IS. Il s'agit, tout d'abord, de toutes les personnes morales, quels que soient leur nature, leur forme juridique et leur objet. Il s'agit ensuite des personnes physiques qui exercent une activité industrielle, commerciale, artisanale, une profession non commerciale ou une activité agricole ou de pêche.

1241- Dans cette hypothèse, si le droit de communication est bien spécifique quant aux personnes à l'égard de qui il s'exerce, il est, plutôt

---

[807] Le code des DPF a énoncé, d'un côté, le droit de communication auprès du contribuable au niveau de la section intitulée « Droit de contrôle fiscal » et notamment des articles 8 et 9, et d'un autre côté, il a consacré au droit de communication auprès des tiers une section intitulée « Droit de communication » et notamment les articles 16, 17 et 18. A ce propos le Professeur ABOUDA précise que « cette distinction sur le plan de la forme ne semble pas avoir un intérêt, l'administration fiscale exerce le même droit de communication aussi bien auprès du contribuable qu'auprès des tiers, ce droit aurait été énoncé au niveau de la même section ». (Ouvrage précité, p. 34).

[808] Cf. MARCHESSOU, ouvrage précité....

général quant aux documents qui font l'objet de ce droit. En effet, le législateur a énuméré d'une manière précise les documents pouvant faire l'objet du droit de communication ; il s'agit de tous les registres, titres et documents ainsi que les programmes, logiciels et applications informatiques utilisées pour l'arrêté des comptes ou pour l'établissement des déclarations fiscales.

2) Le renforcement de l'exercice du droit de communication auprès des tiers

1242- Le droit de communication tire son ampleur des informations recueillies auprès de tiers. Ce dernier « tend à devenir fréquemment un informateur du fisc »[809], comme il pouvait être un auxiliaire passif du fisc[810], par la technique de recoupement où le tiers déclare l'identité du bénéficiaire et les sommes versées. Enfin, le tiers peut être un collaborateur du fisc[811], par le biais des informations qu'il fournisse à l'administration fiscale concernant un contribuable donné, tel que les modalités de livraison et de paiement de marchandises.

1243- Les personnes auprès desquelles le droit de communication peut être exercé sont énumérées par les articles 16 à 18 du code des DPF. La comparaison de cette énumération avec celle qui avait figuré dans l'article 65 (ancien) du code de l'IRPP et de l'IS, fait ressortir une extension de la liste des personnes soumise au droit de communication. Désormais, cette prérogative peur être exercée par le fisc tant à l'égard d'une diversité de personnes privées qu'à l'égard de l'universalité des personnes publiques.

a- La multitude des personnes privées soumises au droit de communication

1244- Avant la promulgation du code des DPF, l'article 65 du code de l'IRPP et de l'IS ne vise pas les personnes privées parmi les tiers énumérés et soumis au droit de communication. Or, il est assez fréquent que l'administration fiscale recoure à des tiers, personnes privées, pour se renseigner sur les transactions effectuées par un contribuable avec ces tiers. A cet effet, elle peut recueillir ces informations par le biais des

[809]Yves PUMONT, Le fisc, le contribuable et le tiers, in Mélange Gaudemet, p. 639.
[810] Ibidem, p. 641.
[811] Ibidem, p. 649.

demandes de renseignements qui ne revêtent aucun caractère contraignant.

1245- La première tentative où le Gouvernement avait proposé l'extension de l'exercice du droit de communication auprès des entreprises privées a échoué. En effet, les députés se sont opposés, lors des discussions du projet de la loi de finances pour l'année 1992, à l'article 65 qui dispose que le droit de communication sera élargi aux entreprises privées. Ils ont conclu que cet article abolit en fait le secret bancaire et portera inéluctablement atteinte à la protection des investisseurs, notamment étrangers. Malgré le plaidoyer du ministre des finances devant les députés qui n'a pas hésiter d'affirmer que la nouvelle disposition relative à l'extension du droit de communication aux entreprises privées « ne concerne nullement le secteur financier» et qu'« elle est placée hors de la mêlée, au dessus de tout soupçon », la méfiances des députés a poussé le Gouvernement à céder et ce dernier a préféré enfin retirer l'article en question[812].

1246- Il faudrait attendre le 1er janvier 2002, date de l'entrée en vigueur du code des DPF pour que, le législateur procède, finalement, à la consolidation des prérogatives de l'administration fiscale en matière d'investigation et de recherche d'informations, en lui étendant l'exercer du droit de communication aux personnes privées. En effet, l'article 16 du code des DPF dispose que « les personnes morales du secteur privé et les personnes physiques, doivent communiquer aux agents de l'administration fiscale, sur demande écrite et pour consultation sur place, les registres, la comptabilité, les factures et les documents qu'ils détiennent dans le cadre de leurs attributions ou dont la tenue leur est prescrite par la législation fiscale ».

1247- Il s'agit, tout d'abord, de toutes les personnes morales agissant dans le cadre du secteur privé, quels que soient leur nature, leur forme juridique et leur objet. Il s'agit ensuite des personnes physiques qui exerçant une activité industrielle, commerciale, artisanale, une profession non commerciale ou une activité agricole ou de pêche. Il en résulte que sont exclues du champ d'application du droit de communication les personnes physiques qui sont soumises à l'IR au titre des catégories de revenus suivantes : Traitements et salaires, Revenus foncier, Revenus de capitaux mobiliers ou de valeurs mobilières, Revenus de source étrangère.

1248- Le droit de communication s'exerce auprès des personnes privées que ce soit physiques ou morales, soumises au régime d'imposition

---

[812] Débats parlementaires JORT n° 20, séance du 20 décembre 1991, p. 30.

réelle ou forfaitaire, afin de recueillir les informations nécessaires. Néanmoins, lorsqu'une personne n'est pas soumise au droit de communication, elle a droit à ne pas répondre à la demande de l'administration fiscale. Mais si elle était induite en erreur en lui faisant croire qu'elle est tenue de répondre, les renseignements obtenus irrégulièrement ne sont pas pris en compte pour le calcul des bases d'impositions[813].

1249- Force est de constater que le droit de communication à l'égard des personnes privées (morales ou physiques) est très large dans la mesure où le législateur tunisien utilise une formule générale et exhaustive, contrairement à son homologue français qui énumère les personnes privées soumises au droit de communication dans le cadre des articles 82 à 96 du LPF[814]. Cependant, si cet élargissement du droit de communication aux personnes privées va dans le sens d'une plus grande efficacité des instruments d'investigation, il est par ailleurs néfaste pour les relations commerciales vu qu'elle envenime dans une large mesure les rapports entre commerçants[815].

b- L'universalité du droit de communication auprès des personnes publiques

1250- Dans ce domaine, L. TROTABAS et J-M. COOTERET soulignent que « le droit de communication établit entre toutes les administrations fiscales et au regard de toutes les administrations publiques et des organismes soumis au contrôle de l'autorité administrative, et même à l'égard de l'autorité judiciaire et en matière d'arbitrage, une pénétration et une sorte de solidarité très favorable aux pouvoirs du fisc »[816]. En effet, le législateur, dans le cadre de l'article 16 du code des DPF, procède à une énumération exhaustive qui couvre tout le secteur public. Il s'agit des « services de l'Etat, les collectivités locales, les établissements et entreprises publics ainsi que les sociétés dont le capital desquelles l'Etat détient directement ou indirectement une participation ».

1251- Il est à noter, que le droit de communication ne concerne que des administrations distinctes[817] même si elles dépendent du même

---

[813] H. AYADI, Droit fiscal, p. 180 ; JCPF, fasc. 310, p. 25.
[814] Hamouda ZAKARIA, Les instruments du contrôle fiscal en matière d'impôt sur le revenu et d'impôt sur les sociétés, Mémoire DEA, faculté de droit et des sciences politiques de Tunis, 2000-2001, p. 31.
[815] Ibidem. P. 31.
[816] Louis TROTABAS et Jean Marie COTTERET, Droit fiscal, p. 34.
[817] CE 22 juin 1989, DF 1989, n° 4, comm. 105.

ministère, tel que l'exercice du droit de communication auprès des services des douanes ou de la direction générale de la participation. En revanche, n'est pas réputé comme un droit de communication, un simple échange de renseignements lorsqu'il s'agit de services différents de l'administration fiscale[818].

1252- Par ailleurs, les documents irrégulièrement obtenus, par quelconque administration n'ont pas d'incidence sur la procédure d'imposition, et ce en se basant sur le principe d'indépendance des procédures[819].

B/ La banalisation du droit de visite, de perquisition et de saisie

1253- Le droit de visite est une notion qui est née en droit privé, plus spécialement en droit pénal. En principe, le droit de visite est une mesure d'instruction reconnue en matière pénale sous l'appellation « perquisition saisie » ; il s'agit d'une technique juridique qui a été mise en scène pour la recherche de la vérité[820]. Son but primordial est la découverte des preuves, notamment, cachées. Cette procédure exceptionnelle en matière pénale, empruntée par l'administration fiscale, est considérée comme étant l'un des moyens auxquels elle a recours dans sa lutte contre la fraude fiscale.

1254- La mise en œuvre de cette prérogative peut se heurter à l'exigence de la protection des libertés privées. En effet, dans un Etat de droit, la liberté individuelle est toujours protégée contre l'arbitraire du pouvoir. Il en résulte que « cette prérogative doit se dérouler dans un cadre légal précis qui concilie l'exercice de ce pouvoir avec le respect de la vie privée du contribuable en limitant son action dans le temps et en réglementant le déroulement »[821]. A cette fin, le professeur, J. MOLINIER rappelle que « la mise en œuvre de telle prérogative ne serait incompatible avec le principe de l'Etat de droit pour autant que l'autorité judiciaire, gardienne de la liberté individuelle, ait la volonté et les moyens d'exercer effectivement le contrôle tant préalable que d'accompagnement »[822].

---

[818] Droit de communication, in JCPF, p. 19.

[819] H. ZAKARIA, mémoire précité, p. 37.

[820] MANSOUR Hédi, Le droit de visite en matière fiscale, Mémoire DEA, Faculté de droit et des sciences politiques de Sousse, 2002, p. 3.

[821] MANSOUR H., mémoire précité, p. 4.

[822] J. MOLINIER, Le premier volet de la réforme des procédures fiscales et douanières, RFFP, n° 17 1997, p. 167.

1255- Depuis longtemps, le législateur tunisien a essayé de bien organiser la matière de visite domiciliaire par des textes, qui visent toujours une conciliation de la pratique de ce droit avec les exigences de la liberté individuelle[823]. Plus récemment, en instituant au profit de l'administration fiscal, par l'article 8 du code des DPF un droit de visite, le législateur a voulu doter le fisc d'un instrument d'investigation lui permettant d'atteindre les deux objectifs suivants :

- Le premier objectif consiste dans la constatation matérielle des éléments relatifs à l'exercice de l'activité commerciale, industrielle ou professionnelle et des registres et documents comptables.

- Le second objectif consiste dans la perquisition et saisie de tous documents et objets prouvant l'exercice d'une activité non déclarée présumant une infraction fiscale.

D'où l'existence de deux variétés de droit de visite : un droit de visite général et droit de visite spécial.

1) Le droit de visite général des locaux professionnels

1256- Ce droit de visite est exercé de manière inopinée, il consiste en la présence des agents de contrôle habilités à visiter, sans avis préalable, les locaux professionnels, magasins ainsi que les entrepôts qui en dépendent et d'une manière générale tous lieux utilisés pour des activités et opérations soumises à l'impôt.

1257- Le législateur n'a pas précisé la qualité des agents habilités à exercer ce droit de visite. Seulement, il ressort des débats parlementaires que ces agents faisaient partie des services extérieurs et centraux de la direction générale chargée du contrôle fiscal, portant une carte professionnelle et rattachée au service territorialement compétent[824].

1258- Ce droit est exercé en vue de :

- s'assurer de l'accomplissement par le contribuable de ses obligations fiscales tels que la souscription et le dépôt des déclarations fiscales prescrites, la facturation et la tenue de comptabilité, sachant que des registres et documents comptables requis varient selon la nature de l'obligation comptable du contribuable (obligation comptable étendue, simplifiée ou réduite). Dans cette hypothèse, les visites ne

---

823 MANSOUR H., mémoire précité, p. 10.

824 Débats de la chambre des députés, JORT du mercredi 26 juillet 2000, n° 39, p. 1902.

nécessitent pas la présentation ou la délivrance d'un ordre de mission préalable. Toutefois, les agents de l'administration fiscale effectuant ces visites doivent présenter au début de la visite leurs cartes professionnelles[825].

- procéder à des constatations matérielles des éléments relatifs à l'exercice de l'activité commerciale, industrielle ou professionnelle, tels que les stocks, les équipements, les marchandises, les biens de production ou d'exploitation, les moyens humains mis en œuvre ainsi que les registres et documents comptables prescrits par la législation fiscale. Dans cette hypothèse, les visites nécessitent un ordre de mission spéciale à cet effet mentionnant l'objet de la visite et les personnes qui en sont chargées et dont une copie est délivrée directement au contribuable ou à son représentant au début de la visite contre récépissé[826].

1259- A cet effet, le contribuable doit communiquer à ces agents, ses quittances, documents et factures relatifs au paiement des impôts exigibles ou justifiant l'accomplissement de ses obligations fiscales et dont il est obligé de tenir en vertu de la législation fiscale, et qui lui sont demandés par lesdits agents dans le cadre de l'exercice de leurs fonctions.

1260- Ces procédures visent à s'assurer de l'exactitude des éléments déclarés en vue de l'établissement de l'impôt et du respect des obligations relatives à la tenue de la comptabilité ou de l'établissement des factures et toutes autres opérations permettant de veiller sur la bonne application de la législation fiscale[827]. Le strict respect de l'objet du droit de visite permet de distinguer cet instrument du droit de vérification et notamment des opérations de vérification fiscale approfondie[828]. En effet, il ressort des dispositions de l'article 8 du code

---

[825] Cf. note commune n° 43/2002, Texte DGI 2002/65, p. 576.

[826] Selon la doctrine, cet ordre de mission qui est la seule formalité susceptible de permettre au contribuable de s'assurer de la régularité de l'opération, constitue une formalité substantielle, dont la méconnaissance pourrait entraîner « la nullité des constatations qui ont été effectuées à cette occasion », Cf. Neila CHAABANE, Le droit de visite, de perquisition et de saisie, RTF n° 8, p. 50.

[827] Débats de la chambre des députés, JORT du mercredi 26 juillet 2000, n° 39, p. 1902.

[828] Avant le 1er janvier 2009, lorsque le juge de l'impôt relève que les résultats d'une vérification fiscale préliminaire reposent sur des informations recueillies par les autorités de contrôle suite à l'exercice du droit de visite sur les lieux du contribuable vérifié, il n'hésite pas à censurer l'arrêté de taxation d'office pour détournement de procédure à travers l'exercice d'une vérification fiscale approfondie déguisée en soutenant que le recours à des visites ne devrait avoir lieu dans le cadre d'une vérification fiscale préliminaire **(Tribunal de première instance de Tunis, Affaire n° 1670, 18 mai 2006 ;**

des DPF, qu'elles excluent toute possibilité d'analyse du contenu des documents comptables, d'études critiques ou comparatives avec des éléments déclarés par le contribuable. De tels agissements constituent des opérations relevant d'une vérification approfondie de la situation fiscale, soumises à des conditions procédurales particulières[829]. Par ailleurs, contrairement au droit comparé, et notamment le droit français[830], l'article 8 précise explicitement que les constatations matérielles ne constituent pas un commencement effectif de la vérification approfondie de la situation fiscale.

2) Le droit de visite et de perquisition dans les locaux soupçonnés

1261- Le législateur a prévu, dans le cadre du même article 8 du code des DPF, un droit de visite spécial dans l'hypothèse où il existe de présomptions d'exercice d'une activité soumise à l'impôt et non déclarée ou de manœuvres de fraude fiscale (tenue d'une double comptabilité, édition ou utilisation de factures falsifiées, établissement ou utilisation de documents, marques ou sceaux falsifiés….). Plus particulièrement ce droit vise à :

- procéder conformément aux dispositions du code de procédure pénale[831] à des visites et des perquisitions dans les locaux soupçonnés dans le but de constater les infractions commises et de recueillir les éléments de preuves y afférents (article 8 § 3). Ces locaux soupçonnés

---

Tribunal de première instance de Tunis, Affaire n° 1861, 6 juillet 2006 ; Tribunal de première instance de l'Ariana, Affaire n° 596/06, 22 février 2007).

Ainsi, afin de permettre à l'administration fiscale de mieux maîtriser l'assiette de l'impôt, et vu l'importance des éléments de l'activité dans la réalisation du chiffre d'affaires, notamment pour les personnes soumises au régime forfaitaire dans la catégorie « Bénéfices industriels et commerciaux » visées par le paragraphe IV de l'article 44 du code de l'impôt sur le revenu des personnes physiques et de l'impôt sur les sociétés, l'article 48 de la loi de finances pour l'année 2010 a prévu qu'**il est également possible de recourir dans le cadre de la vérification préliminaire des déclarations déposées par les personnes susvisées, aux résultats des visites sur place effectuées à cet effet**, conformément aux dispositions de l'article 8 du présent code, et ce dans le but de s'assurer de la concordance entre le chiffre d'affaires déclaré à la réalité de l'activité.

[829] Ces conditions sont régies par les dispositions des articles 38 à 46 du code des DPF.

[830] Cf. A. ABOUDA, ouvrage précité, p. 55.

[831] Il s'agit, notamment, des dispositions de l'article 11 et des articles 93 à 96 du code de procédure pénale, lorsqu'elles ne sont pas contraires aux dispositions du code des DPF relatives notamment à la constatation et à la poursuite des infractions fiscales pénales.

peuvent être aussi bien des locaux professionnels que des maisons d'habitation ainsi que leurs dépendances[832];

- procéder à la saisie de tous documents ou objets prouvant l'exercice d'une activité soumise à l'impôt et non déclarée (marchandises, matières premières, équipements et installations, documents relatifs aux transactions...) ou présumant l'infraction fiscale (tenue d'une double comptabilité, simulation de situations juridiques, falsification de documents, des sceaux ou des marques, manquement aux obligations comptables ou aux obligations relatives à la facturation...) (article 8 § 4).

1262- Il s'avère de la lecture de l'article 8 du code des DPF que ce dernier constitue une extension des prérogatives de l'administration fiscale comparativement au régime en vigueur avant la promulgation du code des DPF. Cette extension se manifeste à travers d'une part, l'assouplissement de la procédure de visite et de perquisition ; et d'autre part, l'élargissement de l'objet de cet instrument d'investigation.

a- L'assouplissement de la procédure de saisie et de perquisition

1263- Avant le 1er janvier 2002, et conformément aux dispositions de l'article 63 III du code de l'IRPP et de l'IS, les agents de l'administration fiscale, dûment habilités, ne peuvent procéder à des visites et perquisitions des locaux soupçonnés, qu'à condition d'avoir recueilli l'autorisation écrite du Procureur de la République. Cette procédure avait paru relativement complexe et difficilement mise en œuvre, puisqu'elle nécessite, inopportunément, assez du temps, elle requiert un formalisme strict et elle encadre l'action de l'administration fiscale par un contrôle externe exercé par le juge.

1264- Afin de décharger le fisc de ces multiples contraintes, le législateur a procédé à une entreprise de simplification en assouplissant de manière excessive, notamment le déclenchement de l'exercice du droit de visite et perquisition. Désormais, aucune autorisation n'est requise pour recourir à cet instrument d'investigation. Et même en application de l'article 14 du code des DPF, les agents de l'administration fiscale peuvent requérir dans l'exercice de leur fonction, et sans aucune autorisation préalable, l'assistance des autorités civiles et des autorités de sûreté.

---

[832] L'article 93 du code de procédure pénale dispose que les perquisitions sont effectuées dans tous les lieux où peuvent se trouver des objets dont la découverte serait utile à la découverte de la vérité.

1265- Les visites et perquisitions peuvent être effectuées soit dans le cadre d'une opération de vérification, soit de manière indépendante. Mais dans tous les cas, la seule formalité requise est la production d'un ordre de mission spécial émanant du directeur du service fiscal territorialement compétent, dont copie est délivrée, contre récépissé, directement au contribuable ou à son représentant au début de la visite.

1266- Néanmoins, les perquisitions sont soumises aux dispositions du code de procédure pénale[833]. Ainsi, selon l'article 95 du code de procédure pénale, les perquisitions domiciliaires ne peuvent être faites avant six heures et après vingt heures et elles relèvent, en application des dispositions de l'article 94 du même code, de la compétence exclusive du juge d'instruction. Néanmoins, le même article prévoit qu'elles peuvent être opérées à titre exceptionnel par :

- les officiers de police judiciaire en cas de crime ou de délit flagrant et ce dans les conditions fixées par le code de procédure pénale ;

- les officiers de la police judiciaire constitués par les juges cantonaux et les officiers, sous-officiers et chefs de poste de la garde nationale délégués par le juge d'instruction ;

- les fonctionnaires en vertu d'un texte spécial, tel par exemple, l'article 8 § 3 du code des DPF qui permet aux agents de l'administration fiscale de procéder à des visites et perquisitions domiciliaires chaque fois qu'il y a une présomption d'exercice d'une activité soumise à l'impôt et non déclarée ou de manœuvres de fraude fiscale[834].

1267- Chaque constatation matérielle ou perquisition dans les locaux soupçonnés effectuée sur la base des dispositions de l'article 8 susvisé, est clôturée par l'établissement d'un procès-verbal conformément aux dispositions des articles 71 et 72 du code des DPF, relatant le déroulement de l'opération et les constatations matérielles effectuées

---

[833] Débats de la chambre des députés, JORT du mercredi 26 juillet 2000, n° 39, p. 1902.

[834] La perquisition domiciliaire se fait sur la base de ce texte spécial conformément aux dispositions de l'article 94 alinéa 3 du code des procédures pénales. Il en résulte que les agents de l'administration n'ont pas besoin d'une intervention extérieure pour procéder à la perquisition dans la mesure où ils sont habilités conformément aux dispositions de l'article 94 d code des procédures pénales. C'est précisément la position de l'administration fiscale, exprimée à travers la réponse du ministre des finances. Ce dernier a considéré qu'un local soupçonné, même si c'est le domicile du contribuable, peut être perquisitionné car c'est le contribuable qui par ses agissements lui a ôté son caractère de lieu d'habitation et en a fait un local susceptible d'être visité (Débats de la chambre des députés, JORT du mercredi 26 juillet 2000, n° 39, p. 1902).

avec description détaillée des objets et documents saisis. Une copie du procès-verbal est délivrée au contribuable ou à son représentant contre récépissé.

b- L'élargissement de l'objet de visite et perquisition

1268- Si l'article 63 II (ancien) du code de l'IRPP et de l'IS n'avait visé expressément que les visites et les perquisitions à l'intérieur du local de la personne soupçonnée, le nouveau texte inséré au code des DPF aurait bien dissipé toute ambiguïté en affirmant clairement la possibilité, en outre, de procéder à une saisie. « Désormais, les agents de l'administration fiscale peuvent au cours des perquisitions procéder à la saisie non seulement des documents mais aussi, et cela a été ajouté au cours des débats, à des objets »[835]. En effet, selon les termes de l'article 63 II (ancien) du code de l'IRPP et de l'IS, la présomption de fraude, qui justifie la visite des locaux soupçonnés, ne découle que du défaut de souscription de déclarations, et par conséquent les pièces susceptibles d'être saisies sont en principe uniquement des documents.

1269- Cependant, le nouveau code a élargi d'une manière considérable les pièces à saisir. La saisie concerne dores et déjà « tous documents ou objets ». Les documents sont généralement ceux relatifs à l'exercice d'une activité et qui sont d'ordre comptable (factures, livre d'inventaire, livre-journal…). Quant aux objets, ils sont tellement larges qu'ils laissent une marge d'appréciation assez importante aux agents du fisc.

1270- Ce procédé est donc subordonné à la seule conviction personnelle de l'agent, qui a la compétence exclusive de saisir tout ce qu'il voit nécessaire, chaque fois qu'il soupçonne la fraude fiscale. Il en résulte que la saisie est basée sur un critère purement subjectif puisqu'il s'agit de la libre appréciation de l'agent de l'administration fiscale.

§2) L'aménagement des prérogatives administrative en matière de vérification

1271- L'aménagement des prérogatives de l'administration fiscale en matière de vérification vise le renforcement du droit de vérification **(A)** et la reconduction des droits de renseignement, d'éclaircissement et de justification **(B)**.

---

[835] Neila CHAABANE, article précité, p. 62.

A/ Le renforcement du droit de vérification

1272- Pour appréhender l'orientation législative dans le sens du renforcement du droit de vérification, nous allons, tout d'abord, examiner les caractéristiques et l'évolution du droit de vérification. Ensuite nous aborderons le nouveau contenu de ce droit.

1273- Le droit de vérification consiste dans le pouvoir attribué par le législateur au profit de l'administration fiscale de vérifier l'accomplissement par le contribuable de ses différentes obligations et de s'assurer de la sincérité et de l'exactitude des déclarations par lui souscrites[836], en la confrontant à des éléments extérieurs. Le droit de vérification de l'administration fiscal est prévu dans les articles 36 à 46 du code des DPF. Ce droit de vérification est la manifestation la plus parfaite du droit de contrôle visé par les articles 5 et suivants du code des DPF. Ce dernier est considéré comme une prérogative générale de l'administration fiscale[837].

1274- Plus particulièrement, les procédures de vérification constituent un moyen essentiel du contrôle fiscal grâce à l'étendue des investigation qu'elles autorisent, c'est pour cette raison que leur mise en œuvre est très encadrée par un ensemble de garanties accordées aux contribuables vérifiés. L'entrée en vigueur du code des DPF, à compter du 1er janvier 2002, a permis de réaliser les deux objectifs suivants : En premier lieu, ce code a unifié les procédures de la vérification fiscale. Désormais, une seule procédure de vérification est applicable pour l'ensemble des impôts, droits et taxes au profit de l'Etat, y compris les droits et taxes au profit des fonds spéciaux du trésor ou au titre de la taxe sur les établissements à caractère industriel, commercial ou professionnel, et la taxe hôtelière[838]. En second lieu, ce code a consacré la légalisation des

---

[836] Cf. R. MOUZON, le contrôle fiscal des sociétés, LITEC, Paris 1990, p. 3.

[837] Cf. Abdelmajid ABOUDA, Code des droits et des procédures fiscaux : Contrôle, contentieux et sanction ; Publication IORT 2001, p. 31.

[838] Sont toutefois exclus du champ d'application du code des DPF, les droits et taxes au profits des collectivités locales ainsi que les droits de douanes et autres droits, impôts et taxes perçus à l'importation dont notamment :

- les droits, taxes et redevances des douanes ;
- la taxe sur la valeur ajoutée due à l'importation ;
- les droits de consommation dus à l'importation ;
- les avances au titre de l'impôt sur le revenu et de l'impôt sur les sociétés dues à l'importation des biens de consommation.

Pour plus de précision sur le champ d'application du code des DPF, voir Note commune n° 19/2002, Texte DGI 2002/32, DGI 173 : Commentaire des dispositions de la loi n° 2000-82 du 9 août 2000 portant promulgation du code des droits et procédures fiscaux.

règles qui régissaient la procédure de vérification fiscale et qui étaient insérées initialement dans le cadre de la charte du contribuable.

1275- Il constitue donc, à cet égard, un acquis appréciable dans le sens d'une consolidation certaine du principe de la légalité de l'impôt, puisque désormais, les pouvoirs de l'administration fiscale sont limités par les dispositions dudit code, alors qu'avant, il ne s'agissait qu'une autolimitation par des normes créées par l'administration fiscale elle-même et insérées dans le cadre de la charte du contribuable.

1276- L'article 36 du code des DPF, prévoit que la vérification fiscale peut prendre, soit la forme d'une vérification préliminaire des déclarations, actes et écrits, soit une vérification approfondie de la situation fiscale. Chacune de ces deux formes de vérification est soumise à une procédure spécifique.

1) La vérification préliminaire des déclarations, des actes et écrits

1276- La vérification préliminaire s'effectue sur la base des déclarations, actes et écrits déposés par le contribuable et autres documents ou renseignements dont dispose l'administration fiscale[839]. Cette dernière ne peut, dans le cadre de cette vérification et pour les besoins de celle-ci, demander la communication de la comptabilité tenue par le contribuable. Cependant, elle peut toujours, selon la doctrine

---

[839] L'article 48 de la loi de finances pour l'année 2010, en ajoutant un paragraphe premier à l'article 37 du code des droits et des procédures fiscales, a clarifié le sens voulu par le législateur des termes controversés: **« documents et renseignements dont disposent les services fiscaux »**. Ce texte semble bien consacrer l'interprétation avancée par le tribunal administratif[839] en précisant que ces termes couvrent : **notamment ceux contenus dans les déclarations et documents déposés par les tiers** en application de la législation fiscale en vigueur ou communiqués à l'administration fiscale dans le cadre de l'application des dispositions des articles 16 et 18 du présent code. Cependant il est exigé que la demande d'informations, dans le cadre de l'article 16 précité, doit être générale et ne pas viser spécialement une ou plusieurs personnes.
Etant donné que cette clarification législative est précédée par **l'expression « notamment », on pourrait conclure qu'elle n'a qu'une valeur indicative** et a priori, la possibilité reste ouverte au service de contrôle pour l'usage et l'exploitation, dans le cadre de la vérification fiscale préliminaire, tout autre document ou renseignement dont il pourra disposer. Cependant, l'apport le plus important consiste à préciser que l'exploitation desdits documents ou renseignements est subordonné à l'exigence qu'ils **doivent revêtir un caractère général et ne concernent pas spécialement le contribuable faisant l'objet de la vérification préliminaire.**

administrative[840], lui demander, par écrit, des renseignements, éclaircissements ou justifications concernant sa situation fiscale ou des états détaillés de son patrimoine et des éléments de son train de vie[841].

1277- La vérification préliminaire peut porter sur un ou plusieurs impôts et sur une ou plusieurs déclarations et ce dans la limite des délais de prescription. Elle s'effectue généralement sur place, dans les bureaux de l'administration et plus exactement au niveau du bureau de contrôle des impôts chargé de la gestion du dossier du contribuable. Le déclenchement de cette vérification n'est pas subordonné à l'information préalable du contribuable concerné. L'exercice de cette forme de vérification par les autorités de contrôle ne fait pas obstacle à la possibilité de procéder ultérieurement à une vérification approfondie de la situation fiscale du contribuable au titre des mêmes impôts et de la même période sur lesquels a porté la vérification préliminaire[842].

2) La vérification approfondie de la situation fiscale

1278- La vérification approfondie de la situation fiscale s'effectue sur la base de la comptabilité lorsqu'elle existe (comptabilité conforme à la législation comptable des entreprises ; comptabilité simplifiée ou registre de comptabilisation des recettes et des dépenses) et des documents, renseignements et présomptions de fait ou de droit. Sachant que pour le contribuable soumis à l'obligation de tenue de comptabilité,

---

[840] Cf. Note commune n° 20/2002, Texte DGI 2002/33, DGI 189 : Commentaire des dispositions des articles 36 à 46 du code des DPF relatives aux procédures de la vérification fiscale.

[841] Afin de consolider les garanties du contribuable dans le cadre des opérations de vérification fiscale préliminaire, le législateur a introduit une nouvelle exigence procédurale qui incombe aux services de contrôle fiscal. La loi de finances pour l'année 2010 a ainsi institué la nouvelle **procédure préalable** suivante :

- l'administration fiscale doit, dans le cadre des opérations de vérification fiscale préliminaire, demander par écrit des renseignements, éclaircissements ou justifications concernant l'opération de vérification.
- Le contribuable est tenu de répondre par écrit à cette demande dans un délai de dix jours à compter de la date de sa notification.

Cette mesure vise à éclairer les services fiscaux sur la réalité de la situation du contribuable et lui permet d'éviter d'introduire des redressements non justifiés, compte tenu des éléments de preuves et de justifications dont dispose le contribuable.

En outre, dès lors que l'objectif visé est la protection du contribuable, toute omission de cette formalité préalable pourrait entraîner la nullité de la procédure toute entière et des redressements qui en résultent.

[842] Ibidem., p. 194.

cette vérification n'exclut pas le recours aux présomptions de droit ou de fait et à tout autre moyen de preuve pouvant être admis à cet effet.

1279- La vérification approfondie peut porter sur toute la situation fiscale du contribuable, c'est-à-dire tous les impôts dont il est redevable et non prescrits comme elle peut porter sur une partie de cette situation, c'est-à-dire un ou plusieurs impôts ou une ou plusieurs périodes. Elle se déroule pour les particuliers dans les bureaux de l'administration fiscale. Par contre pour les entreprises, elle a lieu dans leurs locaux ; toutefois, cette vérification peut se dérouler dans les bureaux de l'administration fiscale sur la base d'une demande écrite du contribuable ou à l'initiative de l'administration fiscale en cas de nécessité.

1280- Les agents de l'administration fiscale peuvent demander des renseignements, éclaircissements ou justifications en rapport avec la vérification. Ils peuvent, également, visiter, soit les locaux professionnels déclarés afin de procéder à des constatations matérielles des éléments relatifs à l'exercice de l'activité commerciale, industrielles ou professionnelles (stocks, moyens de production ou d'exploitation et nombre d'employés) ; soit les locaux soupçonnés d'être exploités à des fins professionnelles et non déclarés et ce en vue de constater les infractions fiscales commises et de recueillir les éléments de preuve y afférents.

1281- En outre, afin de surmonter certaines difficultés d'ordre technique, ces agents peuvent, dans le cadre de la vérification approfondie, se faire assister par les agents de l'Etat et des établissements publics ou par des experts privés non concurrents au contribuable ; telle que l'assistance par des experts en informatique, en comptabilité, dans les domaines des finances, de l'immobilier, de production des hydrocarbures ou dans le secteur des assurances, etc...[843].

1282- Sous le régime de la charte du contribuable, la durée de déroulement de la vérification ne peut s'étendre sur une période supérieure à quatre mois à partir de la date du commencement effectif de la vérification. Toutefois, et dans certains cas exceptionnels, cette période peut être prorogée pour une durée limitée et le contribuable en sera informé par écrit.

1283- L'expérience a montré que cette période de quatre mois est assez brève et constitue dans la pratique une contrainte importante pesant sur

---

[843] Le recours à l'assistance des agents ou des experts sus-cités est subordonné à l'obtention d'une habilitation spéciale par le Ministre des Finances ou par la personne déléguée par le Ministre des Finances.

les autorités de contrôle. A cet égard le juge de l'impôt n'hésite pas à déclarer que la procédure est viciée chaque fois que le contribuable vérifié apporte la preuve que l'opération de vérification a bien débordé la période de quatre mois. Il en résulte que le renforcement du pouvoir de vérification devrait passer nécessairement par l'affranchissement de l'administration fiscale de cette contrainte du temps, qui n'était en fait, que la résultante de son œuvre d'autolimitation.

1284- C'est ainsi que le code des DPF a aménagé la durée de déroulement de la vérification approfondie dans l'objectif de procurer à l'autorité de contrôle le laps de temps nécessaire lui permettant d'accomplir sa mission. L'article 40 apporte donc les précisions suivantes, quant à la nouvelle durée de la vérification :

- elle est de six mois lorsque la vérification approfondie revêt la forme d'une vérification de comptabilité. Il en est ainsi, lorsque le contribuable vérifié est astreint à la tenue d'une comptabilité conforme à la législation fiscale, quelle que soit la nature de son obligation comptable (obligation comptable étendue ou simplifiée) ;

- elle est d'une année dans tous les autres cas et qui concernent notamment :

* le défaut de tenue de comptabilité ;

* la tenue d'une comptabilité non conforme aux prescriptions de la législation fiscale (comptabilité irrégulière, non appuyée de justificatifs ou comportant d'importantes violations aux principes et normes comptables en application) ;

* la réalisation de revenus ou bénéfices dont la détermination n'est pas subordonnée à la tenue d'une comptabilité.

1285- En outre, l'article 40 ajoute que pour le calcul de la durée effective de la vérification approfondie, ne sont pas pris en compte :

- les périodes d'interruption de la vérification ayant fait l'objet de correspondance entre le contribuable et l'administration fiscale [844];

- le retard constaté pour répondre aux correspondances de l'administration fiscale relatives aux demandes de renseignements, d'éclaircissements ou de justifications portant sur la situation fiscale du contribuable.

---

[844] L'administration fiscale peut interrompre la vérification approfondie sur demande écrite et motivée du contribuable ou à son initiative et ce pour une durée maximale de 60 jours.

1286- La vérification approfondie a, dans la plupart des cas, un caractère définitif pour les impôts et les périodes sur lesquels elle a porté. En effet, conformément aux dispositions de l'article 38 alinéa 2 du code des DPF, lorsque l'administration fiscale procède à une vérification approfondie, il lui est interdit de la renouveler eu égard au même impôt et au titre de la même période vérifiée. La jurisprudence veille au respect du principe de l'interdiction des vérifications successives[845].

1287- Toutefois, ce principe n'est pas absolu puisqu'il est admis que la vérification approfondie peut être reprise exceptionnellement et dans les limites des délais de prescription. Il s'agit des deux possibilités suivantes offertes à l'administration fiscale : Tout d'abord, en vertu de l'article 46 I du code des DPF, l'administration fiscale peut réviser les résultats de la vérification en procédant à des réductions ou à des rehaussements, et ce pour réparer les erreurs matérielles relatives à l'imposition ou lorsqu'elle dispose de renseignements touchant à l'assiette ou à la liquidation de l'impôt et dont elle n'a pas eu connaissance durant la vérification initiale. Ensuite, l'article 38 du code des DPF admet de sa part la possibilité de reprendre la vérification approfondie en procédant à une nouvelle vérification du même impôt et pour la même période, lorsqu'elle dispose de renseignements touchant à l'assiette et à la liquidation de l'impôt et dont elle n'a pas eu connaissance précédemment.

1288- Ces dérogations introduites par le code des DPF constituent certainement une manifestation remarquable de l'extension des prérogatives de l'administration fiscale en matière d'investigation. Elles ont été difficilement accueillies par la jurisprudence[846], tout en suscitant la désapprobation de la doctrine[847].

---

[845] Voir à titre d'exemple, Tr. De première instance de Sfax, requête n° 177 du 22 octobre 2003.

[846] Il a été jugé que les vérifications successives peuvent générer une pression psychologique chez le contribuable qui peut avoir l'impression d'être un condamné (Tr. De première instance de Sfax du 15 juillet 2002.

[847] Nous pouvons citer à titre d'exemple Mr Raouf YAICH : « Elle est donc de nature à perpétrer l'insécurité du contribuable et sa crainte d'être exposé à un nouveau dérangement, voire à l'arbitraire » ; in Intervention lors du congrès de l'ordre des experts comptables de Tunisie, RCF, n° 18, octobre 1992, p. 99.

Mr Néji BACCOUCHE : « La loi donne à l'administration le pouvoir de prendre unilatéralement la décision de rehausser le montant d'une taxation annulée ou modifiée par le juge du fond, le législateur est allé loin puisque cette prérogative, sans égal en droit comparé, à notre connaissance, peut conduire à remettre en cause des décisions de justice et à instaurer un contrôle fiscal continu et pratiquement interminable » ; in De la nécessité du contrôle fiscal, RTF, n° 1, 2004, p. 25.

B/ La reconduction des demandes de renseignements, d'éclaircissement et de justification

1290- Il s'agit d'une prérogative générale qui est annoncée par l'article 6 du code des DPF. En effet, l'administration fiscale peut, dans le cadre de sa mission de contrôle ou de vérification, demander tous renseignements, éclaircissements ou justifications concernant la situation du contribuable.

1) Les demandes de renseignements

1291- Le droit de renseignements permet à l'administration fiscale d'obtenir des informations auprès des contribuables ou des tiers. Elles peuvent être formulées d'une manière verbale ou écrite. A ce titre, les demandes de renseignement portent sur tous les éléments relatifs à la situation fiscale du contribuable, telle que, par exemple, la réalisation d'une opération ou d'un marché non déclaré, le patrimoine du contribuable ou les éléments de son train de vie, sur sa situation familiale ou sur la concordance des informations et éléments portés sur une ou plusieurs déclarations, comme la régression de son chiffre d'affaires, d'une proportion importante, d'une année à l'autre[848].

1292- Toutefois, lorsque ce droit est exercé dans le cadre d'une vérification de la situation fiscale des personnes physiques, les renseignements que l'administration pourrait demander sont énoncés d'une manière plus précise par l'article 7 du code des DPF. Il s'agit des états détaillés des patrimoines de ces personnes, des éléments de leur train de vie visés aux articles 42 et 43 du code de l'IRPP et de l'IS.

1293- Notons que l'exercice de cette prérogative, dans ce domaine, n'est pas nécessairement lié par le déclenchement d'une vérification approfondie. Elle rentre dans le cadre des informations générales qui sont demandées par l'administration afin de dresser un bilan préliminaire sur le contenu des déclarations spontanées du contribuable. Elle contribue donc à permettre la sélection des dossiers et la

---

Selon Mr Oualid GADHOUM, « Jugé dangereux et portant atteinte à la sécurité du contribuable et à l'Etat de droit, l'article 46 du code des DPF doit être abrogé » ; in La vérification de la comptabilité en Tunisie », RTF, n° 8, p. 96.

[848] Débats de la chambre des députés, Journal Officiel de la République Tunisienne, mercredi 26 juillet 2000, n° 39, p. 1899.

programmation de leur vérification. Sur cette base, les autorités de contrôle fiscal peuvent avoir recours à cette procédure dans le cadre du suivi et du contrôle ordinaire des déclarations fiscales ou dans le but de vérifier la concordance et l'exactitude des déclarations déposées auprès d'elles. Il en résulte que ces procédures rentrent dans le cadre de la mission ordinaire du fisc[849].

1294- Dans la pratique, l'administration fiscale n'hésite pas à utiliser ce droit pour recueillir toutes informations utiles auprès du contribuable ou de tiers. Cette pratique n'a pas été infirmée par le juge de l'impôt qui considère, à son tour, que le droit de renseignement fait partie du droit d'investigation générale de l'administration fiscale qui peut être utilisé par l'autorité de contrôle, même en l'absence d'un texte légal express[850].

1295- Dans le but de rendre cet élargissement plus effectif et de doter l'administration fiscale d'un instrument énergique, d'une part, le législateur a prévu l'obligation pour les destinataires de ce droit, contribuables ou tiers, d'y répondre[851], et d'autre part, il a entouré l'exercice de ce droit d'un certain formalisme.

1296- Tout, d'abord, l'obligation de répondre aux demandes de renseignements est prévue pour les deux cas suivants: Le premier cas, peut être qualifié de général, il concerne toutes les demandes de renseignements et les significations notifiées par l'administration fiscale aux contribuables ou aux tiers. L'article 11 du code des DPF dispose que ceux-ci sont tenus de répondre, par écrit, et ce , dans un délai de trente jours à compter de la notification de la demande ou de la signification. Le second cas, peut être qualifié de spécial, il ne concerne que les demandes écrites de renseignements qui sont en rapport avec la vérification approfondie. La procédure est donc régit par l'article 41 du code des DPF ; le contribuable doit y répondre par écrit, et ce dans un délai de dix jours à compter de la notification ou de la remise directe des demandes de l'administration fiscale. Ce délai est porté à quinze jours

---

[849] Cf. Débats de la chambre des députés, JORT, séance du mercredi 26 juillet 2000, n° 39,p. 1900.

[850] Ainsi, l'administration fiscale peut recueillir des informations auprès des clients du contribuable (T. Ad. 4 décembre 1995, Req. n° 1347, 1348, 1349) ; elle peut également demander des renseignements auprès de l'office des céréales pour connaître les quantités de farines acquises (T. Ad. 2 juillet 2001 req. n° 32500, Ahmed Salah Elgammoudi c/ Direction générale du contrôle fiscal).

[851] Il est à noter, qu'en droit français, malgré la généralité des termes de l'article L10 du LPF, la doctrine considère que les demandes de renseignements, qu'elles soient écrites ou verbales, n'obligent nullement l'intéressé à répondre ; son refus ne peut entraîner ni des conséquences sur la procédure de redressement ni des sanctions. Voir J.J. BIENVENU, Droit fiscal, PUF, Paris 1987, p. 119 ; P. CLIN, La vérification fiscale, Ed. Economica, Paris 1979, p. 9 ; J.M. SAUVE, chronique, RJF 1981, n° 9, p. 392.

dans le cas où la production des renseignements demandés nécessite l'obtention d'informations auprès d'une entreprise établie à l'étranger et ayant un lien avec l'entreprise à qui la demande a été adressée.

1297- Ensuite, l'article 10 du code des DPF prévoit que les demandes et significations de l'administration fiscale devant recevoir une réponse dans un délai déterminé, peuvent être notifiées au moyen de ses agents, des huissiers-notaires, des porteurs de contraintes ou par lettre recommandée avec accusée de réception. Cette notification doit respecter les formalités prévues par les dispositions du code de procédure civile et commerciale[852].

1298- Il est à noter, par ailleurs, que si le législateur n'a prévu ni l'application d'une sanction ni des conséquences procédurales à l'égard du défaut de réponses aux demandes de renseignements revêtant un caractère général (le premier cas), tel n'est pas le cas pour le non respect de l'obligation de réponse à une demande de renseignement présentée par l'administration fiscale dans le cadre d'une vérification approfondie. En effet, d'une part, le retard dans la réponse à cette demande n'est pas pris en compte pour le calcul de la durée de vérification ; et d'autre part, le défaut de réponse dans ce même cadre entraîne la notification de redressement sur la base de renseignements dont dispose l'administration.

2) Les demandes d'éclaircissements et de justifications

1299- Les demandes d'éclaircissements ou de justifications ne peuvent s'exercer que dans le cadre du droit de vérification de l'administration fiscale[853] et, contrairement aux demandes de renseignements, elles ne peuvent être présentées qu'auprès des contribuables et jamais auprès d'un tiers[854]. A cet, égard, cet instrument de contrôle fiscal permet à l'administration d'obtenir la justification et la preuve des éléments et des énonciations déclarés ou détenus par les contribuables.

1300- Ces demandes portent sur tout élément de la déclaration du contribuable, des actes, mutations, factures et documents. Par ces demandes l'administration fiscale tend à obtenir des explications sur

---

[852] Voir les articles 6, 7, 8 et 9 du code de procédure civile et commerciale.

[853] Concernant les demandes d'éclaircissement et de justification dans le cadre d'une vérification préliminaire, voir plus haut la note n° 844..

[854] J. P. CASIMIR, Le livre annoté des procédures fiscales, la Villeguérin, 1996, p. 24.

certaines anomalies ou encore sur des discordances entre, d'un côté, les énonciations portées par le contribuable sur les déclarations ou documents et d'un autre côté, les informations ou les renseignements détenus par l'administration. Il y a lieu de préciser en ce sens, que les termes employés par le code des DPF sont généraux puisque cet instrument peut être utilisé pour l'ensemble des impôts et taxes entrant dans le champ d'application de ce code. La procédure dans ce domaine a également fait l'objet d'une unification, sachant que sous l'ancien régime, il est prévu le recours à cet instrument dans le cadre du code de l'IRPP et de l'IS (l'article 64), et ce pour les impôts directs, la TVA et taxes assimilées, et dans le cadre du code des droits d'enregistrement et de timbre (l'article 77) en matière de droit d'enregistrement et de timbre.

1301- Les demandes de justifications doivent indiquer explicitement les points sur lesquels elles portent. La précision de la réponse du contribuable se mesure à la précision de la question posée par l'autorité du contrôle[855]. Comme en matière de demande de renseignements, le contribuable est dans l'obligation de répondre par écrit à la demande d'éclaircissements ou de justifications, chaque fois que cette dernière lui a été notifiée au moyen des agents de l'administration fiscale, des huissiers-notaires, des porteurs de contraintes ou par lettre recommandée avec accusé de réception ; et suivant les formalités prévues par le code de procédure civile et commerciale. Cette réponse doit donc intervenir dans un délai de dix jours, et ce à compter de la date de la notification ou de la remise directe de la demande de l'administration fiscale. Ce délai est porté à quinze jours dans le cas où la production des justifications demandées nécessite l'obtention d'informations auprès d'une entreprise établie à l'étranger et ayant un lien avec l'entreprise à qui la demande a été adressée (article 41 du code des DPF).

SECTION II

L'ETENDUE DU POUVOIR DE L'ADMINISTRATION FISCALE

1302- Le rôle de l'Administration ne consisterait-il pas à appliquer strictement la loi et seule une compétence liée devrait lui être attribuée ? Le caractère d'ordre public des lois fiscales a toujours été proclamé par

[855] J.J. BIENVENU, ouvrage précité, p. 119.

la jurisprudence[856]. De même, en s'appuyant sur le principe de la légalité de l'impôt, la cour de cassation française rappelle qu'« aucun impôt soit direct, soit indirect ne peut être augmenté, diminuer ou modifier qu'en vertu d'une loi »[857].

1303- En principe, l'application de cette règle permet d'éluder tout risque d'arbitraire de la part des autorités administratives. Elle contribue également à maintenir la moralité du système fiscal. En effet, il est toujours indispensable que le contribuable n'acquière pas l'impression lorsqu'il traite avec l'Administration, qu'il peut échapper, totalement ou artificiellement, à la taxation grâce à son influence ou à son habileté.

1304- Cependant, dans la mesure où la législation financière fait partie du droit public, les fonctionnaire du fisc possèdent normalement des prérogatives qui appartiennent à tout agent de l'Administration : c'est-à-dire le pouvoir de décision exécutoire et l'action d'office.. Plus particulièrement, en matière fiscale, l'autorité administrative apparaît comme étant dotée de pouvoirs plus étendus et comme disposant aussi d'une plus grande souplesse d'action[858] **(§1)**.

1305- En plus, dans l'exercice de l'ensemble de ses prérogatives, il est certain que l'administration fiscale jouisse d'une part non négligeable de « discrétionnarité » **(§ 2)**.

§ 1) La justification des prérogatives de l'Administration

1306- Il est indéniable de constater que la forme et l'étendue des prérogatives du fisc varient proportionnellement avec le poids du prélèvement fiscal. En effet, l'accroissement de la pression fiscale, qui constitue l'une des caractéristiques de notre époque, ne fait qu'augmenter la tentation des contribuables à frauder le fisc, en même temps qu'ils avaient acquis les moyens de le faire puisqu'ils établissent eux-mêmes leurs déclarations. La réaction logique de l'Administration fut d'obtenir, du législateur, un accroissement qualitatif et quantitatif de

---

[856] Cf. Cass. Civ (fr.) 13 mars 1895, Dreyjus Frères c. Enregistrement, S. 1895. I. 465 : « La perception des impôts intéresse essentiellement l'ordre public, elle ne peut donc être la matière d'un contrat ni par suite d'une transaction ». Dans le même sens, Cass. Civ. (fr.) 16 juin 1950, de Scey c. Enregistrement, JCP 1950. J. 5659. : « L'Administration n'a pas le droit, la perception de l'impôt intéressant l'ordre public, de renoncer à en poursuivre le recouvrement, lorsque son exigibilité est certaine ».

[857] Cass. Civ (fr.) 12 mai 1862, S. 1862. I. 540.

[858] Cf. Gilbert TIXIER, Les prérogatives de l'autorité administrative en matière fiscale ; RSF, 1958, p. 113.

ses armes juridiques. Ces prérogatives, qui dénotent une intensification de l'action de la puissance publique, présentent, généralement, les trois caractéristiques suivantes :

1307- En premier lieu, toute prérogative du fisc trouve son fondement dans une loi. Il s'agit d'une exigence fondamentale dictée par l'impératif du respect du principe de la légalité de l'impôt. Ainsi, afin de protéger le contribuable contre le pouvoir arbitraire, l'action de l'administration fiscale dans le cadre de sa mission de contrôle est minutieusement encadrée par la légalité. Tel est le cas par exemple, des modalités d'exercice du droit de communication qui sont régies par les dispositions de l'article 16 du code des droits et procédures fiscaux (DPF). Il en est de même de l'exercice du droit de visite et de perquisition, dont les conditions sont prévues par l'article 8 du même code.

1308- En deuxième lieu, ces prérogatives constituent des ingérences graves dans l'activité des contribuables. C'est en particulier le cas de la fouille d'un voyageur lors du passage de la douane ou la visite et perquisition dans les lieux d'habitations. De même, ces pouvoirs exorbitants portent atteinte au principe du « secret des affaires », dans l'hypothèse de l'exercice d'un droit de communication ayant une étendue assez large. Néanmoins, cette atteinte est tempérée par le fait que les agents du fisc sont eux-mêmes tenus au respect du secret professionnel. Enfin, ces prérogatives peuvent même consister en des mesures d'interdiction provisoire d'exercer une profession dans le cas de plainte déposée par le fisc contre un contribuable. Cependant, l'autorité administrative demeure toujours limitée, dans l'exercice de ses prérogatives, par le respect de la légalité. L'objectif ici est de réaliser une conciliation entre la nécessité du contrôle fiscal, qui vise la lutte contre la fraude fiscale, et la protection des libertés individuelles, qui sont constitutionnellement garanties.

1309- Enfin, ces prérogatives doivent être distinguées du privilège du Trésor qui sous réserve de ses particularités, est le type même des privilèges prévus par le code des obligations et des contrats et assure le premier rang à la créance du Trésor.

§ 2) La jouissance d'un pouvoir discrétionnaire dans l'exercice des prérogatives administratives

1310- Lorsque l'on retient le principe de la légalité de l'impôts dans sa rigueur la plus extrême, tel qu'il est exprimé par l'article 14 de la déclaration des Droits de l'Homme et du citoyen du 26 août 1789, on peut être tenté de dire qu'il ne pouvait pas y avoir de pouvoir discrétionnaire en droit fiscal au motif que ce dernier est un droit étroit, de sorte qu'on pourrait lui transposer l'adage du droit pénal « fiscalia sunt restingenda »[859]. En effet la jurisprudence, tant française que tunisienne, parle de dispositions « d'interprétation littérale »[860] et juge que « les textes fiscaux sont d'interprétation stricte »[861]. On a pu déduire de ceci que le libre choix de l'administration sera en toutes hypothèses très limité, tout au plus une interprétation sera-t-elle possible de sa part dans les cas d'insuffisance manifeste de la législation. Hormis ces cas, il ne devrait pas y avoir ajout à la légalité.

1311- L Dès lors, « l'utilisation du pouvoir fiscal doit être strictement réglementée pour éviter les abus et il est normal que ce soit le législateur et lui seul, qui ait la possibilité d'en fixer l'étendue »[862]. Cependant, en dépit de l'importance du principe de la légalité de l'impôt, la doctrine la plus récente n'a pas manqué de dégager l'existence d'un véritable « pouvoir discrétionnaire fiscal »[863].

A/ Le contenu du pouvoir discrétionnaire de l'administration fiscal

1312- Dans sa mission d'application de la loi fiscale, l'administration fiscale pourrait être en mesure de jouir d'une latitude de pouvoir véritablement discrétionnaire. Cette possibilité se manifeste, en particulier, à l'occasion de la mise en œuvre de ses prérogatives en matière de contrôle fiscal. Dans la mise en œuvre de l'ensemble des instruments de contrôle dont dispose l'administration fiscale, cette

---

[859] Cette opinion est notamment défendue par les auteurs classiques : voir : Ch. Eisenmann, Cours précité, p. 420 et s. ; P. Pacellier, De l'interprétation des lois d'enregistrement, 2ème édition, t. I, n° 22 ; L. Trotabas, Le principe de l'interprétation littérale des lois fiscales, Recueil d'études en l'honneur de Fr. Gény, t. 3, p. 101du même auteur, Droit fiscal, précité Dalloz 1973, p 323-327, § 231.

[860] Cass. Civ. 5 juillet 1960 Boussereau c/Adm. De l'Enreg. des Domaines et du Timbre, Bull. Civ. III, p. 254, n° 274.

[861] Cass. Civ 15 février 1943, Adm. Douanes c/Cie Française cables télégraphiques, Sir. 1944, I.53, note Rousseau ; Rev. Sc. Lég. Fin. 1946, p. 228, note M. Chrétien.

[862] P-M. GAUDEMET « Cours de Finances Publiques », Cours du droit, Paris 1969, p. 531.

[863] Cf. Jean-Claude RICCI « Le pouvoir discrétionnaire de l'administration fiscale », Thèse Aix-Marseille 1975, p. 17 et s.. Selon cet auteur, « le pouvoir discrétionnaire en droit fiscal ne peut être que le même, conceptuellement, que le pouvoir discrétionnaire du droit commun, spécialement du droit administratif ». Cependant, « cette identité dans la définition n'exclut pas une très grande disparité des rôles joués par ce pouvoir selon le droit dans lequel on l'étudie » p. 33.

dernière dispose, incontestablement, d'une part non négligeable de « discrétionnarité ».

1) Pouvoir discrétionnaire et droit de communication

1313- L'expérience française, dans ce domaine, montre que l'attitude du juge est presque systématiquement favorable à la reconnaissance d'un pouvoir discrétionnaire fiscal, dans la mesure où il interprète toute imprécision légale dans le sens le moins contraignant pour l'administration. Tout silence de la réglementation juridique sera considéré comme n'instituant pas pour le fisc de règles juridiquement obligatoires. Selon le juge de l'impôt, l'imprécision légale est ici synonyme de liberté de manœuvre de l'administration. A cet égard, le commissaire de gouvernement Schmeltz rappelle que la jurisprudence du Conseil d'Etat a « toujours reconnu la plus grande étendue » aux dispositions des articles 1487 et 1491 du CGI destinées à faciliter l'exercice par l'administration de son droit de communication[864].

1314- Cette attitude trouve sa parfaite illustration dans la position du juge administratif qui considère que le droit de communication comme étant d'application absolument générale, même dans le cas où il s'agit d'activité manifestement soustraites par la loi à l'exercice d'une telle prérogative[865]. C'est également du même ordre de considération que procède la jurisprudence suivant laquelle l'irrégularité entachant la procédure du droit de communication, lorsque les renseignements sont obtenus d'un tiers, ne vicie pas celle-ci[866]. Mais c'est principalement dans deux directions que le pouvoir discrétionnaire s'est développé en matière de droit de communication : le secret professionnel et le refus de communication[867].

2) Pouvoir discrétionnaire et droit de vérification

1315- L'exercice du droit de vérification est enfermé dans des limites beaucoup plus étroites que celles qui cantonnent l'exercice du droit de

---

[864] Schmeltz, conclusion sur CE 8ème s-sect., 15 mai 1968, req. n° 69440, DF 1969, n° 8, comm. 294, p. 15.
[865] CE 10 juillet 1964, Chronique Lalumière, Rev. Sc. Fin. 1965, p. 830
[866] CE 13 juillet 1963, req. n° 58561 et 58563, DF 1963, n° 49, comm. 1166.
[867] Voir RICCI, thèse précitée, p. 133 et s.

communication. En effet, dans ce domaine, les intérêts du contribuable sont beaucoup mieux protégés qu'ils ne l'étaient dans le cadre du droit de communication. On serait donc tenté de conclure qu'en cette matière le pouvoir discrétionnaire pouvait être extrêmement réduit, sinon inexistant.

1316- La pratique jurisprudentielle française ne confirme pas totalement ces impressions : certes lorsque la réglementation est très précise, le juge manifeste une certaine rigidité du statut du contribuable et par suite une plus grande protection de celui-ci. En revanche, dès qu'il y a imprécision l'attitude change radicalement. Le juge estime alors que le droit de vérification constitue un ensemble fortement légiféré qui, lorsque fait défaut cette réglementation, doit être interprété comme entraînant une libération à peu près complète de l'administration.

1317 On assiste ainsi, comme le souligne RICCI, « à l'édification d'un « système » du droit de la vérification dont les parties non ou imprécisément légiférée sont presque systématiquement considérées comme conférant au fisc un pouvoir discrétionnaire »[868]. Il en résulte que dans ce domaine le pouvoir discrétionnaire de l'Administration peut se manifester aussi bien lors du déclenchement de l'opération de vérification qu'au cours de son déroulement[869].

a- Le déclenchement de la vérification:

1318- En vertu de l'article 38 du Code des DPF la vérification approfondie de la situation fiscale porte sur tout ou partie de la situation fiscale du contribuable ; elle s'effectue sur la base de la comptabilité pour le contribuable soumis à l'obligation de tenue de comptabilité et dans tous les cas sur la base de renseignements, de documents ou de présomptions de fait ou de droit. Le code traite donc du contenu du droit de vérification sans arrêter des normes qui sont susceptibles de lier les autorités du contrôle pour la mise en œuvre de ce droit.

1319- Lors du débat parlementaire, la question a été posée de savoir quels sont les critères retenus par l'administration pour effectuer la vérification approfondie et sur qu'elle base les autorités de contrôle choisissent-elles les dossiers à vérifier ? La réponse du ministre des finances était la suivante : « la programmation des opérations de vérifications approfondies se fait sur la base de critères objectifs, tels

---

[868] RICCI, thèse précitée, p. 143.

[869] Cf. Walid GADHOUM, Les pouvoirs de l'administration dans le cadre de la vérification fiscale approfondie ; in Colloque régional organisé par la cour d'Appel de Sfax: Le code des droits et des procédures fiscaux, du 9/02/2001 (en arabe).

que : la situation du contribuable à l'égard de l'obligation déclarative, l'importance du crédit de l'impôt déclaré et sa permanence, l'incohérence des données figurant sur les déclarations fiscales, la disposition de renseignements qui prouvent une insuffisance dans les éléments déclarés et la date de la dernière période concernée par la vérification approfondie et sa rentabilité »[870].

1320- Il semble que l'administration fiscale a choisi de s'autolimiter pour éviter tout risque d'action arbitraire dans ce domaine. Or l'égalité des contribuables devant l'impôt, qui est un principe de valeur constitutionnelle, ne peut être véritablement préservée que si la programmation des opérations de vérifications se base sur des critères objectifs et formalisés dans une norme générale et obligatoire. A cet égard, comme le souligne A. BARILARI, « la sélection des dossiers, à soumettre au contrôle externe obéit à plusieurs exigences dont les principales sont les suivantes : une répartition des contrôles équilibrée selon les tissus géographiques et socio-professionnels ; les fréquences d'interventions voisines à chiffres d'affaires ou à revenus comparables, etc… »[871].

1321- De même, pour éviter tout choix arbitraire, il doit être formalisé que la décision de procéder à une vérification approfondie incombe à un fonctionnaire d'autorité, et non à l'agent qui procédera ensuite à l'opération de vérification. On insiste bien que « ce mécanisme protège le contribuable et aussi le vérificateur qui n'est pas responsable du choix des personnes vérifiées et ne peut donc être taxé de partialité »[872].

b- Le déroulement de l'opération de vérification

1322- Normalement le déroulement de la vérification approfondie est limité dans le temps. La durée effective maximale de la vérification approfondie de la situation fiscale est fixée par l'article 40 du code des DPF à six mois lorsque la vérification s'effectue sur la base d'une comptabilité tenue conformément à la législation en vigueur et une année dans les autres cas.

1323- Toutefois, l'article 38 du même code ouvre à l'Administration la possibilité de procéder à une nouvelle vérification approfondie du même impôt et pour la même période, c'est-à-dire proroger pratiquement le

---

[870] Débats parlementaires de la chambre des députés n° 39, séance du mercredi 26/07/2000, p. 1923.
[871] A. BARILARI, Les pouvoirs de contrôle de l'administration fiscale et les garanties des contribuables vérifiés, Revue française des finances publiques 1984, n° 5, p. 90.
[872] A. BARILARI, article précité, p. 91.

délai de la première vérification au delà de la période initiale de six mois ou d'une année, et ce lorsqu'elle dispose de renseignements touchant à l'assiette et à la liquidation de l'impôt et dont elle n'a pas eu connaissance précédemment.

1324- En cas de redressement, les nouvelles bases d'impositions peuvent être fixées, notamment, sur la base des présomptions de fait ou de droit. Elles sont généralement retenues, en toute discrétion, par les autorités du contrôle. A cet égard, il est rappelé dans les travaux préparatoires que « Concernant les méthodes retenues pour l'établissement de l'assiette de l'impôt, en l'absence de comptabilité, à l'occasion d'une vérification approfondie, elles se base sur des indices spécifiques à chaque secteur ou profession qui sont fixés sur la base des études sectorielles qui ont été retenues par l'administration ou approuvé par les tribunaux, il en est ainsi, par exemple, le taux moyen de la marge brute ou nette ou le chiffre d'affaires sur la base de la rotation des stocks ou l'importance des salaires ou des achats»[873].

1325- Mais, si l'administration dispose d'une large liberté dans la recherche des éléments constituant des présomptions, le choix et l'application des présomptions connaissent une double réserve ; la première consiste dans le fait que les présomptions doivent être réelles, précises, sérieuses et concordantes[874] ; la seconde se situe au niveau des bases qui doivent être fixées à un montant se rapprochant autant que possible de la réalité[875].

---

[873] Débats parlementaires de la chambre des députés n° 39, séance du mercredi 26/07/2000, p. 1923.

[874] Si l'administration fiscale a recours à des présomptions, celles-ci devraient être sérieuses et concordantes. T. Ad. 18 février 1982, req. n° 158; T. Ad. 6 mai 1982, req. n° 146; T. Ad. 14 juillet 1983, req. n° 183, Rec. p. 234; T. Ad. 10 mai 1993, req. n° 1055). A cet égard, le Tribunal Administratif a sanctionné le recours à certaines présomptions considérées comme non concordantes et non probantes. Il en est ainsi, lorsque l'administration détermine les quantités d'huile produites par une huilerie en se référant aux livres d'autres huileries (T. Ad. 24 novembre 1983, req. n° 193).Dans un autre arrêt le juge a censuré la décision de la commission qui n'a pas exercé son pouvoir d'appréciation sur le sérieux des présomptions retenues par l'administration pour imposer un ébéniste qui, selon elle, fabrique annuellement 12 chambres à coucher au prix de 850 D l'une sans aucune autre justification (T. Ad. 26 mai 1983, req. n° 183). L'administration doit faire connaître au contribuable, comme au juge de l'impôt, la nature de l'activité objet de l'imposition ainsi que la méthode adoptée et les calculs effectués pour déterminer les bases d'impositions, afin de permettre au contribuable de les discuter (T. Ad. 18 février 1982, req. n° 128 Rec. p. 27).

[875] A. ABOUDA, ouvrage précité, p. 173.

3) Pouvoir discrétionnaire et demande de justification et d'éclaircissement

1326- Il y a une très grande imprécision légale sur le sens à donner aux expressions « demande d'éclaircissements » et « demande de justifications » ce qui aura pour conséquence inéluctable une divergence entre les positions administratives et jurisprudentielles.

1327- Ainsi s'ouvre grâce à l'imprécision légale, un vaste champ pour l'administration qui pourra, à loisir, exiger en fait de justifications de véritables preuves ou se contenter de justifications proprement dite. En interprétant dans le sens le plus contraignant pour le contribuable le mot justification, le juge attribue donc un pouvoir discrétionnaire à l'administration en cette matière.

4) Pouvoir discrétionnaire et droit de visite

1328- Dans le cadre du droit de visite prévu par l'article 8 du code des DPF, le législateur offre aux agents du fisc un moyen exceptionnel de contrôle fiscal, en les autorisant à procéder à des visites sur le champ et qui peuvent dépasser les locaux professionnels du contribuable pour atteindre même ses lieux privés, en vue de rechercher les infractions à la législation fiscale. Il en résulte que l'administration fiscale a le droit d'agir en toute souveraineté, il s'agit d'une compétence propre à ses agents dûment habilités et qui ont la qualité pour prendre la décision de procéder à telle visite, en toute liberté. Aucune restriction n'est apportée à ce pouvoir discrétionnaire de l'administration fiscale, hormis le respect des conditions du déroulement de la visite. L'autorité du contrôle est le seul maître de l'acte, de son moment et de son lieu.

1329- Aussi, « l'article 8 du code des DPF accorde à l'administration fiscale un pouvoir d'appréciation unilatéral et absolu pour déclencher des perquisitions. L'administration fiscale est seule à décider soit pour effectuer une perquisition dans les locaux professionnels, soit pour effectuer des perquisitions domiciliaires »[876]. Il n'est même pas besoin de l'intervention d'un juge en ce domaine pour apprécier l'opportunité de l'opération. Ce pouvoir discrétionnaire est renforcé par l'absence de

[876] Neila CHAABANNE, article précité, p. 53.

l'information préalable du contribuable et la généralité du domaine de l'ordre de missions prévues par l'article 8 du code des DPF[877].

B/ Le risque de transformation du pouvoir administratif discrétionnaire en un pouvoir arbitraire

1330- Tous les auteurs s'accordent sur la nécessité de distinguer entre le pouvoir discrétionnaire et le pouvoir arbitraire. En effet, selon Michoud « le pouvoir arbitraire serait, pour une autorité, le pouvoir d'agir suivant sa volonté personnelle, suivant son caprice ou son humeur ». Un tel pouvoir a ainsi comme caractéristique essentielle de n'être pas juridique puisqu'il est par définition la négation du droit entendu comme système normatif. En revanche, « le pouvoir discrétionnaire en diffère en ce que, s'il n'est soumis à aucune limitation légale particulière, il reste lié par la règle générale des services publiques qui est de n'agir qu'en vue de l'intérêt général »[878]. Néanmoins, en dépit de leur différence de nature les deux catégories de pouvoir ont ceci de commun : ils dérivent de l'idée de liberté d'action, d'une totale liberté dans le premier cas, d'une certaine liberté dans le second.

1331- Il est à noter à cet égard, que le principe de la légalité fiscale s'impose toujours à l'administration même dans l'hypothèse où celle-ci jouit de prérogatives discrétionnaires. En effet, cette « discrétionnarité » ne prend nullement sa source dans l'action ou la règle administrative, lesquelles sont nécessairement subordonnées à l'ensemble des normes que la jurisprudence assimile à la loi ou place au-dessus du pouvoir réglementaire. Cependant, comme le souligne clairement RICCI, cela n'empêche pas le surgissement d'un pouvoir arbitraire dans la mesure où certaines circonstances excluent toute possibilité d'intervention du juge[879].

1332- Le risque d'arbitraire peut réapparaître par deux voies dans la mesure où un très grand nombre de procédés sont offerts à l'administration fiscale d'une manière alternative : choix du mode de taxation et conséquence à tirer de ce choix. C'est-à-dire que le fisc est très souvent dans ce secteur intermédiaire, placé devant une alternative sans que le choix de l'un ou l'autre terme de celle-ci lui soit fourni

---

[877] Cf. MANSOUR Hédi., Le droit de visite en matière fiscale, mémoire DEA, Faculté de droit et des sciences politiques de Sousse 2002, p. 50 et s.
[878] L. Michoud, Etude sur le pouvoir discrétionnaire de l'administration, Rev. Gén. D'Adm. 1914, III. 16.
[879] RICCI, thèse précitée, p. 221.

concernant les éléments à prendre en considération pour effectuer ce choix.

1) Choix du mode de la taxation

1333- En application de l'article 47 du code des droits et procédures fiscaux, lorsqu'un contribuable n'a pas souscrit de déclaration il peut faire l'objet d'une taxation d'office. Néanmoins, rien ne s'oppose, en fait, à ce que le fisc ne taxe pas d'office et cela pour toutes raisons, dont l'une pourrait s'appeler le bon plaisir.

1334- Le cas de la taxation d'office n'est pas le seul. Il en va de même pour l'utilisation d'autres prérogatives de l'administration, telle que le recours aux évaluations forfaitaires du revenu imposable soit sur la base des éléments de train de vie soit selon les dépenses personnelles ostensibles et notoires ou selon l'accroissement du patrimoine, conformément aux articles 42 et 43 du code de l'IRPP et de l'IS[880].

2) Conséquences du mode de taxation d'office

1335- Il est parfaitement loisible à l'administration, en toute illégalité, d'infliger à une catégorie de contribuables le mode de taxation idoine sans l'assortir des majorations ou amendes qui lui sont indissolublement attachées par les dispositions du code dont il est fait application, ou bien décider à appliquer à une autre catégorie une taxation beaucoup plus lourde corrélée ou non à ces mêmes sanctions. En effet, les mécanismes du contrôle contentieux, actuellement en vigueur, rendent hautement improbable la sanction d'un tel abus.

* * * *

L'étendue des prérogatives de l'administration fiscale, marquées par une part non négligeable de « discrétionnarité », a tendance, dans la pratique, à se dégénérer en un véritable pouvoir arbitraire. Corrélée à

---

[880] Certains soutiennent que ces deux articles offrent à l'administration fiscale une arme très énergique, de manière que si elle décide de les appliquer à n'importe quel contribuable, il y aura de forte chance qu'il sera taxé d'office. Ils constituent donc une menace sérieuse contre les contribuables, laissée à la discrétion totale de l'administration, à l'image de « l'épée de Damoclès ».

une tendance législative en faveur de la consolidation de ces prérogatives, cette dérive constitue certainement un risque majeur susceptible de porter atteinte au principe de la légalité de l'impôt, principe sensé protéger le contribuable contre tout pouvoir fiscal abusif et arbitraire qui se manifeste notamment au niveau de l'application de la norme fiscale.

CHAPITRE II

L'INSUFFISANCE DES GARANTIES DU CONTRIBUABLE DANS LE CADRE DU CONTROLE FISCAL

1338- Le sujet des garanties du contribuable se pose avec acuité en matière de contrôle fiscal et ce, vu les prérogatives exceptionnelles dont bénéficie l'administration fiscale dans le cadre de l'exercice de ses fonctions de contrôle et de taxation d'office ainsi que les privilèges spéciaux institués au profit de l'Etat en matière de recouvrement de ses créances, tels que la solidarité, la compensation et le privilège du trésor.

1339- En effet, si le fait d'octroyer des prérogatives importantes au profit de l'administration fiscale ne devrait pas être considéré, en soi, comme un phénomène incompatible avec le respect de la légalité fiscale, encore faut il que ces prérogatives soient conciliées avec l'impératif de la protection du contribuable en instituant à son profits certaines garanties fondamentales.

1340- Or sur ce point, malgré les progrès réalisés par la législation tunisienne, il semble que notre système fiscal est encore assez loin pour atteindre cet objectif. Pis encore, sur certaines questions ayant trait aux garanties du contribuable, nous enregistrons même quelques régressions dans la nouvelle législation en vigueur, comparativement à son état antérieur. Ainsi, en dépit des multiples tentatives législatives visant l'amélioration de la protection du contribuable **(SECTION II)**, ce dernier souffre toujours d'un déficit de garanties face aux prérogatives exorbitantes attribuées à l'administration fiscale **(SECTION I)**.

SECTION I

L'INSUFFISANCE DES GARANTIES FACE AUX PREROGATIVES ADMINISTRATIVES

1341- Les prérogatives importantes que la loi a dotée l'administration fiscale à l'occasion de l'exercice de son pouvoir d'investigation, n'ont pas été toujours contrebalancées par des garanties efficaces au profit du contribuable. Ainsi contrairement aux exigences du principe de la légalité de l'impôt, le contribuable tunisien demeure insuffisamment protégé contre le pouvoir de contrôle du fisc. Plus concrètement, ce déficit en matière de garanties du contribuable se situe au niveau du caractère limité du droit à l'information (**§ 1**), et au niveau de l'insuffisance de la protection des libertés individuelles (**§ 2**).

§ 1) Les limites du droit à l'information

1342- Le droit à l'information revêt deux objectifs : la diffusion de connaissances fiscales qui s'inscrit dans le cadre de l'éducation sociale au grand public[881]. A cet effet, plusieurs moyens peuvent être mis en œuvre pour atteindre cet objectif : tels que par exemple, les dépliants d'informations fiscales, les guides, les programmes télévisés ou radiodiffusés, les campagnes publicitaires, etc... Le second objectif du même droit vise, plus particulièrement, à faire connaître l'action de l'administration, notamment celle qui pourrait porter atteinte à certaines libertés, constitutionnellement garanties au profit du contribuable

1343- Par ailleurs, la réussite du système fiscal dépend, dans une étroite mesure, de l'adhésion des contribuables à celui-ci. Or pour atteindre certainement cet objectif, les autorités fiscales doivent nécessairement améliorer davantage les relations entre le fisc et les contribuables, c'est-à-dire qu'il est indispensable d'établir une ambiance de confiance entre les deux parties pour les rapprocher et former ainsi l'esprit civique et fiscal des contribuables. Sur ce point on enregistre une régression fâcheuse opérée par la réforme récente de la procédure fiscale.

A/ Une œuvre inachevée en vue de l'amélioration des relations entre l'administration et le citoyen

1344- Le cloisonnement entre les administrateurs et les administrés est incompatible avec une gestion publique moderne qui exige l'ouverture de l'administration sur ses usagers. L'écoute des contribuables, le « sourire », la clarté du jargon utilisé, la diffusion de l'information, etc... sont parmi les moyens servant à faire inculquer dans l'esprit des contribuables la nécessité de respecter l'ensemble du système fiscal[882].

1345- En Tunisie, l'amélioration des relations entre l'Administration en générale et le citoyen constitue une préoccupation majeure des pouvoirs

---

[881] EL BOUKRI Abdallah, L'information du contribuable en matière fiscale à l'IGR : cas des professions libérales, Revue de la science de l'information, février 1997, Rabat-Maroc, p. 147.
[882] EL BOUKRI Abdallah, article précité.

publics depuis quelques années[883]. En effet, la mise à niveau de l'administration va de paire avec la mise à niveau de l'économie. A cet effet, nombre de mesures ont été prises dans le sens de l'amélioration des relations de l'administration avec les administrés. Néanmoins, comparativement aux mesures entreprises dans les principaux pays développés, tel le cas de la France, l'œuvre réformatrice tunisienne demeure encore inachevée.

1346- Les premières mesures remontent à 1988 avec notamment la création des cellules d'action sociale et des relations publiques[884] et le développement du Système d'Information et de Communication Administrative (SICAD)[885]. Au début des années 1990 et particulièrement en 1993, cette action administrative a bénéficié d'un regain d'intérêt concrétisé par l'établissement de mécanismes ayant permis, d'une part de parachever le dispositif existant : c'est le cas des Bureaux des relations avec le citoyen (B.R.C.)[886], la soumission du système SICAD à un cadre réglementaire[887], et la continuation de l'œuvre de simplification des procédures et circuits administratifs[888] etc. Ces mécanismes ont d'autre part créé de nouvelles formules, tels que le médiateur administratif[889], l'équipe du citoyen superviseur[890] , les cellules de renseignement administratif au niveau des ministères[891]. Bien évidemment, toute ces structures et mesures qui concernent plus généralement les relations entre le citoyen et l'administration publique, peuvent également concerner le

---

[883] C'est le VIIIème plan de développement économique et social qui a mis en exergue le rôle particulier assigné à l'action de la réforme administrative (Voir Plan Tome I, p. 164). Néanmoins, le souci d'amélioration des relations de l'administration avec ses usagers est en réalité plus ancien. Nous pouvons trouver ses traces dans le Vème Plan (1982-1986).

[884] Voir circulaire n° 13 du 8 février 1989 sur la création au niveau des ministères des cellules de l'action sociale et des relations publiques (en arabe).

[885] Voir les circulaires n° 90 du 14 décembre 1988 relative au développement du système SICAD et celle n° 31 du 26 mai 1989 sur le même système (en arabe).

[886] Voir décret n° 93-1549 du 26 juillet 1993 portant création des B.R.C. modifié dans son article 4 par le décret n° 93-2398 du 29 novembre 1993. Voir aussi la circulaire du Premier ministre n° 60 du 23 août 1993 relative au B.R.C. (en arabe) et celle n° 101 du 30 décembre 1993 portant amélioration des attributions du Bureau Central des Relations avec le Citoyen (en arabe).

[887] Voir décret n° 93-1180 du 13 septembre 1993 relatif au système SICAD de même sa circulaire d'application n° 87 du 24 novembre 1993.

[888] Voir notamment la circulaire n° 59 de 1991 (en arabe).

[889] Voir la loi n° 93-51 du 31 mai 1993 relative aux services du médiateur administratif et le décret n° 92-2143 du 13 septembre 1992 portant création de la fonction de médiateur administratif.

[890] Voir la loi n° 93-147 du 18 janvier 1993 portant création de l'équipe de citoyen superviseur, l'arrêté du Premier ministre du 7 avril 1993 et la circulaire n° 9 du 26 janvier 1993 (en arabe).

[891] Voir la circulaire n° 14 du 16 mars 1993 portant création au niveau des ministères des cellules de renseignement administratif (en arabe). Notons toutefois, que ces cellules font partie intégrante des bureaux des relations avec le citoyen.

rapport des contribuables à l'administration fiscale[892]. Plus récemment il a été annoncé[893] la création de la fonction de "Médiateur fiscal" chargé d'examiner les requêtes individuelles émanant des contribuables assujettis ainsi qu'un centre d'information fiscale à distance, chargé d'orienter les personnes assujetties, via le téléphone, dans une première étape, et via Internet, dans une étape ultérieure.

1347- Toutefois, l'ensemble de ces mesures, malgré leur importance, ne consacre pas parfaitement l'amélioration des relations entre l'administration fiscale et le contribuable, plus particulièrement, au niveau de l'accès de ce dernier aux documents administratifs. Dans ce domaine, le législateur s'est abstenu, jusqu'à ce jour, d'intervenir et le contribuable tunisien, contrairement à son homologue français, ne jouissait sur ce plan d'aucun droit opposable à l'administration fiscale.

B/ La remise en cause de la charte du contribuable

1349- Les procédures fiscales, tellement caractérisées par leur technicité et leur complexité, échappent le plus souvent aux contribuables, généralement profanes en matière fiscale. C'est pour cette raison qu'un effort d'information et de pédagogie est indispensable, afin de vulgariser, au profit du contribuable, les mécanismes de contrôle fiscal. En effet, parmi les objectifs escomptés du droit du contribuable à l'information, c'est de lui faciliter l'accès au droit. A cet effet, la procédure de la remise d'une charte au contribuable, résumant ses droits et ses obligations à l'occasion d'une opération de contrôle, s'est avérée assez commode et efficace, tant en Tunisie dans le passé, qu'en droit comparé, où cette institution est toujours en vigueur.

1350- Avant la promulgation du code des DPF, le législateur tunisien a proposé comme moyen d'information efficace à destination de l'ensemble des contribuables : l'institution par l'article 63 III du code de l'IRPP et de l'IS de la charte du contribuable fixant les droits et obligations conformément à la législation en vigueur. En application de ce texte, l'administration fiscale a mis en circulation une brochure intitulée « charte du contribuable » dont la philosophie est centrée sur

---

[892] Plus particulièrement en matière fiscale, une réforme est actuellement en gestation et qui est prévue pour l'année 2010 qui vise la dynamisation du rôle des centres de gestion agréé ainsi que la mise en place de l'institution d'un médiateur fiscal.

[893] A l'occasion d'un conseil ministériel, tenu le 23 juin 2010, qui a été consacré au suivi de la mise en oeuvre du Programme présidentiel pour les cinq prochaines années concernant le volet "une politique financière efficiente et une fiscalité équitable".

les garanties offertes au contribuable à tous les stades de la procédure de vérification, et présente également les diverses voies de recours.

1351- Dans le but de donner à ce dernier un caractère plus solennel, l'article 47 de la loi de finances pour la gestion 1991 avait rendu opposables à l'administration fiscale les énonciations figurant dans cette charte. Précisément, selon le professeur H. AYADI, cette obligation mise à la charge de l'administration fiscale « s'inscrit dans le cadre du nouveau droit : droit à l'information de l'administré. Elle traduit en outre un objectif de la réforme fiscale entreprise en 1988 et 1989 : l'amélioration des rapports entre le contribuable et l'administration »[894].

1352- L'institution, sous l'ancien régime, d'une « charte du contribuable » avait comblé parfaitement l'absence d'un véritable code de procédure fiscale qui est sensé fixer minutieusement les droits et les obligations du contribuable et de décrire les différentes étapes des procédures de contrôle et de contentieux.

1353- Il est regrettable que la promulgation de la nouvelle législation en Tunisie, en matière des droits et des obligations du contribuable, se soit accompagnée par l'abrogation de la charte du contribuable. Ceci constitue, sans aucun doute, une atteinte flagrante aux droits et garanties du contribuable. En ce sens, un auteur souligne, à juste titre, qu' « en général, les modifications législatives dans un Etat qui prône la suprématie du droit doivent donner le plus de garanties et non ôter le contribuable de ce qu'il a déjà acquis »[895].

1354- Pour perfectionner les garanties du contribuable, notamment dans le sens de la consolidation de son droit à l'information, il est indispensable de ressusciter la formule de la charte du contribuable et ce, à l'instar du droit comparé. En effet, il n'y aurait aucune contradiction entre l'insertion des différentes procédures de contrôle et de contentieux dans le cadre du code des DPF, et la présentation de ces mêmes procédures de manière didactique dans un document pédagogique qui sera obligatoirement remis à tout contribuable vérifié[896].

---

[894] H. AYADI, ouvrage précité, n° 377, p. 185.

[895] H. ZAKARIA, mémoire précité, p. 83.

[896] Il est à noter que suite à la promulgation du code des DPF, le ministère des finances avait publié en 2002 une brochure intitulée « Le guide du contribuable : les procédures de contrôle et de contentieux fiscal ». Cette brochure semble étroitement inspirée de son ancêtre « la charte du contribuable » puisqu'elle relate didactiquement l'ensemble des procédures dans le sens d'une vulgarisation du contenu du code des DPF. Seulement ce document n'avait pas été officialisé par l'introduction d'une disposition au sein de ce

1355- Plus particulièrement, l'expérience française nous fournit la preuve de la conformité et l'harmonie entre les garanties annoncées au sein du livre des procédures fiscales et celles qui sont décrites dans « la charte des droits et des obligations du contribuable vérifié » qui a réussi à coexister avec ledit livre des procédures fiscales.

§ 2) L'insuffisance de la protection des libertés individuelles

1357- On entend par liberté individuelle « le droit reconnu à chaque individu d'organiser sa vie comme il l'entend »[897]. C'est cette définition extensive qui a été adoptée par le conseil constitutionnel français à maintes reprises. En effet, d'après sa décision du 29 décembre 1983[898], la liberté individuelle touche tous les éléments de la vie privée. Elle présente plusieurs aspects dont, notamment le secret de la vie privée et l'inviolabilité du domicile. La notion de vie privée est, à son tour, définie par le professeur RIVERO comme « la reconnaissance au profit de chacun d'une zone d'activité qui lui est propre et qu'il est maître d'interdire à autrui »[899].

1358- En Tunisie le respect de la vie privée et des libertés individuelles est garanti par la constitution. En effet, d'une part, il est prévu dans son article 7 que « les citoyens exercent la plénitude de leur droit dans les formes et conditions prévues par la loi. L'exercice de ces droits ne peut être limité que par une loi prise pour la protection des droit d'autrui, le respect de l'ordre public, la défense nationale, le développement de l'économie et le progrès social » ; d'autre part, l'article 9 de la même constitution, dans sa dernière version issue de la révision du 1er juin 2002, dispose que « l'inviolabilité du domicile, le secret de la correspondance et la protection des données personnelles sont garantis, sauf dans les cas exceptionnels prévus par la loi ». Il en résulte que les termes mêmes de la constitution autorisent une possible dérogation à ces libertés par l'intervention de dispositions législatives expresses qui sont prises dans l'intérêt de la protection d'autrui ou la sauvegarde de l'intérêt général.

---

code , prévoyant sa remise obligatoire à tout contribuable vérifié et l'opposabilité de son contenu à l'administration fiscale.

[897] Cf. F. LUCHAIRE, Le fisc, la liberté individuelle et la constitution, Etudes de Finances Publiques, Economica, p. 604.

[898] Voir Loïc PHILIP, décisions du conseil constitutionnel, AJDA, 20 février 1984, pp. 97-104.

[899] J. RIVERO, Les libertés publiques, Tome 2, Les régimes de principales libertés, PUF 1989, p. 76.

1359- Or, il est indiscutable que la fraude fiscale constitue une atteinte aux intérêts financiers du trésor public, et corrélativement, elle transgresse le principe d'égalité de tous les citoyens devant l'impôt. C'est pour cette raison que le conseil constitutionnel français décide que « l'exercice des libertés et des droits individuels ne saurait en rien excuser la fraude fiscale ni en entraver la légitime répression »[900]. Toutefois, dans un système qui consacre littéralement le principe de la légalité de l'impôt, il est indispensable de veiller au respect strict d'un équilibre entre la légitimité de la répression de la fraude fiscale et le respect des libertés individuelles. En effet, « la nécessité de répression ne légitime pas davantage, l'atteinte aux droits fondamentaux et les détournements de procédures »[901].

1360- Il semble que cet équilibre a été bafoué par la législation fiscale tunisienne puisque l'aménagement au profit des autorités fiscales d'instruments de contrôle énergiques, tels que le droit de communication et le droit de visite, risque d'avoir pour effet de transgresser les liberté individuelles et l'intimité de la vie privée des contribuables.

A/ L'insuffisance de la protection du secret professionnel

1361- L'exercice des pouvoirs de contrôle fiscal implique, inéluctablement, l'indiscrétion de certaines informations qui relèvent soit du secret de la vie individuelle soit du secret professionnel, à ne pas divulguer. De ce fait, le contrôle fiscal constitue une véritable atteinte à la vie privée, laquelle se définit comme étant « la sphère de chaque existence dans laquelle nul ne peut s'immiscer sans y être convié »[902]. Plus particulièrement, en matière fiscale, l'exercice par l'administration fiscale de ses pouvoirs d'investigation et de collecte des informations et renseignements risque de porter atteinte au secret professionnel du contribuable. On note qu'en ce domaine, le souci d'efficacité du contrôle l'a bien emporté sur la protection escomptée en matière fiscale.

---

[900] C.C. décision n° 83-164 DC du 23 décembre 1983.

[901] A VIALA, Le point sur les visites domiciliaires perquisitions en matière fiscale et en droit de la concurrence, GP 1989, 1, p. 126.

[902] Cf. Jesn Rivéro, Les libertés publiques. 2- Le régime des principales libertés, PUF, 1989, p. 76.

1) La portée du secret professionnel

1362- Le législateur fiscal n'a donné aucune définition spécifique de la notion de secret professionnel, tout en se référant à la même notion prévue par l'article 254 du code pénal[903] qui énumère, à titre indicatif, les personnes soumises à l'obligation de non divulgation du secret professionnel. «Le secret professionnel tend uniquement à prévenir la divulgation d'informations à caractère strictement personnel ... ou la divulgation de tout ce que les intéressés entendent garder secret »[904]. Il « évoque avant tout le devoir de silence du confident : ...silence imposé par les règles juridiques du secret professionnel »[905].

1363- D'une manière générale, « le secret n'existe qu'en fonction de la qualité professionnelle du confident »[906]. En effet, la loi pénale ne protège pas le secret, mais le secret professionnel, c'est-à-dire les secrets confiés à certaines personnes en raison de leur état ou profession. C'est donc le qualificatif « professionnel » qui est réputé le critère le plus déterminant d'une part, pour définir la notion de secret professionnel et d'autre part, pour distinguer cette notion des autres notions voisines[907].

1367- La soumission à la règle du secret professionnel ne doit pas reposer sur une simple présomption. Il faut au contraire, qu'il existe une disposition légale expresse conférant à une catégorie de personnes la qualité de « confidents nécessaires »[908].

1368- Ainsi, il y a tout d'abord un texte général qui a déterminé les personnes soumises au secret professionnel. C'est l'article 254 du code pénal qui dispose que : « Les médecins, chirurgiens et autres officiers de santé, ainsi que les pharmaciens, les sages-femmes et toutes autres

---

903 L'article 102 du code des DPF prévoit que « les sanctions prévues par l'article 254 du code pénal s'appliquent à tout contrevenant à l'obligation du respect du secret professionnel ».

904 Cf. Yves Brard, Que reste-t-il du secret professionnel opposable au fisc ?, DF, 1991, n° 23, p. 960.

905 Mireille Delmas Marty, A propos du secret professionnel, Dalloz 1982, p. 267.

906 M. D. MARTY , A propos du secret professionnel, Dalloz 1982, p. 268.

907 CHIHI Badreddine, Le secret professionnel et le droit de communication du fisc au sens du code des droit et procédures fiscaux, Mémoire DEA, faculté de droit et des sciences politiques de Tunis, 2000-2001, p. 3.

908 En ce sens la cour de cassation Belge dans un arrêt rendu le 25 octobre 1978 a précisé dans l'un de ses considérants que « ni la nature des fonctions exercées par les banquiers, ni aucune disposition légale ne conférant à ceux-ci la qualité de personnes tenues au secret professionnel au sens de l'article 458 du code pénal », cité par Dassesse M., Minne P., Droit fiscal : principes généraux et impôt sur le revenu, 4ème édition Bruyant, Bruxelles, 1996, p. 122.

personnes dépositaires, par état ou profession, de secrets qu'on leur confie, qui, hors le cas où la loi les oblige ou les autorise à se porter dénonciateurs, auront révélé ces secrets, sont punis d'un emprisonnement de 6 mois et d'une amende de 500 dinars »[909].

1369- Pour la majorité de la doctrine, les dispositions de l'article 254 du code pénal tunisien, à l'instar de son homologue l'article 378 du code pénal français, visent essentiellement et principalement les professions libérales[910]. Mais, compte tenu du champ d'application personnel large de ce texte, autorisant la jurisprudence à interpréter l'expression « toutes autres personnes dépositaires, par état ou profession, de secrets qu'on leur confie », ainsi que les textes particuliers qui ont étendu la liste de ces personnes ; ce qui permet d'englober toutes les personnes énumérées par le code des DPF et qui sont en même temps concernées par l'exercice du droit de communication[911].

1370- Dans tous les cas, le secret professionnel trouve son fondement dans l'intérêt général et la protection de la vie privée – dont la vie professionnelle est un élément - : d'une part, la personne qui s'est confiée désire que ses confidences ne soient pas dissimulées à des tiers. Mais d'autre part, la collectivité trouve son compte à ce que « les confidents nécessaires soient astreints à la discrétion … car personne n'oserait plus s'adresser à eux si on pouvait craindre la divulgation du secret confié »[912].

1371- Néanmoins, le secret professionnel est une source de suspicion pour l'administration fiscale qui le considère comme un moyen qui incite à la fraude fiscale. « Le secret professionnel apparaît à ceux qui exercent le contrôle fiscal comme un obstacle qu'il leur faut rapidement contourner au risque de laisser à des contribuables la possibilité de minorer leurs bases imposables »[913]. Ainsi, face aux pouvoirs

---

[909] L'article 254 du code pénal est en fait une reprise des dispositions de l'ancien article 378 de l'ancien code pénal français (repris sous l'article 276-13 dans le nouveau code). Toute une jurisprudence s'est développée en France, précisant les professions comprises (ministres de culte, avocats, notaires, auxiliaires de justice…) ou exclues (journalistes, agents d'affaires, conseils juridiques et fiscaux, courtiers d'assurance, administrateurs, employés et ouvriers…). Il s'agit bien entendu d'une liste établie par la jurisprudence et qui donc susceptible d'évolution. Cf. M. Delmas-Marty, A propos du secret professionnel, D. 1982, chr., p. 267.

[910] BRARD Y., Que reste t-il du secret professionnel opposable au fisc ?, DF 1991, n° 25, p. 960 ; Secret professionnel : secret opposable à l'administration, JCPF, 2000, fasc. 312, p. 12 et s. ; SANCHEZ J-N., secret médical et vérification de comptabilité, GP du 28 juin 1990, I, doctrine, p. 339.

[911] Cf. CHIHI B., mémoire précité, p. 21.

[912] Cf. Lambert, ouvrage précité, p. 27.

[913] BRARD Y., secret opposable à l'administration, in JCPF, 2000, fasc. 313, p. 960.

d'investigations et aux prérogatives de contrôle fiscal, sans cesse renforcées, le secret professionnel apparaît à d'aucuns comme un rempart inexplicable alors qu'il constitue pour d'autres une entorse inadmissible au principe d'égalité devant l'impôt et une gêne anormale pour lutter contre la fraude fiscale »[914].

1372- C'est pour cela que la protection que l'individu est en droit d'attendre du secret professionnel se trouve singulièrement réduite lorsqu'il est confronté au fisc. En effet, comme tous les contribuables, les dépositaires du secret professionnel doivent se plier aux exigences du droit de communication et de vérification. Ils seront ainsi conduits à fournir des renseignements au fisc, lorsque l'administration fait usage de son droit de communication et des documents complémentaires dans le cadre de son pouvoir général d'investigations.

1373- Ainsi, peut-on affirmer qu'en droit tunisien, le secret professionnel auquel sont soumises les personnes visées par l'article 254 du code pénal ne constitue guère un privilège sur la base duquel elles peuvent se prévaloir afin d'échapper au droit de communication ; et ce contrairement à bien d'autres législations fiscales qui ont plutôt préservé l'immunité d'une telle obligation face aux droits d'investigation du fisc[915]?

2) La neutralisation du secret professionnel par l'exercice du droit de communication par le fisc

1374- De prime abord, la notion de secret professionnel semble incompatible avec celle du droit de communication. En effet, chacune de ces deux notions, entendue strictement devrait constituer une limite infranchissable pour l'autre. La résolution du conflit entre ces deux notions varie en fonction de l'objectif poursuivi par les pouvoirs publics. Dans un Etat de droit où devrait se prévaloir le principe de la légalité de l'impôt, il y a lieu de rechercher un compromis et un équilibre entre d'une part, la protection du citoyen à travers la protection du secret de la vie privée ou du secret professionnel, et d'autre part, la sauvegarde des intérêts de l'Etat par le renforcement du contrôle, notamment à travers l'extension du droit de communication.

---

[914] Jessua C. LEPAGE, L'opposabilité du secret professionnel au fisc, GP 1983, I, doctrine

[915] Cf., Rapport général de Malherbe J., La protection de la confidentialité en matière fiscale, in CDFI, vol. LXXI b, 1991, p. 28 et 29.

1375- Toutefois, la solution consacrée par le législateur tunisien n'a pas suivi l'impératif de l'équilibre et de compromis. Ce dernier semble sacrifier les intérêts individuels et la priorité de protection est plutôt attribuée aux valeurs d'ordre social, telles que le rendement financier et la justice fiscale. Ainsi peut-on affirmer avec BRARD que « le secret professionnel a du céder du terrain notamment devant l'extension considérable du droit de communication du fisc, instrument privilégié de l'interventionnisme fiscal »[916].

a- Le principe de l'inopposabilité du secret professionnel au fisc

1376- Le droit de communication, qui a, en vertu de l'article 16 du code des DPF, une portée large et un champ assez étendu, permet aux agents du fisc d'obtenir des informations sur l'identité des clients, personnes physiques ou morales, sur les versements, c'est-à-dire toutes les sommes encaissées ou reçues dans le cadre de la profession (honoraires, dépôts, remboursements de frais, etc.) et sur les pièces annexes à ces versements, ce qui inclut non seulement les pièces comptables mais aussi toutes les pièces justificatives.

1377- Conscient de la gravité des effets négatifs que peuvent causer la règle de secret professionnel sur la mise en œuvre du droit de communication du fisc, le législateur a introduit un principe dérogatoire qui consiste dans « le principe de l'inopposabilité du secret professionnel au droit de communication du fisc ». Ainsi le quatrième alinéa de l'article 16 du code des DPF dispose que « les services et les personnes physiques ou morales, visés au présent article ne peuvent, en l'absence de dispositions légales contraires, opposer l'obligation du respect du secret professionnel aux agents de l'administration fiscale habilités à exercer le droit de communication ».

1378- Une telle disposition légale laisse présumer que toutes les personnes visées par l'article 16 du code des DPF sont bien assujetties à la règle de l'inopposabilité du secret professionnel. En effet, leur soumission au secret professionnel ne devrait pas reposer sur une simple présomption, il faudrait, au contraire, qu'il existe une disposition légale expresse conférant à ces personnes la qualité de « confidente nécessaire ».

---

[916] Brard Y., Que reste t-il du secret professionnel opposable au fisc?, DF 1991, n° 25, p.960.

1379- Il en résulte qu'à travers la consécration de ce principe, le législateur fiscal n'a pas abrogé la règle du secret professionnel, mais il a simplement limité son opposabilité au regard du droit de communication du fisc, ce qui permet ainsi de légitimer l'intervention du fisc et de prendre communication de tous les documents détenus par les personnes soumises au secret professionnel, même s'ils renferment des informations purement confidentielles[917]. La règle du secret professionnel n'a plus donc une portée absolue puisque l'administration fiscale peut se permettre dans ses investigations de passer outre à l'obligation au secret de nombreuses professions (banques, notaire, etc....).

1380- Dans le cadre du contrôle fiscal l'Administration avait toujours la possibilité de recueillir des informations en se basant sur son droit de communication. Ce dernier permet aux agents du fisc d'avoir accès à certains documents pour dégager certaines informations utiles à établir l'impôt et, en cas de besoin, l'Administration peut prendre copie desdits documents. La doctrine souligne que le droit de communication, tel qu'il est consacré par le code des DPF, a une étendue assez large à l'égard des documents communicables au fisc[918]. Or, ces documents peuvent très bien contenir des informations purement confidentielles, qui doivent, normalement, être protégées contre toute ingérence externe, notamment celle du fisc.

1381- De même, le principe de l'inopposabilité du secret professionnel au fisc revêt un caractère assez large, puisque en l'état actuel de notre législation fiscale, ce principe couvre toutes les informations confidentielles renfermées dans les documents détenus par les personnes soumises au secret professionnel ; qu'ils soient nécessaires ou non pour l'exécution des missions attribuées à l'administration fiscale[919]. Face au droit de communication du fisc, le secret professionnel n'a conservé que sa valeur juridique obligatoire, mais il ne constitue guère un privilège en vertu duquel les personnes qui y sont soumises peuvent l'invoquer[920].

1382- Il en résulte que les personnes soumises au secret professionnel ne disposent d'aucune garantie à l'occasion de l'exercice par le fisc de son droit de communication. Plus particulièrement, la règle du secret de la vie privée qui dérive de la règle du secret professionnel s'estompe devant cette étendue assez large du droit de communication du fisc, alors que cette notion bénéficie bien d'une protection par des normes

---

917 CHIHI B., mémoire précité, p. 15.
918 Cf. CHIHI B., mémoire précité, p. 95 et s.
919 CHIHI B., mémoire précité, p. 156.
920 CHIHI B., mémoire précité, p. 157.

supérieures, qu'elles soient constitutionnelles[921] ou d'origine conventionnelle internationale[922].

b- L'opposabilité exceptionnelle du secret professionnel au fisc

1383- Contrairement à l'opinion d'un jeune chercheur qui prétend que le code des DPF a bien tranché le problème de la relation entre le secret professionnel et le droit de communication du fisc[923], en faveur du second et en sacrifiant le premier, d'autres chercheurs défendent une opinion différente en soutenant que cet effacement du secret professionnel par le droit de communication n'est guère total. Ils soulignent, en revanche, qu'il existe bien en Tunisie un véritable secret professionnel absolu, opposable au fisc, qui trouve son fondement notamment dans l'article 254 du code pénal[924]. Néanmoins, dans les cas où ce secret professionnel est bien opposable, il se présente aujourd'hui comme une exception très limitée au principe de l'inopposabilité du secret professionnel au fisc[925].

1384- Toutefois si la présence de cette notion de secret professionnel absolu a pour but de protéger la vie privée des personnes et si elle peut être invoquer par les contribuables exerçant une profession libérale pour échapper au pouvoir d'investigation du fisc, elle ne peut être considérée comme une véritable entrave au pouvoir de contrôle de l'administration fiscale. En effet, les prérogatives du fisc sont si étendues que l'opposition du secret professionnel est inopérante, voire même une arme qui sera utilisée contre le contribuable. C'est une garantie aléatoire qui ouvre la porte à l'administration pour recourir à la procédure de taxation d'office où le contribuable pourrait se trouver dans une situation précaire[926].

1385- Par ailleurs, comme il a été souligné par H. AYADI, « s'il n'est pas permis au fisc d'ignorer le secret professionnel imposé à certains contribuables, il n'est pas non plus permis au contribuable de détourner de son but ce secret et de s'opposer au fisc à seule fin d'échapper

---

[921] Article 9 de la constitution tunisienne.

[922] Cf. VALSCHAERTS M-C., Les pouvoirs d'investigation des administrations fiscale, spécialement dans leur rapport avec le respect de la vie privée de l'individu, Ed Bruylant, Bruxelles, 1989, p. 9 et s.

[923] CHIHI B., mémoire précité, notamment sa conclusion à la page 158.

[924] Voir, LTIFI H., mémoire précité, p. 59 et s. ; HAMOUDA Z., mémoire précité, p. 60 et s.

[925] BRARD Y., article précité.

[926] Cf. LTIFI H., mémoire précité, p. 61 et 62.

à l'impôt en empêchant l'administration fiscale d'exercer son pouvoir de contrôle »[927]. Le juge s'assure, chaque fois que le problème lui est posé, que le secret invoqué protège réellement l'intérêt des tiers et n'est pas détourné par le dépositaire en vue de se soustraire à ses propres obligations fiscales[928].

1386- On peut donc conclure avec P. LUPPI qu' « en l'absence de définition précise du secret professionnel, il ne constitue bien souvent, encore aujourd'hui qu'une garantie dévoyée »[929].

B/ L'insuffisance de la protection de l'inviolabilité du domicile

1387- L'inviolabilité du domicile désigne « la règle qui interdit à toute personne de pénétrer dans un domicile sans le consentement de celui qui l'occupe… »[930]. Ainsi, les intérêts protégés par l'inviolabilité du domicile sont essentiellement moraux : le besoin d'intimité et de tranquillité. A ce titre, elle constitue une liberté démocratique qui reflète une certaine conception de l'Etat.

1388- En effet, la défense de la liberté et des droits individuels est de l'essence du libéralisme. Seul l'Etat libéral s'assigne comme but de protéger les intérêts particuliers de l'individu. Contrairement à l'Etat totalitariste, dans lequel l'individu est totalement écrasé parce que la primauté est donnée à l'Etat (le tout) sur l'individu (la partie), l'Etat libéral est un Etat de droit dans la mesure où les compétences des pouvoirs sont liées par les normes de la légalité, ce qui implique également que la liberté y soit réglementée par la loi. Cette logique emporte la conséquence que le citoyen peut voir sa liberté limitée au nom d'une valeur suprême (telle que l'intérêt général…). A cet égard, la liberté du domicile n'échappe pas à cette exigence. En fait, le droit autorise, souvent, les autorités à porter atteinte à cette liberté pour servir des intérêts jugés supérieurs par les créateurs du droit : lutter contre la criminalité, découverte de la vérité pour rendre la justice…etc.

1389- Dans le cas de la Tunisie, l'inviolabilité du domicile est une liberté individuelle fondamentale, solennellement garantie par la

---

[927] H. AYADI, article précité, p. 71.

[928] M. CH. BERGERES, Le secret professionnel face aux prérogatives du fisc, D. 1981, p. 81 ; M. COZIAN, le secret professionnel et le fisc, Etudes de doit contemporain, 1977, p. 367.

[929] P. LUPPI, article précité, p. 74.

[930] Jean RIVERO, Les libertés publiques. 2- le régime des principales libertés ; PUF, 1989, p. 78.

constitution (son article 9)[931]. Cependant, comme il résulte des termes mêmes de l'article 9 précité, cette liberté n'a guère un caractère absolu. Plus particulièrement, en matière fiscale, le respect de cette liberté doit être concilié avec la nécessité non moins évidente de la lutte contre la fraude fiscale. Précisément, c'est cette nécessite qui « a rendu légitime le droit reconnu à l'administration de procéder à des perquisitions ainsi que le droit de visite et le droit de saisie reconnus par le législateur aux agents du fisc pour garantir la bonne application de la loi fiscale »[932]. Néanmoins, en se basant sur les impératifs du principe de la légalité de l'impôt, les prérogatives reconnues à l'administration fiscale devraient « être entourées de plusieurs garanties découlant d'une règle fondamentale consacrée par beaucoup de constitutions en vertu de laquelle l'autorité judiciaire est gardienne de la liberté individuelle »[933].

1390- La perquisition saisie, étant l'aspect le plus grave du droit de visite, met en jeu l'intérêt des contribuables et l'intérêt de la société. La meilleure législation est celle qui « fait pleinement droit de façon expresse tant aux exigences de la liberté individuelle et de l'inviolabilité du domicile qu'à celles de la lutte contre la fraude fiscale... »[934].

1391- La loi fiscale doit donc veiller dans ce domaine à ce que les prérogatives octroyées à l'administration fiscale dans le cadre de l'exercice de son droit de visite et de perquisition, soient contrebalancées par des garanties certaines accordées au contribuable sensées le protégées contre tout risque d'abus et d'arbitraire et préserver, par là, ses libertés fondamentales, solennellement proclamées par le texte suprême.

1392- Or, l'examen du régime du droit de visite et de perquisition, tel qu'il est consacré par l'article 8 du code des DPF, montre clairement que le législateur n'a pas réussi à instaurer cet équilibre. Son souci est plutôt de consolider les prérogatives de l'administration fiscale dans ce domaine afin de lui permettre de lutter efficacement contre la fraude fiscale, quitte à sacrifier certaines garanties fondamentales au profit du contribuable. L'insuffisance de la protection du contribuable est illustrée ainsi aussi bien par l'affaiblissement de ses garanties que par l'absence d'une procédure spéciale protectrice de ce dernier.

---

931 L'article 9 de la constitution précité.

932 N. BACCOUCHE, Constitution et droit fiscal, Etudes juridique, p. 80.

933 N. BACCOUCHE, article précité, p. 82.

934 Conseil Constitutionnel, Décision n° 83-164 DC du 29 décembre 1983, AJDA, 20 avril 1984, p. 99.

1) L'affaiblissement des garanties du contribuable faisant l'objet de visite et de perquisitions

1393- Par rapport à l'état antérieur de la législation, l'évolution législative a été marquée par une atténuation de la protection du contribuable faisant l'objet de visite et de perquisitions effectuées par les agents du fisc. Il en est ainsi tant à travers la généralité des lieux visités que par la mise en place d'un régime défectueux de la saisie.

a- La généralité des lieux visités

1394- En application de l'article 8 du code des DPF, les agents de l'administration fiscale « sont habilités à visiter, sans avis préalable, les locaux professionnels, magasins ainsi que les entrepôts qui en dépendent et d'une manière générale tous lieux utilisés pour les activités ou opérations soumises à l'impôt ». Ces mêmes agents peuvent, également, procéder « à des visites et perquisitions dans les locaux soupçonnés ».

1394- Nous constatons que le législateur, pour identifier les lieux visitables, a utilisé des expressions générales et des termes assez vagues, tels que: « tous lieux » et « locaux soupçonnés ». Il en résulte qu'aucune distinction au niveau du régime juridique n'a été faite entre les lieux d'habitation et les lieux professionnels. Cette généralité est loin d'être une source de garantir les droits et libertés individuels. Elle est au contraire une source d'arbitraire et d'abus, surtout que l'autorité compétente n'est tenue que par le résultat.

1395- Les visites effectuées pour la recherche de la fraude englobent tous les lieux professionnels – mêmes s'ils ont un caractère mixte – ainsi que les lieux réservés à l'habitation qu'ils s'agissent d'une résidence principale ou secondaire[935]. Les visites peuvent même s'étendre au lieu du conseil du contribuable[936], tel le cas de cabinet d'un avocat, dans la mesure où c'est ce dernier qui a apposé sa signature aux statuts de la société cliente et a payé les factures de consommation électrique à son lieu et place[937]. De même, les visites effectuées dans les lieux

---

[935] Pierre COURTOIS, Droit de perquisition et de saisie, in L'amélioration des rapports entre l'administration fiscale et les contribuables, actes de colloque de la société française du droit fiscal, 15-16 septembre 1988, PUF 1989, p. 55.

[936] J.P CASIMIR, Les signes extérieurs de revenu : le contrôle et la reconstitution du revenu par l'administration fiscale, LGDJ 1979, p.65.

[937] Cass. Com. 16 décembre 1997, cité par VINCENT P., Droit de visite et de saisie, JCPF 1998, fasc. 340, p. 10.

professionnels peuvent s'étendre aux locaux des dirigeants des sociétés[938].

1397- Ainsi, la mise en œuvre de ces prérogatives par les autorités de contrôle risque d'avoir pour effet de vider de tout sens le principe d'inviolabilité du domicile, puisqu'il suffit d'un simple ordre de mission, qui ne dépend que du bon vouloir de l'administration fiscale, pour que le contribuable s'expose à une perquisition au sein de son propre lieu d'habitation. De ce fait, la sécurité de la vie privée se trouve menacée, notamment lorsque les agents de l'administration fiscale procèdent à la visite d'un lieu d'habitation et il s'avère ensuite qu'aucun agissement frauduleux n'a été commis[939].

b- L'extension du régime de la saisie

1398- Le régime de la saisie, tel qu'il est instauré par le code des DPF se caractérise par son caractère relativement plus étendu comparativement à l'ancien régime. En effet, selon l'alinéa 4 de l'article 8 du code des DPF « les agents de l'administration fiscale peuvent procéder à la saisie de tous documents ou objets prouvant l'exercice d'une activité soumise à l'impôt et non déclarée ou présumant une infraction fiscale ».

1399- Cette extension se manifeste, tout d'abord, au niveau des conditions de fond de l'opération de perquisition et de saisie. Selon l'ancien article 63 II du code de l'IRPP et de l'IS, le recours au droit de perquisition dépend de la constatation de présomption de l'exercice d'une infraction fiscale qui revêt nécessairement le caractère d'un défaut de souscription de la déclaration fiscale. Alors que pour tous les autres cas de fraude fiscale, l'administration fiscale n'a pas le droit de procéder à des perquisitions et saisies. En revanche, l'alinéa 4 de l'article 8 du code des DPF utilise des termes plus généraux en disposant que le recours à cette procédure par les agents du fisc est possible chaque fois qu'il soupçonne une fraude fiscale. Cette dernière peut se manifester soit par le défaut de souscription des déclarations fiscales soit par la commission de toutes autres infractions fiscales

1400- Ensuite l'extension du régime se manifeste au niveau de l'objet de la saisie. L'ancien article 63 du code de l'IRPP et de l'IS avait prévu que la saisie n'est possible que s'il y a présomption de fraude découlant

---

938 Cass. Com. 4 février 1997, société cotonnier ; Cass. Com.18 février 1997, société Domerc Pneus, RJF, 5/97, n° 445-446.
939 GHNIMI Adel, Le contrôle fiscal en Tunisie, Mémoire DEA 2000-2001, Faculté de droit de Sousse, p. 49.

précisément de la non souscription de la déclaration. Par conséquent, les pièces susceptibles de faire l'objet de la saisie sont en principe des documents. Tandis que le nouveau code a élargi de manière considérable les pièces à saisir, ce qui va à l'encontre d'une protection efficace des objets propriétés du contribuable et à l'indiscrétion de certaines informations. Désormais, la saisie concerne « tous documents ou objets » : les documents sont généralement ceux relatifs à l'exercice d'une activité et qui sont d'ordre comptable (facture, livre d'inventaire, livre journal etc…). Quant aux objets, ils sont tellement larges qu'ils laissent une marge assez importante d'appréciation aux agents du fisc.

1401- Cette extension du régime de la saisie a pour effet d'affaiblir davantage la protection accordée au contribuable, surtout que ce dernier ne dispose pas dans ce domaine des mêmes garanties qui lui sont reconnues en matière de vérification approfondie, telles que le droit à l'information préalable et le droit à la contradiction et à la défense.

2) Le caractère défectueux de la procédure de perquisition et de saisie

1402- Le caractère défectueux de la procédure de perquisition et de saisie résulte, d'une part, de la simplification de la procédure de déclenchement d'une visite et perquisition des locaux soupçonnés, et d'autre part, de l'inadaptation des règles de la procédure pénale.

a- La simplification de la procédure de déclenchement d'une visite et perquisition des locaux soupçonnés

1403- Sous l'ancien régime, pour pouvoir procéder à des perquisitions et à des saisies, le législateur avait exigé l'obtention d'une autorisation écrite de la part du procureur de la république. Ce dernier avait un pouvoir d'apprécier si les présomptions constatées par les agents du fisc sont sérieuses et de nature à justifier le recours à une procédure contraignante comme la perquisition ou non. Il s'en suit que seul le procureur de la République avait le pouvoir d'autoriser l'administration fiscale à procéder à des perquisitions et saisies. Il s'agissait d'une formalité substantielle dans le sens que toute visite, quelque soit l'importance de l'activité exercée, n'avait pu être effectuée qu'après l'autorisation écrite du procureur de la République. Cette autorisation avait pour objet à la fois l'autorisation de la perquisition et saisie et de faire appel, à l'occasion de cette procédure, aux agents de l'ordre[940].

---

[940] Il est à noter que l'ancienne législation garde toujours son caractère lacunaire. En la commentant, le Professeur AYADI soulève un certain nombre de questions auxquelles

1404- Or, il est indiscutable que la subordination du déclenchement de la procédure de perquisition et de saisie à l'autorisation écrite de l'autorité judiciaire, gardienne de la liberté, constitue bien une garantie fondamentale pour le contribuable, puisque ce dernier sera prémuni, dans cette hypothèse contre toute action arbitraire ou abusive de la part du fisc.

1405- Cependant, le régime institué par le nouveau code des DPF a remis en cause cette protection en procédant à la simplification, au profit de l'administration fiscale, de la procédure de déclenchement de la perquisition et de saisie. Désormais, et en application des dispositions de l'alinéa 3 de l'article 8 de ce code, les autorités de contrôle n'ont plus besoin d'une autorisation écrite du procureur de la République pour pouvoir procéder à des visites et perquisitions dans les locaux soupçonnés. Il suffit que les agents du fisc s'appuient sur « l'existence de présomptions d'exercice d'une activité soumise à l'impôt et non déclarée ou de manœuvres de fraude fiscale ». Par ailleurs, l'autorisation de l'autorité judiciaire n'est même pas nécessaire pour faire appel aux agents de l'ordre puisque l'article 14 du code des DPF dispose que les autorités civiles et les autorités de sûretés prêtent toute l'assistance qui leur est requise aux agents de l'administration fiscale dans le cadre de l'exercice de leur fonction.

1406- On reproche à ce procédé d'être tributaire de la seule conviction personnelle de l'agent, qui a la compétence exclusive de procéder à une perquisition et saisie, chaque fois qu'il soupçonne la fraude fiscale. En effet, le souci de rapidité, éventuellement recherché par l'administration fiscale, peut être satisfait par la voie de référé et non seulement par l'ordre de mission. Or, il est évident que nul n'est mieux placé que l'autorité judiciaire pour préserver les libertés et droits individuels. Dès lors, le souci de la protection du contribuable, que dicte le respect du principe de la légalité de l'impôt, nécessite impérativement de restituer la compétence en matière d'autorisation des visites domiciliaires à une

---

le législateur n'a pas donné une réponse définitive, à savoir : Cette autorisation est-elle nécessaire en cas de flagrant délit ?; Le procureur de la République contrôlera-t-il le déroulement des opérations ? a-t-il la possibilité d'y assister ?; Les pièces et documents saisis à l'occasion lui seront-ils communiqués ?; Comment faire respecter les règles du secret professionnel ainsi que les droits de la défense ?; Les pièces et documents saisis doivent-ils être restitués au contribuable lors de la procédure de vérification ?. Voir H. AYADI, ouvrage précité, §361, p. 177.

autorité judiciaire, à l'instar de ce qui est consacré en droit comparé, notamment le droit français[941].

b) L'inadaptation des règles de la procédure pénale

1407- Selon l'article 8 alinéa 3, le recours à des visites et perquisitions dans les locaux soupçonnés doit s'effectuer « conformément aux dispositions du code des procédures pénales ». Même, si l'on relève que le texte de la loi est muet quant aux dispositions précises auxquelles il y a lieu de se référer, il résulte des travaux préparatoires qu'il s'agissait des articles 94 et 95 du code de procédure pénale[942].

1408- Pourtant, certains déplorent le fait que le recours à la procédure pénale dans ce domaine s'avère nécessairement injustifiée. Il serait, en revanche, vivement souhaitable d'adopter des règles qui paraissent compatibles avec la spécificité de la matière fiscale, intrinsèquement animée par un souci de conciliation entre les prérogatives de l'administration fiscale et les garanties du contribuable[943]. On souligne, à ce propos, que l'inadaptation des règles de la procédure pénale se manifeste, plus particulièrement, tant au niveau des horaires de la visite qu'à celui de la fouille exercée.

c- L'incompatibilité des horaires de visite avec l'impératif de la protection du contribuable

1409- L'article 95 du code de procédure pénale prévoit qu'« aucune perquisition ne peut être faite avant six heures et après vingt heures dans les maisons d'habitation et dépendance ». Il est certain que ces horaires de perquisition sont moins favorables au contribuable que ceux qui sont prévus dans le cadre du code de procédure civile et commercial. En effet, ce dernier définit dans son article 291 la notion de nuit astronomiquement comme l'espace de temps où le soleil est couché. Du premier avril au trente septembre la nuit correspond à l'intervalle du temps entre 20 heures et 5 heures, et du premier octobre jusqu'au 31 mars, elle s'étend du 18 heures à 7 heures.

---

[941] En France, l'article 16 B du LPF dispose que « chaque visite doit être autorisée par une ordonnance du président du tribunal de grande instance dans le ressort duquel sont situés les lieux à visiter ou d'un juge délégué par lui ».

[942] Selon les travaux préparatoires, ce mutisme est justifié par l'intérêt d'éviter que toute modification des dispositions du code de procédure pénale s'accompagne d'une modification dans le code des DPF. Voir Débats parlementaires, précité, p. 2092.

[943] HAMOUDA Z., mémoire précité, p. 49.

1410- Par ailleurs, le code de procédure pénale ne vise que les horaires de visites relatives aux locaux d'habitation, sans aucune autre indication concernant les locaux professionnels. Mais la solution généralement adoptée, dans cette hypothèse, est la correspondance entre les horaires des visites et des perquisitions et les horaires du travail, ce qui offre la possibilité de visiter à des heures tardives dans les lieux ouverts au-delà de 20 heures tels que les cafés, les hôtels, les salles de jeux...etc[944].

1411- Le défaut de respect des horaires de visite sus-indiqués entraîne non seulement la nullité de l'opération de visite effectuée mais encore un délit de violation de domicile prévu par l'article 256 du code pénal. Mais, une visite commencée dans les heures légales peut-elle se poursuivre au delà des horaires exigés ? En matière pénale, une telle attitude n'est pas irrégulière puisque l'horaire exigé est terminé sans que la perquisition soit achevée. Il y a lieu donc d'adopter cette même solution en matière fiscale dans la mesure où cette dernière renvoie purement et simplement aux règles de la procédure pénale. Cependant, cette attitude est extrêmement dangereuse pour la vie privée du contribuable, notamment lorsqu'il s'agit de perquisitionner un lieu d'habitation où s'exercent des activités professionnelles au-delà des horaires prévus légalement[945]. Cette possibilité risque donc d'ouvrir la porte à des atteintes graves au principe d'inviolabilité du domicile.

3) Le caractère vexatoire des fouilles

1412- La fouille exercée par les agents du fisc, dans les locaux d'habitation ou professionnels, a un impact rigoureux sur les garanties du contribuable. En plus, la fouille peut s'étendre au corps de l'intéressé puisque d'une part, aucune disposition du code de procédure pénale ne l'interdit, et d'autre part, la doctrine et la jurisprudence ne manquent pas de l'admettre[946]. De surcroît, la fouille s'étend aux accessoires de la personne tels que les vêtements, les bagages, le sac...etc. D'où le caractère vexatoire et dangereux de cette pratique. C'est pour cette raison que la jurisprudence française a cantonné son champ d'application.

1413- Dans cette perspective, a été jugé irrégulière une fouille de sac à main d'une personne présente dans le lieu visité et qui fait l'objet de

---

944 HAMOUDA Z., mémoire précité, p. 50.

945 Sami CHAABNIA, article précité, p. 21.

946 Jean Dumont, Transport, perquisition et saisie, JCP Pénal 1997, fasc 10, p.11 ; Cass. Crim. 11 septembre 1933, bulletin criminel, n° 191.

contrôle d'identité, sans que cela soit prévu par l'autorisation judiciaire, dès lors que ces modalités de recherche ne sont pas des moyens courants d'investigation qui seraient exécutés par la seule mention du terme « fouille »[947]. De même, la cour de cassation française soutient que la perforation du sous-sol ne peut s'effectuer que s'il s'agit d'une mention précise et expresse dans l'autorisation initiale ou une autre complémentaire parce que « les règles des visites et saisies de l'administration fiscale ne sont pas régies par le code des procédures pénales »[948].

1413- Toutefois, il semble que ces solutions orientées vers la limitation des fouilles, consacrées par la jurisprudence française, ne trouvent aucune place d'application en Tunisie pour les deux raisons suivantes : En premier lieu, le déclenchement de la visite et de perquisition n'est pas subordonné à l'intervention d'une autorité judiciaire qui doit à la fois donner son autorisation et préciser l'étendue de la mission. Dès lors l'autorité de contrôle bénéficie dans ce domaine d'une marge de manœuvre assez étendue. En deuxième lieu, le législateur n'a pas prévu une procédure de visite et perquisition spécifique à la matière fiscale, à l'instar, par exemple de ce qui est consacré en droit français. L'action de l'autorité de contrôle est donc limitée uniquement par les règles prescrites par le code de procédure pénale. Or, ces dernières sont nécessairement marquées par leurs caractères, à la fois vexatoires et extensifs, donc incompatibles avec le souci de protéger le contribuable.

SECTION II

L'AMELIORATION IMPARFAITE DE LA PROTECTION DU CONTRIBUABLE

1420- Depuis le 1er janvier 2002, date de l'entrée en vigueur du code des DPF, nous avons enregistré certaines tentatives louables émanant du législateur, visant l'amélioration de la protection du contribuable, notamment dans l'hypothèse où il faisait l'objet d'une vérification. Il s'agit de porter secours au contribuable qui se trouve dans une situation où il paraît très fragile, puisqu'il est directement exposé à l'autorité de contrôle dotée des prérogatives les plus étendues.

---

[947] Cass. Com. 19 décembre 1995, Garcia Heller et Rachlin, RJF 3/96, n° 315.
[948] Cass. Com. 15 décembre 1988, req. n° 176, DF 1989, p. 334.

1421- Cette consolidation des garanties du contribuable vérifié relève certainement des impératifs du respect du principe de la légalité de l'impôt. En effet, l'objectif est d'offrir au contribuable une protection suffisante à l'égard du pouvoir de contrôle de l'administration fiscale. Pour atteindre cet objectif, le législateur a introduit une série de règles visant l'amélioration de la protection du contribuable. Elles se manifestent à travers, d'une part, la reconnaissance du droit du contribuable à la sécurité juridique **(§1)**, et d'autre part, la consécration de son droit à un procès fiscal équitable **(§2)**

§ 1) Le renforcement du droit du contribuable à la sécurité juridique

1422- Le droit du contribuable à la sécurité juridique est conforté par la nouvelle législation en instituant des règles nouvelles prévoyant l'encadrement de l'action de l'administration fiscale dans le temps **(A)** et l'information préalable du contribuable à propos de cette action **(B)**.

A/ L'encadrement de l'action de l'administration fiscale dans le temps

1423- L'action de l'administration fiscale en vue d'exercer sa mission de contrôle devrait intervenir à l'intérieur de délais minutieusement fixés par le législateur. La précision de ces délais est une garantie fondamentale au profit du contribuable susceptible de lui permettre d'agir dans un environnement de sécurité juridique. En effet, le contribuable ne risque pas, dans ce contexte, de se voir sa situation fiscale remise en cause à n'importe quel moment. Une fois les délais impartis par le législateur sont expirés, le statut du contribuable devient, en principe, définitif et intangible et bénéficie à l'égard du fisc d'une immunité légale. A cet égard, la nouvelle législation introduite par le code des DPF a consacré plusieurs délais qui constituent, en même temps, une limitation de l'action de l'administration fiscale et une garantie fondamentale au profit du contribuable. Il en est ainsi en matière de la fixation de la durée de vérification, de l'interdiction de son renouvellement et de l'exercice du droit de reprise de l'administration.

1) La limitation de la durée de vérification

1424- Lorsque l'administration fiscale intervient dans le cadre d'une vérification approfondie de la situation fiscale du contribuable, elle risque de perturber le cours de sa vie et de gêner son activité et la marche de son entreprise. La recherche de l'équilibre entre la nécessité du contrôle fiscal et la protection du contribuable est résolue dans ce cas par la prescription par le législateur d'un délai de rigueur au-delà duquel l'autorité de contrôle devrait mettre fin à son action. Il s'agit de la nécessité de limiter la durée de la vérification afin de se prononcer sur l'issus de la vérification et de clarifier au bout d'un certain délai la situation fiscale définitive du contribuable. En effet, plus la durée de la vérification est longue, voire indéterminée, plus ceci constituera pour le contribuable, de même que pour ses partenaires, un facteur imminent d'insécurité.

1425- Dans le but de consolider le droit du contribuable à la sécurité juridique, le législateur est intervenu pour la première fois, dans le cadre du code des DPF[949], afin de cantonner l'action de l'administration fiscale dans le temps en lui fixant, avec assez de précision, la durée de vérification approfondie de la situation fiscale du contribuable. Ainsi, l'article 40 du code des DPF a minutieusement fixé cette durée, en opérant la distinction suivante :

- Lorsque la vérification approfondie est effectuée sur la base d'une comptabilité tenue conformément à la législation comptable, la durée est fixée à six mois ;
- Lorsque la vérification approfondie est effectuée sur la base de renseignements, de documents ou de présomptions de droit ou de fait, la durée est fixée à une année.

1426- Selon le § 3 de l'article 40 précité, la durée de vérification est calculée à compter de la date du début des opérations de vérification mentionnées dans l'avis de vérification jusqu'à la date de la notification des redressements. Elle commence du jour de la première intervention

---

[949] Avant la promulgation du code des DPF, la législation était muette à l'égard de la durée de vérification. Le seul texte qui avait régi cette situation était la charte du contribuable, qui était dépourvue de la valeur législative. Le §2 du chapitre 2 de la charte est réservé à la durée de déroulement de la vérification. A travers ce §, les auteurs de la charte tentent de combler le vide juridique en énonçant : « Bien que la loi n'a pas fixé la durée de déroulement de la vérification, celle-ci ne peut s'étendre sur une période supérieure à quatre mois à partir de la date du commencement effectif de la vérification ».

sur place des vérificateurs, celui-ci coïncide, en général, avec le jour qui figure sur l'avis de vérification adressé au contribuable.

2) La prescription du droit de reprise

1427- La prescription est le délai à l'expiration duquel l'administration perd le droit de réclamer au contribuable une dette fiscale ; elle est aussi le délai à l'expiration duquel le contribuable se libère d'une dette fiscale qui ne lui a pas été réclamée par l'administration pendant ce délai[950]. Depuis longtemps, le juge de l'impôt reconnaît que la prescription est une garantie offerte au contribuable dont il peut se prévaloir tant devant l'administration que devant le juge. En effet, l'expiration du délai de reprise entraîne la forclusion et prive l'administration du droit d'établir une imposition supplémentaire[951].

1428- En réalité, la garantie de la prescription des délais de reprise est loin d'être une innovation introduite par le code des DPF. Notre système fiscal reconnaissait bien cette garantie au profit du contribuable depuis longtemps[952]. Seulement l'état de la législation, à la veille de la promulgation du code des DPF, était caractérisé par la diversité et la complexité. L'apport du nouveau code dans ce domaine s'inscrit alors dans une perspective d'unification et de simplification du système en place.

1429- Tout d'abord, l'œuvre simplificatrice du code consistait à abroger l'ensemble des textes spéciaux régissant la question de la prescription au niveau de chaque catégorie d'impôt[953] et à les remplacer par un texte unique qui s'applique à tous les droits, impôts et taxes rentrant dans le champ d'application du code des DPF, à savoir les articles 19 à 26 du code, figurant dans la section IV du chapitre premier du titre premier, intitulé : « Droit de reprise et délais de prescription ».

---

[950] A. ABOUDA, ouvrage précité, p. 67.

[951] Cf. Commission spéciale de taxation d'office, 6 juin 1959, publié au BODI n° 11, 1973, p. 81.

[952] Cf. CHAABANE Ahlem, La prescription en matière fiscale, Mémoire DEA, Faculté de Sciences Juridiques, Politiques et Sociales de Tunis 1999-2000.

[953] Sont ainsi abrogés par l'article 7 de la loi n° 2000-82 du 9 août 2000 portant promulgation du code des DPF :

Pour l'impôt sur le revenu et l'impôt sur les sociétés, l'article 72 du code de l'IRPP et de l'IS ;

Pour la TVA et Droits de consommation, l'article 21 du code de la TVA ;

Pour les Droits d'enregistrement et de Timbre, les articles 75 et 130 du code des droits d'enregistrement et de timbre.

1430- Ensuite, dans le cadre de ces nouvelles dispositions, le législateur a procédé à l'unification des délais de reprise pour l'ensemble des impôts et taxes. Désormais, il est prévu un seul délai de rigueur qui diffère selon la situation du contribuable à l'égard de son devoir fiscal. Ici, le législateur tunisien a maintenu la solution traditionnelle, qui est également consacrée en droit comparé, consistant à octroyer au contribuable une protection plus forte dans les cas d'omissions partielles (délai assez bref) et d'être beaucoup plus rigoureux pour les cas d'omissions totales (délai plus long)[954].

1431- En cas d'omissions partielles, le délai de prescription est énoncé d'une manière générale par l'article 19 du code des DPF. Il est prévu que les omissions, erreurs et dissimulations constatées dans l'assiette, les taux ou la liquidation des impôts déclarés peuvent être réparées jusqu'à la fin de la quatrième année suivant celle au cours de laquelle sont réalisés les bénéfices, le revenu, le chiffre d'affaires, l'encaissement ou le décaissement des sommes ou toutes autres opérations donnant lieu à l'exigibilité de l'impôt.

1432- Quant aux omissions totales, le délai de reprise qui devrait logiquement être plus long, s'étend jusqu'à la fin de la dixième année suivant celle au cours de laquelle sont réalisés le bénéfice, le revenu, le chiffre d'affaires, l'encaissement ou décaissement des sommes ou toutes autres opérations donnant lieu à l'exigibilité de l'impôt[955].

B/ L'information préalable du contribuable

1433- L'information préalable du contribuable lors d'une opération de vérification approfondie représente un aspect du droit à l'information fiscale. Il s'agit de la première garantie offerte au contribuable, qui a connu un développement inéluctable. Ainsi, le droit du contribuable à la sécurité juridique exige que ce dernier doive être informé, dans un délai suffisant, de l'intention de l'administration fiscale de recourir à une vérification approfondie de sa situation fiscale. Cela est susceptible

---

[954] Ce régime est applicable pour les délais de prescription ayant un caractère général. A côté, le code des DPF a prévu des délais ayant un caractère spécifique qui s'appliquent, respectivement, au droit de timbre, à la taxe de circulation et à la taxe unique de compensation de transport routier.

[955] Il est à remarqué que la prescription prévue en cas d'omissions totales s'applique dans les mêmes conditions qu'en cas d'omissions partielles, notamment en ce qui concerne la fixation du point de départ, mis à part le délai de la prescription qui est porté de quatre à dix ans.

d'éviter l'effet de surprise, qui est source d'émotions et de frustrations et permet au contribuable de prendre toutes ses dispositions afin de se préparer convenablement à l'opération de contrôle.

1) La consolidation de la garantie du contribuable par l'envoi d'un avis de vérification

1434- L'avis de vérification est l'acte par lequel l'autorité de contrôle fiscal apporte à la connaissance du contribuable de son intention qu'elle va procéder à des opérations de vérification approfondie à son encontre. Cette dernière peut prendre la forme soit d'une vérification de comptabilité soit d'une vérification de la situation fiscale personnelle.

1435- Initialement, la formalité de l'avis de vérification a été introduite depuis la date de promulgation du code de l'IRPP et de l'IS, en 1990, étant mentionné dans le cadre de la charte du contribuable. A ce propos, le paragraphe 1 du chapitre premier de cette charte dispose qu'avant le commencement de l'opération de contrôle, le contribuable sera informé par l'administration par l'envoi d'un avis recommandé et qui peut être, exceptionnellement remis directement par le vérificateur contre décharge.

1436- Selon les auteurs du nouveau code des droits et procédures fiscaux, « vu que cette garantie a démontré son efficacité … il est ainsi projeté de la consacrer dans le cadre de la loi afin qu'elle revête la force juridique nécessaire tout en la clarifiant davantage et étendant son champ d'application aux droits d'enregistrement et au timbre fiscal… »[956]. L'article 39 du CDPF précise à cet effet que les opérations de vérification approfondie de la situation fiscale, font obligatoirement l'objet d'une notification d'un avis préalable.

2) La régularité en la forme de l'avis de vérification:

1437- La notification au contribuable d'un avis, préalablement à l'opération de vérification approfondie, constitue certainement une formalité substantielle qui doit être obligatoirement observée par les

---

[956] Cf. le rapport introductif du projet du code des droits et procédures fiscaux, Débat parlementaire, n° 39, séance du mercredi 28 juillet 2000, p. 1867.

services de contrôle[957] et, à ce titre, elle est soumise à des conditions strictes de régularité.

a- Le contenu de l'avis de vérification

1438- Il ne suffit pas que le contribuable soit informé de l'intention des services de contrôle de procéder à une vérification approfondie de sa situation fiscale, encore faut il qu'il soit également suffisamment éclairé sur l'objet de cette vérification afin qu'il puisse préparer ses moyens de défense.

1439- A ce propos, l'article 39 du code des DPF fait obligation au service de contrôle de signaler dans l'avis de vérification les mentions suivantes :

- Les indications relatives au service chargé de la vérification : il peut s'agir soit du centre de contrôle chargé de la mission de vérification, soit du bureau de contrôle soit de la mission des enquêtes et de vérification nationale polyvalente. Dans tous les cas il doit comporter l'adresse du service, son cachet et la signature du chef hiérarchique ;

- Les impôts et taxes objet de la vérification : l'avis doit énumérer d'une manière précise les impôts, les droits, les taxes, les redevances et les autres prélèvements au profit de l'Etat ;

- La période concernée par la vérification : celle-ci peut porter aussi bien sur toute la période non prescrite que sur une partie de cette période ;

- L'agent ou les agents chargés de la vérification : l'avis doit mentionner les noms et prénoms des vérificateurs qui vont assurer cette mission ;

- La date du commencement de la vérification : l'avis doit porter le jour de la première intervention de contrôle ;

- La mention expresse du droit du contribuable de se faire assister durant le déroulement de la vérification et de la discussion de ses résultats par une personne de son choix ou se faire représenter à cet effet par un mandataire conformément à la loi.

---

[957] Le juge fiscal prononce la nullité des opérations de vérification viciées par le défaut de notification de l'avis préalable (V. Cour d'appel du Kef, req. N° 17425 du 30/03/2006 : Centre régional du contrôle fiscal du Kef ; in Revue Tunisienne de Fiscalité n°8 ; Tribunal administratif, req n° 31928, du 10 avril 2001).

1440- Il est à noter que la plupart de ces mentions obligatoires ont déjà été prévues dans le cadre de la charte du contribuable. Néanmoins, le code des DPF offre au contribuable beaucoup plus de garantie.

1441- Tout d'abord, il n'y aura plus aucun doute sur la valeur juridique de ces indications. Désormais, elles représentent une obligation légale à la charge de l'administration et qui lie nécessairement son action. Dans ce domaine l'administration fiscale ne dispose que d'une compétence liée, elle ne dispose plus de la possibilité de modifier le contenu de la règle et a fortiori de s'en écarter.

1442- Ensuite, les indications consacrées par le code des DPF semblent être plus complètes que celles de la charte. En effet, d'une part, ce dernier a repris toutes les mentions qui sont prescrites jadis, par la charte du contribuable. D'autre part, le code propose certains éléments nouveaux.

1443- On peut conclure que l'avis de vérification, par les différentes énonciations qu'il devrait contenir, constitue pour le contribuable une garantie fondamentale. C'est pour cette raison que le législateur a réservé à cet avis un formalisme draconien.

b- Les conditions de notification de l'avis de vérification

1444- Avant la promulgation du code des DPF, il n'existait pas en droit fiscal tunisien une disposition spéciale qui réglemente en détail la notification des actes de l'administration fiscale[958]. En ce qui concerne l'avis de vérification, la charte du contribuable a prévu les deux modalités suivantes, au choix des autorités du contrôle : soit l'envoi d'un avis recommandé, soit, exceptionnellement, la remise directe de l'avis par le vérificateur contre décharge.

1445- A partir de l'entrée en vigueur du code des DPF, il existe désormais une procédure commune qui devrait, en principe, s'appliquer à tout type de notification effectuée par les services du fisc : c'est la procédure visée par l'article 10 du code des DPF, selon laquelle les demandes et significations de l'administration fiscale devant recevoir une réponse dans un délai déterminé, peuvent être notifiées au moyen de ses agents, des huissiers-notaires, des porteurs de contraintes ou par

---

[958] Cf. L'TIFI H., mémoire précité, p. 91.

lettre recommandée avec accusé de réception. Cette notification obéit aux dispositions du code de procédure civile et commerciale[959].

1446- C'est donc cette procédure qui s'applique, selon l'article 39 du code, en matière de notification de l'avis de vérification. A cet égard, nous constatons que dans le cadre du code la volonté du législateur est de rassurer le contribuable, et éventuellement le juge, que l'administration fiscale a bien accompli les formalités prescrites par la loi.

1447- Ainsi, tous les modes de notifications visés par l'article 10 sont susceptibles d'offrir à l'administration fiscale un moyen de preuve qu'elle a bien respecté une garantie fondamentale du contribuable vérifié, à savoir l'information préalable.

1448- Il est à rappeler, à cet égard, que l'énumération des modalités de l'envoi par l'article 10 du code des DPF a un caractère limitatif, ce qui exclut toute autre forme de notification, notamment la théorie de « connaissance certaine » consacrée par la jurisprudence administrative[960] et qu'il n'y a donc pas lieu de l'appliquer en matière fiscale et ce, afin de fermer la porte devant l'arbitraire du fisc. L'avis de vérification est une formalité obligatoire dont le non respect des conditions de notification entraîne nécessairement l'application d'une sanction.

3) Sanction de l'inobservation de la garantie de l'avis de vérification

1449- Il est incontestable que la formalité de l'avis de vérification constitue pour le contribuable une garantie fondamentale qui le protège contre toute intervention des autorités de contrôle, d'une certaine envergure, et qui risque de revêtir un caractère brusque et inopiné. Ainsi, pour donner à cette obligation, qui incombe à l'administration fiscale, toute son efficacité, la procédure de vérification devrait, en principe, être qualifiée comme irrégulière, si l'autorité de contrôle a omis un élément qui caractérise cette formalité[961], notamment lorsque

[959] A l'occasion de la remise de l'avis, soit par le porteur de contrainte soit par le huissier –notaire, un procès de notification doit être dressé et qui comporte les mentions décrites par l'article 6 du code de procédure civile et commerciale.
[960] T. Ad. 28 décembre 1989, req. n° 2097 ; T. Ad. 18 mai 1990, req. n° 1739.
[961] Les irrégularités de l'avis de vérification découlent, généralement, soit du non respect des formalités relatives à l'envoi de l'avis, soit du défaut d'une énonciation obligatoire dans l'avis, tel que le défaut de mentionner la faculté de se faire assister par un conseil

cette irrégularité est invoquée par le contribuable devant le juge de l'impôt. Autrement dit l'envoi de l'avis de vérification constitue un maillon d'une chaîne de procédures, s'il fait défaut, la chaîne ne fonctionne pas d'une manière saine et régulière.

1450- La sanction d'irrégularité de l'avis de vérification vise donc à limiter les pouvoirs de l'administration fiscale ainsi que la réduction des risques d'abus et d'arbitraire qui découlent de l'arsenal des prérogatives qu'elle détient. Cette sanction, qui consiste à faire basculer toute la procédure lorsque celle ci est entachée de nullité, est de nature à inciter les agents du fisc à respecter scrupuleusement les formalités et les procédures de vérification. Cette solution satisfait, en même temps, le contribuable qui a certainement intérêt à ce qu'il soit informé, d'une manière complète et préalable afin qu'il soit en mesure d'affronter l'opération de vérification approfondie. Néanmoins, ce dernier doit être vigilant pour invoquer les vices de procédures devant les juges de fond (le tribunal de première instance et la cour d'appel) puisque selon le Tribunal administratif, la formalité relative à l'envoi de l'avis de vérification n'est pas d'ordre public. Il en résulte que le point de défense tiré de l'absence de l'avis ou de l'irrégularité de cet avis, ne pourrait être invoqué devant le juge de cassation que s'il était invoqué devant le juge de fond[962]. Le juge de cassation n'est pas tenu, non plus de l'invoquer d'office.

1451- Malgré les récents efforts législatifs tendant à consacrer le droit du contribuable à la sécurité juridique, il est tout à fait plausible de soutenir que le contribuable n'est susceptible de jouir d'une protection effective que si l'autorité administrative sera réellement limitée dans son action de contrôle fiscal par l'observation de ces garanties légales.

1452- En effet, cette protection accordée aux contribuables par le législateur risque de rester, dans la pratique, lettre morte si le système en place ne garantit pas son respect, notamment moyennant un contrôle juridictionnel minutieux exercé par le juge de l'impôt, à l'instar de ce qui est consacré en droit comparé[963]. C'est en ce sens que les tentatives d'amélioration des garanties du contribuable par le législateur sont inséparables de la nécessité d'une consécration du droit au contribuable à un procès équitable.

---

ou l'absence d'indication de la date du commencement de la vérification, etc...Ces irrégularités entraînent la nullité de la procédure d'imposition et la vérification n'est plus susceptible d'être recommencée.

[962] Cf. T. Ad. 17 mars 1997, req. n° 31500 ; T. Ad. juillet 1997, req. n° 31572.

[963] Cf. Jacques BRURON, Le juge de l'impôt et les garanties du contribuable, RFFP, n° 40 1992, p 175.

§ 2) Une consécration limitée du droit du contribuable à un procès équitable

1460- Le contentieux fiscal recouvre les litiges qui opposent le fisc au contribuable. Il est généralement défini comme « l'ensemble des voies de droit au moyen desquelles sont réglés les litiges nés de l'application par l'administration fiscale, de la loi d'impôt au contribuable »[964]. Dans un sens plus strict, retenu notamment par certains auteurs français, il désigne essentiellement l'ensemble des voies des droits permettant la solution des contestations relatives à l'établissement de l'imposition. A ce titre, il constitue la branche la plus dynamique du contentieux de l'impôt, celle dans laquelle le juge peut mettre en œuvre pleinement son action normative, en interprétant les règles fiscales.

1461- Le contentieux de l'imposition dont l'objet est l'appréciation d'une imposition individuelle par référence à la loi d'impôt, présente des « trais mélangés » qui l'apparente à la fois à un contentieux objectif, puisque la dette du contribuable y est examinée par rapport à la loi fiscale, et à un contentieux subjectif, puisque le juge y est amené à se prononcer sur le bien-fondé d'une imposition individuelle, pour en décider le maintien, la décharge ou la réduction[965].

A/ Les acquis de la réforme du contentieux fiscal

1462- En dépit des grandes réformes qui ont été entreprises depuis 1988 et qui ont touché toutes les composantes du système fiscal tunisien, le contentieux fiscal n'avait fait l'objet, jusqu'à la promulgation du code DPF en 2000, d'aucune mesure nouvelle fut-elle minime. Les anciennes dispositions du code de la patente ont été purement et simplement reprises par le nouveau code de l'IRPP et de l'IS, et la matière était demeurée régie par des textes disparates et relativement anciens, dont certains remontent au début du XXème siècle. Bien évidemment, ce cadre légal qui avait organisé le contentieux fiscal n'avait pas été adapté

---

[964] P.M. GAUDEMET et J. MOLINIER, Finances publiques, T 2, ED. Montchrestien, 1988, p. 310.

[965] Le problème de légalité que pose ce type de contentieux doit donc s'inscrire dans le cadre du moule procédural du plein contentieux. C'est la solution retenue par le Conseil d'Etat en France qui considère que le juge dispose en la matière à la fois d'un pouvoir d'annulation mais aussi de réformation. (CE section 29 juin 1962, société des Aciéries Pompey, G. D., p. 159).

à l'évolution de notre système fiscal, et de surcroît, n'offre pas au contribuable les garanties nécessaires afin de bénéficier d'une solution équitable aux litiges fiscaux.

1463- Les auteurs ont autant manifesté leur assentiment à l'égard de la réglementation fiscale de fond complètement refondue, autant ils se sont protestés contre la survivance d'un régime contentieux, largement en déphasage avec les ambitions de la réforme. Certains ont même tirés le signal d'alarme à propos des multiples défaillances qui caractérisent le système contentieux et n'ont pas hésité à réclamer avec vigueur la nécessité de le réformer radicalement afin de compléter l'œuvre de la réforme par l'institution au profit du contribuable d'un procès fiscal équitable, comme c'était le cas pour ses homologues dans les principaux pays développés[966]. Ainsi, après avoir pris conscience de l'ensemble des imperfections qui ont marqué l'ancien régime, le législateur est finalement intervenu afin de tenter de les corriger. Cette œuvre réformatrice a été concrétisée par la promulgation du nouveau code des DPF par la loi n° 82-2000 du 9 août 2000.

1464- En matière de contentieux de l'imposition, le code des DPF a introduit deux grandes innovations. La première consiste dans le fait que ce code a attribué la compétence, en matière d'assiette de l'impôt, de pénalités administratives et de restitution de l'impôt payé en trop, aux juridictions de l'ordre judiciaire et ce aussi bien au niveau du premier que du second degré de juridiction, alors que la compétence du tribunal administrative est maintenu au niveau de la cassation. Quant à la seconde innovation, elle consiste dans le fait qu'il a introduit le double degré de juridiction, puisque l'arrêté de taxation d'office peut, désormais, faire l'objet d'un recours devant le tribunal de première instance et les jugements de ce dernier sont susceptibles d'appel devant la cour d'appel.

1465- Ainsi, le grand mérite du nouveau code réside dans la mise en place, pour la première fois en Tunisie, d'un système légal relativement exhaustif qui régie les litiges fiscaux relatifs à l'assiette de l'impôt tout en instituant certaines garanties au profit du contribuable, tant au niveau des organismes juridictionnels qu'au niveau des procédures suivies devant le juge fiscal.

---

[966] Cf. H. AYADI, Droit fiscal, Impôt sur le revenu des personnes physiques et impôt sur les sociétés, CERP, Tunis 1996, p. 33 et s. ; Un cas de confusion administration-juridiction : La commission spéciale de taxation d'office, in Mélanges CHAPUS 1992, p.159 ; Néji BACCOUCHE, Droit fiscal, précité, p. 175 et s. ; Contrôle et contentieux fiscal, Etudes juridiques, Sfax 1995-1996 ; Mohamed Ridha JENAYEH, Faut-il supprimer la commission spéciale de taxation d'office, Etudes juridiques 1992, p. 182..

1) Les garanties du contribuable au niveau de l'organe juridictionnel compétent pour trancher les litiges fiscaux

1466- Le nouveau code des DPF a opéré un changement radical au niveau des organismes et organes compétents en matière de contentieux d'imposition tout en offrant au contribuable les garanties nécessaires. Ces réformes vont dans le sens du mouvement général décrit par le Professeur Brahim BERTAGI, à savoir « le déclin de l'Etat justicier et l'essor de l'Etat justiciable »[967]. Ces changements sont ainsi opérés dans le sens d'une juridictionnalisation du contentieux fiscal, celle-ci est à cerner tant au niveau de la phase de conciliation qu'au niveau de la phase judiciaire proprement dite.

a- L'attribution de la fonction de conciliation au juge rapporteur

1467- La consécration de la conciliation comme méthode de résolution des litiges remonte en matière fiscale depuis assez longtemps. En effet, il a été initialement institué une commission de conciliation[968] sur la base d'un arrêté pris par le ministre de la justice en date du 7 mai 1969 suite à un accord préalable avec le ministère des finances.

1468- Cette expérience avait connu une réussite et avait produit ses fruits ce qui a pousser le législateur à la consacrer dans le cadre de la loi n° 101-74 du 25 décembre 1974 portant loi de finances pour l'année 1975, en créant officiellement, au niveau de chaque gouvernorat, une commission de conciliation.

---

[967] Brahim BERTAGI, Déclin de l'Etat justicier et essor de l'Etat justiciable, RTD 2001, p. 68 et s.

[968] Cette commission a été créée à cette époque à titre expérimental à l'échelle de chaque gouvernorat afin de poursuivre les objectifs suivants :

- rapprocher les points de vues de l'administration fiscale et du contribuable ;
- permettre au citoyen d'avancer ses moyens et arguments sans assumer beaucoup de frais ;
- provoquer un dialogue direct et utile au sein d'une commission qui satisfait les garanties de neutralité et de compétence nécessaires ;

- préparer le dossier de l'affaire afin qu'elle soit trancher dans l'hypothèse de l'échec de la phase de conciliation.

1469- La composition de cette commission[969] semble bien satisfaire les garanties d'indépendance, de neutralité et de compétence. De même son caractère décentralisé s'accommode pertinemment avec l'objectif de l'efficacité et la facilité de son accessibilité au contribuable.

1470- Malencontreusement, en dépit de toutes ces vertus, le législateur n'avait pas reconduit cet organisme lors de la promulgation du code de l'IRPP et de l'IS qui est entré en vigueur à partir du 1er janvier 1990. La solution consacrée par ce dernier était inopportunément très en retrait par rapport au régime mis en place par la loi de finances pour l'année 1975.

1471- D'une part, l'article 67 du code de l'IRPP et de l'IS avait institué une seule commission centrale dont la composition avait été précisée par le chapitre IV de la charte du contribuable[970]. D'autre part, il ressort de la composition de cette commission qu'elle manque assurément d'indépendance et de neutralité puisque tant son président que l'ensemble de ses membres appartiennent exclusivement à l'administration fiscale. Il est tout à fait logique et naturel que ces derniers, vu leurs fonctions, sont la plupart de temps tenter par la défense des intérêts du fisc plutôt que se soucier du respect des garanties et des droits du contribuable et donc ils sont loin d'être à même de trancher le litige objectivement[971].

1472- Les imperfections de cette institution expliquent bien les critiques sévères dirigées contre elle aussi bien en provenance de la doctrine que de la jurisprudence[972].

1473- En réponse à ces critiques, le législateur a finalement adopté, dans le cadre du code des DPF, une solution originale consistant à

---

969 Cette commission est composée : d'un juge du tribunal cantonal siégeant au chef lieu du gouvernorat, désigné par le ministre de la justice et ayant la qualité du président de la commission ; de deux représentants du ministre des finances ; de deux représentants du contribuable ; d'un fonctionnaire désigné par le ministre des finances assumant les fonctions de secrétaire.

970 Cette commission est composée des membres suivants : (Le directeur du contentieux fiscal (Président) ; le directeur de la coordination et du suivi; un haut cadre de la direction du contentieux fiscal ; un haut cadre de la direction générale des études et de la réforme fiscale; un fonctionnaire de la direction du contentieux fiscal occupant l'emploi de commissaire de gouvernement assume les fonctions du rapporteur de la commission.

971 Cf. MTIR M., La taxation d'office en droit fiscal tunisien, Mémoire DEA, faculté des sciences juridiques, politiques et sociales de Tunis, 1991-1992, p. 56; KAMMOUN S., Le contentieux fiscal (en arabe), Mémoire de fin d'étude de l'institut supérieur de magistrature, p. 53 et s.

972 Cf. Tr ad. 10 juillet 2000, req. n° 31870 ; Commission spéciale de taxation de Sfax 9 novembre 1999, req. n° 24/97 et n° 36/97.

abandonner définitivement l'institution de la commission de conciliation et de confier la mission de conciliation au juge rapporteur dans le cadre de la phase juridictionnelle du conflit. A ce titre, la consécration légale de la conciliation à travers les dispositions du code des DPF constitue, sans aucun doute, une garantie certaine pour le contribuable.

1474- Comparativement au système précédent, cette solution offre incontestablement de nouvelles garanties au profit du contribuable. D'un côté, l'attribution de la mission de conciliation au juge rapporteur est susceptible de garantir les exigences de neutralité, d'objectivité et de compétence. D'un autre côté, le juge rapporteur, en vertu de son autorité morale, est en mesure de conduire les parties en litige vers une conciliation effective.

1475- A cet effet, le législateur a veillé à organiser minutieusement, dans le cadre du code des DPF, la phase juridictionnelle de conciliation et ce, dans le but d'atteindre les deux objectifs suivants : Le premier objectif est la protection du droit de la défense en autorisant le contribuable de se faire assister durant l'audience de conciliation d'une personne de son choix ou de se faire représenter par un mandataire à cet effet, conformément à la loi. Le second objectif concerne plus particulièrement l'efficacité de la phase de conciliation[973].

1476- Dans l'hypothèse d'un accord entre le contribuable et l'administration, le juge rapporteur leur fixe un délai afin de concrétiser cet accord par la signature d'un procès verbal de conciliation. En revanche, en cas d'échec de la conciliation, le litige passera à la phase judiciaire qui sera confiée au tribunal de première instance selon une formation tripartite.

---

[973] D'un côté, afin d'éviter que la phase de la conciliation risque de se transformer en un instrument d'allongement de la durée du litige, le législateur est amené à fixer les délais de la conciliation. La phase de la conciliation ne devrait pas excéder la période de quatre vingt dix jours, à partir de la première audience, prorogeable, éventuellement, pour un délai maximum de trente jours sur la base d'une demande motivée du juge rapporteur. De même, l'article 60 du code n'autorise l'ajournement de l'audience qu'une seule fois, en cas d'absence du contribuable ou du représentant de l'administration. D'un autre côté, afin de garantir l'efficacité de la phase de conciliation, le législateur a prescrit au juge rapporteur de faire de son mieux pour rapprocher les points de vues de l'administration et du contribuable et d'établir, en tout état de cause, un rapport détaillé de ses travaux et les résultats auxquels il est parvenu qu'il remet au président du tribunal. L'intérêt de ce rapport consiste à informer le tribunal de tous les éléments et les données du litige, contribuant ainsi à préparer le règlement de l'affaire.

b- L'attribution de la compétence en matière de contentieux d'imposition au tribunal de première instance

1477- La rénovation fondamentale opérée par le code des DPF est relative à la consécration de la compétence du tribunal de première instance en matière de contentieux d'imposition et corrélativement la suppression de la commission spéciale de taxation d'office. A cet égard, l'article 54 du code prévoit que les tribunaux de première instance sont compétents pour statuer, en premier ressort, sur les recours portant oppositions contre les arrêtés de taxation d'office ou relatifs à la restitution de l'impôt[974]. A noter que lors de la discussion du projet du code des DPF, la commission parlementaire est allé même plus loin en proposant la constitution de chambres fiscales au sein des tribunaux de première instance et ce, vu la spécificité du domaine fiscal. Le ministre des finances a salué cette proposition et a promis sa concrétisation lors de la révision des textes réglementaires relatifs à l'organisation interne des tribunaux[975]. Le tribunal de première instance territorialement compétent est celui dans la circonscription de laquelle se trouve le service de l'administration fiscale en charge du dossier.

1478- Même si l'attribution du contentieux fiscal au juge civil présente pour certains plusieurs inconvénients et n'hésitent pas donc à critiquer sévèrement cette solution[976], il est indiscutable que, dans le contexte tunisien, le fait de confier la compétence en matière de contentieux d'imposition au tribunal de première instance est de nature à satisfaire plusieurs garanties au profit du contribuable.

---

[974] En application de l'article 53 du code des DPF, l'action en restitution fait désormais partie intégrante du contentieux de l'assiette. A ce titre, comparativement à l'ancien régime du contentieux fiscal, le nouveau régime introduit par le code des DPF a élargi le champ de compétence du juge de l'impôt en matière du contentieux d'assiette. Il est à noter qu'avant l'introduction du code des DPF aucun recours contentieux n'était prévu en matière de restitution de l'impôt. Cet élargissement constitue bien entendue une garantie supplémentaire au profit du contribuable.

[975] Voir Débats parlementaires, JORT n°39 du 26 juillet 2000, p. 1930. il ya lieu de noter que la compétence normative en matière d'organisation des tribunaux relève, en application des articles 34 et 35 de la constitution, du pouvoir réglementaire autonome.

[976] Ces critiques sont valables, notamment dans les pays qui consacrent le système de la dualité juridictionnelle : juridiction civile et juridiction administrative. A titre d'exemple, Cf. l'opinion de Laurence VAPAILLE, La doctrine administrative fiscale , L'HARMATTAN 1999, p. 82 et s. Dans le même sens, voir : Jean-Pierre CHEVALIER et Jacques CROSCLAUDE, L'apport de la jurisprudence judiciaire au droit fiscal, in « le juge fiscal (ouvrage collectif sous la direction de Robert HERTZOG, Economica, collection « Finances Publiques », 1988).

1479- Tout d'abord, la garantie de la compétence est satisfaite dès lors que le tribunal de première instance siège selon une formation composée de trois juges professionnels spécialistes en matière fiscale et qui disposent d'une formation juridique assez solide.

1480- Ensuite la garantie de l'indépendance et de la neutralité est également assurée par l'attribution de la compétence contentieuse à une instance parfaitement juridictionnelle composée exclusivement de juges professionnels relevant de l'ordre judiciaire. Il est à rappeler à cet égard, que l'indépendance de l'autorité judiciaire est un principe fondamental qui est consacré par notre constitution depuis 1959[977].

1481- Enfin, la garantie de l'objectivité est recherchée par le choix du législateur d'attribuer la compétence contentieuse au tribunal de première instance à travers une formation collégiale composée de trois juges. Ce choix constitue certainement une solution pertinente qui servira les intérêts légitimes du contribuable.

2) Les garanties du contribuable au niveau des procédures suivies devant le juge de l'impôt

1482- En attribuant la compétence en matière de contentieux d'imposition aux tribunaux civils relevant de l'ordre judiciaire, le législateur avait en même temps voulu consacrer la poursuite des procédures en vigueur à l'intérieur de cet ordre, ce qui explique le renvoi quasi-régulier aux dispositions du code de procédure civile et commerciale. Néanmoins, comme le remarque pertinemment Le Professeur Mohamed Ridha JENAYEH, ce renvoi ne devrait pas caché, en fait, la véritable nature des procédures suivies au sein du code des DPF[978]. Il s'agit de procédures inquisitoires ayant un caractère spécifique[979].

1483- Ces procédures inquisitoires « ouvrent au juge la possibilité de manier les moyens de preuves de manière active à l'instar du juge

---

[977] L'article 65 de la constitution dispose que « l'autorité judiciaire est indépendante ; les magistrats ne sont soumis dans l'exercice de leurs fonctions qu'à l'autorité de la loi ».

[978] Cf. Med Ridha JENAYEH, Rapport introductif, du colloque à propos du code des droits et des procédures fiscaux (en arabe), Centre des études juridiques et judiciaires et faculté de droit et des sciences économiques et politiques de Sousse , tenu à Sousse les 24 et 25 novembre 2000, p. 9.

[979] Cf. Sghaïer ZAKRAOUI, Les garanties du contribuable (en arabe), in colloque à propos du code des droits et des procédures fiscaux, organisé par l'institut supérieur de comptabilité et d'administration des entreprises les 13 et 14 novembre 2001, p. 8 et s.

répressif »[980]. Le caractère inquisitoire des procédures suivies dans la phase judiciaire se manifeste, notamment, à travers le rôle dynamique du juge rapporteur dans la direction de l'affaire, la recherche de la vérité et son initiative en matière de conciliation afin de trancher le litige.

1484- Au delà de ces considérations à propos de la spécificité de la procédure fiscale contentieuse, consacrée par le code des DPF, les nouveautés les plus fondamentales qui sont apportées par ce code et qui constituent incontestablement des acquis importants, consolidant les garanties du contribuable dans ce domaine, sont, d'une part, l'institution du double degré de juridiction et, d'autre part, la consécration du droit de la défense.

a- L'institution du double degré de juridiction

1485- Le principe du double degré de juridiction signifie que pour tout jugement rendu en premier ressort il existe une juridiction supérieure devant laquelle ce jugement est susceptible de faire l'objet d'un recours en réformation ou en annulation[981]. Ce principe constitue bien une garantie fondamentale pour tout justiciable. Il permet à ce dernier de bénéficier de toutes les étapes du contentieux tout en renonçant au caractère définitif des jugements. A cet égard, l'initiative législative consistant à consacrer ce principe en matière fiscale, dans le cadre du code des DPF, s'insère dans une orientation plus générale visant à faire bénéficier l'ensemble des justiciables de cette garantie[982].

1486- La consécration de ce principe est considérée comme condition fondamentale d'une meilleure organisation de la justice, en général, et constitue, en même temps une garantie certaine pour l'ensemble des justiciables. Il offre au contribuable le cadre idéal qui lui assure un procès fiscal juste et équitable. En ce sens le Professeur N. BACCOUCHE n'hésite pas à rappeler que l'institution d'un double

---

[980] Y. BEN ACHOUR, le contentieux administratif et droit de procédures administratives en Tunisie (en arabe), 2ème édition, Centre de publication universitaire, 1998, p. 82.

[981] Daniel RICHER, Les droits du contribuable dans le contentieux fiscal, LGDJ 1997, p. 141.

[982] Voir, à titre d'exemple, la loi n° 59-94 du 23 mai 1994 qui a abandonné le caractère définitif des jugements du tribunal cantonal rendus en matière de pensions lorsque leur montant annuel fixé par le juge n'excède pas 240 dinars ; la loi n° 43-2000 du 17 avril 2000 qui a institué la règle du double degré de juridiction en matière pénale ; la loi organique n° 97-2001 du 24 juillet 2001 portant modification de la loi n° 40-72 du 1er juin 1972 relative au Tribunal administratif, qui a également institué le même principe en matière du recours pour excès de pouvoir devant le Tribunal administratif. Plus récemment, le principe a été également consacré dans le contentieux immobilier.

degré de juridiction « a été considérée comme une réforme indispensable de notre justice fiscale »[983].

1487- Plus particulièrement, ce principe offre au contribuable une garantie réelle. D'un côté, il suppose que les juges qui vont intervenir en phase d'appel sont naturellement plus compétents et plus expérimentés que leurs homologues qui ont déjà statué en premier ressort. Comme le note L. ASSELIN dans sa thèse, « le second examen du litige par des juges plus nombreux ou plus expérimentés apporte de l'apaisement, de la sécurité dans toute la mesure du possible »[984].

1488- D'un autre côté, ces mêmes juges d'appel qui examinent l'affaire une deuxième fois reçoivent le dossier tout prêt, sachant que les investigations et instructions nécessaires ont déjà été effectuées durant la phase primaire. Lorsque l'affaire est portée en appel « très souvent le dossier est expurgé des détails inutiles et le litige est mieux centré »[985]. Dans ce cas l'attention des juges d'appel sera donc focalisée sur les questions qui ont échappé à l'étude et à la discussion en premier ressort, et qui peuvent avoir une influence certaine sur l'issu du litige[986].

1489- Enfin, dans l'hypothèse où le juge du premier degré a commis une erreur quelconque (de droit ou de fait), il est toujours possible de la rectifier. En effet, naturellement « les juges sont faillibles, et compte tenu de la gravité des décisions qui peuvent être prononcées, il est bon qu'un second juge, d'un rang plus élevé, puisse éventuellement rectifier les erreurs du premier »[987]. A cet égard, le recours en appel a bien un effet dévolutif, ce qui signifie que le juge d'appel soit ressaisi de l'ensemble du litige porté devant la juridiction du premier degré, sans aller au-delà des questions litigieuses soumises au premier juge, et la voie de l'appel permet donc une révision complète et totale de la décision rendue par le juge du premier ressort ; il s'agit en fait d'une nouvelle décision[988].

1490- Dans cette perspective, l'article 67 du code des DPF dispose que les jugements du tribunal de première instance, rendus dans les

---

[983] N. BACCOUCHE, Pour une réforme du contentieux fiscal tunisien, étude précitée, p. 68.

[984] L. ASSELIN, Le double degré de juridiction, Thèse, Paris, édition Pedone, 1934, p. 16.

[985] R. PERROT, ouvrage précité, p. 83, n° 79.

[986] Cf. R. CHAPUS, ouvrage précité, n° 964.

[987] R. PERROT, Institutions judiciaires, Paris, Montchrestien 7ème édition, 1995, p. 83, n° 79.

[988] R. CHAPUS évoque clairement cette idée en disant que « l'appel est intimement lié à la considération qu'un litige doit pouvoir être jugé deux fois », ouvrage précité, p. 866, n° 964.

recours portant oppositions contre les arrêtés de taxation d'office ou relatifs à la restitution de l'impôt, sont susceptibles d'appel devant la cour d'appel territorialement compétente, dans un délai de trente jours à compter de la date de signification du jugement. Le recours en appel « remettra la chose jugée en question devant la juridiction d'appel pour qu'il soit à nouveau statué en fait et en droit »[989].

1491- Par ailleurs, cette tentative d'institution du double degré de juridiction en matière fiscale aura, nécessairement, des répercussions positives sur la qualité des jugements rendus par le tribunal de première instance. On pourrait s'attendre à ce que ces derniers soignent beaucoup plus les motivations de leurs décisions, en tenant compte notamment de tous les moyens évoqués par les parties au litige et ce, afin d'éviter le risque d'infirmation par les juridictions supérieures.

b- La consécration du droit de la défense

1492- Le droit de la défense est un principe qui revêt une importance particulière en matière fiscale. Ceci est d'autant plus vrai que ces litiges mettent en jeu des sommes considérables et concernent deux parties caractérisées par leur relation déséquilibrée qui sont l'administration fiscale et le contribuable. La protection du droit de la défense nécessite la consécration d'une série de principes et de règles qui garantissent une solution juste et équitable du procès fiscal, à savoir : le principe du contradictoire, l'obligation de motiver les décisions judiciaires, le droit du contribuable de choisir un représentant devant les tribunaux.

1- le principe du contradictoire[990]

1493- Ce principe signifie que chaque partie a un droit de regard sur les conclusions et moyens avancés par la partie adverse et la possibilité de les discuter et de les contester[991]. Ce qui implique, selon D. RICHER, que les parties soient mises en mesure de s'expliquer au cours de la procédure d'instruction, qui est écrite, devant les juridictions statuant en

---

989 « Cour d'appel », Jurisclasseur procédures fiscales, fasc. N° 458, p. 3, n° 2.

990 Certains auteurs préfèrent employer l'expression plus pertinente « principe de la contradiction ». En effet, on a relevé que l'expression « principe du contradictoire » constitue une impropriété de langage, car elle est formée à partir d'un adjectif auquel il est donné le sens d'un substantif, et ceci sans aucune nécessité puisque le substantif existe bien. Sur cette question cf. GOHIN O., La contradiction dans la procédure administrative contentieuse, LGDJ 1988.

991 Sur le principe du contradictoire, voir Droit et pratique de la procédure civile, Dalloz Delta 1998, n° 2155 et s.

matière fiscale ; les intéressés doivent aussi avoir la faculté de présenter des observations orales à l'audience dont elles auront été avisées suffisamment à l'avance pour prendre à cet effet toutes dispositions de nature à assurer la défense de leurs droits[992].

1494- Le nouveau code des DPF a consacré le principe du contradictoire à deux niveaux : Tout d'abord, au niveau du recours contentieux. A cet effet, l'article 55 du code des DPF a imposé au contribuable, qui désire s'opposer à l'arrêté de taxation d'office, de signifier une copie de sa requête, accompagnée des pièces justificatives, aux services de l'administration fiscale. Ensuite, en cours d'instance, l'article 60 du code des DPF a fait un renvoi aux dispositions du code de procédure civile et commerciale concernant le déroulement de l'instance devant le tribunal de première instance. Or, on sait très bien que le code de procédure civile et commerciale a consacré le principe du contradictoire. En ce sens l'article 83 de ce code dispose que les avocats des parties continuent à échanger des conclusions sans autres formalités que la signature de l'avocat recevant les conclusions.

1495- Mieux encore, le code des DPF semble garantir de manière beaucoup plus parfaite le principe du contradictoire. Ceci se manifeste plus particulièrement à travers l'orientation législative dans le sens d'un allongement des délais et ce afin de permettre aux deux parties au procès de bénéficier d'un délai suffisant pour mieux préparer leur moyen de défense. Tout d'abord, le délai de recours formés contre les services de l'administration fiscale est porté à soixante jours à compter de la date de la notification de l'arrêté de taxation d'office ou de l'expiration du délai imparti pour donner suite à la demande de restitution[993]. Ensuite, le délai de comparution à l'audience pour l'affaire ne doit pas être inférieur à trente jours à compter de la date de la signification à l'administration d'une copie de la requête introductive d'instance[994]. Enfin, le délai de l'appel est fixé par l'article 67 du code des DPF à trente jours à compter de la date de notification du jugement[995].

---

[992] Daniel RICHER, Les droits du contribuable dans le contentieux fiscal, LGDJ 1997, p. 189.

[993] Sous l'ancien régime ce délai était fixé à trente jours seulement.

[994] Pour les affaires civiles devant le tribunal de première instance, l'article 70 du code de procédure civile et commerciale a fixé un délai général d'ajournement qui ne peut être inférieur à 21 jours.

[995] C'est un délai relativement plus long comparativement au délai général d'appel fixé par l'article 141 du code de procédure civile et commerciale qui est un délai de vingt jours seulement.

2- l'obligation de motiver les décisions

1496- La motivation des décisions juridictionnelles est destinée avant tout à permettre aux parties de connaître les raisons pour lesquelles le juge a porté son choix sur telle solution plutôt que telle autre, après avoir confronté les positions et arguments des adversaires, mais aussi à rendre possible une contestation en tant que besoin devant les juridictions d'appel ou de cassation, en mettant celles-ci en mesure d'exercer leur contrôle[996]. A ce titre, ce principe constitue une garantie fondamentale au profit du contribuable à divers niveaux. D'une part, la motivation contenu dans le jugement rendu par le tribunal donne l'occasion au contribuable, et à tout justiciable en général, de s'assurer sur le fait que le tribunal a bien statué sur toutes les demandes et moyens soutenus par lui. D'autre part, la motivation des décisions permet au contribuable de savoir les bases sur lesquelles s'est fondé le tribunal pour rendre son jugement et ce, afin d'être en mesure par la suite de les contester et de les discuter devant le juge d'appel. Par ailleurs, la motivation des jugements contribue à fonder la conviction du contribuable à l'égard de la justesse de l'attitude adoptée par le tribunal et cela pourrait éventuellement l'inciter à renoncer à tout recours contre son jugement.

1497- Ce caractère obligatoire de la motivation, qui a fait d'ailleurs l'objet d'une reconnaissance par la jurisprudence française depuis assez longtemps[997], a été introduit, tout d'abord, sous l'ancien régime par l'article 71 I du code de l'IRPP et de l'IS, alors même qu'à l'époque les décisions de la commission spéciale de taxation n'étaient susceptibles que d'un recours, assez étroit, en cassation. Le ralliement actuel du contentieux fiscal aux procédures contentieuses de droit commun fait peser aux juges de fond l'obligation de se conformer, dans la rédaction de leur sentence, aux énonciations obligatoires prescrites par la loi, dont notamment la nécessité de motiver leurs décisions[998].

3- Le choix d'un mandataire devant les tribunaux

1498- C'est le droit reconnu au contribuable de choisir une personne de son choix afin de l'assister ou le représenter devant les tribunaux statuant en matière fiscale. Ce droit présente plusieurs particularités comparativement au droit commun tel qu'il est prévu par les

---

[996] D. RICHER, ouvrage précité, p. 237.

[997] CE 28 juillet 1834, Delucenaye : S. 1834. II.628.

[998] Ces énonciations sont prévues par l'article 123 du code de procédure civile et commerciale qui cite dans son alinéa 5 :**Les motifs en fait et en droit.**

dispositions du code de procédure civile et commerciale. D'une part, il s'agit d'un simple droit laissé à la discrétion du contribuable, cela veut dire, que c'est une possibilité attribuée au contribuable qui peut toujours y renoncer et exercer personnellement son droit dans le recours contentieux. En ce sens l'article 55 du code des DPF dispose que le recours formé contre les services de l'administration fiscale, est porté devant le tribunal de première instance...au moyen d'une requête écrite établie par le contribuable ou par un mandataire désigné à cet effet conformément à la loi ; de même, l'article 57 du même code prévoit que le contribuable peut poursuivre le déroulement de l'instance par lui-même ou par un mandataire désigné à cet effet conformément à la loi. En revanche, dans le cadre des autres litiges devant le tribunal de première instance, le recours à un avocat est obligatoire conformément à l'article 68 du code de procédure civile et commerciale.

1499- D'autre part, les articles 55 et 57 précités ont laissé au contribuable la liberté totale de choisir son mandataire. Ce dernier peut être un avocat, un conseil fiscal, un salarié de l'entreprise ou autre.

1500- Toutefois, tant les dispositions de l'article 57 que celles de l'article 67 du code des DPF ont été modifiées par l'article 6 de la loi n° 2006-11 du 6 mars 2006. En vertu de ces modifications, il est désormais prévu qu'aussi bien en première instance qu'en appel, « le ministère d'avocat est obligatoire lorsque le montant de la taxation d'office ou de celui relatif à la demande en restitution est supérieur à 25.000 dinars ». Il en découle que le législateur a imposé, à partir de la date d'entrée en vigueur de la loi du 6 mars 2006, une règle générale en vertu de laquelle le ministère d'avocat devient obligatoire lorsque l'objet des affaires portées devant le tribunal de première instance ou la cour d'appel dépasse le seuil de 25.000 dinars. Autrement dit, seules les petites affaires, en deçà de ce montant, continuent à bénéficier de la dispense du ministère d'avocat, qui continue dans ce cas à revêtir un caractère purement facultatif.

1501- En revanche, dans les grosses affaires (montant litigieux est supérieur à 25.000 dinars), selon une opinion de la doctrine, « le contribuable, en sa qualité de demandeur à l'action, se trouve obligé de se faire représenter par un avocat aussi bien pour présenter la requête introductive d'instance que pour le suivi du déroulement de l'instance y compris l'audience de la conciliation assurée par le juge rapporteur »[999].

---

[999] Cf. Sami KRAIEM, Le ministère d'avocat dans le contentieux fiscal, RTF n° 6, p. 42. Cette opinion est, à notre avis, contestable dans la mesure où en matière fiscale, y compris la procédure fiscale contentieuse, ce qui compte pour déterminer la légalité d'une interprétation, c'est la lettre du texte et non pas son esprit. En l'état actuel des

B/ Les limites de la réforme du contentieux fiscal

1502- En dépit des divers acquis réalisés par le contribuable tunisien au niveau de la réforme récente du contentieux fiscal, il semble que ce dernier souffre encore de certaines insuffisances et il est même marqué, sur certains points, par une régression fâcheuse comparativement au système précédent. Parmi les principales défaillances qui discréditent l'œuvre de la réforme, nous pouvons plus particulièrement signaler : la remise en cause du caractère suspensif du recours juridictionnel, l'inefficacité de la conciliation judiciaire et la préservation de certaines prérogatives exorbitantes au profit de l'administration fiscale.

1) La remise en cause du caractère suspensif du recours juridictionnel

1503- Les recours juridictionnels effectués contre les services fiscaux ne représentent véritablement une garantie réelle au profit du contribuable que si ces recours sont suspensifs et mettent le contribuable à l'abri de toute action en exécution émanant du fisc, du moins jusqu'à ce que le juge de l'impôt rende sa décision définitive. Or, la récente réforme du contentieux fiscale, consacrée par le nouveau codes des DPF, recèle sur ce point une faille importante Par rapport à l'ancien régime elle représente une régression regrettable. En effet, le caractère suspensif des recours juridictionnels est remis en cause tant dans le cadre de la phase primaire devant le tribunal de première instance, qu'en cas de recours en appel devant la cour d'appel.

a- La remise en cause du caractère suspensif du recours en premier ressort

1504- En application de l'article 52 du code des DPF, l'arrêté de taxation d'office est exécutoire nonobstant les actions en opposition y afférentes. Cette règle consacre le caractère exécutoire de l'arrêté de taxation d'office. Ce dernier est exécutoire même dans l'hypothèse où il fait l'objet d'une contestation par le contribuable devant le tribunal de

---

textes, le suivi du déroulement de l'instance, y compris l'audience de conciliation pourrait être confié à une autre personne, autre qu'un avocat, à condition qu'il soit légalement habilité. Il semble que la jurisprudence la plus récente penche vers ce type d'interprétation.

première instance territorialement compétent. En conséquence, les droits en principal ainsi que les pénalités de retard que cet arrêté comporte sont constatés dans les écritures du receveur et poursuivis en recouvrement dès la notification dudit arrêté.

1505- Cette disposition est la manifestation de l'une des prérogatives de la puissance publique à savoir « le pouvoir de prendre des décisions s'imposant par la seule volonté de leur auteur »[1000]. Corollaire du privilège de la décision exécutoire, le principe du caractère non suspensif du recours permet à l'administration d'appliquer ses décisions même celles faisant l'objet d'une contestation judiciaire. Le caractère exécutoire de l'arrêté de taxation d'office a été justifié par le fait que ce dernier a retrouvé sa nature d'acte administratif et, de ce fait, il est soumis aux mêmes principes régissant les recours contre les actes administratifs[1001]. Il semble que dans ce domaine, l'apport du nouveau code des DPF constitue, irréfutablement, une régression certaine par rapport à l'état de la législation en vigueur sous l'ancien régime, dans le cadre de laquelle, il était automatiquement attribué, à l'appel interjeté contre l'arrêté de taxation d'office, un effet suspensif[1002].

1506- La doctrine a sévèrement critiqué cette insuffisance en soutenant que « le fait de donner le caractère exécutoire à l'arrêté, en tant qu'acte administratif, est de nature à attribuer des privilèges et une protection de l'arrêté pris par l'administration fiscale dans un domaine où l'égalité des chances entre l'administration fiscale et le contribuable doit être respectée et il conduit à la réduction des garanties du contribuable »[1003]. Ceci ne peut qu'aller dans le sens de la consolidation de l'idée de sanction et de la réduction des garanties du contribuable.

1507- Toutefois, afin de tempérer la rigueur de la règle de l'effet non suspensif du recours, le législateur a prévu une importante exception. En effet, l'article 52 précité prévoit en outre que l'exécution de l'arrêté est suspendue par le paiement de 20% du montant de l'impôt en principal ou par la production d'une caution bancaire pour le même montant, et ce dans un délai de soixante jours à compter de la date de la notification[1004]. Néanmoins, cette mesure de suspension n'est pas

---

[1000] R. CHAPUS, Droit administratif général, Paris, Montchrestien, 14ème éd. 2000, p. 491, n° 668.

[1001] Débats parlementaires, séances du mercredi 26 juillet 2000, n° 39, p. 1929.

[1002] Voir l'ancien article 67 VI du code de l'IRPP et de l'IS. Toutefois, l'effet suspensif était expressément exclu par le paragraphe VII du même article 67, lorsque la taxation porte sur des retenues non effectuées, insuffisantes ou encore non reversées.

[1003] A. ABOUDA, ouvrage précité, p. 184.

[1004] Dans le cas où le contribuable présente une caution bancaire, le montant de l'impôt objet de la caution donne lieu à un recouvrement auprès de l'établissement bancaire à

applicable à l'impôt en principal et aux pénalités administratives exigibles en matière de retenues de l'impôt à la source[1005].

1508- A première vue, la règle du caractère exécutoire de l'arrêté de taxation d'office semble dérogée au principe général du caractère suspensif du recours contentieux et c'est pour cette raison qu'elle a fait l'objet de nombreuses objections lors de la discussion du projet du code.

1509- La réponse avancée par le ministre des finances comporte deux fondements qui peuvent paraître contradictoires[1006]. Il a été précisé en premier lieu, que la réforme du contentieux mise en place par le code des DPF a contribué à restituer à l'arrêté de taxation d'office son caractère d'acte administratif, d'où il y a lieu de lui appliquer, en principe, toutes les règles concernant les acte administratifs et notamment celles relatives à l'exécution immédiate de ces actes, nonobstant les procédures d'opposition qui leur sont applicables. En second lieu, que pour tenir compte de la spécificité de la matière fiscale qui résulte notamment du fait que la taxation d'office repose, dans plusieurs cas, sur des présomptions de droit et de fait, l'article 52 du projet du code des DPF a prévu l'assouplissement de la règle de l'exécution immédiate de l'arrêté de taxation d'office en permettant au contribuable de bénéficier de la suspension d'exécution en cas de paiement de 30%[1007] des droits réclamés dans un délai de soixante jours à compter de la date de la notification de l'arrêté.

1510- Cette justification n'a pas convaincu la doctrine qui persiste dans la contestation du caractère exécutoire de l'arrêté de taxation d'office[1008]. Certes, il est admis que l'acte administratif bénéficie du privilège du préalable[1009] qui entraîne une exécution immédiate puisqu'il

---

l'expiration d'une année à compter de la date de la notification de l'arrêté de taxation d'office ; dans ce cas l'établissement bancaire garant ne peut pas opposer aux services du recouvrement, la poursuite des biens du contribuable.

1005 L'exclusion de la suspension dans cette matière est justifiée par le fait que ces sommes sont réellement à la charge de tiers, et le rôle du redevable est simplement la collecte de l'impôt. Il est à signaler que dans la rédaction initiale de l'article 52 cette exclusion a été également étendue aux droits dus au titre de la TVA et des droits de timbre.

1006 Voir Débats parlementaires, JORT n° 39 du 26 juillet 2000, p. 1929.

1007 Le taux de 30% initialement prévu par l'article 52 du code des DPF a été réduit, suite à une nouvelle intervention législative, à 20% par l'article 3-1 de la loi n° 2002-1 du 8 janvier 2002.

1008 A titre d'exemple, cf. l'opinion de M. Abdelmajid ABOUDA, ouvrage précité p. 183 et s.

1009 Sur cette notion, voir Y. BEN ACHOUR, Droit administratif, CPU, Tunis 2000, p. 444 ; T. BOU ACHBA, Eléments de droit administratif tunisien (en arabe), CREA, Tunis 1995, p. 306.

signifie que les décisions de l'administration bénéficient d'une présomption de légalité ; il conduit à la règle selon laquelle l'administration peut recourir à l'exécution d'office. En effet, contrairement au droit anglo-saxon qui impose à l'administration de faire reconnaître ses droits avant de les exécuter, en cas de résistance de l'administré, le droit tunisien, inspiré du droit français, n'oblige pas l'administration à suspendre l'application de ses actes à une « validation » par le juge. L'acte est exécutoire de plein droit et produit immédiatement ses pleins effets. Si l'administré conteste sa légalité, il n'a aucun moyen de s'y opposer. Sa résistance n'oblige pas l'administration à requérir l'intervention du juge et à se placer en situation de demandeur. Au contraire, c'est l'administré, qui dans ce cas, sera obligé d'aller devant le juge pour demander l'annulation de l'acte.

1511- Cependant, il est également précisé que l'arrêté de taxation d'office est un acte administratif d'une nature toute particulière, son caractère exécutoire peut avoir pour effet la réduction, voire le déclin des garanties du contribuable. Ceci se manifeste tant lorsqu'il est pris à l'issu d'une procédure contradictoire qu'à la suite d'une procédure unilatérale.

1512- En effet, l'arrêté de taxation d'office peut être pris à la suite d'une divergence, dans le cadre d'une procédure contradictoire de vérification et de redressement, entre la position de l'administration et celle du contribuable. Il peut être pris, en outre, à titre de sanction dans le cas où les résultats de la vérification n'ont pas fait l'objet d'une réponse écrite dans un délai de trente jours à compter de la notification des redressements ou encore dans le cas de défaut de dépôt par le contribuable, des déclarations fiscales et des actes prescrits par la loi pour l'établissement de l'impôt, et ce, dans un délai maximum de trente jour à compter de la date de sa mise en demeure. Dans ces hypothèses, le fait de donner le caractère exécutoire à l'arrêté de taxation d'office fondé sur des présomptions de droit consolide l'idée de sanction et réduit considérablement les garanties du contribuable.

1513- De même, il est avancé que le caractère exécutoire de l'arrêté de taxation d'office s'oppose à l'idée de la conciliation qui caractérise la première phase juridictionnelle. Il est prescrit que durant cette phase, les deux parties, l'administration fiscale et le contribuable, peuvent convenir d'un arrangement[1010]. Or, le fait de donner le caractère exécutoire à l'arrêté de taxation d'office est en contradiction avec la notion d'arrangement, dans la mesure où il est assez difficile de

[1010] Voir l'article 60 § 4 du code des DPF.

concilier entre le paiement des droits et l'établissement d'un arrangement au titre de ces mêmes droits.

1514- Par ailleurs, quand bien même l'article 52 a prévu une exception à la règle du caractère exécutoire de l'arrêté de taxation d'office, subordonnant la suspension de son exécution à la condition d'avancer une somme égale à 20% du montant des droits dus en principal, dans la pratique, cette exception est loin d'effacer totalement le principe de son caractère exécutoire. Elle entraîne, en revanche, une exécution partielle dudit arrêté qui peut s'avérer, à son tour aussi préjudiciable aux intérêts du contribuable et constitue donc une réduction substantielle de ses garanties. Certes, dans l'hypothèse où le contribuable obtienne gain de cause, il aura droit à des intérêts moratoires, mais « cette réparation sera souvent tardive et le contribuable aura été privé, pendant une période assez longue, de sommes importantes, parfois indispensables à la bonne marche de ses affaires »[1011], si ces dernières n'ont pas été déjà compromises du fait de ladite exécution.

b- La remise en cause du caractère suspensif du recours en appel

1515- En application du troisième alinéa de l'article 67 du code des DPF, l'appel interjeté contre les jugements de première instance rendus dans les recours relatifs à la taxation d'office n'est pas suspensif de l'exécution de ces jugements. Il est à rappeler que l'exclusion de l'effet suspensif de l'appel en matière fiscale constitue une exception du principe consacré par le code de procédure civile et commerciale qui prévoit que l'appel suspend l'exécution du jugement ayant fait objet de l'appel. Trois justifications sont généralement avancées par la doctrine pour expliquer cette exception.

1516- En premier lieu, la cour d'appel, lorsqu'elle examine en appel les décisions du tribunal de première instance rendues en matière fiscale, est en train d'exercer une compétence juridictionnelle administrative. Or, la doctrine est unanime à considérer que les moyens de recours en matière du contentieux administratif sont dépourvus d'effet suspensif de l'exécution du jugement attaqué[1012], la règle du caractère non suspensif

---

1011 R. CHIROUX, L'institution du référé fiscal et son application pratique, RSF 1968, p. 406.

1012 René CHAPUS, ouvrage précité, n° 346 et 956 et s. ; PACTEAU B., Paradoxe et périls du principe de l'effet non suspensif de l'appel en contentieux administratif, in Mélanges R. CHAPUS, Montchrestien 1992, p. 457 ; G.E. LAVAU, D, Du caractère non suspensif des recours devant les tribunaux administratifs, RDP 1950.

du recours contentieux est même rangée « parmi les prérogatives les moins discutées de l'administration »[1013].

1517- En second lieu, comme le remarque le Professeur CHAPUS, en dépit du fait que l'exclusion de l'effet suspensif de l'appel présente des inconvénients qui se manifestent notamment lorsque la cour d'appel adopte une opinion contraire à celle qui a été consacrée par le juge du premier degré, ces inconvénients demeurent quand même moins graves que ceux qui résultent du principe de l'effet suspensif de l'appel[1014].

1518- Enfin, le principe de l'effet suspensif de l'appel ne s'impose pas au législateur qui conserve, dans ce domaine, sa pleine souveraineté. En effet, si l'article 146 du code de procédure civile et commerciale dispose, expressément, que l'appel des jugements en premier ressort a un effet suspensif, il a ajouté, également, l'expression suivante :« sauf disposition contraire de la loi ». Il en résulte que la solution consacrée par l'article 67 du code des DPF constitue bien une exception à la règle générale prévue par l'article 146 précité.

1519- Toutefois, l'exclusion de l'effet suspensif de l'appel est une règle qui s'applique exclusivement lorsque l'appel est interjeté par le contribuable. Ce qui veut dire que dans ce domaine le législateur n'a pas traité sur le même pied d'égalité l'administration fiscale et le contribuable. En effet, si l'appel interjeté contre les jugements rendus en premier ressort, en matière de taxation d'office, ne suspend pas l'exécution de ces jugements, il n'est possible de restituer les sommes acquittées en exécution d'un arrêté de taxation d'office qu'en vertu d'une décision définitive rendue en dernier ressort.

1520- Il en résulte que dans le cadre d'un même procès, à savoir le recours contre l'arrêté de taxation d'office, une partie, l'administration fiscale, bénéficie de la suspension de l'exécution du jugement non rendu en sa faveur, alors que l'autre partie, le contribuable, ne peut pas bénéficier de la suspension de l'exécution du jugement qui est rendu en sa défaveur. Ce qui constitue certainement une violation du principe d'égalité des deux parties dans le cadre du procès fiscal.

1521- Néanmoins, il faut noter qu'afin d'atténuer les effets de ce traitement discriminatoire de l'administration fiscale à l'égard du contribuable, le législateur avait institué au profit de ce dernier un droit consistant à réclamer au fisc des intérêts de restitution au taux de 0,5% sur la base des sommes recouvrées indûment en exécution de l'arrêté de

---

[1013] G.E. LAVAU, D, Du caractère non suspensif des recours devant les tribunaux administratifs, RDP 1950, p. 778.
[1014] R. CHAPUS, ouvrage précité, n° 957.

taxation d'office. Ces intérêts sont liquidés par mois ou fraction de mois expirés à compter de la date du recouvrement jusqu'à la date de la décision définitive de restitution.

2) L'inefficacité de la conciliation judiciaire

1522- Conformément aux dispositions de l'article 60 du code des DPF, le président du tribunal de première instance remet l'affaire à un juge rapporteur qui fait de son mieux pour rapprocher les points de vue de l'administration et du contribuable. L'objectif de ces dispositions est « d'inciter le juge à œuvrer dans le sens d'une conciliation de l'administration et du contribuable et ce, en créant un climat favorable pour trancher le litige à l'amiable »[1015]. Cependant, malgré le caractère ambitieux de ces objectifs, le code des DPF n'a pas doté le juge conciliateur de pouvoirs précis et de moyens légaux lui permettant d'exercer sa mission avec efficacité. Il doit donc agir dans le respect des principes de la neutralité énoncé par l'article 12 du code de procédure civile et commerciale[1016].

1523- A ce titre, le juge n'a pas l'obligation de constituer, compléter ou produire les moyens de preuves à l'appui des prétentions des parties. Il n'a pas non plus un pouvoir décisoire l'autorisant à arrêter une solution à partir des propositions formulées par les parties. Il ne dispose même pas d'un avis consultatif, à l'instar de l'ancienne commission de conciliation. Tout son rôle se résume à diriger le débat, à fixer le nombre des séances et à établir, en tout état de cause, un rapport détaillé de ses travaux et les résultats auxquels il est parvenu, qu'il remet au président du tribunal.

1524- Cela veut dire plus exactement que le véritable sort de la phase de conciliation judiciaire est pratiquement laissé entre les mains des deux parties. C'est à ces dernières de mesurer l'opportunité soit de renoncer à une partie de leurs prétentions soit de faire basculer le litige vers la phase judiciaire proprement dite si elles escomptent une solution plus prometteuse à son issus. Le juge conciliateur se contente à saluer

---

[1015] Voir la réponse du ministre des finances, Débats parlementaires, JORT précité, p. 1981.

[1016] Il semble que le législateur s'est inspiré, en matière fiscale, du rôle de conciliateur consacré précédemment par l'article 32 du code du statut personnel qui prévoit, à son tour, que le divorce n'est prononcé qu'après que le juge de la famille ait déployé un effort dans la tentative de conciliation demeuré infructueuse. Cependant, il faut signaler que l'objet du litige dans les deux domaines est loin de revêtir le même caractère.

l'accord ou à prendre acte du désaccord, il n'a aucun pouvoir effectif pour rallier les deux parties sur une solution déterminée.

1525- Or, si l'objet de la conciliation est simplement de relancer le débat contradictoire entre l'administration fiscal et le contribuable, ne risque t-elle pas de faire double emploi avec la phase pré juridictionnelle qui suit la notification des résultats de la vérification et qui a été même consolidée plus récemment[1017].

1526- Par ailleurs, même si l'on admettait que l'institution d'une procédure de conciliation, dans le domaine fiscal, est à la fois utile et indispensable, il semblerait que la programmation par le législateur de cette procédure au début de la phase judiciaire est inopportune et la ferait perdre, par là, une grande part de son efficacité.

1527- Pour le contribuable, la conciliation n'aura plus grand intérêt puisque soit il s'est déjà acquitté du montant prévu à l'arrêté de taxation d'office, soit il a fait l'avance de 20% du principal de l'impôt. Il n'est pas certain qu'il renoncera à ses droits pour conclure un accord de conciliation, il préférera plutôt attendre l'intervention d'un jugement. Pour l'administration fiscale, cette phase n'a pas grand intérêt puisque l'arrêté de taxation d'office est déjà pris par le ministre des finances ou son représentant. Il a une force exécutoire dès son apparition. Les agents de l'administration fiscale devraient donc veiller à l'exécuter intégralement.

1528- Comme « il est facile de barrer un fleuve à sa source qu'à son embouchure : mieux vaut aussi prévoir une voie plus rapide et plus souple que la procédure réellement contentieuse pour vider au plus tôt le différend »[1018]. En effet, il est indiscutable que le but ultime de la conciliation est de dénouer les litiges fiscaux dans les plus brefs délais. Dans cette perspective, il serait beaucoup plus opportun et assurerait certainement le maximum d'efficacité, si la procédure de conciliation était placée plus précocement, durant la phase préjuridictionnelle. Elle aura le plus grand avantage de mieux prévenir le contentieux fiscal. Ceci ne peut que servir l'ensemble des intérêts en jeu.

1529- Tout d'abord, cette solution satisfait les intérêts du fisc puisqu'elle contribue à réaliser beaucoup d'économie sur les délais de recouvrement en accélérant la rentrée de fonds dans les caisses de l'Etat. Elle joue ensuite en faveur du contribuable qui lui évite, à la fois, des coûts élevés inhérents aux recours juridictionnels, et l'incertitude à

[1017] Cf. les nouvelles mesures introduites par l'article 57 de la loi de finances pour l'année 2007.

[1018] L. TROTABAS et J.M. COTTERET, Droit fiscal, Paris, Dalloz, p. 255, n° 209.

l'égard de sa situation fiscale définitive. Elle avantage enfin les tribunaux qui échappent à tout risque d'encombrement et leur permet une meilleure gestion de leurs dossiers relatifs au contentieux fiscal.

3) La préservation de certaines prérogatives exorbitantes au profit de l'administration fiscale

1531- Le code des DPF est loin de consacrer un traitement égalitaire, en cours d'instance, entre les deux parties : le contribuable et l'administration fiscale. Il a plutôt attribué des pouvoirs spéciaux à l'administration fiscale, qui consiste, d'une part, à instituer un mécanisme de preuve plus favorable à cette dernière, et surtout, à lui octroyer le pouvoir de procéder au rehaussement ou à la réduction des résultats de la vérification.

a- L'institution de mécanise de preuve favorable à l'administration

1532- La charge de la preuve incombe au contribuable. Ceci résulte, tout d'abord directement des termes de l'article 65 du code des DPF, qui dispose que « le contribuable taxé d'office, ne peut obtenir la décharge ou la réduction de l'impôt porté à sa charge qu'en apportant la preuve de la sincérité de ses déclarations, de ses ressources réelles ou du caractère exagéré de son imposition ». Il résulte, ensuite, du fait de sa qualité de demandeur à l'instance conformément à l'article 420 du code des obligations et des contrats.

1533- En effet, cette règle paraît conforme au principe général qui exige que la charge de la preuve incombe à celui qui l'invoque. En contentieux fiscal « l'arrêté de taxation d'office transforme le contribuable en demandeur. L'administration occupe la place confortable de défendeur »[1019]. Cependant, si le contribuable est demandeur à l'action, il n'est pas pour autant, à l'origine du contentieux, la véritable contestation n'émane t-elle pas de l'administration qui a rejeté initialement la déclaration faite par le contribuable ? Le véritable défendeur n'est-il pas le contribuable, qui même s'il engage l'action contentieuse, ne fait que défendre ses droits contre les prétentions de l'administration, auteur de l'arrêté de taxation d'office ou du refus de restitution ?. En plus, l'équité n'exige t-elle pas « que ce soit la partie la

---

[1019] H. AYADI, ouvrage précité, p. 243.

plus faible qui soit avantagée et non pas la plus forte »[1020].

1534- Cette solution consacrée par le code des DPF est d'autant plus aberrante qu'elle s'applique, sans aucune distinction entre nature de contribuables, ni même entre degré de juridictions. D'une part, on ne pourrait pas mettre l'ensemble des contribuables, eu égard de leur comportement fiscal, dans le même panier. Contrairement au droit français, qui établit la distinction entre le contribuable honnête et le contribuable malhonnête, les termes de l'article 65 du code des DPF sont généraux. Or, il est de coutume en droit comparé de réserver un traitement plus favorable à l'égard des « bons contribuables », et d'être beaucoup plus rigoureux à l'égard des « mauvais contribuables » ou des « contribuables à risque »[1021]. D'autre part, En application de l'article 68 du code des DPF, qui renvoie lui-même à l'article 65, le contribuable continue à supporter la charge de la preuve, même devant la cour d'appel. Cette solution est d'autant plus choquante qu'elle trouve application, même si c'est l'administration fiscale qui a interjeté appel contre le jugement du tribunal de première instance.

b- Le pouvoir de procéder en cours d'instance au rehaussement ou à la réduction des résultats de la vérification fiscale

1535- L'article 46 du code des DPF accorde à l'administration fiscale une prérogative très importante. Il s'agit de la possibilité pour l'administration de procéder, par arrêté de taxation d'office, à rehausser les montants exigés alors même que le tribunal de 1ère instance ou encore la cour d'appel ait déjà rendu sa décision. A ce titre l'article 46 constitue une source d'insécurité pour le contribuable. Selon le Professeur N. BACCOUCHE, une telle prérogative est unique dans son genre, elle n'a jamais été consacrée par « la loi fiscale antérieure au code des DPF…(et) qui n'existe dans aucun pays proche »[1022].

1536- En outre, on a pu souligner que « les dispositions de l'article 46 font double emploi avec celle de l'article 38 et présente moins de garanties pour le contribuable »[1023]. Le fait de permettre à

[1020] P. PACTET, Essai d'une théorie de la preuve devant la juridiction administrative, Paris, édition Pédone 1952, p. 90.
[1021] Cf. Bernard PLAGNET, Les facteurs de la compétitivité fiscal d'un pays, article précité, p.27 ; Neji BACCOUCHE, L'environnement fiscal de l'entreprise à l'heure de l'internationalisation de l'économie : le cas de la Tunisien, article précité, p.87.
[1022] N. BACCOUCHE, article précité, p. 97.
[1023] KTATA AIDA, mémoire précité, p. 121.

l'administration de présenter la demande de rehaussement directement au tribunal de première instance prive le contribuable du bénéfice du dialogue contradictoire prévu en matière de vérification.

1537- Soulignant les dangers de cette prérogative administrative, un auteur a observé à juste titre : « que le législateur accorde à l'administration le droit de demander au juge en cours d'instance la révision des impôts exigés pour des motifs indiqués par la loi, cela est parfaitement logique. Mais que la loi donne à l'administration le pouvoir de prendre unilatéralement la décision de rehausser le montant d'une taxation annulée ou modifiée par le juge de fond (en première instance et en appel) cela peut conduire à remettre en cause des décisions de justice et à instaurer un contrôle fiscal continu et pratiquement interminable »[1024].

[1024] N. BACCOUCHE, article précité, p. 97.

CONCLUSION DE LA SECONDE PARTIE

1540- Dans le cadre de l'expérience tunisienne, notre recherche nous a permis de constater que malgré les efforts respectables, accomplis par le législateur, visant à améliorer les droits du contribuable, le statut de ce dernier demeure toujours amoindri, comparativement à ses homologues en droit comparé, et notamment chez nos principaux partenaires européens. Les diverses mesures législatives qui se sont succédées dans le temps n'ont pas réussi à créer un équilibre entre les prérogatives de l'administration fiscale et les garanties du contribuable.

1541- Tout d'abord, l'administration fiscale, dont la mission principale est l'application de la loi fiscale, jouait bien un rôle de premier plan en matière d'interprétation des textes fiscaux. Elle exprime sa doctrine administrative par plusieurs moyens. Il va de soi que toute application d'une norme exige au préalable une interprétation donnée. Cependant dans la pratique, l'administration fiscale dépasse souvent la stricte interprétation pour dénaturer le contenu de la norme interprétée, soit en ajoutant, soit en modifiant, soit même en retranchant certaines dispositions. De ce fait elle acquiert un véritable pouvoir normatif non contrebalancé par une protection spécifique des intérêts du contribuable, et à ce titre il est bien évidemment incompatible avec le principe de la légalité de l'impôt.

1542- Ensuite, au niveau de sa mission de contrôle, nous avons enregistré, une extension remarquable des prérogatives de l'administration en matière d'investigation; de vérification et de redressement. L'ampleur de ces prérogatives est d'autant plus menaçant que l'administration fiscale, dans leur manipulation, dispose d'une part non négligeable de « discrétionnarité ».

1543- Cette consolidation des prérogatives de l'administration fiscale ne s'était pas toujours accompagnée par un rehaussement parallèle des garanties du contribuable. Or, actuellement, au niveau des rapports entre l'autorité du contrôle et le contribuable, l'effectivité du principe de la légalité de l'impôt s'apprécie, notamment, à travers l'octroi au contribuable contrôlé de garanties certaines susceptibles de lui pourvoir une protection suffisante contre le pouvoir de contrôle de l'administration fiscale.

1544- A cet égard, l'effectivité du principe de la légalité fiscale, solennellement proclamé par notre constitution, est tributaire de la nécessité d'instituer des garanties supplémentaires au profit du contribuable. D'une part, il est urgent que le législateur donne à la doctrine administrative, dont l'ampleur et l'importance sont incontestables dans la pratique, l'encadrement juridique adéquat. Il est inadmissible que cette doctrine évolue depuis longtemps et actuellement en dehors de tout cadre légal.

1545- Plus particulièrement, afin d'éviter que la florescence de cette doctrine et le risque de sa transformation en un véritable pouvoir normatif plus ou moins précaire et menaçant la sécurité juridique, il y a lieu de doter le contribuable d'instruments légaux efficaces, lui permettant de se protéger contre cette doctrine administrative, notamment en ayant la possibilité d'invoquer son opposabilité à l'administration fiscale. D'autre part, des pas doivent également être franchis en vue de la consolidation des garanties du contribuable, faisant l'objet d'un contrôle fiscal. Il s'agit, tout d'abord, d'assurer une protection plus substantielle des libertés fondamentales du contribuable et plus particulièrement, l'inviolabilité du domicile et le secret professionnel. Ensuite, il est impératif de parfaire notre justice fiscale par la correction des principales imperfections qui entachent le système mis en place, plus récemment, par le code des DPF.

1546- En somme le législateur tunisien devrait être conscient que la nécessité de la lutte contre la fraude fiscale ne se fait pas exclusivement au moyen de l'octroi de prérogatives exorbitantes au profit de l'administration ou moyennant des dispositions excessivement répressives[1025]. L'octroi des garanties réelles au contribuable et l'instauration d'impositions modérées sont également considérés, dans la logique d'un système consacrant la légalité fiscale, comme étant « les véritables solutions durable à la fraude »[1026].

[1025] Un chiffre révélateur du souci des rédacteurs du code des DPF de dissuader le contribuable plutôt que de le rassurer : sur 111 articles qu'il comporte, 42 figurent dans la partie consacrée à la répression fiscale (les articles 70 à 111)

[1026] N. BACCOUCHE, article précité, p. 95.

CONCLUSION GENERALE

1600- Principe fondateur de la fiscalité moderne, le principe de la légalité de l'impôt demeure toujours, en dépit des multiples métamorphoses et avatars qu'il avait subies tout au long de son évolution historique, l'un des principes les plus fondamentaux du droit fiscal. Il dicte un mode déterminé de distribution de la compétence fiscale normative entre les différentes autorités de l'Etat et il gouverne l'application de la norme fiscale en encadrant les rapports qui s'établissent entre les divers acteurs du système fiscal, plus particulièrement, l'administration fiscale et le contribuable.

1601- Depuis ses premières manifestations, la principale fonction impartie à ce principe est la protection du contribuable, pour qui le prélèvement de l'impôt constitue une ponction sur son patrimoine, contre tout risque inhérent à l'exercice d'un pouvoir fiscal absolu et arbitraire. Historiquement, nous avons bien discerné la corrélation étroite qui existait entre d'une part, la naissance du principe de la légalité de l'impôt comme principe juridique qui gouverne à la fois le droit public et le droit fiscal, et d'autre part, le contexte politico-idéologique qui est marqué par l'avènement du régime démocratique sous l'impulsion de la doctrine libérale, en réaction contre l'absolutisme et l'arbitraire qui avait régné sous l'ancien régime.

1602- Cette interdépendance, confirmée dans l'expérience occidentale, entre le principe de la légalité de l'impôt qui domine le système fiscal et le contexte politico-idéologique qui détermine le statut de l'Etat, engendre inéluctablement une variabilité dans la portée de ce principe, en dépit de la permanence de sa fonctionnalité, à savoir, la réalisation de l'objectif de protection du contribuable.

1603- Ce principe exige d'une part, que la norme fiscale, quelque soit son auteur, fasse l'objet d'un contrôle juridictionnel rigoureux qui devrait être imparti aussi bien au juge de la légalité qu'au juge de la constitutionnalité, et d'autre part, que les rapports entre le contribuable et l'administration fiscale soient minutieusement encadrés par la loi afin de garantir un équilibre entre les prérogatives de l'administration et les garanties du contribuable, équilibre indispensable afin d'œuvrer en faveur d'une meilleure conciliation entre les deux impératifs d'un Etat démocratique et libéral, à savoir, la nécessité de lutte contre la fraude fiscale et la protection des libertés fondamentales.

1604- C'est précisément cette nouvelle portée du principe de la légalité de l'impôt qui tend, ces dernières années à atteindre une dimension universelle, concomitamment au triomphe planétaire du modèle de libéralisme politique. A ce titre, ce principe constitue bien un modèle de référence, notamment chez les Etats émergents, à l'instar de la Tunisie, qui ont choisi de s'insérer dans leur environnement international.

1605- Cependant, l'étude de l'effectivité du principe de la légalité de l'impôt en droit tunisien nous a permis de relever que s'il continue toujours à être officiellement proclamé en tant que principe fondamental ayant une valeur constitutionnelle, il est loin d'être parfaitement consacré, ni conformément à sa portée classique, ni, a fortiori, selon sa portée actuelle. D'ailleurs, ce résultat est incontournable pour tout principe pénétré dans l'ordre interne, non pas en tant qu'aboutissement d'une gestation naturelle ou même en réponse à une pression intérieure, mais sur la base d'un simple mimétisme juridique et institutionnel. De ce fait, nous partageons l'avis d'un auteur qui soutient que tout transfert de l'extérieur d'un système ou d'un modèle juridique engendre nécessairement une portée assez limitée[1027]. Ce même auteur a imputé ce résultat décevant aux nombreuses lacunes constatées dans la conception et la gestion des institutions reproduites, signe incontestable de sous-développement.

1606- Cette effectivité imparfaite du principe de la légalité de l'impôt en droit tunisien est bien confirmée aussi bien sur le terrain de la distribution de la compétence fiscale normative entre le gouvernement et le Parlement, qu'au niveau des rapports qui sont établis entre l'administration fiscale et le contribuable.

1607- En ce qui concerne la distribution du pouvoir normatif fiscal entre le Parlement et le Gouvernement, le dispositif en vigueur consacre tout d'abord une répartition verticale de la compétence fiscale, où relativement à certaines matières limitativement énumérées par la constitution, la compétence fiscale initiale appartient au Parlement, tandis que le pouvoir réglementaire intervient de manière dérivée et résiduelle dans le but d'exécuter la loi fiscale

1608- Avec la fragilisation du pouvoir du Parlement et l'extension corrélative du pouvoir gouvernemental, d'une part, et la relativisation du principe de la suprématie de la norme législative sur la norme réglementaire, d'autre part, le droit tunisien tend à consacrer une subordination relativement limitée et très faiblement contrôlée du pouvoir réglementaire par rapport au pouvoir législatif, marquant ainsi, sur ce plan, l'ineffectivité du principe de la légalité de l'impôt.

[1027] Cf. SEKA Paul, Le mimétisme fiscal des Etats d'Afrique, Thèse, Paris II 1993.

1609- En ce qui concerne l'encadrement des rapports qui s'établissent entre l'administration fiscale et le contribuable, le système en vigueur consacre un flagrant déséquilibre, privilégiant la suprématie de l'autorité administrative, corrélativement à un amoindrissement du statut du contribuable.

1610- Cette prédominance de l'administration fiscale sur le contribuable se manifeste aussi bien à travers l'exercice de son pouvoir normatif qu'à travers l'accomplissement de son pouvoir de contrôle. Dans tous les cas, à défaut de garanties légales attribuées au contribuable, ce dernier est menacé d'être insuffisamment protégé contre les pouvoirs exorbitants de l'administration. Or, l'absence de garanties suffisantes protégeant le contribuable ouvre, inéluctablement, la voie en faveur d'une application brutale de la réglementation fiscale par l'autorité administrative.

1611- De cette insuffisance des garanties octroyées au contribuable à l'occasion de son affrontement à l'ensemble des pouvoirs exercés par l'autorité administrative, nous concluons que dans ce domaine également le principe de la légalité de l'impôt est loin d'être effectif et perd en droit tunisien toute sa portée, telle qu'elle est consacrée actuellement dans la plupart des Etats démocratiques.

1612- En définitive, la mise en œuvre du principe de la légalité de l'impôt en droit tunisien peine à dépasser le stade formel et ce, en dépit de sa proclamation officielle par le texte de la constitution. Au fond, le droit positif est loin de consacrer totalement la portée de ce principe et a fortiori sa principale finalité qui est la protection du contribuable contre tout pouvoir fiscal arbitraire et abusif.

1613- Cependant, l'instauration de la légalité fiscale dans notre système juridique, demeure malgré tout, un idéal irréductible. Pour atteindre cet objectif, l'engagement de réformes de fond s'avère indispensable. Il y a lieu, d'une part, de réaménager dans le sens conforme aux exigences de la légalité fiscale les règles de la répartition de la compétence normative entre le Parlement et le Gouvernement ; d'autre part, il faut consolider davantage les droits du contribuable afin de lui procurer toutes les garanties nécessaires susceptibles de contrebalancer les prérogatives exorbitantes de l'administration fiscale ; et enfin il est impératif de renforcer le contrôle juridictionnel aussi bien de l'élaboration que de l'application des normes fiscales en vue de mieux assurer leur conformité à l'ensemble des normes relevant d'échelons supérieurs, et plus particulièrement la norme constitutionnelle qui est de plus en plus enrichie par la proclamation des droits et des garanties fondamentaux.

1614- Par ailleurs, en nous basant sur la corrélation étroite et l'articulation institutionnelle qui existait traditionnellement entre le système fiscal et le régime politique[1028], nous pouvons logiquement déduire que le principe de la légalité de l'impôt, en tant que principe fiscal, est par nature intimement lié à un mode de gouvernement qui puise ses fondements dans les grands principes démocratiques et libéraux. Par voie de conséquence, il n'est jamais envisagé une mise à niveau de notre système fiscal, tâchant à consacrer plus concrètement les impératifs de la légalité fiscale, en dehors d'une réforme politique de grande envergure qui enracine toutes les valeurs de la démocratie. En effet, nous ne devons pas perdre de vue que l'impôt, au sens moderne du terme, est avant tout une technique libérale et libératrice[1029], il en résulte que le chemin accompli vers la consécration effective du principe de la légalité fiscale serait forcément apprécié à l'aune du degré et de l'ampleur de la démocratisation du régime politique.

[1028] Sur l'articulation entre le système fiscal et le système politique, cf. BELAÏD Sadok, Système fiscal et système politique : quelques enseignements de l'histoire arobo-musulmane, in Mélanges en l'honneur de Habib AYADI, CPU 2000, p. 29 et. s.

[1029] Cf. Gabriel ARDANT, Histoire de l'impôt, Fayard, 1972, p. 9 et s. ; Slim CHELLI, Impôt, liberté et développement : Le cas de la Tunisie, RTD 1983, p. 307 et s. ; L. CHIKHAOUI, Constitution et impôt, Actualités juridiques tunisiennes, n° 14, 2000, p. 175 et s..

BIBLIOGRAPHIE INDICATIVE

I- THEORIE GENERALE DU DROIT

1° OUVRAGES

MARTY et RAYNAUD, Introduction générale à l'étude de droit, T1 1972 ;

OST François, VAN DE KERCHOVE Michel, Le système juridique entre ordre et désordre, 1ère éd., Paris, P.U.F, coll. « Les voies du droit », 1988 ;

PACTET P., Essai d'une théorie de la preuve devant la juridiction administrative, Paris, édition Pédone 1952 ;

LUCK R., Théorie générale de l'Etat et du droit ; Dalloz, 1974 ;

PERELMAN Chaim, Le raisonnable et le déraisonnable en droit, au-delà du positivisme juridique, Paris, L.G.D.J..., Bibliothèque de philosophie du droit, 1984 ;

RIPERT Georges, Le déclin du droit, Paris, L.G.D.J., 1949 ;

2° THESES ET MEMOIRES

BEN DJEMAA Taieb, Les effets de l'amnistie en droit tunisien, Mémoire D.E.A., Faculté de droit et des sciences politiques de Tunis, 1976 ;

CHAABANE Sadok, La fonction d'élaboration des règles : Processus législatif et structures parlementaires en Tunisie, Mémoire de DEA, Faculté de droit et de sciences politiques de Tunis, 1990 ;

MANSOURI Brahim, Le mimétisme institutionnel dans un pays en développement : La Tunisie ; Thèse, Université de Nice-Sophia Antipolis, Faculté de droit et des sciences économiques, 1994 ;

3° ARTICLES

AMSELEK Paul, - Le rôle de la pratique dans la formation du droit, R.D.P., 1983, p. 1471 et s. ;

- Le doute sur le droit ou la teneur indécise du droit; in « Le doute et le droit », Philosophie et théorie générale du droit, Paris, Dalloz, 1994, p. 57 et s. ;

BURDEAU Georges, Le déclin de la loi; Archives de philosophie du droit, 1963 n° 8, p.35 et s. ;
HOLLEAUX André, La fin des règles générales, B.I.I.A.P., 1976, n° 39, p. 7 et s. ;
OPPETIT Bruno, L'hypothèse du déclin du droit, Droit, revue française de théorie juridique, n° 4, 1986, p. 9 et s. ;
SAVATIER René, L'inflation législative et l'indigestion du corps social, D., 1977, I, chron. V, p. 43 et s. ;
TERRE François, La crise de la loi, A.P.D., tome XXV, 1980, Sirey, p. 17 et s. ;
VASSEUR Michel, Un nouvel essor du concept contractuel, les aspects juridiques de l'économie concertée et contractuelle, R.T.D.C. 1964 p. 5 et s. ;
VIANDIER A., La crise de la technique législative, Droits n° 4, p. 75 ;

II- DROIT FISCAL ET THEORIE GENERALE DE L'IMPOT

1° OUVRAGES

ALLIX E., Traité élémentaire de science des finances et de législation financière française; Rousseau et Cie, 1931, 5e édition ;
AMDEE-MANESME G. A., Principe et pratique du droit fiscal des affaires, Economica, 2ème édition ;
AMSELEK, Cours de DEA : Finances Publiques, année universitaire 1983-1984, Université de Paris II ;
AYADI Habib, Droit fiscal, CERP, Tunis, 1989 ;
BACCOUCHE Néji, - Droit fiscal; Ecole nationale d'administration; CREA Tunis 1993;
- Droit fiscal général, Sfax 2008 ;
BIENVENU J.J., Droit fiscal, PUF, Paris 1987 ;
BOUVIER Michel, - Introduction au droit fiscal et à la théorie de l'impôt; L.G.D.J., Paris 2001;
- La question de l'impôt idéal ? Archives de philosophie du droit, tome 46, p. 19.
DI MALTA Pierre, MARTINEZ Jean-Claude, Droit fiscal contemporain, tome I- l'impôt, le fisc et le contribuable, Paris, Litec, 1986 ;
GEFFROY Jean-Baptiste, Grands problèmes fiscaux contemporains, 1ère éd., Paris, P.U.F., coll. « Droit fondamental », droit financier, 1993 ;
GEST Guy et TIXIER Gilbert, Manuel de droit fiscal, L.G.D.J. 1986 ;

LAMARQUE Jean, - Cours de droit fiscal. Bordeaux 1972-1973 ;
- Le critère de la recevabilité du recours pour excès de pouvoir dirigé contre les circulaires ; Paris Sirey, 1960 ;
- Droit fiscal général, Tome 2, Edition Litec ;

LAURE Maurice, - Traité de politique fiscale, 1ère éd., Paris, P.U.F., 1956 ;
- Science fiscale, 1ère éd., P.U.F., 1993 ;

MARTINEZ et P. DI MALTA, - Droit fiscal contemporain : l'impôt, le fisc et le contribuable, 2d. Litec, Paris 1986 ;

MATHIEU Jean Luc, La politique fiscale, Economica 1999 ;

MEHL Lucien, BELTRAME Pierre, Science et technique fiscale, 1ère éd., Paris, P.U.F., 1984.

TROTABAS L. et COTTERET J-M., Droit fiscal; Edition Dalloz; 1973;

YAACOUB Abou Youssef, Le livre de KHARAJ, traduit par FAGNAN, Paris 1921 ;

YAÏCH Abderraouf, Principe et théorie fiscale ; Editions Raouf Yaïch 2007 ;

2° THESES ET MEMOIRES

BOUZAYENE SADFI Wided, L'amnistie fiscale, Mémoire de DEA, Faculté de droit et des sciences politiques de Tunis, 2008 ;

LUKASZWICZ J.-P., Nouveaux aperçus sur l'autonomie du droit fiscal, thèse, Université de PICARDIE, 1974 ;

SEKA Paul, Le mimétisme fiscal des Etats d'Afrique, Thèse, Paris II 1993 ;

3° ARTICLES

AMSELEK P. Une curiosité du Droit public financier; Les impositions autres que fiscales ou parafiscales. Mél. Waline; L.G.D.J.. 1974 ;

BUISSON J., Le grand désordre des qualifications fiscales : L'exemple de la CSG, in Etudes en l'honneur de Loîc PHILIP, Economica, Paris, p. 309 ;

AMSELEC Paul, - Les mécanismes régulateurs de la pratique du droit fiscal; D.F. 1983, n° 40 p. 1176 et s.;

BOUVIER Michel, - Pour une renaissance de la théorie de l'impôt ; DF, n° 24, 2006, p. 1123 ;

CASTAGNEDE B., Nature et caractère du droit fiscal ; DF, L'année fiscale, 2007, n° 2, p.. 23.

CHELLY Slim Impôt, Développement et Liberté; Revue Tunisienne de Droit; 1983, p.307 et s. ;

COZIAN Maurice, - L'opposabilité à l'administration fiscale des actes sous seing privé, B.F. 12/94 p. 653 et s. ;
- Propos désobligeants sur une « tarte à la crème » , l'autonomie et le réalisme du droit fiscal, D.F. 1980 n° 41 p. 1054 et s. ;

DUCOS-ADER, La notion juridique de parafiscalité; R.S.F. 1956, p.660 ;

FOURANS André, Une fiscalité moderne pour une économie moderne; R.F.F.P., 1983 n° 1,

ESCLASSAN M..C., A propos de la juridicisation du droit fiscal, Revue Française de Finances Publiques, n° 41, 1993 ;

FOUQUET Olivier, La rétroactivité des lois fiscales », Rev. adm. 1994, p. 140 et s.;

GENY François, Le particularisme du droit fiscal, R.T.D.C. 1931 p. 797 et s. ;

JEZE Gaston, Esquisse d'une théorie générale de l'impôt dans les Etats modernes ; Revue de sciences financières, 1938, p. 38 ;

LASARTE, Fonctionnalité du système fiscal et exigence de changement: où en est l'impôt, Revue Française de Finances Publiques, 1983 n° 1 p. 65 ;

LIET-VEAUX, La fiscalité gouvernementale ; Revue administrative, 1959, p.160 ;

MARCHESSOU Philippe, Le principe de l'interprétation stricte des textes fiscaux, D.F. 1981 n° 30 p. 947 et s. ;

MARTEL Pierre, « La déréglementation en droit fiscal », L.P.A. 1996 n° 66 p. 10 et s. ;

MODERNE F., Le désordre de qualification en matière fiscale ; RJF, 1976, p. 157 ;

MONTBRIAL (de) Didier, La fiscalité, les libertés et l'Etat de droit, Gazette du Palais 26/11/1985, p. 654 et s. ;

NEGRIN O., Une légende fiscale : La définition de l'impôt de Gaston JEZE, RDP, 2008, n° 1, p. 79 ;

NOLLET, La parafiscalité; Droit Social 1953, p.65 ;

RABETAFIKA Roger, L'interprétation des textes fiscaux, R.T. 1992 n° 6 p 377 et s. ;

TOURNIE Gérard, Réflexion sur le déficit conceptuel du droit fiscal ; in Etudes en l'honneur de Loïc PHILIP, Constitution et finances publiques, Economica, 2005, p. 603 ;

TROTABAS Louis, - Essai sur le droit fiscal, R.S.L.F. 1928 p. 201 et s.
- La réforme fiscale; D. 1935 (L. et D.), p.3.

- Le principe de l'interprétation littérale des lois fiscales, Mélanges François Gény, tome III, p. 101 et s. ;

III- SOCIOLOGIE ET HISTOIRE DE L'IMPOT

1° OUVRAGES

ARDANT GABRIEL, - Théorie sociologique de l'impôt; SEVPEN 1965 2T ;
- Histoire de l'impôt; Livre 1 et 2 Fayard 1972 ;

BEN SLAMA, La révolution de BEN GHDAHEM, Maison Tunisienne de Distribution, 1967 (En arabe).

DUCROS J.C., Sociologie financière, Paris PUF, coll. Thémis 1982 ;

DUNANT J. Henry, Notice sur la régence de Tunis ; Imprimerie de Jules FLICK, Gen7ve 1858 ;

EMARY A. EL. La conception de l'impôt chez les musulmans; Paris; 1930 ;

FOTSING Jean-Baptiste Le pouvoir fiscal en Afrique : Essai sur la légitimité fiscale dans les Etats d'Afrique noire francophone; L.G.D.J.. Paris 1995 :

GANIAGE Jean Les origines du protectorat français en Tunisie (1861-1881); M.T.E. Tunis 2ème édition 1968 ;

IBN KHALDOUN Abderrahmane, Discours sut l'histoire universelle, Al Muqaddima, Traduit par Vincent MENTEIL, 2ème édition Tome 2 et 3, Paris 1967-1968 ;

LAUFENBERGER, Histoire de l'impôt, P.U.F « Que sais-je ? » n° 651 ;

MACAULEY, Essai sur l'histoire de l'Angleterre », 1854 ;

NEURISSE (A.), Histoire de l'impôt; P.U.F. Que sais-je? n° 651; 1978;

RECTENWALD (G), Les assemblées élues du Protectorat français en Tunisie; Publication du Comité de l'Afrique française 1923 ;

SALIN Pascal, L'arbitraire fiscal; Editions Robert Laffon. Libertés 2000, 1985 ;

2° THESES ET MEMOIRES

OUSIDHOUM Youssef, La modernisation des systèmes fiscaux au Maghreb, Thèse, Université Jean-Moulin Lyon III, Juin 2001 ;

3° ARTICLES

ABDEDDAYEM N., Evolution de l'ancienne mejba ; RTF 2004, n° 1, p. 99 ;

BACHROUCH T., La fiscalité muradite: présentation d'une source et des premiers résultats d'une enquête en cours; Cahier de Tunisie Tome XX; 1972 p. 125-146 ;

BELAÏD Sadok, Système fiscal et système politique : quelques enseignements de l'histoire arobo-musulmane, in Mélanges en l'honneur de Habib AYADI, CPU 2000, p. 29 et. s.;

BELTRAME Pierre, La résistance à l'impôt et et le droit fiscal ; RFFP, 1984, n° 5, p. 21 ;

BEN HMIDA M., Origine et évolution des institutions financières de l'Etat Tunisien; Revue Juridique; CERES n° 1 1970;

BOUVIER Michel, Nouveau civisme fiscal et transformation de l'alliance citoyen-contribuable ; RTF, n° 3, 2005, p. 7 ;

JOURDAN Y.R., Les caractères originaux de la fiscalité Tunisienne, Revue de Sciences Financières 1950 ;

LUDWIG Robert, La grève de l'impôt, R.S.F. 1973 p. 671 et s.;

IV- PROCEDURE FISCALE ET CONTENTIEUX DES IMPOTS

1° OUVRAGES

ABOUDA Abdelmajid, Code des droits et procédures fiscaux : contrôle, contentieux et sanctions ; Publication de l'Imprimerie Officielle de la République Tunisienne, 2001 :

BERN Philippe, La nature juridique du contentieux de l'imposition, LGDJ ? Paris 1972 ;

BERGERES, Contrôle fiscal, prérogatives du fisc et droit du contribuable ; Paris Delmas, 1988 ;

BRURON Jacques, - Droits et garanties du contribuable vérifié ; Paris LGDJ, 1991 ;

- Le contrôle fiscal, LGDJ, Paris 1991 ;

CASIMIR J-P., - Le contrôle fiscal : droits, garanties et procédures, 6ème édition, Revue Fiduciaire, Paris, 1998 ;

GOUI FFES P F et CARMONA J. Mission d'analyse comparative des administrations/ fiscales : Rapport de synthèse ; inspection Générale des Finances, mars1999.

GOUR C., MOLINIER J. et TOURNIE, Procédure fiscale, PUF, 1982 ;
GROSCLAUDE J., MARCHESSOU Ph., Procédures fiscale, Dalloz, Paris, 1998 ;
LAMBERT Pierre, Le secret professionnel, édition NEMESIS, Bruxelles, 1985 ;
LAMBERT Thierry, Contrôle fiscal : Droit et pratique, PUF 1991 ;
LOIRET P., La théorie du secret médical, Ed. Masson, Paris 1988 ;
MARTINEZ MEHLINGER José, Le recours pour excès de pouvoir en matière fiscale, L'Harmattan 2002 ;
MARTY Mireille Delmas, A propos du secret professionnel, Dalloz 1982 ;

2° THESES ET MEMOIRES

AJROUD Jamel, Le principe du contradictoire dans la procédure d'imposition en France et en Tunisie ; Thèse, Faculté de droit et des sciences politique Aix Marseille III, 2006, publié au CPU, Tunis 2008 ;
AMIRA Sameh, Contentieux fiscal : nature et spécificité, Mémoire D.E.A., Faculté de droit et des sciences politiques de Tunis 2001-2002 ;
ASSELIN L., Le double degré de juridiction, Thèse, Paris, édition Pedone, 1934 ;
BEN ABDALLAH Hichem, La charte du contribuable ; Mémoire, Faculté de droit et de sciences politiques de Tunis, 1992 ;
BEN AROUS Imen, Le principe des droits de la défense devant les tribunaux tunisiens, Mémoire DEA, Faculté de sciences juridiques, politiques et sociales de Tunis, 2001-2002 ;
BEN JABRA R., La prérogative de taxation d'office,. Mémoire, Faculté de droit de Sfax, 2006 ;
BEREGERES Ch., Le principe des droits de la défense en droit fiscal, Thèse Bordeaux I 1975 ;
BOUASSIDA TRIKI Fatma, Le formalisme en droit fiscal, Mémoire, Faculté des sciences juridiques, politiques et sociales de Tunis, 2004-2005 ;
BOUKHRIS Monia, Les perquisitions, saisie et droits de la défense, Mémoire de DEA, Faculté de droit et de sciences politiques de Tunis, 1990 ;
BOULAKHRIF Driss, Le contribuable dans le système fiscal marocain, Thèse Bordeaux I 1987 ;

BOUSSORA Hadhami, La fraude fiscale entre la répression et la prévention, Mémoire de DEA, Faculté des sciences juridiques, Tunis, 1995 ;

BOUZID-AJROUD Maysoun, La taxation d'office en droit fiscal tunisien, Ed. ANRT, Lille 2010 ;

CHAABANE Ahlem, La prescription en matière fiscale ; Mémoire D.E.A., Faculté des sciences juridiques, politiques et sociales, Tunis 1999-2000 ;

CHAABANE Neila, Les garanties du contribuable ; Thèse, Faculté des sciences juridiques, politiques et sociale, Tunis II, 2009 ;

CHIHI Badreddine, Le secret professionnel et le droit de communication du fisc au sens du code des droits et procédure fiscale, Mémoire de DEA, Faculté de droit et de sciences politiques de Tunis, 2001 ;

FAKHFAKH Emna, La restitution de l'impôt, Mémoire D.E.A., Faculté de droit de Sfax, 2000-2001 ;

GADHOUM Oualid, L'insuffisance de la protection du contribuable lors du contrôle fiscal, Mémoire DEA, faculté de droit de Sfax, 1996-1997 ;

JESSUA C. L., L'opposabilité du secret professionnel au fisc, Gaz. Pal. 1983, I, doctr. ;

KAMMOUN Fériel, La preuve en matière fiscale, Mémoire DEA, Faculté de droit de Sfax, 2001-2002 ;

KAMMOUN Slim, Le procès fiscal. (Le contentieux de l'imposition) ; Thèse, Faculté des sciences juridiques, politiques et sociales de Tunis, 2007 ;

KRAIEM Sami, Le juge compétent en matière fiscale ; Thèse, Faculté de droit de Sfax, 2006 ; Paris L'harmattan 2007 ;

KTATA Aïda, Le contentieux de l'imposition à travers le code des droits et procédures fiscaux ; Mémoire D.E.A., Faculté de droit de Sfax, 2002 ;

LOUKIL Narjes, Le droit de communication en droit fiscal tunisien ; Mémoire, Faculté de droit de Sfax, 2003-2004 ;

MAMDOUH Habiba, Le pouvoir discrétionnaire de l'administration fiscale au Maroc, Thèse Aix-Marseille III 1986 ;

MANSOUR Hédi, Le droit de visite en matière fiscale, Mémoire DEA, Faculté de droit et des sciences politiques de Sousse, 2002 ;

MARTINEZ Jean-Claude, Le statut de contribuable, théorie sur la situation générale et impersonnelle du contribuable: son degré d'effectivité, thèse, Montpellier, 1975 ;

MRABET Med Fathi, La vérification et la sécurité juridique du contribuable, Mémoire DEA, Faculté de droit et des sciences politiques de Sousse, 2002 ;
PERCEVAUX René, Les prescriptions en matière fiscale, thèse, Paris I, 1986 ;
RICCI Jean-Claude, Le pouvoir discrétionnaire de l'administration fiscale, Thèse, Presses universitaires d'Aix-Marseille, 1977 ;
PUPIER Alain, La recherche du consentement dans le contrôle fiscal, Université d'Aix-Marseille III, 1992 ;
SMAALI Zohra, L'administration fiscale et le contribuable ; Mémoire, Faculté de droit et des sciences politiques de Tunis, 2002-2003 ;

3° ARTICLES

AUSTRY Stéphane, Débat oral et contradiction : où en est la jurisprudence ? RJF 3/97, p. 142 ;
AYADI Habib, - Un cas de confusion administration-contentieux : la taxation d'office en Tunisie, in Mélanges R. CHAPUS, Ed. Montchrestien 1992, p. 179 ;
- Exigences de la confidentialité et efficacité des contrôles fiscaux, in Mélanges offerts au Doyen Sadok BELAID, C.P.U. 2004, p.61 ;
- La discontinuité du contentieux de la cassation fiscale, in Mélanges Yadh BEN ACHOUR, CPU, Tunis 2008, p. 628 ;
BACCOUCHE Néji - Contrôle et contentieux fiscal dans le droit fiscal tunisien, Etudes Juridiques, Sfax, 1995-1996 ;
- De la nécessité du contrôle fiscal ; RTF, n° 1, 2004, p. 11 ;
- La charge de la preuve en droit fiscal pénal tunisien ; RTF, n° 6, p.7 ;
- Le problème de la motivation de l'arrêté de taxation d'office ; RTF, n° 2, 2005, p. 35 ;
BARILARI André, - Les pouvoirs de contrôle de l'administration fiscale et les garanties des contribuables vérifiés ; RFFP 1984, n° 5, p. 83 ;
- Les droits du citoyen face aux administrations fiscales et douanières ; RFFP 1987, n° 17, p. 147-150 ;
BEN ACHOUR Yadh, Le système de la preuve en droit fiscal au regard de la théorie générale de la preuve ; RTF, n° 3, 2005, p. 27 ;

BENOIT Bruno, Le rescrit fiscal », R.F.C. 1989, n° 199, p. 39 et s. ;

BERN Philippe, La protection du contribuable contre les changements de doctrine de l'administration, R.S.F. 1971 p. 751 et s. ;

BICHOU A., La communication fiscale au contribuable de renseignements obtenus par elle auprès de tiers, DF 1999, n° 9 ;

CHAABANE Neila, - Le contrôle des comptabilités informatisées en droit fiscal tunisien, in Mélange H. AYADI, CPU 2000, p. 331 ;

- Le droit de visite, de perquisition et de saisie à travers le code des droits et des procédures fiscaux ; RTF, n° 8, 2008, p. 25 ;

CAHIERS DE DROIT FISCAL INTERNATIONAL, La protection de la confidentialité en matière fiscale, Volume LXXVIb, 1991 ;

COURTOIS Pierre, Droit de perquisition et de saisie, in L'amélioration des rapports entre l'administration fiscale et les contribuables, actes de colloque de la société française du droit fiscal, 15-16 septembre 1988, PUF 1989, p. 55 ;

De LAUBADERE, Le recours de l'excès de pouvoir et le contentieux de l'imposition; R.S.F. 1936, p.531 ;

DELORME Guy, La protection du contribuable, RFFP 1987, n° 17, p. 107 ;

BRARD Y., - Que reste-t-il du secret professionnel opposable au fisc ? DF, 1991, n° 25, p. 960 ;

- Secret opposable à l'administration, JCP, procédures fiscales 2000, fasc. 313 ;

ESTOUP P., La conciliation judiciaire, avantages, obstacles et perspectives, G.P. du 24 juin 1989, 1er semestre, doct., p.302 ;

GADHOUM Oualid, - L'évolution du double degré de juridiction dans le contentieux fiscal ; RTF, n° 9, p. 275 ;

- La vérification de comptabilité en Tunisie ; RTF, n° 8, p. 68 ;

GILTARD Daniel, - Le recours pour excès de pouvoir en matière fiscale ; DF 1982, n° 22, p. 759-765 ;

- Garanties générales contre la doctrine administrative », J-Cl. procédures fiscales, fasc. 170, 172, 173 et 174, 1994 ;

ISAÏ Henri, Portée de l'opposabilité de la charte du contribuable vérifié, RJF 4/95, p. 255 ;

JAMMOUSSI AZAIEZ S., Le bien fondé de la jurisprudence relative à l'article 49 de la loi de finances pour l'année 2001 ; RTF, n° 1 ? 2004, p. 53 ;

JENAYEH Ridha, Faut-il supprimer la commission spéciale de taxation d'office, Etudes Juridiques, 1992, p. 182 ;

KOURDA Zouhour, La réforme du contentieux de l'imposition, A.J.T. n° 15, 2002, p.29 ;

KRAIEM Sami, - La recevabilité du pourvoi en cassation fiscale ; RTF, n° 9, p. 319 ;
- La taxation d'office en droit tunisien ; RTF, n° 7, 2007, p. 317 ;
- Le ministère d'avocat en matière fiscale ; RTF, n° 6, p. 35 ;

KTATA Aida, La conciliation juridictionnelle en matière fiscale ; RTF, n° 3, p. 101 ;

LOPEZ C., Secret professionnel de l'avocat et pouvoir du fisc : une discussion à voix basse, LPA 1997, n° 38, p. 4 et s. ;

LOUIT C., Les relations entre l'administration fiscale et le contribuable - Tentative de réconciliation d'un couple désuni, Mélanges P. KAYSER, PUF 1979, p. 177 ;

LUCHAIRE François, - Le fisc, la liberté individuelle et la constitution , in Etudes des finances publiques, Mélanges en l'honneur de Paul Marie Gaudemet, Economica, 1984, p. 603 ;

LUPPI Ph., - Contrôle fiscal et secret professionnel chez les professionnels de santé libéraux : l'exemple du chirurgien-dentiste, RFFP 1991, n° 37, p. 47 ;

MAALEJ MAHDI N., Le contribuable face à l'administration fiscale française; RTF, n° 6, 2007, p. 133 ;

MALHERBE J. (Rapport général), La protection de la confidentialité en matière fiscale, in CDFI, vol. LXXIb, 1991 ;

MELENNEC, Perquisition, saisie et secret professionnel médical, Gaz. Pal. 1980, I, doctr., p. 145 ;

MODERNE F., Le secret professionnel devant les juridictions administratives et fiscales, AJDA 1973 ;

NATIF Philippe, Droit de perquisition et devoir de loyauté de l'administration fiscale, Les Petites Affiches 1998, n° 8, p. 11 ;

PACTEAU B., Paradoxe et périls du principe de l'effet non suspensif de l'appel en contentieux administratif, in Mélanges R. CHAPUS, Montchrestien 1992, p. 457 ;

PHILIP Loïc, - Réflexion à partir d'un cas sur le pouvoir discrétionnaire de l'administration fiscale, RFFP 1986, n° 15, p. 119 ;

PLAGNET Bernard, Réflexion sur les pénalités fiscales, in Mélanges en l'honneur de Habib AYADI, C.P.U 2000, p. 745 et s. ;

RACINE P.F., - La garantie contre le changement de la doctrine administrative ; RJF, 1983, p. 10 ;
- Contrôle fiscal et liberté publique, BF 1984, n° 5, p. 275 ;

SAUVE, Le recours pour excès de pouvoir en matière fiscale ; RJF, 1981, n° 9, p. 393.

SOUISSI M., Le droit de reprise à travers le CDPF ; RTF, n° 5, 2006, p. 123 ;

SOUISSI M. et MAALEJ MAHDI N., Les procédures de recherche et d'investigation de l'administration fiscale ; RTF, n° 7, p. 236 et s.;

TIXIER, Les prérogatives de l'autorité administrative en matière fiscale; R.S.F 1958, p.112 ;

TUROT Jérôme, - La vraie nature de la garantie contre les changements de la doctrine, R.J.F.5/92 p. 371 et s.
- Le recours en annulation contre la doctrine administrative; Revue de Jurisprudence Fiscale, n° 8-9, 1990.

VIALA A. et AMADIO M., - L'extension des perquisitions en matière fiscale, Gaz. Pal. 1985, I, doctr., p. 202 et s. ;

VILBERT P., A propos du secret professionnel de l'avocat et du droit de communication de l'administration fiscale, Gaz. Pal. 1987, I, doctr. ;

VINCENT Pierre, Droit de visite et de saisie, JCP, fasc. 340, 1994 ;

WAREMBOURG-AUQUE F., Réflexion sur le secret professionnel, Revue des sciences criminelles, 1978, p. 238 ;

YAÏCH R., AFFES M., La charte du contribuable, RCF , n° 12, avril 1991, p. 55 ;

4° COLLOQUES

- « L'amélioration des rapports entre l'administration fiscale et les contribuables », actes du colloque de la société française de droit fiscal, PUF, coll. « Université d'Orléon », Tome IX, 1989 ;

- Le contentieux fiscal, actes du colloque organisé les 4 et 5 décembre 1992 à la faculté de droit et de sciences économiques de Sousse ;

- « Regards croisés sur le contrôle fiscal » ; Actes de colloque international organisé par le centre d'études fiscales de la faculté de droit de Sfax, publié à la RTF, n° 7, 2006;

- « Regards croisés sur le contentieux fiscal » ; Actes du colloque international organisé par le centre d'études fiscales de la faculté de droit de Sfax, publié à la RTF, n° 9, 2007.

V- SOURCES, COMPETENCE NORMATIVE

1° OUVRAGES

DAVID Cyrille, FOUQUET Olivier, LATOURNERIE Marie-Aimée, PLAGNET Bernard, Les grands arrêts de la jurisprudence fiscale, coll. « Droit Public », 3ème édition Dalloz 2000 ;

DEBECHILLON, Hiérarchie des normes et hiérarchie des fonctions normatives de l'Etat; Paris Economica, 1996 ;

DOUENCE, Recherche sur le pouvoir réglementaire de l'administration, L.G.D.J. 1968 ;

FAVOREU Louis, PHILIP Loïc, Les grandes décisions du Conseil constitutionnel, 8è éd., Dalloz, 1995 ;

GADHOUM Oualid, - La doctrine administrative fiscale en Tunisie, L'Harmattan 2007 ;

MARCHESSOU Philippe, L'interprétation des textes fiscaux, Paris, Economica, 1980 ;

MATHIEU Bertrand, Les « validations » législatives, Paris, Economica, coll. « Droit public positif », 1987 ;

PHILIP Loïc, - Droit fiscal constitutionnel, Paris, Economica, coll. « Finances publiques », 1990 ;

- Les fondements constitutionnels des finances publiques, Paris, Economica, 1995 ;

WILLEMART Elisabeth, Les limites constitutionnelles du pouvoir fiscal ; Centre d'Etudes Constitutionnelles et Administratives, 1999 ;

2° THESES ET MEMOIRES

BARKIA Sofiène, La délégation en matière fiscale, Mémoire DEA, Faculté de droit de Sfax, 2000-2001 ;

BOUSSAA Mohamed, Le pouvoir réglementaire du président de la république dans la constitution tunisienne du 1er juin 1959 ; Mémoire D.E.A., Faculté de sciences juridiques, politiques et sociales, 1998-1999 ;

CHAOUECH Emira, Le domaine de la loi et du règlement à la lumière de la révision constitutionnelle du 27 octobre 1997 ;

Mémoire D.E.A., Faculté de droit et des sciences politiques de Tunis, 1998-1999 ;
CHERIF Ali, Le pouvoir réglementaire général du président de la république, Mémoire de DEA, Faculté de droit et de sciences politique de Tunis, 1990 ;
CHERIF S., Les bases constitutionnelles du droit fiscal ; Mémoire, Faculté de droit de Sfax, 2008 ;
DELAYE-EYMARD Michèle, Opposabilité de la doctrine administrative fiscale ; Thèse Paris X, 1997 ;
DRAGO-RUSU, Les décret-lois dans le régime constitutionnel de 1875, Thèse Bordeaux 1942 ;
DUFFAU, Pouvoir réglementaire autonome et pouvoir réglementaire dérivé ; Thèse Paris, 1975 ;
GUIEZE (J.L.), Le partage des compétences entre la loi et le règlement en matière financière; Paris, L.G.D.J. 1974 ;
JAMMOUSSI Saoussen, Le décret en matière fiscale ; Mémoire D.E.A., Faculté de droit de Sfax, 1999-2000 ;
KADDACHI N., La doctrine administrative en matière fiscale, Mémoire de DEA, Faculté de droit de Sousse, 1999-2000 ;
KADDOUR Souheil, Le pouvoir réglementaire des ministres dans le droit positif et la pratique administrative en Tunisie ; Mémoire D.E.A., Tunis III, 1999 ;
LEVRON Jérôme, La confiscation de la norme fiscale; Université de Paris II, 1995 ;
MATHIEU Bertrand, Les « validations » législatives, Paris, Economica, coll. « Droit public positif », 1987 ;
MHIRI Manel, La hiérarchie des normes dans la constitution tunisienne du 1er juin 1959, Mémoire D.E.A., Faculté des Sciences juridiques, politiques et sociales, Tunis 2001-2002 ;
MORJANE Chiraz, Constitution et droit fiscal en Tunisie ; Mémoire D.E.A., Faculté de sciences juridiques, politiques et sociales, Tunis 1999 ;
MTIBAA Youmn, La loi dans la constitution tunisienne ; Mémoire D.E.A., Faculté de droit de Sfax, 2001-2002 ;
ROMDHANI Hichem, Les contrats pétroliers en Tunisie; Mémoire D.E.A. Droit Public, Faculté de droit et de sciences politiques de Tunis 1986 ;
SCHULTZ, De l'emprise des administrations fiscales sur le pouvoir juridictionnel, Thèse, Strasbourg 1955 ;
SEKA Paul, Le mimétisme fiscal des Etats d'Afrique, Thèse, Paris II 1993 ;
SELMANI Ridha, Le décret réglementaire ; Mémoire D.E.A., Faculté de droit de Sfax, 2000-2001 ;

SOUBEYROL, Les décret-lois sous la IV° République, Thèse, Bordeaux 1955.

THEVENIN Philippe, Le pouvoir réglementaire en matière fiscale; Thèse Grenoble 1976 ;

THEODORATOS Ilias, Rationalité et légalité de l'action administrative, Thèse Paris 1 1992 ;

VAPAILLE Laurence, Recherche sur la doctrine administrative en droit fiscal, Exemple de l'imposition de la fortune ; Paris, Harmattan, 1999 ;

3° ARTICLES

ABDEDDAYEM N., La TVA sur la promotion immobilière, à propos de la note commune n° 19/2000, Etudes juridiques 2003, n° 9, p. 189 ;

AMSELEC Paul., L'opposabilité à l'administration de sa propre doctrine, les innovations apportées par le décret du 28 novembre 1983 », D.F. 1984 n° 4, p. 149 et s. ;

AUBY Jean-Marie, Sur l'étude de la hiérarchie des normes en droit public : Eléments de problématique, in Mélanges Pelloux, 1980, p. 21-37 ;

AUBY Jean-Marie, L'obligation gouvernementale d'assurer l'exécution des lois; J.C.P. 1953, I, 1080 ;

AYADI Habib - Les décrets-lois dans la constitution de 1959 ; RTD 1969-1970;
- L'inintelligibilité de la norme fiscale, in mélanges Dali JEZI, 2010, p. 266 et s.

BACCOUCHE Néji - L'amnistie fiscale de 1987 ; Revue Tunisienne de Droit 1988;
- Constitution et droit fiscal, Etudes juridiques, Etudes juridiques n° 8, 2001, p. 29 ;
- Lois de promulgation et codes fiscaux ; RTF, n° 4, 2006, p. 45 ;

BATAILLER, Les quasi-contrats, RSF 1964, p.364;

BEN ACHOUR Yadh, - Le pouvoir réglementaire général et la constitution, in Mélanges Habib AYADI, CPU 2000, p. 193 et s. ;
- Les fonctions de la délégation en droit public ; RTD 1976 n° 2; p. 99 ;
- Contribution à l'étude théorique des décrets-lois, RTD 1972 ;

BERTRAND, Propos autour des articles 34, 37 et 41 de la Constitution; Etudes et Documents du C.E. 1959, p. 67 ;

BESBES Slim, - Commentaire de l'article 49 de la loi n° 2000-98 du 25 décembre 2000, portant loi de finances pour l'année 2001 ; RTD 2001, p. 79 ;

BIENVENU J.J., Naissance de la doctrine administrative, RFFP n° 75, septembre 2001, p. 11 ;

BRETON Jean Marc, l'obligation pour l'administration d'exercer son pouvoir réglementaire d'exécution des lois, Revue de Droit Public 6, 1993, p. 1749 et s. ;

CHAABANE Neila, - Le pouvoir réglementaire du ministre des finances, in Mélanges offerts au Doyen Sadok BELAID, C.P.U. 2004, p.253 ;

- L'apport de la jurisprudence du tribunal administratif en matière fiscale, in l'œuvre de la jurisprudence du tribunal administratif, sous la direction de S. BELAID ;

CHAPUS René, - La loi d'habilitation du 11 juillet 1953 et la question des décrets-lois; R.D.P. 1953, p.954 ;

- De la soumission au droit des règlements autonomes ;
- De la valeur juridique des principes généraux du droit et des autres règles jurisprudentielles du droit administratif; D 1966, chr., p.99 ;

CHARLIER, Circulaires, instructions de service et autres prétendues mesures d'ordre intérieur administratives. J.C.P 1948, I, 688;

CHIKHAOUI Leila, Constitution et impôt, Actualités juridiques tunisiennes, n° 14, 2000, p. 175 et s..

COHEN, La jurisprudence du Conseil Constitutionnel relative au domaine de la loi d'après l'article 34; R.D.P. 1963, p.745 ;

DAVEIENTORT J.P., Le juge et la doctrine administrative, RFFP, n° 75, septembre 2001, p. 21 ;

DEBBASCH, Les ordonnances de l'article 38 de la Constitution; J.C.P. 12962, I, 1701 ;

DESMORIEUX E. De la bonne utilisation des circulaires illégales de l'administration fiscale, LPA 1994, p. 4 ;

De SOTO, La loi et le règlement dans la Constitution de 1958; R.D.P. 1959, p.240.

DIBOUT Patrick, L'illégalité des instructions et circulaires fiscales, l'administration et le contribuable, D.F. 1991 n° 18 p. 741 et s.

DICKSCHAT, L'article 38 de la constitution et la loi d'habilitation du 22 juin 1967; R.D.P. 1968, p.832 ;

DONNEDIEU DE VABRES, - L'article 13 et les décrets-lois; D. 1953, chr. p.137 ;

- Décrets-lois et pouvoir réglementaire d'après la loi du 17 août 1948; D. 1949, chr., p.5 ;
DUEZ Paul, Les caractères généraux du textes fiscal d'après la jurisprudence française, Mélange Paul Negulesco, Bucarest, 1935, p. 245 et s. ;
DU CAMIN, Les contraintes constitutionnelles à l'élaboration de la loi fiscale, EDCE 1995, n° 46 ;
DURAND, La décadence de la loi dans la Constitution de la V° République; J.C.P. 1959, I, 1470 ;
GADHOUM Oualid, La doctrine fiscale ; DF 24/2006, p. 1179 ;
GAEREMYNCK, Répartition des compétences dans la fixation de l'assiette et du taux de l'impôt : rôle respectif de la loi, du décret et des circulaires ; RJF 1985, n° 8-9, p. 83 ;
GIFFARD, Le domaine respectif de la loi et règlements; Rec. Sirey 1960, p.102 ;
GUERIN, Les contrats fiscaux, Bulletin du Ministère des Finances 1965, p. 28 ;
GUIBAL, Le retard des textes d'application des lois; R.D.P. 1974, p.1039 ;
HAMON, Les domaines de la loi et du règlement à la recherche d'une frontière; D. 1960, chr., p. 253 ;
JAMMOUSSI AZAIEZ S., Le bien fondé de la jurisprudence relative à l'article 49 de la loi de finances pour l'année 2001 ; RTF, n° 1 ? 2004, p. 53 ;
JENAYEH Ridha, - Les délégations législatives en matière de fiscalité indirecte, Revues Tunisienne de Droit 1988 p. 43 ;
- De l'existence des règlements autonomes; R.T.D., 1979, II, p.233 ;
LECA, Le domaine de la loi et du règlement en matière fiscale. Annales de l'Université de Lyon 1960, p.219 ;
L'HUILLIER, La délimitation des domaines de la loi et du règlement dans la Constitution du 4 octobre 1958 ;
MARCEL Joseph, La notion de matières réservées à la loi; A.J.D.A. 1958, p.55 ;
MESTRE A. La signification de la révision constitutionnelle du 8 avril 1976, Mélanges Marty; L.G.D.J. 1978;
MORANGE, - L'illégalité de certaines dispositions du Code Général des Impôts; R.S.F. 1950, p.648 ;
- L'exercice du pouvoir réglementaire en matière fiscale; R.S.F. 1953, p.667 ;
- La réalisation de la réforme fiscal par voie réglementaire; D. 1948, chr., p.177 ;

- La hiérarchie des textes dans la constitution du 4 octobre 1958; D. 1959, chr., p. 21 ;
OPPETIT Bruno, Les réponses ministérielles aux questions écrites des parlementaires et l'interprétation des lois ; D. 1974 ;
PACTET Pierre, La loi, permanence et changements, Mélanges René Chapus, Paris, Montchrestien, 1992, p. 503 et s. ;
PHILIP Loïc, -L'évolution récente de la jurisprudence constitutionnelle en matière fiscale; Revue de Droit Fiscal n° 23 1998 ;
- Le partage de la loi et du règlement en matière fiscale, DF 1981, n° 6, p. 161 ;
- Le contrôle de constitutionnalité de la loi fiscale en France ; RFFP, 1999, p. 159 ;
PHILIP Patrick, Les lacunes et les imperfections des articles 34 et 37 , le problème de leur réforme, Colloque « le domaine de la loi et du règlement », 2ème édition, Economica 1981, p. 231 ;
PLAGNET Bernard, L'opposabilité de la doctrine administrative, B.F., 8-9/94 p. 431 et s.;
ROLLAND, Le projet du 17 janvier 1924 et la question des décrets-lois; R.D.P. 1924 p.42 ;
TOURDIAS, Les circulaires fiscales; J.C.P. (E.N.) 1961, n°1620.
TUROT Jérôme, Les lois fiscales rétroactives, RJF 10/90, p. 655 et s. ;
VENEZIA J. C., Les règlements d'application, in Mélanges CHAPUS, 1992, p. 673 ;
VINCENT, De l'inutilité de l'article 34 de la Constitution du 4 octobre 1958; A.J.D.A. 1965, p.564 ;
WALINE Marcel, - Les rapports entre la loi et le règlement avant et après la Constitution de 1958; R.D.P. 1959, p.699 ;
- La mise en veilleuse des lois par l'inertie du pouvoir réglementaire; R.D.P. 1968, p.1079 ;

VI- PRINCIPES ET DROITS FONDAMENTAUX

1° OUVRAGES

DELVOLVE, Le principe d'égalité devant les charges publiques, L.G.D.J. 1969 ;
DOUET Frédéric., Contribution à l'étude de la sécurité juridique en droit fiscal français, LGDJ 1997 ;
DUPEYROUX, La règle de non-rétroactivité des actes administratif, LGDJ 1954 ;

GERARD Philippe, Droit, égalité et idéologie, contribution à l'étude critique des principes généraux du droit, Bruxelles, Publications des facultés universitaires Saint-Louis, 1981 ;

MELIN-SOUCRAMANIEN Ferdinand, Le principe d'égalité dans la jurisprudence du conseil constitutionnel ; P.U.A.M,. Ed. ECONOMICA 1997 ;

PELLISSIER Gilles, Le principe d'égalité en droit public ; LGDJ 1996.

2° THESES ET MEMOIRES

AGENAU Hervé, Le principe d'égalité dans les lois fiscales : essai sur la jurisprudence du conseil constitutionnel, Thèse Paris I 1997;

BELAÏD Sadok, Justice constitutionnelle et Etat de droit, in la justice constitutionnelle, Tunis, CERP 1995, p. 99 ;

CHEVALIER Jean-Pierre, La crise du principe d'égalité dans ses rapports avec l'interventionnisme économique en droit public français, Thèse, Poitiers, 1968 ;

DENNAWI Adan, Etude comparée du principe de légalité en droit administratif français, Thèse, Paris 2 1985 ;

GHARBI Ramzi, L'égalité fiscale, Mémoire, Faculté de droit de Sfax, 2004-2005 ;

HMIDA Mounira, Les libertés en droit fiscal ; Mémoire D.E.A., Faculté de droit et de sciences politiques de Tunis, 1998 ;

KHUNEIN Abdulhamid, Le principe de légalité en Arabie Saoudite, Thèse Renne I 1994 ;

MANSOURI Lamia, L'inégalité par l'impôt ; Mémoire de DEA, Faculté de droit de Sousse, 1993-1994 ;

MILLAN Philippe, Le consentement à l'impôt; Thèse, Université de Paris II, 1996;

SIMON Jacques, Essai de quelques idées sur la notion de légalité particulièrement en droit positif français, Thèse Paris 1934 ;

THOMAS Y., Essai sur le consentement à l'impôt au dernier siècle de l'Ancien régime (XVème et XVIIIème siècle), Thèse Paris II 1974 ;

VELLEY Serge, Les origines du principe de légalité en Droit public français, thèse Paris X 1988 ;

3° ARTICLES

AZZOUZ Zoubeida, L'insécurité fiscale et le droit ; L.P.A. 1991, n° 47, p. 4 et n° 53, p. 10 ;

BACCOUCHE Néji, - Etrange légalité fiscale ; in Mélanges Yadh BEN ACHOUR, CPU, Tunis, 2008, p. 649 ;

BELTRAME Pierre, - Le consentement de l'impôt : devenir d'un grand principe, RFFP 1995, n° 51, p. 81 ;

- Consensualisme fiscal et consentement de l'impôt ; RFFP, n° 100, 2007, p. 95 ;

BESBES Slim, L'équité fiscale en droit tunisien, in Colloque international « les droits fondamentaux dans la constitution: regards croises », organisé par la Faculté des Sciences Juridiques, Economiques et de Gestion de Jendouba, l*es 16 et avril 2009 à Tabarka*

BUISSON J., Les dérives d'égalité devant l'impôt ; RDP 2000, n° 1, p. 9 ;

CADOUX, Du consentement de l'impôt; R.S.F 1961, p.423 ;

CARCASSONNE Guy, La portée du principe du consentement à l'impôt et les limites du pouvoir fiscal du législateur, in « L'exercice du pouvoir financier du parlement : théorie, pratique et évolution », Journée d'étude du 22 mars 1996, sous la direction de

CHAABANE Neila, Equité fiscale : Les droits de l'Etat et l'Etat de droit, in Mélanges Abdelfettah Amor, CPU, Tunis 2005, p. 331 ;

CHEVALIER Jacques, La dimension symbolique du principe de la légalité, in Figure de la légalité, Publisud 1990, p. 55 ;

COZIAN Maurice, L'inégalité devant l'impôt par le fait de l'administration ; Dalloz 1975, p. 100-102 ;

CROS R. Etude critique du concept d'équité horizontale en matière fiscale; in Etude d'économie publique; Paris Economica 1979;

DRAGO, La légalité des taxes de péréquation et les problèmes généraux de la parafiscalité; A.J.D.A. 1955, p.61 ;

EISENMANN Charles, Le droit administratif et le principe de légalité, E.D.C.E 1957 p. 25 et s. ;

FAVOREU Louis, Légalité et constitutionnalité ; Cahiers du conseil constitutionnel, n° 3, 1997, p. 1 et s. ;.

GAUDEMET P.M., Réflexions sur le principe d'égalité devant les charges publiques: grandeurs et misères d'un principe, in Mélange Stassinopoulos, Paris L.G.D.J... 1974 ;

GOYARD-FABRE Simone, Les fondements de la légalité, in Figure de la légalité, Publisud 1990, p. 29 et s.;

GUILIEN Raymond, Du consentement de l'impôt, R.S.F. 1961, p. 420 ;

HEERS Mireille, La sécurité juridique en droit administratif français: vers une consécration du principe de confiance légitime, R.F.D.A. 1995 n° 5 p. 963 et s. ;
HENRY Jean-Pierre, Vers la fin de l'Etat de droit, R.D.P 1977 p. 1207 et s. ;
KDHIR Moncef,, Vers la fin de la sécurité juridique en droit français, Rev. adm. 1993 n° 276, p. 538 et s.;
LABETOULLE Daniel, Principe de légalité et principe de sécurité, Mélanges Guy Braibant, Paris, Dalloz, 1996, p. 403 et s.;
LAKHDHAR L., Le droit à la légalité administrative, colloque sur les justifications administratives et les droits fondamentaux, 24-25 avril 1992, Faculté de droit de Sfax ;
LOSCHAK Danièle, Le principe de légalité, mythes et mystifications, A.J.D.A. 1981 n° 9, p. 387 et s. ;
MEHL Lucien, Le principe du consentement à l'impôt et autres prélèvements obligatoires, Mythe et réalité, RFFP, 1995, n° 51, p. 65 ;
MOOR Pierre, Introduction à la théorie de la légalité, in Figures de la légalité, Publisud 1990, p. 11 et s. ;
MORAND Charles, La légalité de la légalité, in Figure de la légalité, Publisud 1990, p.185 et s.;
MORANGE, Le principe de l'égalité devant l'impôt; D. 1951, chr., p.103.
NEJI L., Présentation du principe de consentement de l'impôt en Grande Bretagne ; RTF, n° 2, 2005, p. 79 ;
NOEL Gilles, Pour un droit constitutionnel de la sécurité fiscale, R.F.C. 1996 n° 277 p. 45 et s. ;
PACTEAU Pierre, La sécurité juridique, un principe qui nous manque, A.J.D.A., 1995, n° spécial du cinquantenaire, Le droit administratif, des principes fondamentaux à l'effectivité des règles: bilan et perspectives d'un droit en mutation, p. 151 et s. ;
PHILIP Loïc, Le principe constitutionnel d'égalité en matière fiscale ; DF, mars 1990, n° 12, p. 464 ;
PLAGNET Bernard, - Egalité et inégalité des entreprises devant le droit fiscal, Revue Française de Finances Publiques 1985 n° 9 p. 5019 ;
- Constitution et justice fiscale, Cours de l'académie internationale de droit constitutionnel, XXe session 2004, p. 193 ;
WADE-MACLANCHLAU H., Le caractère intransigeant du principe de la légalité, in Figures de légalité, Publisud, p. 91 ;

WEINER C., La signification du principe de légalité dans l'administration moderne ; Rapport général du Congrès IISA, Madrid, 1980, édition IISA, 1982 ;

4° COLLOQUES

- LA CONSTITUTION ET L'IMPÔT: Association Tunisienne de Droit Constitutionnel; février 1990 ;
- « LES FONDEMENTS CONSTITUTIONNEL DU DROIT FISCAL », Actes du colloque, organisé les 10 et 11 avril 2007par la faculté des sciences juridiques, économiques et de gestion de Jendouba
- « LES DROITS FONDAMENTAUX DANS LA CONSTITUTION: REGARDS CROISES », in Colloque organisé par la faculté des Sciences Juridiques, Economiques et de Gestion de Jendouba *les 16 et 17 avril 2009 à Tabarka.*

VII- DROIT BUDGETAIRE ET FINANCES PUBLIQUES

1° OUVRAGES

CHIKHAOUI Leila, Finances publiques, Tunis, CPU 2006 ;
ELBANNA Mahmoud Atef, Le particularisme du pouvoir d'autorisation budgétaire, Paris, LGDJ 1968 ;
GOUX C., La constitution et l'initiative financière des députés, notes et études documentaires, la documentation française, Paris 1984 ;
GAUDEMET Paul-Marie, MOLINIER Joël, Finances publiques, tome II, fiscalité, 5è éd., Paris, Montchrestien, 1992 ;.
GUENNE (G), Les finances Tunisiennes; Tunis, Librairie Namura, 1932 ;
HOUDIARD X. Les problèmes financiers du protectorat tunisien; Paris 1939;
JEZE Gaston, - Cours élémentaire de science des finances et de législation financière française. Paris 1909 ;
- Cours de finances publiques (1930-1931), Paris, Giard, 1931 ;
LAFAURIE (D) Précis de finances publiques Tunisienne; ENA CERP; Tunis 1969;
LAFERRIERE Julien, WALINE Marcel, Traité élémentaire de science et de législation financière, Paris, L.G.D.J., 1952. ;
MAGNET (J.) Les finances publiques tunisiennes; ENA 1969 ;
MARTINEZ et P. DI MALTA, - Droit budgétaire, Economica, 1982 ;

PAUL M., Les finances de l'Etat, budget-comptabilité, Paris, Economica 1981 ;
WAGNER J. Les finances Tunisiennes 1939-1945; Tunis 1950;

2° THESES ET MEMOIRES

MECHICHI Lotfi, Le Budget de l'Etat en Tunisie; Thèse Faculté de droit et de sciences politiques de Tunis, 1993 ;
MEHREZ Faïza, La modification réglementaire de l'autorisation budgétaire de dépenses ; Mémoire D.E.A., Faculté de droit et des sciences économiques et politiques de Sousse ;

3° ARTICLES

AMSELEC Paul, - La légalité budgétaire, Revue Administrative, 1970 ;
DEBBASCH Charles, Finances publiques et droit administratif; Mélange TROTABAS, Paris L.G.D.J. 1970, p.122 ;
EMIRIT M. - Les crises des finances publiques Tunisiennes; Tunis Rapide 1912;
- Les crises des finances publiques tunisiennes et les origines du protectorat; Revue africaine 1919 p. 249;
HELIN J. C., La caisse générale de compensation; évolution et avenir; RTD, 1976 n° 1, 1er semestre;
PHILIP Patrick, L'évolution du droit constitutionnel des finances publiques; R.F.F.P. 1988 N° 22, p.243 et s. ;

VIII- COMPETENCE PARLEMENTAIRE ET POUVOIR LEGISLATIF

1° OUVRAGES

LESAGE, Les interventions du législateur dans le fonctionnement de la justice, LGDJ 1960 ;
LESGUILLON (H), Le contrôle parlementaire sur la politique économique et budgétaire, Paris P.U.F 1964 ;
M'DHAFFAR Z., Le pouvoir législatif au Maghreb, CERP, 1987 ;
PHILIP Loïc - l'exercice du pouvoir financier du Parlement. Théorie, Pratique et évolution, Journée d'études du 22 mars 1996, Economica 1996 ;

2° THESES ET MEMOIRES

M'DHAFFAR Zouheir, Le pouvoir législatif au Maghreb ; Thèse d'Etat, Faculté de droit et des sciences politiques de Tunis, 1987 ;

3° ARTICLES

ASSEMBLEE NATIONALE, L'expérience parlementaire en Tunisie; Revue Intégration, Juin 1981, p.59 et s. ;

BOCKEL (A), Les pouvoirs budgétaires et l'Assemblée Nationale selon la loi organique du budget de 1960; R.T.D. 1966-1967, p.156 ;

HAURIOU (A), Le Parlement est il devenu anachronique? Le Monde 5 et 6 décembre 1962 ;

LE GUERNE Hervé, MESSAGE Hervé, TESSIER Alexandre, Le contrôle parlementaire du budget de l'Etat : Le rôle de l'Assemblée Nationale 1983-1987, RFFP, 1988, p. 195 ;

MABILEAU, La compétence financière du Parlement de la V° République; R.S.F. 1961, p. 48.;

PIERRET Christian, Le Parlement et la fiscalité; revue POUVOIRS, n° 23, 1982, p.33 à 45 ;

INDEX ALPHABETIQUE

(Les numéros renvoient aux paragraphes)

TABLE DES MATIERES

THE PRINCIPLE OF THE LEGALITY OF THE TAX IN TUNISIAN LAW

Principle founder of the modern taxation, the principle of the legality of the tax always remains, in spite of the multiple evolutions which it had undergone, one of the most fundamental principles of the fiscal law. It dictates a given mode of distribution of normative tax competence between the various authorities of the State and it conditions the nature of the relations which are established between the various actors of the taxation, more particularly, the tax authorities and the taxpayer. In its gasoline, it returns to certain legal requirements which answer political requirements of order.

The study of the effectivity of this principle, within the framework of the Tunisian experiment, makes it possible to raise that if it always continues to be officially proclaimed as a principle with constitutional value, its implementation pains to exceed the simple formal stage. At the bottom, the substantive law is still enough far from devoting completely and completely the true range of this principle and a fortiori its principal finality, namely protection of the taxpayer against any arbitrary and abusive taxing right.

This imperfect effectivity of the principle is well confirmed throughout the normative process. On the one hand, the defective character of development of the tax standard, results from an embrittlement from the power of the Parliament and the extension correlative of the governmental capacity, which is accentuated by subordination relatively limited and very slightly controlled lawful capacity compared to the legislative power. Of another share, to the level of the framing of the reports/ratios being established between the tax authorities and the taxpayer, the system in force devotes an obvious imbalance, privileging the supremacy of the administrative authority, correlatively with a diminution of the statute of the taxpayer, which will have as an inescapable consequence, a brutal application of the tax standard.

L'HARMATTAN, ITALIA
Via Degli Artisti 15 ; 10124 Torino

L'HARMATTAN HONGRIE
Könyvesbolt ; Kossuth L. u. 14-16
1053 Budapest

L'HARMATTAN BURKINA FASO
Rue 15.167 Route du Pô Patte d'oie
12 BP 226 Ouagadougou 12
(00226) 76 59 79 86

ESPACE L'HARMATTAN KINSHASA
Faculté des Sciences Sociales,
Politiques et Administratives
BP243, KIN XI ; Université de Kinshasa

L'HARMATTAN GUINÉE
Almamya Rue KA 028 en face du restaurant le cèdre
OKB agency BP 3470 Conakry
(00224) 60 20 85 08
harmattanguinee@yahoo.fr

L'HARMATTAN CÔTE D'IVOIRE
M. Etien N'dah Ahmon
Résidence Karl / cité des arts
Abidjan-Cocody 03 BP 1588 Abidjan 03
(00225) 05 77 87 31

L'HARMATTAN MAURITANIE
Espace El Kettab du livre francophone
N° 472 avenue Palais des Congrès
BP 316 Nouakchott
(00222) 63 25 980

L'HARMATTAN CAMEROUN
Immeuble Olympia face à la Camair
BP 11486 Yaoundé
(00237) 99 76 61 66
harmattancam@yahoo.fr

L'HARMATTAN SÉNÉGAL
« Villa Rose », rue de Diourbel X G, Point E
BP 45034 Dakar FANN
(00221) 33 825 98 58 / 77 242 25 08
senharmattan@gmail.com

www.ingramcontent.com/pod-product-compliance
Lightning Source LLC
LaVergne TN
LVHW021143061026
849535LV00002B/343

* 9 7 8 2 2 9 6 1 3 8 4 5 2 *